地域博物館史の研究

中島金太郎 著

雄山閣

目 次

はじめに …………………………………………………………………… 1

第 1 章　博物館に関する歴史研究の意義 ………………… 5

第 1 節　我が国における博物館史研究の動向 ………………… 6
  1　明治期の博物館史研究　7
  2　昭和前期の博物館史研究　8
  3　戦後の博物館史研究　10

第 2 節　各県単位の博物館史研究の背景と意義 ……………… 14
  1　國學院大學での各県博物館史編纂事業　14
  2　各県博物館史研究の現在の動向　20
  3　各県博物館史編纂の必要性　22

第 2 章　博物館設立前史 ……………………………………… 29

第 1 節　江戸時代・明治時代における神社・仏閣の展示活動 ……… 29
  1　近世の神社・仏閣と博物館的機能　29
  2　近代の神社・仏閣の宝物公開　32

第 2 節　本県における物産陳列館・博覧会等の実態 ………… 34
  1　物産陳列館の隆盛　35
  2　近代博覧会の開催　40

第 3 節　社会教育施設の隆盛と博物館 …………………………… 52
  1　社会教育施設付属展示施設の誕生　52
  2　市町村における社会教育施設の展開と博物館　57

第 3 章　歴史系博物館の誕生と展開 ……………………… 67

第 1 節　戦前期の歴史系博物館 …………………………………… 67
  1　歴史系博物館の誕生　67
  2　昭和期の県立郷土博物館設立構想　71

第 2 節　戦後の歴史系博物館の展開 ・・・・・・・・・・・・・・・・・・・・・・・・・・・・・・・・・・・・73
　　1　重要遺跡の発見と遺跡博物館　73
　　2　県内各地への博物館の伝播　82
　　3　平成の大合併と博物館　86
　　4　歴史系博物館の今後の動向　89
第 3 節　静岡県下の歴史系博物館の傾向 ・・・・・・・・・・・・・・・・・・・・・・・・・・・・・101

第 4 章　自然史・科学博物館の出現と展開 ・・・・・・・・・・・・・・・・・・109

第 1 節　戦前期の自然史・科学博物館 ・・・・・・・・・・・・・・・・・・・・・・・・・・・・・・・110
第 2 節　戦後の自然史・科学博物館 ・・・・・・・・・・・・・・・・・・・・・・・・・・・・・・・・・113
　　1　2つの児童会館　113
　　2　東海大学構内に所在する博物館群　118
　　3　自然史博物館ネットワークの形成と「ふじのくに地球環境史ミュージアム」　131
　　4　伊豆半島ジオパークと博物館　140
第 3 節　静岡県の自然史・科学博物館の傾向 ・・・・・・・・・・・・・・・・・・・・・・・・・147

第 5 章　美術館構想と静岡県における発展 ・・・・・・・・・・・・・・・・・・・155

第 1 節　美術館の発生 ・・155
　　1　静岡県下の美術館の濫觴　155
　　2　戦前期の美術館設立計画　157
　　3　戦前期美術展覧会の概況　163
第 2 節　戦後美術館の動向 ・・・166
　　1　静岡県立美術館設置構想　166
　　2　平成初期の伊豆半島における美術館の乱立　169
第 3 節　静岡県下の美術館の傾向 ・・・・・・・・・・・・・・・・・・・・・・・・・・・・・・・・・・・173

第 6 章　動物園発展の歴史と推移 ・・・・・・・・・・・・・・・・・・・・・・・・・・・・・・185

第 1 節　静岡県動物園史の概況 ・・・・・・・・・・・・・・・・・・・・・・・・・・・・・・・・・・・・・185
第 2 節　代表的な動物園設置と運営 ・・・・・・・・・・・・・・・・・・・・・・・・・・・・・・・・・192

1　狐ヶ崎遊園地の動物園　192
　　2　熱海鰐園と熱川バナナ・ワニ園　195
　　3　浜松こども博覧会と浜松市動物園　202

第7章　水族館展開の推移と傾向 209
第1節　静岡県水族館史の概況 209
第2節　代表的な水族館設置と運営 217
　　1　中之島水族館とその後継機関　217
　　2　東京文理科大学臨海実験所付属水族館　220
　　3　浜松市周辺域の水族館　221
　　4　深海生物を展示する水族館・博物館　224

第8章　植物園の誕生と発展の推移 233
第1節　植物園の定義と分類 233
第2節　静岡県の植物園発達史 236
　　1　植物園の源流たる薬園の設置　236
　　2　戦前期の植物園の展開　238
　　3　研究・実験施設としての植物園　243
　　4　観光型植物園の林立　246
第3節　静岡県下の植物園の課題とこれから 252
　　1　観光型植物園の課題　252
　　2　これから望まれる植物園とは　253

第9章　学校における博物館の設置と推移 259
第1節　静岡県内学校博物館の誕生 259
　　1　静岡県下の学校博物館の濫觴　259
　　2　昭和初期における郷土教育の高まりと郷土研究室　264
　　3　戦中期の学校博物館　272
　　4　戦前期静岡県内の学校博物館特性　273

第 2 節　戦後の学校博物館 ………………………………………… 276
　　1　戦後の静岡と私立学校の博物館　276
　　2　大学博物館の展開　280

第 10 章　これからの静岡県の博物館 ……………………………… 291
　第 1 節　県内博物館の傾向と課題 ………………………………… 291
　　1　我が国における静岡県の博物館の独自性　291
　　2　観光資源としての博物館　295
　　3　公立博物館問題　297
　第 2 節　今後望まれる静岡県の博物館のありかた ……………… 302

終　　章 ……………………………………………………………………… 313
　あとがき ………………………………………………………………… 321

はじめに

　日本における「博物館」とは、「歴史、芸術、民俗、産業、自然科学等に関する資料を収集し、保管（育成を含む。以下同じ。）し、展示して教育的配慮の下に一般公衆の利用に供し、その教養、調査研究、レクリエーション等に資するために必要な事業を行い、あわせてこれらの資料に関する調査研究をすることを目的とする機関」である[1]。また、国際博物館会議（ICOM）の規約には、「博物館とは、社会とその発展に貢献するため、有形、無形の人類の遺産とその環境を、研究、教育、楽しみを目的として収集、保存、調査研究、普及、展示をおこなう公衆に開かれた非営利の常設機関である」とある[2]。博物館は、広く公衆に開かれた存在でなくてはならず、かつ調査研究の成果を発信していく存在であると考えられる。我が国には、5,000館以上の博物館が存在し、館種・運営・収集方針等様々な形態がある。また、「博物館法」や「公立博物館の設置及び運営に関する基準」の記載等を根拠として、動物園・植物園・水族館も博物館の範疇に含めるものである[3]。全国的な傾向として、各都道府県に都道府県立の博物館施設を持ち、なおかつ市・町で建設する公立館の設置が多い。また、大都市周辺や観光地には美術館が多く、さらに観光地には動物園・植物園・水族館の設置例が多い。このような凡その傾向は見出せるものの、各都道府県の風土や歴史を背景として博物館の様相は異なり、独自の形態を示しているのである。

　係る点から著者は、地域ごと、特に都道府県ごとの博物館特性を把握することが重要であると考え、博物館が醸成された歴史を紐解くことで今日的且つ地域的な問題解決に繋がるものとして研究を行った。特に著者は、静岡県に所在する博物館を対象とし、その傾向を調査し、近代博物館成立以前から現代に至るまでの博物館史を編纂した。昭和後期から平成初期にかけて、國學院大學の加藤有次博士が中心となって全国博物館発達史の編纂が意図されたが、その際には静岡県の博物館史は纏められなかった。また、静岡県立美術館の学芸員であった立花義彰によって、「静岡近代美術年表稿」が『静岡県博物館協会研究紀要』に数度にわたって寄稿され、他方では日本大学名誉教授の安原健允が県内博物館の傾向について考察した「静岡県沿岸の博物館・水族館」[4]や、伊豆高原の美術館群について述べた古本泰之の「観光地域における「芸術活動」の観光資源化としての美術館集積—静岡県伊豆高原地域・長野県安曇野地域を事

例として─」[5]など、本県の博物館について述べた論考は僅かに存在した。しかし、本県の歴史博物館・自然史博物館・美術館・動物園・水族館・植物園などを包括的に扱った書籍・論考はこれまで存在しておらず、その歴史を編纂した資料は存在しなかったところから、研究の余地は多分に存在すると観られた。本研究は、多様な館種を研究対象とし、その歴史の網羅を試みたことに意義がある。

　静岡県には、館種を問わず数多くの博物館が所在している。本県は、県立の歴史系博物館が設置されておらず、今後もその設置構想は無い。また、社会教育施設としての博物館意識は希薄であると看取され、博物館＝観光施設と見做せる施設が乱立していることも本県の特徴である。筆者は、静岡県で学生時代を過ごし、幼年期より県内の様々な博物館を訪問している。また、今回博物館史を纏めるにあたり、改めて県内の博物館を調査し、静岡県の博物館の特徴や問題点について考えるようになった。今回、静岡県の博物館史を纏めることで、博物館発達の歴史的傾向を見出すことが可能であり、これに伴い県民意識や行政方針の傾向を図ることも可能である。そして本書では、他県にはない静岡県の博物館特性を見出すことを目的とした。また、博物館成立の基盤となったと考えられる物産陳列館や博覧会の動向にも注目することで、包括的な静岡県博物館史構築を意図するものである。

静岡県の博物館概要

　平成29年（2017）現在、静岡県博物館協会に所属している博物館は73館である[6]。また、県内にある登録博物館数は27館、博物館相当施設は16館が存在しているほか[7]、平成11年刊行の『しずおかけんの博物館』では197館の博物館の存在が認められている[8]。さらに、日本博物館協会編の『全国博物館総覧』では、平成28年現在109館の所在が確認できる[9]。

　今回、これらのデータを基に、平成28年11月現在の静岡県内に所在する博物館を集成した。静岡県には、県内35の市町のすべてに博物館（及び関連施設）が存在しており、人文・自然・美術などを総計して294館が開館している。中でも浜松市（45館）、静岡市（39館）、伊東市（34館）は、市町単位の博物館数が多い傾向にある。また、館種別統計では「歴史・民俗」系博物館が最も多く、次いで「美術」系博物館の割合が大きいことがわかる（表1）。全国的にみられる傾向として、歴史民俗資料館をはじめとした人文系の公立博物館が多いことが確認されているが、静岡県もその例に漏れず人文系博物館が大多数であ

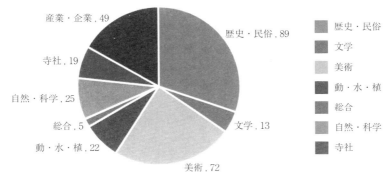

表1　静岡県下の博物館　館種別統計

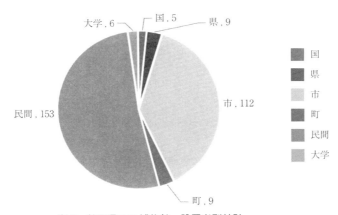

表2　静岡県下の博物館　設置者別統計

る。しかし、博物館種の第2位を占める「美術」系博物館が多いという事実は、大都市圏を除くと極めて稀有な傾向である。そして、博物館設置者別の統計によると、最も多い博物館は民間設置（私設博物館）タイプであり、次に市設置の博物館が多い（表2）。静岡県は、23市5郡12町で形成されており、町に比べて市の割合が大きいことは周知のとおりであり、また政令指定都市を2市擁することから市設置博物館が多いことは容易に理解できる。一方、静岡県の博物館設置の傾向としては、民間設置の博物館が非常に多い点が特筆できる。特に富士市以東の静岡県東部地域に於いてはその傾向が顕著であり、下田市内の博物館に至ってはそのすべてが民間設置または民営である。館種及び設置者の傾向に付帯して、静岡県には「テーマ館」と称せるような博物館が多い。「伊豆高原ステンドグラス美術館」や「ねこの博物館」といった観光を意図する博

物館や、「お茶の郷博物館」等の産業に基づいた博物館など、設置意図や運営形態は違いながらも、一つのテーマに特化した収集・展示を実施する博物館が多いことが特徴と見受けられる。

　さらに静岡県の博物館特性として、県立または県設置の歴史・民俗系博物館が存在しないことが特筆できる。静岡県は国内47都道府県のうち、歴史・民俗系の県立博物館を持っていない数少ない県である。平成29年8月現在、静岡市内に県立美術館とふじのくに地球環境史ミュージアムが存在しているが、県立の歴史・民俗系博物館の設置計画は無い。また、富士山の世界文化遺産登録に伴い「富士山世界遺産センター」の建設計画が進行しているが、当該施設は富士山の保存及びその啓蒙を意図するガイダンス施設的な性格が強いものであると看取されることから[10]、厳密に静岡県を対象とした歴史・民俗系博物館はいまだ存在していないのである。

註
（1）　博物館法第2条（定義）より抜粋
（2）　国際博物館会議（ICOM）規約（2007年8月改訂）第3条第1項より抜粋
（3）　公立博物館の設置及び運営に関する基準第四条3より抜粋
　　　動物園（自然系博物館のうち、生きた動物を扱う博物館で、その飼育する動物が六十五種以上のものをいう。以下同じ。）、植物園（自然系博物館のうち、生きた植物を扱う博物館で、その栽培する植物が千五百種以上のものをいう。以下同じ。）及び水族館（自然系博物館のうち、生きた水族を扱う博物館で、その飼育する水族が百五十種以上のものをいう。以下同じ。）
（4）　安原健允　1999「静岡県沿岸の博物館・水族館」『港湾経済研究』No.38 日本港湾経済学会 PP.123-138
（5）　古本泰之　2014「観光地域における「芸術活動」の観光資源化としての美術館集積―静岡県伊豆高原地域・長野県安曇野地域を事例として―」『日本国際観光学会論文集』第21号　PP.71-76
（6）　静岡県博物館協会 HP：http://www.shizuhaku.net/
（7）　静岡県教育委員会事務局文化財保護課 HP：https://www.pref.shizuoka.jp/kyouiku/kk-100/institution/list02.html
（8）　静岡県博物館協会 編　1999『しずおかけんの博物館』静岡新聞社
（9）　(公財) 日本博物館協会 編　2016『全国博物館総覧』（平成28年度増加分まで）
（10）富士山世界遺産センター（仮称）基本構想策定委員会　2012『富士山世界遺産センター（仮称）基本構想』より抜粋
　　　「世界文化遺産としての「富士山」が持つ顕著な普遍的価値を次世代に継承し、永く「守る」拠点施設として整備するものである。
　　　富士山を永く「守る」ためには、資産の適切な整備・公開・活用を促進することが必要である。そのため、センターでは、富士山の価値や魅力を楽しく「伝える」活動を行うとともに、県民が富士山を通じて国内外の人々と広く「交わる」機会を創出することとする。また、これら「守る」・「伝える」・「交わる」の活動内容を奥深いものとするため、富士山の歴史性や国際性、精神性を柱として、自然や歴史・文化等を深く「究める」活動を展開する。センターでは、こうした「守る」・「伝える」・「交わる」・「究める」の諸活動を全方位的にバランスよく展開し、センターにおける活動成果の全てを「富士山学」に「連ねる」ことで、来館者の多様なニーズに対応する拠点となる。」

第1章　博物館に関する歴史研究の意義

　一般的に博物館学は、博物館理念を研究対象とする「Museology（ミュゼオロジー）」と、実践的研究である「Museography（ミュゼオグラフィー）」に大別できる。現在の博物館学研究に当てはめると、前者は博物館学を主たるフィールドとする研究者が、後者は教育学、建築学、保存科学、考古学等を主な研究テーマとする研究者が遂行する傾向が見られる。現在では、理念研究を主とするMuseologyの研究者は少なく、相対的にMuseography研究が多い傾向にある。特に、博物館教育や博物館利用に関する研究では、各館の実践例に基づく事例報告に終始しているきらいがあり、事例に基づく考察や理論構築に昇華できる研究が少ないのも現状であろう。

　また、今日の博物館学は、必ずしも上記二者に分類できない分野も存在する。その最たるものは、博物館史の視点である。博物館の歴史に関する記述は、古くは明治期に遡ることができ、これまで複数の研究者が編纂を試み、それぞれに独自の解釈をもって研究してきたのである。

　一方、博物館学の歴史を扱う「博物館学史」研究は、特定の研究者を除いてあまり実践されていない。具体的には、加藤有次、青木豊、鷹野光行、矢島國雄、浜田弘明、山本哲也といった人物が研究を主導し、各種論文や『博物館学史研究事典』などの成果が挙げられている。これまでの博物館学では、組織としての「博物館」や博物館における展示や教育の方法論について主に取り扱う傾向にあり、「学」として博物館を捉える意識が希薄であった。博物館学では、個々の分野の研究の蓄積はあったものの、それらを体系的に纏めることをして来ず、各々が自らの興味関心のまま研究してきたといえる。これらの研究および研究思想を横断的に纏め、夫々の持つ意義や独自性の比較から各研究の「学」としての集約・編年を試みたのが博物館学史研究の視点である。

　しかし、先に述べた如く、我が国の博物館学は実践研究に終始する傾向にあり、所謂学史を顧みる研究者は少ないのが現状である。博物館学に限ったことではなく、研究とはこれまでの成果を踏まえながらも先学に関して批判的な視点を持ち、如何に独自性を出していくかが重要であり、独自性の確認の為にも歴史研究が必要であることは間違いない。それにも拘らず、多くの実践研究では往々にして歴史的な検討がなされず、問題提起として僅かに先行研究に触れ

ている程度に留まる例も少なくない。どのような研究にも何らかの形で先行研究が存在しており、それを顧みることなく論究したところで必ずしも執筆者オリジナルの論には成り得ない。ましてや実践研究では、先に他館で実践されている取り組みを知らなかった場合、いくら自館が初めて実践したと言ったところでそれは裸の王様に過ぎないのである。

　上記の問題は、「博物館学」の「学」としての体系化がなされていないことに起因するものと推察される。金子淳は、「戦後日本の博物館学の系譜に関する一考察」の冒頭で、「日本の博物館学は、自らの学説史をその内部に持っていない。犬塚［1995］が指摘するように、〈学史を持たない学問は科学ではない〉とするならば、博物館学はいまだ科学以前である」と述べ、さらに論末で「規範認識に裏打ちされた感覚的な「思いつき」で研究テーマを決め、先行研究をふまえず、方法論に関するトレーニングもなされないまま「研究」だけが行われ、これらの「研究成果」が、増える一方の媒体に発表され続けるという悪循環が生起する」と博物館学研究の現状を痛烈に批判している[1]。即ち、「学」としての博物館学には、先行研究・学説史研究に関する視点が欠如しており、博物館学の体系化のためには「博物館史・博物館学史」研究が不可避であると断言できる。

　本章は、博物館学に於ける歴史研究の中でも特に博物館史研究の動向把握から、その必要性について改めて論究するものである。我が国の博物館史研究は、全体史としてのマクロな研究や各博物館史などのごく小範囲を対象とした研究は多く存在したものの、地方レベル、都道府県レベルの博物館史研究は相対的に低調であった。本稿では、博物館に関する歴史研究の一視点として、都道府県を対象とした博物館史研究に着目し、その研究の歴史と博物館学上の研究の意義について考察するものである。

第1節　我が国における博物館史研究の動向

　全国大学博物館学講座協議会の刊行した『博物館学文献目録―内容分類編―』には、分類項目として〈学史・館史〉が設けられ、平成19年（2007）時点で1,066件の文献が同項目に分類されている[2]。しかし、『特別展法隆寺献納宝物』などの展示図録や陳列目録が含まれているほか、学史・館史の定義が明確ではなく、人物史が両者に存在するなど内容に問題がある。また、『全博協研究紀要』第19号に掲載された「大正・昭和前期における博物館論の展開と傾向」付表

と対照しても、文献の抜け落ちが相当数存在するが、実態として1,000件以上の文献が発表されたことは間違いなかろう。本節では、博物館史に関わる文献の内、直截に博物館の歴史を編纂した文献を例示し、その研究動向の把握を目的とするものである。

1 明治期の博物館史研究

　博物館学における歴史研究、即ち「博物館史」研究は、明治期に於いて既に確認することができる。明治21年（1888）に岡倉天心が著した「博物館に就て」では、「博物舘ノ（地）性質ノ變遷ニ於テハ之ヲ四期ニ區別スヘシ」として、ギリシャのミューズ神殿における絵画・彫刻の奉納および展示から19世紀のルーブル美術館や大英博物館に至る歴史を概観している[3]。同書内で岡倉は、日本の博物館を神仏への奉納を指す第一期、「豪族富家異種珍物ヲ藏シテ徒ラニ我知己ニノミ誇リ示ス」第二期、分類法の確立されていない「新古錯雜」の博物館が誕生した第三期の画期をもって分類しており、年代の差はあっても欧米諸国と同様の系譜をたどって博物館が成立したことを指摘している。また、明治26年に神谷邦淑が『建築雑誌』に寄稿した「博物館」においても、岡倉同様に欧米の博物館発達史を概観したうえで、先述の岡倉の四期分類を紹介している[4]。博物館を論ずる上で、博物館起源論から欧米における19世紀の博物館発展までを概説的に取り上げる論調は、これ以降も複数の論著に確認できるものの、純粋に「博物館史」を研究したものとは言い難く、内容も概説的で不十分であるところから博物館史研究の前段階にあたると判断できる。

　具体的に博物館史を取り上げた嚆矢は、明治37年に内田四郎が『建築雑誌』に寄稿した「繪畫陳列館」である。当論では、絵画・彫刻を展示する絵画陳列館について、館の目的、分類法、部屋の配置、観覧順路などの観点から論じ、その中で「繪畫陳列館の歴史」を一節設けている[5]。当論の博物館史は、ギリシャに源流を求める点は岡倉や神谷の博物館史紹介と同じであるが、15世紀以降は個人コレクターの収集が博物館・美術館へ繋がっていく系譜を具体的な年号を交えて述べている。しかし、個々の博物館に関する解説は殆どなされておらず、館史年表とも換言できる内容であった。

　続いて、明治39年に教育学者の下田次郎が刊行した『西洋教育事情』が挙げられる。同書では、「一八　教育博物館に就て」と題する項目を設け、その中で教育博物館の歴史に触れている[6]。下田の論では、17世紀以来学校にて教具の収集が盛んに行われ、1817年にはフランス・パリのジュリアンなる者

が教育博物館の構想を初めて行ったとしている。さらに、1853年には、カナダのトロントに史上初の常設教育博物館が開設されたとし、1892年までに設立された世界22ヶ国の教育博物館を取り上げた上で教育博物館の成立史について言及している。

日本国内の博物館を対象とした館史研究は、明治44年に植物学者の白井光太郎が著した「維新前の植物園」が挙げられる[7]。これは、欧米の植物園はその歴史が完備されているのに対し、我が国の植物園には何らの記録も残されていないことを憂い、江戸期に設営されていた薬園の沿革・歴史について詳細に記述したものである。白井は、明治維新によって薬園が破却されてその資料が散逸し、当時薬園に勤務した人々も年々減少する中で、薬園史資料の保存と後世への伝達の必要性を訴える目的をもって同論を執筆したとしている。

以上のように、博物館の成立史について言及した論考は、明治期に於いても少ないながらも存在しており、明治期には日本に博物館が誕生するとともに、その歴史を探求・編纂する博物館史研究の源流が認められるのである。

2　昭和前期の博物館史研究

大正期には、博物館史に関する特徴的な動きは無かったが、本格的に博物館史研究が開始されるのは、昭和3年（1928）に発刊された『博物館研究』第一巻第一號および第二號に掲載された「博物館發達の歴史」以降と考えられる。第一號では、「世界最初の博物館」「羅馬時代の家庭博物館」「歐羅巴中生代の博物館」「文藝復興時代の博物館」「科學の進歩と自然物の蒐集」「Museumと云ふ語の使用」に[8]、第二號では「昔の博物館の陳列品」「早期の博物館」「其の後に出來た舊い博物館」「專門の博物館」「見世物としての博物館」「蒐集品の散逸」の各6点の観点から博物館発達の変遷を概観していた[9]。しかし、あくまで元々博物館が誕生した海外に於いての博物館史に終始しており、内容に関しても旧来述べられてきた博物館起源論に若干の増補がなされている程度である。さらに、下田次郎の『西洋教育事情』とは異なり一切の年号が示されていないなど、博物館史としては不十分であったが、「博物館發達の歴史」と具体的に博物館史の名称を用いた初の論考である点は評価できる。

なお、同論に執筆者は記載されていないが、実際に執筆したのは博物館事業促進会の理事であった棚橋源太郎であると推定される。これは、棚橋による博物館学に関する最初の単著『眼に訴へる教育機關』の第一章「眼に訴へる教育機關發達の歴史」において、見出し・内容ともに同一の項目が確認できるから

である[10]。『眼に訴へる教育機關』では、18頁以降『博物館研究』に掲載されていない書き下ろし項目が増補されており、その中で「本邦博物館の沿革」と題して博物局の開局から博物館事業促進会発足に至る我が国の博物館発達史を纏め、「博物館發達の歴史」の不備を解消していることが指摘できる。

続いて、棚橋は『博物館研究』において第6巻第5・6号から第11号にかけて「博物館の歴史」を連載した。しかし同論も、「博物館發達の歴史」と『眼に訴へる教育機關』に掲載された文章の一部語句を修正しただけの再録に過ぎず、また『眼に訴へる教育機關』に記した「近世博物館」のフランスの博物館以降、「博物館陳列法の改善」、「博物館建築の革新」、「本邦博物館の沿革」の項目が掲載されなかったなど、不十分な点が多々観られた。

棚橋は、『博物館研究』の特集号的な冊子として昭和19年に『本邦博物館發達の歴史』を上梓しており、これが本邦の博物館史を纏めた書籍の嚆矢となった。これは、『眼に訴へる教育機關』の「本邦博物館の沿革」を下地とし、より増補する形で編纂された。同書の緒言には、日本博物館協会より以下のように記載されている[11]。

> 本篇は、本會常務理事棚橋源太郎氏の執筆に係かり、我邦博物館の特色と、その特異なる發達の次第、並に、先人努力の蹟を記■したもので、本邦將來の博物館施設、殊に、重大時局に直面して我が博物館が、益々その特色を發揮し使命を達成する上に、參考すべき點が頗る多い。依つて今回特にこれを印刷して關係者に頒つことゝした。

このように、同書はこれまでの博物館史を紐解くことで、戦時下の当時に於ける博物館活動の参考とすることを目的としたものであった。その後、棚橋は昭和25年刊行の『博物館學綱要』の第一章に「博物館發達の歴史」を設けている。同書では、第一節に海外の博物館史を纏め、『眼に訴へる教育機關』記載の歴史をやや改訂・増補した内容となっている。一方、第二節には飛鳥時代から終戦にかけての我が国の博物館史を纏めているが、此方は『眼に訴へる教育機關』から大幅な増補が確認できる。これは、『本邦博物館發達の歴史』の執筆に伴い、本邦博物館史に関する資料が収集され、それを基に詳細な歴史編纂が行われた結果といえよう。

棚橋の博物館史研究は、昭和32年刊行の『博物館・美術館史』に結実し、戦後初の博物館史の単著となった。『博物館・美術館史』は、『博物館學綱要』記載の博物館史を独立・発展させたものであるが、実際は『博物館研究』掲載の「博物館發達の歴史」から30年弱殆ど同じ文脈を流用し続けていることが

窺える。棚橋の博物館史は、過去に既に編纂した歴史に直近の事柄を増補する形で発展したが、古い段階の館史はいつまでも更新されない弊害があった。しかし、昭和初期から一貫して博物館史を編纂し続けた点は評価に値するのである。

棚橋以外では、昭和9年に波多野賢一によって「明治初年に於ける官立圖書館・博物館の發生と變遷」が発表された[12]。同論は、『圖書館研究』第10巻に別編として設けられた論考であり、論題の通り我が国に於ける国立の図書館（書籍館）及び博物館の発達史を、詳細な資料調査から克明に記した論考である。波多野は、駿河台図書館長や日比谷図書館事業掛長などを歴任した図書館人で、同論は波多野が駿河台図書館館長時代に執筆した論考である。同論は、我が国の詳細な博物館成立史について図書館との関係から論じたことが特徴的である。

帝室博物館による歴史編纂は、昭和13年に刊行された『帝室博物館略史』が嚆矢である。序編と本編による二編構成を取り、序編において「総説」「博物館の創設」「文部省博物局」「内務省博物局」「農務省博物局」と章を分け、我が国に於ける詳細な国立系博物館変遷史とその設置理念が述べられている[13]。同書は、波多野編纂の博物館史と比較して、より詳細な部分まで資料を博捜しており、略史の名称を使用しながらも実態は詳史と言っても過言ではない。

このように、昭和戦前期には、明治期と比較してより詳細な資料収集に基づく歴史編纂が実践された。当該時期に刊行・発表された博物館関係文献の中では、博物館史に係る文献はごく僅かではあるものの、主として博物館史編纂を目的とした文献が誕生した点に意義がある。当該時期は、明確に歴史研究として博物館を捉えた端緒であったといえよう。

3　戦後の博物館史研究

戦後になると、博物館史研究は次第に盛んになる傾向が見出せる。表1-1は、戦後に刊行された博物館史を扱う文献の内、主要な単行本を提示したものである。なお、『東京国立博物館百年史』のような各館史は、戦後膨大な数が編纂されるうえ、自館の歩みを確認する記念事業としての側面も強いので、本項では歴史研究としての博物館史研究とは意図が異なるものとして除外している。

ここに示した文献は、日本や世界の博物館を対象とするマクロ視点からの歴史研究であり、論文や研究ノート等の文字数が限られた文献には、「宮城県における博物館の嚆矢―明治12年設置の博物館をめぐって―」[14]などのミク

第1節　我が国における博物館史研究の動向

著者名	発行年	書誌情報
平沢　薫	1950	「第十九章第一節 博物館の歴史」『社会教育』岩崎書店
川崎　繁	1955	「博物館史」『教育文化史大系』第12巻金子書房
棚橋源太郎	1957	『博物館・美術館史』長谷川書房
佐々木時雄	1975	『動物園の歴史：日本における動物園の成立』西田書店
佐々木時雄	1977	『続動物園の歴史 世界編』西田書店
伊藤寿朗	1978	「日本博物館発達史」『博物館概論』学苑社
樋口秀雄 編	1981	『博物館学講座2　日本と世界の博物館史』雄山閣
椎名仙卓	1988	『日本博物館発達史』雄山閣出版
並木誠士、 吉中充代、 米屋　優 編	1998	「美術館のすがた」『現代美術館学』昭和堂 （近代日本と美術館、美術館の戦後の展開などを含む館史研究）
椎名仙卓	2000	『図解博物館史』雄山閣
金山喜昭	2001	『日本の博物館史』慶友社
椎名仙卓	2005	『日本博物館成立史：博覧会から博物館へ』雄山閣
高橋雄造	2008	『博物館の歴史』法政大学出版局
青木　豊、 矢島國雄 編	2010	『博物館学人物史』上・下　雄山閣
舟山廣治 編	2013	『樺太庁博物館の歴史』北海道北方博物館交流協会
椎名仙卓	2014	『博物館学年表―法令を中心に―』雄山閣

表1-1　戦後刊行された主要な博物館史文献（単行本に限る）

ロな視点からの博物館史研究も多数存在する。戦後の博物館学は、多くの研究がそうであるように年を経るごとに細分化されていった。博物館史研究においてもこれは同様で、我が国の博物館全般の歴史については、1950年代より川崎繁や伊藤寿朗等によって研究がなされ、『博物館学講座2　日本と世界の博物館史』の刊行を以て一定の通史が確立された。同書では、全体的な歴史を編纂するだけでなく、「Ⅲ 館主別博物館史」と題して美術系博物館・歴史系博物館・自然史系博物館・理工学系博物館など、より研究範囲を縮小した微細な館史研究が意図されたことが特徴である[15]。ミクロな視点での館史研究は、これ以前には冨樫泰時が『出羽路』に「秋田県の博物館史」を連載しており、地域別の歴史を編纂したのはこれが嚆矢と推察される。しかし、博物館史の構成は、この時点においても戦前期と同様に事実の羅列に終始しており、博物館設

立に係る社会的背景や学界の風潮、その他様々な要因について言及するものではなかった。これは、全国的な通史の編纂が第一義であり、その背景などは顧みられなかったこと、寧ろ対象とする範囲が広大であったところから、詳細について論考する余裕が無かったことなどが理由として考えられる。

全国的な博物館史は、『博物館学講座』第2巻にも寄稿した椎名仙卓の微に入り細を穿つ一連の研究によって、同書の記載内容よりも遥かに内容の深い歴史が纏められ、大筋では解明・編纂がなされたといえる。しかし、各館種や地域、設立母体別などのミクロな歴史については未知の部分が多く、博物館史研究はより微細なテーマへと研究対象が移行していると観察される。例えば、ミュージアム・ワークシートの思想とその実践の歴史について研究する塚本順平の研究などはその典型であろう[16]。

一方で、平成7年（1995）に「博物館史研究会」が発足し、我が国初の博物館史専門の研究団体として機関誌『博物館史研究』の発行を開始した。同会の理念は、『博物館史研究』上に記載は無いものの、同会ホームページに確認することができる[17]。

> 過去、わが国における博物館史研究は、『国立科学博物館百年史』や『上野動物園百年史』など個別の館園史編纂と、椎名仙卓氏や伊藤寿朗氏らによる通史の編纂として進められてきた。そして近年、ファシズム期日本の博物館政策、棚橋源太郎氏の博物館理論、さらに満洲国における日本人の博物館理論・活動など、広汎かつ細部にわたる研究が展開されるようになった。
>
> しかし、博物館史研究は博物館研究の基礎であるにもかかわらず、現在の博物館研究の最も脆弱な環であることに変わりはない。かくして、スノビズムとステレオタイプという日本の博物館研究の無思想は、傍若無人の様相を呈している。
>
> 1995年秋に設立された博物館史研究会は、雑誌『博物館史研究』の刊行を通じて論考の公表と博物館史資料の発掘をおこないながら、博物館とは何かを問い、博物館を考える。

博物館史研究会では、上記の理念に基づき年間1～3回研究雑誌を発行し、博物館史の探求と古い博物館関連文献の翻刻を行ってきた。特に、『博物館史研究』No.1 から No.13 まで継続して行われた博物館史資料の発掘・翻刻は、博物館史の研究を行う上で重要な資料提供となった点は評価できる。例えば、満洲国国立中央博物館の副館長として博物館エクステンションを行った藤山一

雄は、著書である『新博物館態勢』が一般的に知られていたものの、これに加えて「博物館小考」や「博物館運動の方向」、「博物館の使命」や「新博物館の胎動」など藤山の博物館思想を物語る様々な資料を発掘し、公刊したことに意義が見出せる。さらに、各論に対しては、同会会員からの解説・分析が併記されており、各種資料を翻刻するだけでなく会員の研究成果の発表が同時になされていた点は特徴的である。

　しかし、同会の活動は平成15年以降確認できず、『博物館史研究』はNo.13を最後に発行が停止されており、同時に博物館史資料の翻刻も中途半端に終わっている。同誌に多数寄稿していた犬塚康博や金子淳は、平成19年の神奈川大学COE公開研究会「学芸員の専門性をめぐって」の第2回「今後の博物館活動と博物館学の方向性」や[18]、桜美林大学の浜田弘明教授が中心となった科学研究費補助金「博物館学資料「鶴田文庫」の整理・保存及び公開に関する調査・研究」に参加しており[19]、その後も博物館史研究を率先して行っていることが確認できるが、会としての運営は認められない。同会は、博物館史研究の現状に問題を抱き、その是正と博物館学発展を目的に活動した我が国初めての館史研究団体であったが、僅かな期間のみで活動がなされなくなったのは残念である。

小　結

　以上のように、戦前期における博物館史研究は、博物館の起源を探りその後欧米にて発展してきた歴史を概観する海外の博物館起源論に端を発するが、あくまでも成立史を羅列しただけで館史研究と呼べるものではなかった。その後、明治37年に内田四郎が『建築雑誌』に寄稿した「繪畫陳列館」や、明治39年に下田次郎が著した『西洋教育事情』の教育博物館史が濫觴となり、我が国の博物館史研究は開始された。これらの論は、美術館論や教育博物館論を述べる前段階として欧米の館史を提示することで、今後これらの博物館が日本に必要であるとする根拠の一つに利用していたのである。

　我が国の博物館の歴史編纂は、昭和期以降になってから、国立系博物館の変遷を中心に、古代～近代にかけての博物館発達史を纏める研究が実践された。明治・大正期は、日本に"博物館"の存在が伝えられてまだ日が浅く、全国的にもあまり博物館数は多くなかった。歴史ある博物館としても、現在の東京国立博物館や国立科学博物館の前身となる施設が該当するのみであり、欧米の博物館と比較しても研究する余地が少なかったところから、博物館史研究が意図されなかったと推測される。昭和3年の博物館事業促進会発足以降は、同会理

事であった棚橋源太郎が博物館史研究を主導した。棚橋は、海外の博物館発達史を纏める一方で、古代から執筆当時にかけての歴史編纂を複数回に亙って実施しており、戦後集大成となる『美術館・博物館史』を上梓した。棚橋の博物館史編纂は、国立系博物館の発達史に終始するのではなく、社寺の宝蔵や絵馬堂といった博物館設立前史における収集・展示行為についても言及しており、"博物館"というハコや制度だけでない広範な視点から博物館史を捉えていた点が特筆に値するのである。

戦後日本の博物館史研究は、博物館の発達を通史的に捉える研究が主流であり、『博物館学講座2 日本と世界の博物館史』を経て椎名仙卓の博物館史研究をもって一定の通史が確立された。その一方で、館種や地域などよりミクロな範囲を対象とした研究が開始された。これは、通史としては捉えきれない部分にも特徴的な歴史が遺存しており、"博物館"についてより深く考察するためには微細な部分へのアプローチが不可欠な点に立脚するのである。

しかし、『現代美術館論』における美術館史や溝井裕一の『動物園の文化史―ひとと動物の5000年』等の博物館史が纏められた一方、先述のミュージアム・ワークシート論史や個別の博物館史に関する研究など、テーマがミクロになりすぎて歴史研究の意味合いや全体史における位置づけが曖昧になっている点が問題である。また、漠然と博物館の変遷を羅列するだけで分析や解釈が欠如している研究や、博物館史を研究することの意義や目的が明確でない研究なども儘存在する点も指摘できるのである。

第2節　各県単位の博物館史研究の背景と意義

1　國學院大學での各県博物館史編纂事業

博物館史研究の細分化の一潮流として、かつて國學院大學の加藤有次博士によって提唱された、各県の博物館発達史の編纂事業が存在した[20]。各県博物館史編纂事業は、昭和55年（1980）の『國學院大學博物館學紀要』第5輯から平成14年（2002）の第27輯にわたって、全国の博物館、大学関係者によって編纂された一連の館集成群である。これは、全国的な博物館史研究の興隆を背景に、各地に奉職した國學院大學出身の学芸員等の中で博物館発達史に関心がもたれていたこと、当時復刊を果たした同誌のテーマとして数多くの論考を集められると目論んだことなどを理由とし、地域社会における博物館の位置付けの確立と博物館事業の進展を目的として実践されたのであった。当該事業

において編纂された各県の博物館史は、表1-2の通りである。本事業では、結果として47都道府県中32道県、36件の博物館史が纏められ、秋田県の博物館史に至っては、冨樫泰時によって『秋田の博物館：その歴史と背景』として上梓されたのである。また、北海道や宮城県、和歌山県など一県につき複数の館史が纏められた例も存在する。当該事業は、原則的に一県につき執筆者は一人であったが、地域によっては広大な範囲のカバーや膨大な文献の分担整理をするために複数の研究者が事業にあたった例や、宮城県のように一度編纂を終えた後より詳細なテーマを設定して研究を継続した例が存在するため、館史が複数存在する事態が発生したのである。

博物館史編纂事業の休止　しかし、当該事業は平成14年以降進展を見ることはなかった。事業休止の経緯や理由について、文章の形で遺存しているものは無いが、当時の関係者の話を纏めると、3点の休止理由が考えられる。

　第一として、博物館に内容を限定するとはいえ、膨大な資料を渉猟・編集しなければならなかったことが挙げられる。博物館史の編纂をする上で、資料の収集は不可欠である。しかし、当事業が推進された昭和末から平成初年代にかけては、現在のWEB-OPACのように便利な情報検索システムが構築されていたわけではなく、文献は図書館や公文書館等で地道に博捜しなければならなかった。また、地方自治体の県史・市史編纂事業が実施された地域であれば、ある程度の資料の集積がなされており、静岡県立中央図書館歴史文化情報センターのように一般への資料公開を実施する施設を持つ例も存在するが、県史・市史編纂事業が未実施の場合は、一から資料を博捜しなくてはならない。さらに、東京・大阪・京都など早くから博物館が発達した地域では、資料が膨大かつ微細な事例が数多存在し、情報の集約が困難であったことも要因の一つであったといえる。

　第二としては、執筆者が現役の学芸員や文化財担当職員であったところから、本務との兼合いが困難であったことが挙げられる。当該事業は、加藤博士の号令のもとで日本全国の國學院大學出身者（通称、院友）に依頼して執筆してもらったものであり、博物館史をテーマとしたところから博物館学芸員に依頼したことや、博物館学研究室が考古学の一研究室であったところから文化財保護に携わる院友に依頼したことが執筆者からも窺える。かつて、博物館や文化財保護の場には、必ずと言ってよいほど院友が存在した。大学の一研究室の事業であっても、各県博物館史の全国集成を7割程度達成できたのも、全国各地に院友が存在していたことが大きな理由である。しかし、各県内に範囲は区切ら

表1-2 『國學院大學博物館學紀要』上に掲載された各県博物館史一覧

都道府県	執筆者	掲載年	掲載輯	論題	頁数
北海道	岡田一彦	1981	第6輯	「北海道の博物館―函館博物館を中心に―」	6
〃	小西雅徳	1983	第8輯	「釧路地方における博物館の様相」	13
青森県	未編纂				―
秋田県	冨樫泰時	1980	第5輯	「秋田県の博物館史」	12
岩手県	熊谷常正	1984	第9輯	「岩手県の博物館発達史〔その1〕―明治時代前半期の活動を中心に―」	7
山形県	未編纂				―
宮城県	佐々木和博	1989	第14輯	「宮城県博物館史」	12
〃	〃	1990	第15輯	「宮城県における大正期の博物館―宮城県図書館博物標本室をめぐって―」	9
福島県	高力英夫	1987	第12輯	「福島県の博物館活動史」	8
茨城県	瓦吹 堅	1991	第16輯	「茨城県博物館史」	7
栃木県	未編纂				―
群馬県	磯部淳一	1987	第12輯	「群馬県博物館史」	7
埼玉県	未編纂				―
千葉県	未編纂（物産陳列所史のみ存在）				―
東京都	未編纂				―
神奈川県	三輪修三	1980	第5輯	「神奈川県博物館概史」	7
新潟県	横山秀樹	1980	第5輯	「新潟県における明治時代の博覧会・博物館史」	5
長野県	窪田雅之	1987	第12輯	「長野県博物館概史―松本市立博物館の歩みを中心に―」	21
山梨県	小野正文	1989	第14輯	「山梨県博物館史」	8
静岡県	未編纂				―
愛知県	井上光夫	1987	第12輯	「名古屋の博物館史」	8
岐阜県	今井雅巳	1987	第12輯	「岐阜県の博物館120年の歩み〔1〕」	10
三重県	矢野憲一	1987	第12輯	「三重県博物館史」	11
福井県	赤澤穂明	1989	第14輯	「福井県博物館史」	12
富山県	未編纂				―

第2節　各県単位の博物館史研究の背景と意義

都道府県	執筆者	掲載年	掲載輯	論題	頁数
石川県	高橋　裕	1996	第21輯	「石川県における戦後博物館の動向」	5
滋賀県	宇野滋樹	1988	第13輯	「滋賀県博物館史」	8
京都府	未編纂				—
大阪府	未編纂				—
和歌山県	内川隆志	1986	第11輯	「和歌山県南部における博物館」	11
〃	青木　豊・内川隆志	1989	第14輯	「和歌山県博物館史」	26
奈良県	菅井正史	1991	第16輯	「奈良県の文化財保護の道程と博物館」	17
兵庫県	大平　茂	1989	第14輯	「兵庫県博物館史」	12
鳥取県	中原　斉	1990	第15輯	「鳥取県博物館史」	10
島根県	宮澤明久	1989	第14輯	「島根県の博物館」	9
広島県	倉橋清方	1990	第15輯	「広島県博物館簡史」	22
岡山県	未編纂				—
山口県	未編纂				—
香川県	未編纂				—
徳島県	山川浩實	1996	第21輯	「徳島県の博物館史」	13
愛媛県	石野弥栄	2002	第27輯	「愛媛県の博物館史」	13
高知県	未編纂				—
福岡県	副島邦弘	1988	第13輯	「福岡県博物館史」	16
佐賀県	木下　巧	1995	第20輯	「佐賀県博物館小史」	13
長崎県	下川達彌・立平　進	1987	第12輯	「長崎県の博物館―沿革と実態―」	13
大分県	後藤重巳	1980	第5輯	「大分県における社会教育思想の展開」	5
熊本県	富田紘一	1987	第12輯	「熊本県博物館史」	8
宮崎県	高橋浩明	1989	第14輯	「宮崎県博物館史」	11
鹿児島県	金山喜昭	1990	第15輯	「鹿児島県博物館史」	12
沖縄県	池田榮史	1993	第18輯	「沖縄県博物館史」	13

れているものの、膨大な資料の収集や編集は容易にできるものではなく、また学芸員として多忙である中で本務外の労力を割かなくてはならなかったことが、本事業を困難にしていたと考えられる。実際、「博物館史」と銘打っていても、執筆者によって内容や執筆範囲は非常に不均衡であったほか、各県博物館史の掲載時期が十数年に亙ったことも本務との兼ね合いで調査・執筆時間が確保しづらかったことに起因するものと推定できる。

　第三の理由として、各県の博物館史編纂を行うにあたり、都道府県立博物館の有無も関係したと推測できる。都道府県立博物館は、地方自治体の歴史・民俗・文化・自然等を扱う郷土博物館で、とりもなおさず都道府県の核となる施設であり、その変遷史を組み込まずして各県の博物館史は成立しないと断言できる。また、各県博物館史編纂事業の始まった1970年代～80年代は、明治100年記念事業に伴って佐賀県立博物館(1970年)、北海道開拓記念館(1971年)、山形県立博物館(1971年)、青森県立郷土館(1973年)、群馬県立歴史博物館(1979年)、鹿児島県立歴史資料センター黎明館（1983年）などの県立博物館が相次いで開館した。この県立博物館開館に至る流れを中心に据え、それに近世や戦前期等の県博設立前史と今後の展望を加えることで、博物館史を構築している例が複数確認できる。具体的には、金山喜昭が執筆した「鹿児島県博物館史」や池田榮史の「沖縄県博物館史」、木下巧の「佐賀県博物館小史」などが、県立の博物館を中心に博物館史を論考している。しかし、各県博物館史編纂事業が推進された当時、静岡県や香川県、高知県など論の核となり得る県立博物館を有さなかった県では、博物館史の明確な指針を見出すことが難しく、結果として編纂されなかったと判断される。

　上記3点が複雑に影響し、当該事業は自然消滅的に休止したのであった。

各県博物館史編纂事業の問題点　各県の博物館史を編纂した同事業は、これまで顧みられなかった地方の博物館の歴史を掘り起こし、我が国の博物館史を拡充・増補した点に意義のある事業であった。しかし、当該事業で編纂された博物館史については、複数の問題が挙げられる。

　まず、執筆内容の不統一が挙げられる。例えば、新潟県を担当した横山秀樹は、「新潟県における明治時代の博覧会・博物館史」として時代を明治時代に限定し、博覧会・物産陳列館および「新潟博物館」のみを編纂していた。また、岡田一彦と小西雅徳は、お互いに北海道の博物館史を編纂したが、夫々函館と釧路地方を中心とした博物館史であり、北海道全体の館史は未編纂である。他にも、「岩手県の博物館発達史〔その1〕―明治時代前半期の活動を中心に―」

として続編を意図しつつも結局編纂されなかった岩手県や、松本市立博物館史に誌面の大半を割いた「長野県博物館概史―松本市立博物館の歩みを中心に―」、さらには対象を名古屋に絞った井上光夫の「名古屋の博物館史」など、統一的な基準を以て編纂事業が進められたとは想定し得ない。

時代区分の不徹底も問題の一つである。当該事業では、概ね「近代以前の博物館前史」「明治～昭和戦前期の博物館史」「敗戦から現在までの博物館史」「考察、問題提起、まとめ」の項目で館史が纏められた傾向が見出せるが、先の新潟や岩手の例など、通史としての博物館史ではなく特定の時代に終始する事例が複数確認できる。

博物館史を編纂した各文献の紙幅の問題もある。表1-2に示した通り、各論考の頁数には大きな差異がある。これまで編纂された博物館史は、平均12頁の分量ではあるが、最も少ない新潟県（5頁）と最も多い和歌山県（26頁）では5倍以上の差が見られる。

当該編纂事業では、執筆内容等に明確な基準が無かったところから、ある県では通史的、別の県では一館の歴史偏重など各県で内容にばらつきが発生し、比較検討できる有効なデータ作成ができなかったのである。本来、統一的な各県博物館史編纂を行うのであれば、書式や執筆項目、編纂する時代を統一し、各県を同等の条件で比較・対照できるようにする必要がある。統一事項を設けることで、ある程度同じ基準で博物館の発達を見ることができ、各県を比較することで、各々の土地で如何なる特徴をもって博物館が発達したかを把握することができる。当該事業においては、内容等を統一させる視点を欠いたため、無秩序で情報量も不十分な編纂となってしまったのである。

更なる問題点として、博物館史の対象とする館種の偏重が挙げられる。当該事業で編纂された博物館史は、相対的に人文系博物館を中心に論ぜられる傾向が強かった。人文系の中でも美術館に関する視点が相対的に希薄であり、例えば神奈川県には、昭和26年に日本最古の近代美術館である神奈川県立近代美術館が開館したが、三輪修三の「神奈川県博物館概史」にはこの記載が認められないなど、総合博物館あるいは歴史・民俗・考古の博物館史が編纂の中心であった。美術館については、「群馬県博物館史」や「徳島県博物館史」等で若干言及されているが、一方で動物園史や水族館史、植物園史に関する視点は皆無と言って差し支えなかろう。僅かに年表や一覧表に動物園や水族館の名称が見出せる例もあるが、広島県や鳥取県の表にはこれらの館種が博物館に含まれておらず、包括的な博物館史編纂は成し得ていなかったのである。

これは、当該事業に参加した人々の専門に原因があると観られる。執筆者の部分でも触れたが、博物館史編纂に参加した人々は、各地方の学芸員や文化財担当の院友であり、殆どが博物館学あるいは考古学・歴史学が専門であった。これらの人々にとっての博物館は、とりもなおさず人文系の博物館を指向している感がある。抑々、動物園・水族館・植物園は、法制度上は博物館の範疇に含まれているが、歴史的にみても博物館の一部と考えるか否かについては議論が重ねられており[21]、一般市民の中にも、博物館と動物園・水族館・植物園を同等に扱っていない人々は多々存在すると考えられる。館史を編纂する人々の意識には、動物園・水族館・植物園は博物館史の対象として認識されていなかったと推察でき、加えて高度経済成長期以降に爆発的に増加した歴史・民俗系の博物館に対し、動物園・水族館・植物園は歴史を編纂できるほどの館数が各県に無かったこともあり、相対的に軽視されたものと推測される。このように、結果として美術館を除く人文系に偏重した館史編纂が実施されたのである。

　抑々、大学の紀要論文として、各県の博物館史を編纂すること自体が無理のある事業であったと看取される。各都道府県に設置・運営された博物館は、博物館数や運営主体の別など県毎に差異が見られるが、総じて膨大な量の歴史情報や史料が存在している。それらを丹念に調査・分析し、博物館史として編纂した場合、10余頁の論文に収まる筈はない。本書は勿論のこと、冨樫泰時の『秋田の博物館：その歴史と背景』のように、県毎に単行本が刊行できるほど情報量は多いのである。加えて、明確な編纂基準が欠如しており、各県の編纂内容が不統一であったほか、人的・作業量的な理由から不十分な結果に終わったのである。

2　各県博物館史研究の現在の動向

　國學院大學での各県博物館史編纂事業の終了に前後して、同大学以外の研究者によっても県ごとの博物館史編纂が意図された事例が存在する。例えば、長谷川賢二が纏めた徳島県の博物館史は、山川浩實が纏めた「徳島県の博物館史」を先行研究として踏まえたうえで、その分析から戦前期の同県の博物館についての調査と再検討を行い[22]、山川の研究を超えたより詳細な歴史を発掘したことが挙げられる。

　一方で、島根県の博物館史に関しては、宮澤明久の「島根県の博物館」[23]と平野芳英の「島根県博物館史への試み」[24]で編纂内容が概ね重複している。まず、宮澤の論考では、同県の博物館の嚆矢を大正3年（1914）の出雲大社宝物

殿に求め、県立博物館・歴史民俗資料館・県立美術館など各時代に特徴的に展開した館種を主軸とした歴史を編纂している。一方、平野の論考は、島根県の博物館発達をⅠ期からⅥ期に細分し、県政や住民参加、指定管理者制度など様々な観点を組み合わせて博物館史を編纂している。具体的な両者の差異は、①対象とする時代、②各館の記載の密度、③多角的な視点の有無の3点である。①は、宮澤の論が明治6年（1873）に開催された博覧会から平成元年（1989）までを対象としたのに対し、平野は明治6年から平成22年までを対象としている。これは、単純に発行年が異なり（宮澤：平成元年発行、平野：平成22年発行）、平野は宮澤の編纂したⅣ期以降の歴史を編纂できたことから、論考で対象とした時代が異なるのである。②③に関しては、館の名称・開館年・概要を概説的に纏めた宮澤論に対し、平野論はより緻密な文献渉猟と分析から、時代ごとに特徴的な博物館設置を把握できるほか、県知事の博物館政策など博物館の設置に影響を与えた様々な要素を盛り込んだ詳史として纏められた点が異なる。しかし、平野の論考には、先行研究として宮澤の論に触れられておらず、あたかも自らが当該分野の先駆であるかのような論の展開が見られる。また、平野論には出雲大社宝物殿などの博物館が欠落しており、先行研究を踏まえていないことが窺える。

　また、亀谷隆は二回に互って北海道の博物館史を編纂した[25]。同書は、道内に設置された博物館の設立史を時系列順に纏めたもので、"史料"と銘打っている通り、主観や分析を交えない事実記載に徹した書籍である。『北海道博物館史料』は、開拓の始まりから平成17年を、『北海道博物館史料 続』は平成18年から28年を対象とし、その間に開館・閉館した博物館の名称等を編纂すると同時に、各館の設立背景や設立に至る活動推移を併記しており、道内の博物館の変遷を客観的に知る上で優秀な書籍であるといえる。

　さらに、伊東俊祐は先の編纂事業に於いて栃木県の博物館史が編纂されていなかった点に着目し、独自の博物館史研究の成果として「近代栃木県の博物館史（序）明治・大正時代の日光山を中心に」を執筆している[26]。伊東の論考は、時代を明治・大正期に、また日光山を中心とした範囲に限定したものであるが、当該地域に設置された博物館施設について、設立背景や開館から廃館、あるいは現在までの推移を多種の資料を用いて施設ごとに論究しており、近代日光の博物館運営について詳しく知ることができる。伊東の論は、考察や分析がやや不十分ではあるが、時代的・地域的な補完を経て包括的な栃木県博物館史編纂が今後期待できるのである。

上記のように、近年においても各県を対象とした博物館史研究は実践されているものの、博物館史研究全体の中での割合は多くない。また、平野の島根県博物館史や亀谷の北海道博物館史研究を除き、各都道府県の全域および館種を問わない包括的な館研究は低調である。さらに、平野の論考では植物園について触れられておらず、亀谷の研究は事実記載に終始して各博物館の有する意義や効果などについての視点が不足していたのである。

この理由としては、各県単位よりもさらにミクロな視点へ博物館史研究の主体が移っていることが挙げられる。例えば、鎌形慎太郎の「第二回水産博覧会における水族館の実態」[27]などの各博物館の個別の歴史や、城石梨奈の「北海道・釧路における郷土博物館の設立―アイヌ民族研究と「郷土」の創出をめぐって―」[28]などの対象とする範囲を都道府県よりも狭めた研究が確認できる。個別の博物館に関する詳細な研究は、対象とする館の設立の目的や意義についての詳細を把握し、現代の博物館との関係性を知る上で不可欠である。しかし、個別の博物館だけを研究するのでは、点としての情報の集積にしかならず、地域性や時代性といった面としての実態把握には成り得ない。また、小規模地域を対象とする博物館史編纂であっても、地域内の傾向分析や特質の把握のために、隣接地域や全県・全国との比較は必須である。先にも述べた通り、全国的な博物館史は、椎名仙卓等の研究によって一定の通史が編纂され、その後の研究によって個別館史など微細な範囲の博物館史研究の成果は蓄積されているものの、東北・関東・四国などの地方別博物館史や、都道府県ごとの詳細な博物館史など、博物館史研究の中層的な範囲の研究蓄積は相対的に不十分なのである。

3　各県博物館史編纂の必要性

博物館史研究の現状を踏まえた上で、筆者は再度の各県博物館史編纂の必要性を提起するものである。我が国の博物館史研究は、全国史と個別館等の中間にあたる範囲の歴史編纂が不十分であることは先述のとおりであり、特に県

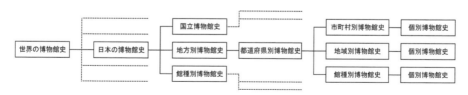

図1-1　博物館史研究の分類例（2017 中島作成）

レベルでは各県博物館史編纂事業とその後の一部論考はあるものの、館種や時代などを包括した歴史編纂にはなっていない。都道府県ごとの博物館の変遷史を編纂することで、全国的に知られてこなかった博物館の存在や活動を発掘することができ、全国的な流れや他県との比較によってその先見性や独創性を把握できる。各県の風土・人物等に基づいて博物館が建設されることが基本であるが、戦争や政治などの社会的背景や、高度経済成長・バブル景気などの経済的な背景とそれに伴うインフラ整備や観光開発は、とりもなおさず博物館設置に影響を与えたことは事実である。また、全国的な政治・経済の変化だけでなく、県毎や市町村毎に多種多様な原因があって博物館が設置・運営されたところから、全国よりミクロな視点で博物館の発達を研究することは不可欠なのである。

　また、過去の博物館と現代の博物館とを比較することで、現代の博物館が抱える様々な課題を解決する糸口を見出す可能性がある。同じ県内に設置された博物館であれば、時代は違えども設立された環境・風土・県民性などは共通しており、比較的近似の尺度で比較が可能である。地域が近いが故に、過去に実践された活動や不具合であったことなどを新しい館の参考にし易く、過去に学ぶことで過去に起きた問題と同じ轍を踏まないように予防することも可能である。他館を参考にすることは、県外他地域の館を対象にしても可能であるが、やはり同じ風土の中で培われた博物館を参考にすることで、より地域に根差した対応が可能となるのである。

　さらに、"地方博物館史"が複数編纂されることで、全国的な博物館史研究の増補が可能である他、地方自治体の独自性の確認やアイデンティティの確立にも役立つのである。従来の全国的な博物館史編纂は、国立館の変遷や社会的背景に基づいた特徴的な館を集約したものであり、あくまでも通史として我が国の博物館が発達してきた歴史を纏めたものであった。一方、各県の博物館史を編纂し、それらを集約することで並列的かつ広範な歴史が編纂できることが挙げられる。館種別、時代別など県毎の編纂内容をある程度統一することで、各県の博物館史を通史だけでなく横断的に把握できるようになる。例えば、大正期の美術館活動を知りたい場合、各県博物館史の美術館史の章を参照することで、各県の特徴を容易に把握できるほか、それらの比較から全国的な傾向を導き出すことも可能なのである。

各県博物館史の必要事項　各県博物館史を再度編纂するにあたり、概ね4点に留意する必要がある。第一点は、歴史博物館・民俗博物館・美術館・自然史博

物館・科学館・動植物園・水族館など、多様に分類された博物館種を網羅的に扱い、その歴史を編纂することである。各県博物館史編纂事業の際には、総じて歴史・民俗系の館種に偏重した傾向が見られたが、各県を対象とした博物館史研究では、館種を問わず包括的・総合的に歴史を編纂するのが本来の姿である。博物館学では、"博物館"に関する歴史研究はある程度なされているものの、美術館や動物園、植物園といった館種別の歴史編纂は相対的に希薄である。新たな各県博物館史編纂において、これら未踏の部分を研究することで、博物館史研究の幅を広げるだけでなく、館種別研究者の研究向上にも寄与できる。また、以前調査された県であれば、かつて編纂されなかった館種の補填と既存部分の増補によって、包括的な博物館史構築に繋がるのである。

　第二点としては、より精度の高い資料収集・歴史編纂を求めることが挙げられる。以前の各県博物館史は、編纂に係る統一的な基準が殆ど無かったと観られるところから、論の構成や時代設定、記述方法が不統一であった。加えて、各館の記述は、館の名称と設立年、設立経緯を述べるに留まり、簡単な事実記載に終始した論が大多数であった。しかし、過去に発行された雑誌や新聞、地方自治体の公文書や刊行物などには、博物館に関する情報が多々遺存しており、これらを丹念に渉猟・分析することで、詳細な歴史編纂が可能となることは言うまでもない。以前の博物館史編纂では、詳細な博物館設立の経緯や新聞記事の渉猟などの微細な部分まで研究した例は無く、どの論考も概史と言って差し支えない内容であった。この概史を踏まえた上で、より深い内容を取り扱うことで、各県の博物館詳史を編纂することが一つの課題である。

　第二に関連して、博物館史研究は単なる歴史的事実の羅列に終始するのではなく、如何なる背景および目的をもって博物館が意図され、それが博物館史上、ひいては博物館学研究の上でどの様な意義を持ち得るのかを分析・明確化する視点を持つことが、必要事項の第三点に挙げられる。犬塚康博は、博物館史研究に対し「「博物館は何をしてきたのか」を、情況説明のためにではなく、博物館の原理を探るために、いま一度ていねいに分析することが私たちに課せられたテーマ」であると言及しており[29]、状況主義にとらわれない博物館史研究の重要性を述べている。残念ながら、かつての各県博物館史編纂では、「和歌山県博物館史」以外博物館史の考察・分析に及んだ例は無く、事実記載に終始した各県博物館史の資料集成に過ぎなかったと言えるだろう。さらに、どの論考も『北海道博物館史料』ほどの内容は無かったところから、全体的に不十分な感は否めないのである。筆者が改めて提起する各県博物館史は、単なる事

実記載に腐心するのではなく、分析・考察の視点を持った歴史研究としての博物館史編纂である。事実記載だけであれば、調査をすれば誰でもが可能であるが、博物館学研究として博物館史を纏める以上、博物館が果たした役割や活動の分析を介して博物館が設置・運営された意義を見出し、"学"としての研究に昇華しなければならないと筆者は考える。そのためには、政治・経済・文化などの博物館の背景についても併せて取り扱い、また観光学・統計学・地理学などの複眼的な視点を持つことが肝要である。

　第四点は、各県博物館史編纂事業の内容を再考し、現代に即した内容に更新する必要がある。かつての編纂事業は、昭和末から平成初期に実施されたことは表1-2に示す通りである。古いものでは、執筆から40年弱が経過した研究も含まれており、それ以降の博物館発展および博物館研究の進展から当時考察された内容が事実に反することも考えられる。

　当該事業が推進された時期は、自然史博物館をはじめとする県立博物館が全国的に多数設立された平成初期より若干前にあたり、滋賀県のように県立博物館の設立動向が記載されていない館史も存在した。また、バブル期にリゾート地や観光地に盛んに設けられた観光資源としての博物館などは、編纂時期が将にこの時期に重なっていたこともあり、論考されることはなかったのである。このように、前回編纂された県であっても、編纂時期以降の時代を補填し、博物館成立前史から現代に至るまでの細密な歴史編纂が必要なのである。

まとめ

　我が国の博物館学は、理論研究と比較して実践研究が先行して行われてきた。この傾向は、博物館学の黎明期である戦前より繰り返し指摘されてきたことであるが、現代に至るまで概ねこの傾向は変化していないと看取される。実践研究の中でも、学芸員が自館で実施した博物館活動を紹介する事例報告的な論考が近年特に顕著であり、理論が伴わない論が横行しているのが現状である。

　また、我が国の博物館学研究には、理論と実践だけでなく博物館の歴史あるいは博物館研究の歴史を編纂する分野が存在する。博物館に関する歴史研究は、明治37年（1904）に内田四郎が『建築雑誌』に寄稿した「繪畫陳列館」を嚆矢とし、昭和初期から実践された棚橋源太郎の一連の博物館史研究や戦後の川崎繁・伊藤寿朗等の研究を経て、『博物館学講座2　日本と世界の博物館史』の刊行によって一応の通史的、全体史的な編纂がなされた。日本の博物館通史

については、その後椎名仙卓や金山喜昭の研究によって概ね網羅され、また外国の博物館史に関しても、日本国内では高橋雄造の『博物館の歴史』をはじめとして各種研究がなされたのである。

　通史や全体史の編纂が一定の成果を挙げる一方で、博物館史研究はよりミクロな範囲を対象とする研究へ移行する傾向がみられた。中でも、國學院大學博物館学研究室によって1980年代より実施された「各県博物館史編纂事業」は、それまで全体的な博物館史研究が主流であった当該分野に於いて、県毎の博物館史を纏めてより細密かつ地域性に富んだ博物館の歴史を編纂しようとした点が評価できる。しかし、例え一県であってもその資料は膨大に存在しており、県毎の博物館史の集成に相当な労力を要したことは容易に想像ができる。ましてや、編纂を担当した人々は、現役の博物館学芸員や教育委員会職員であり、本務との兼ね合いから十分な調査・研究ができたとは言い難い。さらに、各県博物館史の編纂には、明確な統一基準が存在していなかったようであり、執筆内容や時代設定、記述方法などが各論で異なっていた。当該事業では、全国の3/4の都道府県の博物館史が纏められたが、このような理由により不十分な結果となってしまったのは残念である。

　当該事業の後、県毎の博物館史編纂は若干の進展がみられるものの、現在はさらにミクロな地域や各館へと研究対象が細分化する傾向がみられる。しかし、細分化しすぎているが故に、風土の中での博物館の存在意義の把握や研究の基本である他館・他地域との比較検討が困難であるなどの問題点も存在するのである。

　このような歴史・現状を踏まえて、改めて県毎の博物館史編纂は必要なのである。我が国の博物館史研究は、全国的な歴史と細分化された末端の歴史の蓄積は多いが、その中間にあたる範囲の歴史研究は相対的に希薄である。しかし、各県の博物館の歴史を編纂することで、全国史的には詳細な歴史の蓄積と地域性の把握に繋がり、また細分化された地域史や各館史には、それらが所属する地方としての傾向把握や比較材料の提供などに繋がるのである。都道府県に代表される行政単位の多くは、近代以前の旧国を受け継いだものであり、一部例外はあるものの郷土の範囲を客観的に示す指標となる。都道府県を対象とすることは、過去から現在に至る一貫した風土・歴史の中で誕生した博物館の地域性や特色を把握できるほか、全国史・通史と細分化された歴史研究を繋ぐ仲立ちになり得る研究なのである。

　以上の観点から、博物館に関する歴史研究、中でも細密な各県博物館史の編

纂が必要であると断言するものである。

註
（ 1 ） 金子 淳　2010「戦後日本の博物館学の系譜に関する一考察」『平成19～21年度科学研究費補助金研究成果報告書　博物館学資料「鶴田文庫」の整理・保存及び公開に関する調査・研究』PP.58-63
（ 2 ） 全国大学博物館学講座協議会　2007『博物館学文献目録―内容分類編―』PP.98-140
（ 3 ） 岡倉天心　1888「博物館に就て」『日出新聞』（1889年に「美術博物舘ノ設立ヲ賛成ス」として『内外名士日本美術論』に再掲 PP.58-60）
（ 4 ） 神谷邦淑　1893「博物館」『建築雑誌』第七巻第八十一號 日本建築學會　PP.255-260
（ 5 ） 内田四郎　1904「繪書陳列館」『建築雑誌』第206號 日本建築學會
（ 6 ） 下田次郎　1906『西洋教育事情』金港堂書籍
（ 7 ） 白井光太郎　1911「維新前の植物園」『植物學雑誌』第二五巻二九一號
（ 8 ） 博物館事業促進會　1928「博物館發達の歴史」『博物館研究』第一巻第一號　PP.8-9
（ 9 ） 博物館事業促進會　1928「博物館發達の歴史」『博物館研究』第一巻第二號　PP.8-9
（10） 棚橋源太郎　1930『眼に訴へる教育機關』寶文館　PP.11-31
（11） 棚橋源太郎　1944『本邦博物館発達の歴史』日本博物館協會
（12） 波多野賢一　1934「明治初年に於ける官立圖書館・博物館の發生と變遷」『圖書館研究』第10巻藝艸社
（13） 帝室博物館　1938『帝室博物館略史』
（14） 佐々木和博　1991「宮城県における博物館の嚆矢―明治12年設置の博物館をめぐって―」『博物館学雑誌』第16巻第1・2号合併号
（15） 樋口秀雄 編　1981『博物館学講座2 日本と世界の博物館史』雄山閣出版
（16） 塚本順平　2017「ミュージアム・ワークシートの嚆矢と我が国に於ける実践論の展開に関する一考察」『國學院大學博物館學紀要』第41輯
（17） 博物館史研究会HP「aboutus」: http: //mhrsj.kustos.ac/about_us.html
（18） 神奈川大学21世紀COEプログラム研究推進会議　2008『神奈川大学21世紀COEプログラム「人類文化研究のための非文字資料の体系化」研究成果報告書　高度専門職学芸員の養成―大学院における養成プログラムの提言―』PP.82-103
（19） 浜田弘明　2010『平成19～21年度科学研究費補助金研究成果報告書　博物館学資料「鶴田文庫」の整理・保存及び公開に関する調査・研究』
（20） 加藤有次　1980「発刊の辞」『國學院大學博物館學紀要』第5輯　國學院大學博物館学研究室 P.1
　　　なお、本書では各県博物館史編纂"事業"と銘打っているが、厳密に大学内の決裁を得て公費事業として行ったものではない。しかし、一連の博物館史編纂活動を集約する語として、本書では事業の語を使用するものである。
（21） 瀧端真理子　2013「日本の動物園・水族館は博物館ではないのか？：博物館法制定時までの議論を中心に」『追手門学院大学心理学部紀要』PP.33-51
（22） 長谷川賢二　2001「戦前期徳島における博物館事情」『博物館史研究』No.11 博物館史研究会
（23） 宮澤明久　1989「島根県の博物館」『國學院大學博物館學紀要』第14輯
（24） 平野芳英　2010「島根県博物館史への試み」『先史学・考古学論究』5下巻 龍田考古会
（25） 亀谷 隆　2006『北海道博物館史料』北海道開拓記念館・開拓の村文化振興会、2016『北海道博物館史料 続』
（26） 伊東俊祐　2017「近代栃木県の博物館史（序）明治・大正時代の日光山を中心に」『國學院大學博物館學紀要』第41輯
（27） 鎌形慎太郎　2014「第二回水産博覧会における水族館の実態」『博物館学雑誌』第40巻第1号 全日本博物館学会
（28） 城石梨奈　2014「北海道・釧路における郷土博物館の設立―アイヌ民族研究と「郷土」の創出をめぐって―」『博物館学雑誌』第39巻第2号 全日本博物館学会

第 1 章　博物館に関する歴史研究の意義

（29）犬塚康博　1993「博物館史はどう読まれてはならないか―『博物館基本文献集』の書評にかえて―」『博物館問題研究』No.23 博物館問題研究会　PP.19-24

第2章　博物館設立前史

　我が国の博物館は、明治5年（1870）に湯島大聖堂で開催された博覧会の陳列物を恒久的に展示・公開したことに端を発している。博物館学の分野では、「モノを展示して広く大衆に公開する」近代以前の催事を博物館の前史に位置づけることが一般的である。これは、特定の場所にモノを展示し、そこに不特定多数の人々が訪問してモノを観覧するという一連のプロセスが、とりもなおさず博物館と近似していることに由来する。筆者もこの理論には賛成であり、開帳、博覧会、共進会などの催事は、博物館設立の前段階に位置づけられる存在と考えている。本章では、静岡県域で近世から近代にかけて開催された「モノ」を媒体とする展示活動に着目し、本県の博物館設立への影響について考察を試みる。また本章は、「博物館設立前史」と名称を設定したが、明確な博物館以外にも図書館・公民館などの社会教育施設において、モノを媒体とした教育活動を実践している例が多数確認できることから、博物館以外の施設における常設展示機能を持つ事例についても本章で扱うものとする。

第1節　江戸時代・明治時代における神社・仏閣の展示活動

1　近世の神社・仏閣と博物館的機能

　現在の静岡県を構成する遠江・駿河・伊豆の3国には、古代より神社・仏閣が多く造営されてきた。『延喜式』に記載されている式内社は、遠江国62座、駿河国22座、伊豆国92座を数え[1]、仏閣では天平5年（733）に行基が創建したとされる龍潭寺や大同2年（807）に弘法大師が創建した修禅寺、文治5年（1186）創建で北条氏ゆかりの願成就院など、長い歴史を有するものが多い。神社・仏閣は、創建からの歴史のなかで様々な資料が伝世し、社殿や庭園などが史跡や文化財としての価値を有する事例があるなど、境内地全体が一つのフィールドミュージアムとしての機能を有している。また、神社・仏閣には、宝物庫・宝蔵といった収蔵施設や絵馬堂などの展示施設を設ける例が存在し、直截的な博物館設置に先駆けて、博物館的な活動を一部実践してきたのである。本節では、博物館の設立前史における静岡県下の寺社の展示・保存活動に着目し、後の博物館への関係性と意義について一考するものである。なお、

宝物公開などの後の博物館活動に繋がる活動は、神社だけでなく寺院においても実践されてきたことから、本節では神社・仏閣の両者を取り上げて考察する。

神社・仏閣での広義の展示　近世以前においても、「モノを広く大衆に公開する」という行為は散見することができる。我が国において、博覧会・博物館の源流として位置づけられる物産会や薬品会などの行事は、その典型である。また、神社・仏閣においては、奉納された絵画や絵馬などを境内に掲げて公共の縦覧を許すほか、期間を定めて仏像・神像を公開する「開帳」を実施するなど、とりわけ展示の実践例が多いのである。

　近世以前の寺社における資料展覧例としては、静岡浅間神社における拝殿や回廊での絵馬展示が代表的である。静岡浅間神社は、現在の静岡市葵区宮ヶ崎町に鎮座する神社で、神部神社・浅間神社（二社同殿）・大歳御祖神社の三社を合わせて静岡浅間神社と称している。当該神社の特徴として、拝殿や回廊に多数の絵馬が掲げられていることが挙げられる。現在、幕府の役人をはじめとする諸人物が奉納した絵馬144面が現存しており、特に著名なものとして「戦艦図絵馬」がある。当資料は、寛永3年（1626）に駿府の山田長政が奉納したと伝えられる絵馬で、原資料は天明8年（1788）に焼失し存在しないが、近世〜昭和にかけて数度の模写・複製が確認できる[2]。現在、宝暦4年（1754）複製の資料が展示されており、現物に代えて近い時期の二次資料を展示に活用する資料保存上の歴史的事例であるといえよう。当神社では、奉納された絵馬を回廊などに掲げることで、絵馬を祈願としての機能だけではなく美術作品としても扱っていたと看取され、このことは取りも直さず観覧に供するための展示行為と見做すことができるのである。

居開帳と出開帳　また、寺社での展示公開機能として「開帳」が挙げられる。近世期には、様々な寺社において開帳が実施されていた。開帳には、寺社内で宝物の公開を行う居開帳と、江戸などに宝物を出張・公開する出開帳の2種類に大別することができ、その概要を記す史料が現在まで伝世しているものもある。

　居開帳の例としては、正徳4年（1714）の高草山法華寺の開帳に関する記載が同寺の略縁起に残されている[3]。本誌を口語訳した『秋葉信仰の新研究』によると、行栄という法師が周智郡乾庄勝坂村龍頭山に所在する秋葉奥の院の不動尊の修復を行ったところ、田中城主内藤輝信の夢に尊像が現れ、「我ハ是秋葉奥院ニ所在スルモノナリ」と告げたとされ、家臣を派遣して尊像を拝し、正徳2年に駿河花沢村に勧進、正徳4年春には境内に堂宇を建立して9月に入

仏・開帳したと記載されている[4]。当該記載のほかにも、現在の浜松市天竜区春野町に所在する秋葉神社の居開帳や、三島市広小路町の蓮馨寺日限地蔵の居開帳など、近世期より様々な寺社が開帳を実施していたのである。

　出開帳に関しては、江戸の風土や事件、事物の起源等を網羅的に纏めた斎藤月岑による『武江年表』において、静岡県下の寺社に関する記事を確認することができる。同著の記録を纏める限りでは、近世の江戸における静岡地域に関する出開帳は、延享3年（1747）〜文久元年（1861）にかけて22回が確認できる[5]。近世期には、伊豆諸島の諸国も伊豆国に含まれていたため、八丈島からの出開帳が見られるほか、現在の静岡県域の主要な寺社から仏像や神像が江戸へ運ばれていた。『武江年表』は、天正18年（1590）からの事象が記録されているものの、本県域所在寺社の出開帳記事の初出は延享3年である。この記載によると、18世紀中頃以降、数年に一度本県の仏像・神像が出開帳していたことがわかる。

　その中でも特に回数が多いのが、「駿河国岩本実相寺」である。実相寺は、現在の富士市岩本に所在する日蓮宗寺院である。同寺は、久安元年（1145）に創建された古刹であり、かつて日蓮が『立正安国論』を起草したことで知られる。同寺の祖師堂には、日蓮の高弟であった日法作と伝えられる日蓮像が安置されており、江戸期の祖師像出開帳はこの日蓮像の開帳であったと推定される。実相寺の出開帳は、江戸時代を通じて4回実施されており、1〜3回目の出開帳は凡そ30年おきに開催されている。文久元年に江戸牛込の圓福寺で開催された4回目の出開帳の様子は、同寺に現存している「文久元酉年従三月中旬、駿州岩本安国日蓮大菩薩六十日之間於牛込圓福寺境内開帳之砌諸講中朝詣之図」に確認することができる。当開帳は、圓福寺近辺の23町の講中が連名して願主となり、文久元年3月から60日間開催された。また日本橋、麹町、品川など江戸と周辺の信者が参集したことが図から確認でき、非常に盛大な催事であったことが窺える。この状況は、もはやモノの展覧会の域を超えており、出開帳が庶民の娯楽として見做されていたと言っても過言ではない。江戸期の出開帳は、寺社資料の移動展示事業であると同時に、モノを媒体とした観光・娯楽催事としても位置づけられていたのである。

　上記以外の静岡県の寺院では、静岡市平澤寺では毎年4月17日に平澤観音を開帳し、小山町の円通寺が60年に一度本尊の鬼鹿毛馬頭観音を開帳、西伊豆町大聖寺では30年に一度波切不動明王を開帳しているなど、現在まで継続して開催されている事例は多数存在する。

開帳は、宗教的行事ではあるが、「普段見ることのできないものを間近に見ることができる」という驚きと発見を提供し、常設でないという非日常性を持ち合わせることから、現在の博物館の特別展に通ずる性格を持つと考えられる。出開帳は、博物館でいうところの巡回展・コレクション展であり、居開帳は収蔵資料を用いた特別展示と換言できる。上記以外にも県内寺院で開帳の実施はあると看取され、そこに静岡県の博物館の萌芽を見出すことができる。

このように、江戸期に於いても寺社資料の公開・活用がなされており、開帳・宝物展観の文化は後の時代にも受け継がれていくのである。

2　近代の神社・仏閣の宝物公開

近代における神社・仏閣での展示行為は、祭礼や建築物の落成等の催事に合わせて実施される例が多い。社寺に於いて展覧会を開催する際には、①自らが所蔵する宝物を外部に公開する「開帳」に類する展覧会と、②社寺の境内地・建物を貸会場として提供し、社寺以外の団体が展覧行為を行う会の2種類が存在していた。②に関しては、明治期から膨大な事例が存在するものの、あくまで寺社の境内地・建物を展示空間として利用するものであり、一種の文化ホールとしての扱いが強いと看取されるところから、本書では割愛するものである。

近代の情報伝達手段としては、主に新聞が用いられており、博物館や展覧会等の状況を把握するためには、新聞記事を参照することが有効である。明治時代になると静岡県内にも新聞社が開業し、各社の新聞には当時の博物館や展覧会に関する記事を散見することができる。本書では、『静岡新聞』『静岡民友新聞』『静岡新報』『静岡大務新聞』『函右日報』に掲載されている戦前期の静岡県下の寺社における宝物公開・展覧会について調査を行った。その調査の中で、寺社の収蔵資料に関する展示行為を集成したものが表2-1である。

①の方法に伴う宝物展覧会の例は、さらに定期的な公開と一過性の公開に細分することができる。定期的な事例とは、祭礼に併せて宝物を公開する臨済寺や久能山東照宮がこれに該当し、近世期の定期開催型居開帳の流れを汲むものである。当該記録を参照する限りでは、臨済寺は4月の例祭に、久能山東照宮は主に2月と10月の祭礼に併せて宝物公開を開催していたことがわかる。大祭・例祭は、地域社会においては一年の内に何度も無い所謂「ハレの日」である。普段宝物を非公開にすることは、宝物の神秘性・秘匿性を高める効果を持ち、祭礼の日に併せて公開することで、宝物の持つありがたさや神聖さを大衆に印象付ける効果があると考えられる。これは、宗教施設ならではの「驚き

第1節　江戸時代・明治時代における神社・仏閣の展示活動

日　時	場　所	催　事	掲載紙
明治14年8月10日	三島神社（三島市）	奉献書画他展覧	函右日報
明治15年3月28日	龍澤寺（三島市）	入江町八の「不動尊」開帳	静岡新聞
明治16年4月1日〜10日	臨済寺（静岡市）	仁王門落成・宝物縦覧	函右日報
明治17年3月28日〜4月7日	清見寺（静岡市）	羅漢堂落成・宝物縦覧	静岡大務新聞
明治17年4月3日〜4日	臨済寺（静岡市）	摩利支天例大祭・宝物縦覧	函右日報
			静岡大務新聞
※臨済寺の宝物縦覧は、毎年同じ時期に実施するため、他の年は割愛			
明治18年8月18日	清水寺（静岡市）	観世音菩薩開帳	静岡大務新聞
明治18年10月1日〜4日	久能山東照宮（静岡市）	臨時祭・宝物縦覧	静岡大務新聞
明治19年4月4日	教覚寺（静岡市）	開基六百年大法要・宝物為拝	静岡大務新聞
明治20年3月15日〜4月15日	秋葉神社（浜松市）	宝物展観	静岡大務新聞
明治21年4月18日〜24日	修善寺（伊豆市）	古器物展覧	静岡大務新聞
明治21年10月17日〜21日	久能山東照宮（静岡市）	臨時祭・宝物縦覧	静岡大務新聞
明治22年4月2日	清見寺（静岡市）	大施餓鬼並什宝展覧会	静岡大務新聞
明治22年10月20日	久能山東照宮（静岡市）	秋祭・宝物縦覧	静岡大務新聞
明治23年3月7日〜17日	久能山東照宮（静岡市）	宝物拝観	静岡大務新聞
明治23年4月10日〜12日	蓮永寺（静岡市）	什物拝観	静岡大務新聞
明治23年4月22日	清見寺（静岡市）	什宝展覧会	静岡大務新聞
明治30年2月18日	久能山東照宮（静岡市）	宝物縦覧	静岡新報
明治31年2月7日	久能山東照宮（静岡市）	宝物縦覧	静岡新報
明治32年2月26日	久能山東照宮（静岡市）	宝物縦覧	静岡新報
明治32年8月1日	鴨江寺（浜松市）	宝物展覧	静岡新報
明治32年10月17日	久能山東照宮（静岡市）	宝物縦覧	静岡新報
明治34年11月17日	久能山東照宮（静岡市）	祭典・宝物縦覧	静岡新報
明治35年7月17日	見付天神（磐田市）	宝物書画縦覧	静岡新報
明治35年10月17日	久能山東照宮（静岡市）	宝物縦覧	静岡新報
明治36年2月14日	久能山東照宮（静岡市）	宝物縦覧	静岡民友新聞
明治36年3月8日〜7月31日	熱海神宮（熱海市）	宝物縦覧	静岡民友新聞
明治37年10月17日	久能山東照宮（静岡市）	例祭・宝物縦覧	静岡民友新聞
大正5年3月25日	寶泰寺（静岡市）	宝物展覧	静岡新報
昭和2年4月5日	宝台院（静岡市）	法要記念大展覧会	静岡新報

表2-1　新聞に見られる近代寺社の開帳・宝物展覧会（2016 中島作成）

と発見」の提供であり、後の神社・仏閣博物館での特別展覧会への影響が示唆できる事例である。

　一過性の公開事例とは、臨時の祭典や建造物の竣工記念、法要等の特別な催事に伴い開催するものであり、よりイベント色の強い取り組みであると看取される。当該時期には、臨済寺の仁王門や清見寺の羅漢堂の落成、教覚寺の開基六百年大法要に伴う宝物公開の事例が確認されており、主たる事柄を記念する事業の一環として宝物を公開していることがわかる。不定期の開催であり、宝物公開を主な目的に据えた催事ではないが、寺社宝物の公開による地域文化財の周知や、寺社収蔵品の管理・保存の面に於いて一定の評価ができる。

小　結

　寺社に於けるこれらの行事は、常設でないこと、また保存と展示を両立する役割を持たないことから、直截に神社・仏閣博物館へ繋がるとは言えない。しかしながら、期間を区切り宝物を見せるという非日常性から、博覧会や現在の博物館の特別展に通ずるともいえよう。換言すれば、出開帳は博物館でいうところの巡回展・コレクション展であり、居開帳や近代の宝物公開は収蔵資料を用いた特別展示なのである。

　我が国に於ける神社や寺院は、地域住民の物理的・精神的な拠り所であり、言うなれば郷土の核となる存在である。居開帳とその延長にあたる上記の宝物公開は、地域の人々が郷土に存在する"たから"を認識し、再発見するための場となったと考えられる。また、出開帳によって寺社の持つ資料を公開することは、様々な人にモノを媒体として「驚きと発見」を提供する行為である。これらの広く一般にモノを公開する行事は、モノを展示してそれを見せるという意味で博物館と共通しており、また寺社の収蔵品が重要な存在であることを認識づける文化財教育の意味でも効果的であったと考えられる。

第2節　本県における物産陳列館・博覧会等の実態

　明治維新が成ると、日本全国で博覧会が開催された。ここでの博覧会とは、万国博覧会を源流とした地域産業の振興や生産の奨励を目的とする催事を指す。明治10年代を一つの起源として、全国各都道府県に於いて博覧会が開催される傾向にあった。また、特産物・産業等を常設的に陳列する「物産陳列館」[6]が全国的に設立された。このような催事・施設は、来訪する人々に対し「展示」の方法を用いて情報伝達を行い、産業振興を第一義としながらも、中には教育

を意図するものも存在していることから、博物館の発生に影響を与えたと考察される。本節では、筆者が新たに博捜した資料を基に静岡県内に設置された物産陳列館、及び県内で開催された共進会・博覧会の概況を示し、博物館への影響について考察を行うものである。

1　物産陳列館の隆盛

　抑々物産陳列館の濫觴は、明治6年（1873）に新潟公園内に設置された物産陳列場や[7]、明治13年設置の神奈川県物産陳列場に求めることができる[8]。物産陳列館は、多数の人間に様々な物品を常設的に公開する施設であるところから、近代博物館出現の一要素と見做すことができよう。ただ、社会教育施設との位置付けである博物館に対し、物産陳列館は産業の奨励や地域振興を意図した展示を実施する点が異なり、また前者は収集した資料に対し調査研究・保存の意図を持つが、後者では陳列品若しくは同種の物品を紹介・販売することを主たる目的とするところに両者の違いは明白に存在するものである。

静岡県営の物産陳列館　静岡県の物産陳列館は、明治11年に静岡県庁前に設置された県庁前物産仮展観所に端を発する。しかし、名称に「仮」が付くことからも常設の施設ではなく、明治11年11月10～24日の物産陳列であったことが、同年11月10日付『静岡新聞』の記事に確認できる[9]。

　　縣廳前物産假展觀所陳列品來十一月十日ヨリ十五日間別紙規則ヲ以衆庶之
　　參觀ヲ許ス

　当陳列場は、一日に千人と入場人数を規制し、また入場の為には通券（入場券）を必要とするなど、外部に積極的に開かれたものではなかったようである。当陳列場は、期間限定且つ入場券の採用など、比較的博覧会的な要素の強い施設であると推察される。

　本格的な物産展示場は、明治12年設置の県庁内物産陳列場がその嚆矢である。しかし、県庁内物産陳列場は、昭和54年（1979）に出版された『静岡県議会百年史：激動の一世紀　資料編』にその名称を見ることができるのみであり、詳細は不明である[10]。

　さらに明治13年には、県庁内物産陳列場を改め、静岡県物産陳列場（物産審査場）が新築落成している。同年4月21日付『函右日報』には、物産陳列場開場式の様子が以下のように記載されている[11]。

　　（前略）審査場の表門より入るに門前に緑門(アーチ)あり。第三十五國立銀行より
　　饗應として建連ねたる球燈數多並びたり。門内にも球燈數多連ねていと美

麗なり。樓に登れば縣下三州の物産を區分して陳列し式場の入口に伊藤參議の筆にて天造人巧の四大字ある額を掲げいかにも齋々堂々たり。

(句点は筆者)

　当陳列場は、県下初の常設物産陳列場であり、記載の如く三州（遠州・駿州・豆州）の物産を陳列する産業振興の中心的施設であると看取される。開場式には、静岡県令（県知事）以下県の重役、郡長、各地の勧業有志、国立銀行頭取支配人等 150 名余りが参加する盛大なものであり、物産陳列場は県として重要な施設であったと考えられる。しかし、県物産陳列場は、明治 22 年には静岡市に払い下げられ、静岡市庁舎に改修されてその役目を終えた。

市郡町立の物産陳列館　静岡県物産陳列場の閉場以後、静岡県では、静岡市・浜松市といった現在の政令指定都市をはじめとして、郡市単位での物産陳列館が建設される傾向にある。これは、明治 34 年に「物産陳列場補助規定」が制定されたことに起因する。同規定は、とりもなおさず産業振興の要としての物産陳列館設置を意図しており、それに係る建設費補助について規定されている。物産陳列場補助規定は、第一条から第九条で構成されており、建設費や設置場所、補助申請の方法など詳細に規定がなされている[12]。

　　第一条　本縣産業ノ改良發達ヲ計ルノ目的ヲ以テ、縣下農産物、工産物、水産物、林産物及内外各國ノ商品標本ヲ陳列シテ公衆ノ縦覽ニ供スル爲メ、郡市町村及公共團体ニ於テ物産陳列場ヲ建設スルトキハ、縣費ヲ以テ其費用ヲ補助ス。

　他府県に於ける物産陳列場は、先述の新潟物産陳列所や神奈川県物産陳列場など明治の初期から設置が開始されていたが、主たる設置組織は県であったと看取される。これに対して静岡県では、県を挙げて郡市町村立の物産陳列場の設置を補助し、産業を奨励していたことが特筆できるのである。実際に、静岡県内では当規定に則った 5 ヶ所の物産陳列館が開館していることから、物産陳列場補助規定は一定の効果を上げたものと看取される。

浜松市の物産陳列館　市営物産陳列館の濫觴は、明治 35 年開設の浜松物産陳列館である。当該施設は、浜名郡浜松町（現、浜松市）が産業振興を目的として設置したもので、商業会議所に隣接して第一〜三号館の陳列館が設置された。開館時の陳列館の概要は、明治 35 年 9 月 18 日付『静岡新報』に詳しい[13]。

　　館内の模様　該館の入口は東西二ヶ所にあり。孰より入場するも随意なり。然れども其東の口を以て正門とするものゝ如し。館内を第一號館、第二號館、第三號館の三館に區別す。その第一號館は農商務省の貸下參考品並

に重要物産、第二號館は酒類、文房具、菓子類、綿布類其他、第三號館は家具、小間物、呉服、太物、袋物類其他の物品を陳列しあり。

　当館では、35,000余点の物産を陳列していたが、その内約17,000点は農商務省陳列館より貸下されたものであった。開館当時は、非常に多くの出品希望者があり、開館翌日には陳列場所が飽和状態になったことが確認されている[14]。しかし、その後経営状況が悪化し、明治43年に浜松物産陳列館は一度廃館している。商品陳列の機能は、浜松駅待合室に展示場所を設けて代行したが、本格的な陳列の再開は大正7年（1918）の浜松商業会議所付属商品陳列所の開館を待たなくてはならなかった。浜松商業会議所付属商品陳列所は、閉館した浜松物産陳列館の建物を流用し、浜松市に関する産物を網羅し一般の観覧に供するための施設として誕生した[15]。しかし、当陳列所は設備が不十分であり、市民からも忘れられていたとの記載が残る。その後、昭和4年に旧浜松警察署建物に移転し、新たに浜松市商品陳列所として開所している[16]。浜松市商品陳列所は、産業奨励にかかわる各種展覧会や博覧会補助事業、常設の商品展示活動の実施等の活動を昭和11年の『濱松市商品陳列所要覽』から読み取ることができる。また浜松市商品陳列所は、製品の改良研究、参考品の収集、講義・講演会の実施、展覧会の開催などを実施している。これは、博物館の主たる機能である展示・収集・調査研究・教育普及活動に相当する活動であり、博物館に類似した機能を実践していたものと考えられる。

　浜松市商品陳列所の終焉の時期は不明であるが、所在地と記載されている「濱松市傳馬町50番地」（現、浜松市中区伝馬町付近）に建物は現存していない。浜松市は、戦時中に大きな被害を被ったことから、同陳列所の建物もその際破却若しくは焼失した可能性が想定される。

県下の物産陳列館　浜松市の物産陳列館と時期を同じく、小笠郡物産陳列館が開館している。当館は、小笠郡農会・小笠郡茶業組合・小笠郡米穀改良組合・小笠郡蚕糸業組合の共同経営で、小笠郡掛川町（現、掛川市）に建設された。大正2年に刊行された『靜岡縣之産業』第二巻には、大正元年当時には農産物（1,661点）、工産品（530点）をはじめとして、農具、農家手工品、林産物、肥料、標本等3,001点の物産展示の存在が確認できる[17]。小笠郡物産陳列館は、陳列品として図書・報告書・定期刊行物等の書籍類を公開するなど、一種の図書館的な機能を持ち合わせていたことが特筆でき、同時期に開館した中遠物産陳列館にはこの機能は無く、年間集客数でも中遠物産陳列館の2倍程度集客数が多いことから、より市民に開かれたタイプの陳列館であったと看られる。

中遠物産陳列館は、磐田郡（現、磐田市）に所在した物産陳列館で、明治35年の設立である。明治35年10月5日付『靜岡新報』には、開館式に至る経緯が記載されている[18]。明治33年には建物が完成していたが、同年の暴風雨によって倒壊し、より堅牢な建物に作り替えて35年にようやく開館に漕ぎつけたとされる。館の経営は磐田郡農会によるもので、当館の概要も『靜岡縣之產業』第二巻に確認することができる[19]。

> 敷地八十坪（農會構内）ニシテ總二階建トシ上下五室建坪二百四坪七合一勺ナリ。館内ニハ主ニ郡内ノ生産物ヲ蒐集陳列シ郡外ノモノモ參考品トシテ出陳セルモノアリ。月曜日ヲ休日トスルノ外毎日午前九時開館午後三時閉館シ公衆ノ縱覽ニ供セリ。（句点は筆者）

前掲の『靜岡縣之產業』からは、大正元年当時の同館には、農産物（2,597点）と茶・繭・生糸（475点）をはじめとして、農具、肥料鉱石見本、害虫標本、林産・水産物、織物、工芸品等が展示されていたことが確認できる。

また同年には、富士郡大宮町（現、富士宮市）に富士物産陳列館が開館した。『靜岡新報』の明治35年6月22日及び24日には、諏訪部一之輔が「富士物産陳列館に就て」と題する記事を連載しており、交通の要衝である富士郡にこそ殖産興業の為の物産陳列館が必要であると述べている[20]。その後、『靜岡縣之產業』第二巻では「富士郡大宮町ノモノハ未タ陳列品僅少ニシテ掲記スヘキ事項ナク」とあり[21]、実際に物産陳列館は開館したものの詳細は不明であるとされている。

静岡市の物産陳列館　他の地方に遅れること3年余りが経過し、静岡市にも明治38年に静岡市物産陳列館が開館した。当館は、駿府城付近の大手町に静岡市立として設置された陳列館であった。当館の設立目的は、「靜岡縣靜岡市物產陳列館規則」に以下のように記されている[22]。

> 第二條　本館ハ古今内外ノ物品各種ノ標本及圖書ヲ陳列シ公衆ノ縱覽ニ供シ其智識ヲ啓發シ農工商等諸業ノ進歩ヲ誘掖シ以テ物產ノ蕃殖產業ノ發達ヲ謀ルヲ以テ目的トス

以上からも静岡市物産陳列館は、他の物産陳列館と同様に殖産興業・地域振興を目的とする施設であることが理解出来るのである。当館は本館と付属館からなり、内部の状況は以下のように記載されている[23]。

> 本館ハ木造瓦葺二階建一棟坪数階上百三十六坪階下百三十三坪五合。玄關及左右昇降口十七坪地下室十八坪ニシテ、附属館ハ其ノ構造本館ト同様ニシテ坪数階上六十坪五合一勺階下七十坪三合一勺。竝其ノ他附属建物ヲ

設備シ陳列戸棚二十七個ヲ有シ古今内外ノ商品各種ノ標本乃圖書ヲ陳列公開シ公衆ノ縦覽ニ供セリ。（句点は筆者）

静岡市物産陳列館は、「物産陳列場補助規定」に基づき建設された陳列場の中では最後発でありながらも、最大の規模と動員数を誇る施設であった。事実、明治44年の一年間の来館者数は

写真2-1　静岡市商品陳列所
（『静岡県史 通史編5』P.579より転載）

107,500人とあり、同時期に存在していた中遠物産陳列館（年間2,000人）や小笠郡物産陳列館（年間4,479人）とは比較にならない集客力を有していた。当該陳列館の業務としては、昭和4年に静岡市より刊行された『静岡市史編纂資料』の第六巻（産業編）に、以下のような記載を見ることができる[24]。

　　物産紹介、販路の擴張。商品・商店・工場及取引先の調査。發明特許・新案登録・出願手續及調査相談。商工業に關する參考品及圖書の蒐集展示。廣告意匠・店舗裝飾其他一般圖按の研究調製。貿易に關する英文書類の飜譯。静岡物産の陳列試賣。展覽會・講演・講習會。其他産業發展上必要なる施設。

　この記載から判断するに、同館は殖産興業を目的とした商業的博物館と換言することができよう。博物館の機能には収集・展示・普及があるが、本陳列館にも同等の機能が完備されていたと推定される。収集機能としては、商品・参考品や関連図書の収集、展示機能は物産の紹介や参考品展示がこれに該当する。また、広告制作等の広報活動や講習・講演会の実施など、趣旨は異なるものの普及活動の実施も確認されている。静岡市物産陳列館は産業振興を主目的とし、教育機関である博物館とは設立意図・目的は異なるものの、博物館の持つ収集・展示・普及の機能をほぼ持ち合わせる博物館に近似した施設と見做せるのである。

　静岡市物産陳列館は、大正9年の「道府縣市立商品陳列所規定」に基づき大正11年に静岡市商品陳列所に、昭和6年には静岡市商工奨励館と改称され、商工業の発展に寄与してきたものの、昭和20年の静岡空襲によって建物を焼失している。戦後の昭和25年には、静岡市特産品の品質向上・技術向上を目

的とした工芸指導所が開所され、静岡市商工奨励館の実質的な後継施設となった。昭和48年には、工芸指導所の後継組織として静岡市産業工芸センターが発足し、また昭和57年には物産陳列館の持ち合わせていた展示機能を継承する静岡産業館が開館するなど、物産陳列館の流れを汲んだ施設は現在まで継承されているのである。

2 近代博覧会の開催

我が国に於ける博覧会の概要 博覧会とは、様々な物品・資料などを展示し、一般に公開する催事を総称する用語である。我が国の博覧会の源流は、近世の見世物や物産会、薬品会に求めることができる。近世日本では、珍奇なものを収集・公開する娯楽として見世物興行が盛んに行われていた。宝暦年間には、田村藍水によって東都薬品会が開催された。東都薬品会は、日本各地の人々の協力を得て産物を収集し、輸入に頼っていた薬種を国内産物で代替することを目的としていた[25]。東都薬品会では、薬草だけでなく鉱物や鳥獣・魚介等の生物など約1,300種類が展示されたことが確認されている。

さらに、幕末期には遣欧使節団が欧米に派遣され、その際に使節団はロンドンで開催中であった万国博覧会を見学している。この見学の概要は、福沢諭吉の『西洋事情』に詳しい[26]。

> 西洋の大都會には、數年毎に産物の大會を設け、世界中に布告して各々その國の名産、便利の器械、古物奇品を集め、万國の人に示すことあり。これを博覽會と称す。（中略）博覽會は、もと相教え相學ぶ趣意にて、互に他の所長を取りて己れの利となす。これをたとえば智力工夫の交易を行うが如し。又、各國古今の品物を見れば、その國の沿革風俗、人物の知愚をも察知すべきがゆえに、愚者は自から励み智者は自から戒め、以て世の文明を助くること少なからずといふ。

このように、博覧会は「相教え相学ぶ」ための催事であり、近代の我が国では、知識の交換や技術の教授を目的とした博覧会が隆盛を極めたのであった。明治初期の博覧会は、近世の物産會の延長ともいえる古物・珍品を広く公開するものであったが、明治政府の殖産興業政策に基づき、博覧会は次第に産業奨励としての性格を帯びる傾向に転じた。明治10年（1877）には、産業奨励を目的とする「第一回内國勸業博覽會」が上野公園で開催され、その後勧業を目的とする博覧会が地方に伝播する。近代の博覧会は、殖産興業政策を背景とし、競争・品評の性格が強いことが現代の博覧会との違いであると見られる。

博覧会は、資料を一般に展示公開する機能から、収集・展示機能を有する博物館と共通する要素を持ち、実際に博覧会会場に陳列館や美術館、動物園・水族館等が設置された事例や、博覧会終了後の跡地利用として博物館建設の事例が確認できることから、我が国の博物館成立の過程には博覧会による影響が多分に存在していたのである。

静岡県下の初期博覧会　本県における博覧会の濫觴は、明治6年の浜松県博覧会に遡ることができる。当該博覧会は、同年8月1日〜9月9日を会期とし、現在の浜松市中区に所在する玄忠寺を会場に開催された。同会の開催案内には、以下のような記述がみられる[27]。

　　明治六年八月一日ヨリ九月九日ニ於ケル迄、濱松縣下田街玄忠寺ニおゐて
　　博覽會ヲ設ケ、什寶珍器ヲ連ネ、名品奇物ヲ集メテ四方ノ看客陸續賁臨シ
　　テ智工ヲ開キ耳目ヲ新ニシテ、共ニ開明ノ域ニ進マンコトヲ期ス、

　この記載を見る限りでは、種々の所謂珍品を展示公開する催事であって、初期の地方博覧会の典型であったと看取される。しかし当該博覧会は、『明治府県博覧会出品目録』や『浜松市史』等にも記載がなく、その実態は不明である。「浜松県博覧会」は、『静岡県史 資料編16』にのみ確認できるが、出品目録等も残存していないことから、今後さらなる調査が必要である。また、同年10月には現在の静岡市葵区研屋町に於いて安倍川町主催の博覧会が開催されているが、これについても実態を把握できる記録に乏しい[28]。

　浜松県博覧会後の大正3年（1914）には、駿府城内の図書館に於いて静岡展覧会が開催されている。静岡展覧会は、同年に東京上野で開催された大正博覧会に静岡市から出品したものを展示するもので、簡易的な博覧会であったと観察される。当時の状況は、同年7月12日付『静岡民友新聞』に掲載されている[29]。

　　大正博靜岡市出品物展覽會は昨日より城内圖書館内に開催。午前八時より
　　午後四時まで縱覽を許し即賣をもなしつゝあるが各種の出品物を網羅し
　　二百五十點に達し出品人は五十人なりと。（句点は筆者）

　当該展覧会は、一度大正博覧会に出品した物産を改めて出品地に於いて展覧するもので、展示即売の意味を持つ当該時期の博覧会の例に漏れず、静岡展覧会にも展示物産を販売する機能が備わっていたことは上記のとおりである。事実、同書には、椎茸、製茶、山葵、紙類など現在も特産品としている物産の展示が確認できる。当該展覧会には、都市の大博覧会に出品した物産を展示することで、郷土の産業の再発見を促し、地域アイデンティティの確認をする意

図があったと考えられる。当該時期には、このような小博覧会的な展覧会が散見されており、一種の娯楽的な意味合いをも付加した存在であったと看取される。

沼津と三島の博覧会　大正5年には、沼津博覧会と三島博覧会が開催された。

沼津博覧会は、「帝國實業協會主催第十五回全國特産品博覽會」を指し、開催地である沼津町の名を取って沼津博覧会（沼博）と一般に呼称される博覧会である。同博覧会は、内地産業の新規勃興と対外貿易の発展を目的に開催された博覧会であり[30]、大正5年8月3日に開会している。開会の記載は、『静岡民友新聞』と『静岡新報』にそれぞれ確認されるが、閉会時期については記載が無いところから開催期間は不明である。大正5年8月3日の『静岡民友新聞』には、同年8月20日に余興で花火を打ち上げるとの記載があることから、20日以降の閉会と推定される[31]。

当博覧会には、第一から第四の会場が設定され[32]、第一会場（沼津尋常小学校男子部）では、地元沼津の企業や商店の展示、工業機械の展示を行う機械館が設置された。第二会場（沼津尋常小学校女子部）では、静岡市や東京、京都など外部からの出品物を主に展示している。また第三会場（沼津商業学校）は、審査品を展示する場として整備され、第四会場に充てられた千本浜公園では、明治天皇偉業の人形展示や沼津瓦斯株式会社による企業パビリオンである「瓦斯館」の設置、さらには矢野巡回動物園の興行など数々の余興に供されたことが確認されている。また、同日程で沼津商業学校主催対外貿易資料展覧会が、第三会場の沼津商業学校で開催されており、差し詰め沼津の町全体が博覧会会場として用いられたのであった。

沼津博覧会は、特産品博覧会の名称の通り産業発展と貿易拡大を意図しており、展示の各所では、物産をより良く「見せる」ための展示技術に関する工夫が見受けられる。例えば、沼津杉山肥料店のブースでは、田畑の風景画を背景に農作業をする人形を配した一種のジオラマ展示の手法を用いた例が確認される。沼津瓦斯株式会社の瓦斯館では、「有ゆる瓦斯器具の陳列を爲し其使用法を實地に示し」との記載にあるように、様々なガス器具の展示をするだけでなく実際に使用法を教える演示形態の取り組みが確認できる。

また、余興の一つとして名前の挙がる矢野巡回動物園は、香川県発祥の動物見世物団であり、このサーカス部門が後に木下サーカスの前身となる組織である。当該時期には、ライオン・ヒョウ・トラなどの猛獣を見せる動物園とサーカス部門の両者が存在しているが、『静岡民友新聞』の記述からは千本浜公園

で動物園興行を行っていたとされる。矢野巡回動物園は、学術的研究を含まない所謂見世物の一種であるが、生きた動物を様々な地方で観覧させるという手法は現在の移動動物園に繋がると考えられ、「動物園」の名称を用いた初期の例であることから、動物園発達史上重要な事例であると考えられる。

このように当該博覧会では、直截に博物館への影響は見られないものの、展示技術や観覧者と展示との関わりなど、現在の博物館への繋がりを僅かながら感じることができるのである。

三島博覧会は、正式には「田方郡三島町主催衛生教育品展覧會」(以下、衛生教育品展覧会) と呼称され、同一会場内に於いて煙火競技会が開催された。当会は、『静岡民友新聞』の報道では「博覧会」の語は使用されないものの、後世の他書では三島博覧会との記載があり[33]、また町内に第一から第四会場を設け、町内の広域な会場に於いて同一テーマの展覧会を開催していることから、広義の博覧会と見做すことができる。

衛生教育品展覧会は、明治初期に始まる国民への衛生知識の普及を目的とする「衛生展覧会」の流れを汲む事業である。明治～大正期には、日本全国で多数の衛生展覧会が開催され、三島の衛生教育品展覧会の数日後には、現在の沼津市大手町にて「駿東郡衛生展覽會・圖畫展覽會」が開催されるなど、民間の注目度も高い催事であったと判断される。

三島の衛生教育品展覧会は、大正5年8月5日～25日にかけて開催され、その詳細は同年8月5日付『静岡民友新聞』に確認することができる[34]。当該展覧会は、衛生知識の普及を第一義とし、当時多くの衛生展覧会を主催していた内務省や帝大医科大学、恩賜財団衛生会などから病理衛生関連資料を借用し、第一・第二会場で展示している。第一会場である三島第一小学校では、「教育品」の名称に見られる通り、東京教育博物館より借用した各国の教育品やその他教育に関連する資料を展示しており、この点が他の衛生展覧会では認められない特徴であると指摘できる。さらに、第三会場（三島第二小学校本館）では、郷土の偉人である江川太郎左衛門英龍（坦庵）や白隠禅師の書画及び関連資料を展示し、差し詰め先人記念館とも称せる様相であったことが確認できる。また、当該時期の博覧会的な要素として、第二小学校北校舎に於いて三島の特産品即売会が開催されていることも特筆できよう。

当該展覧会の意義としては、展覧会の展示を博物館的な手法を用いて実施したことが挙げられる。例えば、第二会場である日露戦役戦捷紀念館では、横手入口より入場して直ちに階段を上り、2階展示を見学後に1階へ降り、展示を

見学したのち退場するという導線計画を採用している。館内では、階段中に統計表や掛図を配置し、概略的な知識教授を行った後に2階の帝大医科大学の病理展示を見学する。その後、内務省衛生局の食品等生活に関連する衛生知識の展示があったのち、階下の構造展示に誘導される。構造展示部分では、以下のような展示法を実践している[35]。

> 階下は東側三十五坪に三島の水源地を模し一大庭園とし築山、四阿及び五重塔、下には良き乳の與へ方食事の善悪二様、子供の背負方善悪二様の實物大（山越製作所出品）の人形を据付けあり

即ち、生活に関連する衛生知識普及の一環としての展示であり、単なる資料の展示だけでなく、良い方法・悪い方法の平易な伝達を目的とした展示と断言できるのである。当会の展示には、学術資料を教育的意図に基づいて展示する例が確認でき、一方で第二会場の構造展示のように平易な理解を促す工夫が見られることは、現在の博物館に繋がる要素であるとして重要である。

静岡博覧会の開催　静岡での本格的な博覧会は、大正8年開催の静岡博覧会に遡る。本博覧会は、静岡民友新聞社が主催するもので、同年8月1日～25日の日程で開催された。主催が新聞社であるところから、『静岡民友新聞』には7月頃からほぼ隔日、開催期間中は連日博覧会に関する記事が掲載されている。静岡博覧会の開催趣旨は、大正8年8月5日付『静岡民友新聞』の冒頭部に記載がなされている[36]。

> （前略）我が社微力を顧みず、敢て茲に静岡博覽會を企圖せる所以のものは、唯讀者と共に、此平和の歡びを喜び此戰後經營に際して、些か縣下人文發

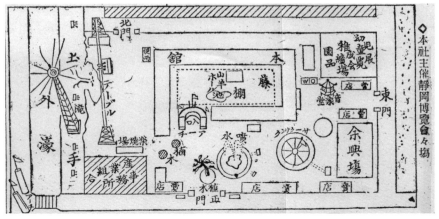

図2-1　静岡博覧会 会場平面図（大正8年4月20日付『静岡民友新聞』より転載）

第2節　本県における物産陳列館・博覧会等の実態

展の資に供せんとする微衷に外ならず、即ち一は以て平和を記念し一は以て縣下及國家の隆昌を祈念するもの、一にして二、二にして一なり、

さらに、大正8年8月1日付『靜岡民友新聞 旬刊附録』の「靜岡博覽會案内」には、「現代の人文發展には家庭と教育が中心となる必要がある」ことが述べられ、静岡博覧会は特に教育の発展に関して力を入れているとの記載を確認できる[37]。

当該博覧会の概要に関しては、先述の「靜岡博覽會案内」に詳述されている[38]。会場は、第一会場（旧駿府城内）・第二会場（寶臺院）・演芸館（若竹座）の3ヶ所に設定され、更に第一会場には本館（内部を東京館、A～K館、SW倶楽部館、履物館、漆器館、浜名館、美術館、機械の18部に分割）、教育館、第一参考館、科学工芸館が所在し、第二会場には第二参考館と余興場、及び動物園が設置されているなど大規模な博覧会であったことが理解できる。

当該博覧会施設に於いての特筆点は、第一に地域に根差したテーマ館が設置されている点を挙げられる。第一会場本館には、SW倶楽部館、履物館、漆器館、浜名館の4部門が存在するが、これはそれぞれ地域産業の紹介、物産陳列を行う区画となっている。館内の具体的な概要は以下の通りである[39]。

　　エス・ダブリウ倶樂部には靜岡市内の裝飾研究會の研究會の研究的の出品あり、履物館には、靜岡市物産の一たる優秀なる履物を羅列し、漆器館には、靜岡市の特産品たる輸出向内地向等種々の漆器を陳列し、濱名館には、遠州濱名郡に於ける物産を網羅しあり

これらの施設は、とりもなおさず地元産業の振興を意図するものであり、地方博覧会に共通する傾向であると看取される。特に明治以降輸出品として国内有数のシェアを誇った漆器や、漆器の技術を応用した履物等は、静岡の経済上欠かせない産業であることから、「縣下人文發展」のために設置されたと推察される。

第二の特筆点としては、直截的な博物館施設が建設されている点を挙出できる。本博覧会での博物館施設は、第一・第二参考館と美術館、動物園である。

第一参考館は、「農商務省、文部省、逓信省、本縣廳及び帝國飛行機協會、靜岡中學校其他縣下有志の出品を陳列す」[40]との記載にある通り、様々な方面から得た資料を展示公開する機能を持つ。当館は、展示に特定のテーマを持つものでは無いが、歴史及び科学教育に有益な品を収集・展示していることから、一種の教育博物館と位置づけられる。また、第二参考館は第二会場である寶臺院の宝剣や宝玉、名墨等を陳列する仏閣博物館として建設された。

本博覧会の美術館は、以下の目的をもって設置されている[41]。

> 本館は縣下出身又は縣下在住の日本畫家及洋畫家の作を陳列して美術思想の高調に努むると共に、縣下美術界の紹介を爲すものである

この記載の通り、当館はあくまで静岡県に関わりのある画家を対象とする美術館であり、博覧会期間のみ開館することから「静岡の美術」をテーマとした特別展示と見做すことができる。静岡県の美術界は、明治17年の丹青社発足を嚆矢とし、静岡美術会、嶽陽美術会など様々な美術団体が積極的な活動を行ってきた。本博覧会の美術館は、自らの作品を展示する画廊的な役割だけでなく、郷土の美術活動を地域住民や県外の人々にPRし、美術に関する裾野を広げるための広報機能を付加された施設であったとみられる。当館は、静岡県をテーマとした郷土美術館と呼称できるものであり、本県に美術館が根付く要因の一つとなったと考えられる。

さらに、静岡博覧会第二会場には、動物園が建設されている。我が国の博覧会における動物園の歴史は、明治10年の第一回内国勧業博覧会の動物館に遡り、その後地方博覧会に於いても動物園を設置する例は少なくなかった。本博覧会の動物園は、明治32年に愛知県豊橋駅前に設置された安藤動物園の園主が手掛けたことが「静岡博覽會案内」より読み取ることができる。当園には、ゴリラやヒグマ、ヒョウなどの獣だけでなくタンチョウ等の鳥類、とりわけ日本で初めての展示を行ったとされるフラミンゴなど多種多様な生物が飼育・公開された。大正8年7月6日付『静岡民友新聞』には、「總て教育上小學兒童等の參考となるべき」動物を収集しているとの記載があり[42]、当園は教育を意図した動物園であったことが理解出来よう。

静岡博覧会は、新聞社が企画・主催することから、県や市町村が主催する博覧会に比べ娯楽的な要素が少なからず見られるが、抜本的には地域産業の展示や紹介を意図する部門が広く設けられるなど、地域に根差した、地域の為の博覧会であったと看取される。また本博覧会に設置された博物館施設は、同博覧会が謳う「人文發展」に必要な教育を意図するものである。さらに参考館・美術館は、郷土の資料や地域団体の活動を展示する郷土博物館としての機能を発揮した。このことから、当該博覧会は娯楽的な面を持ち合わせるものの、教育的な意図を持った静岡県の博物館誕生の一要因を成したものと把握できる。

浜松市での全国産業博覧会の開催　また、全国的に著名な博覧会として、昭和6年(1931)3月15日〜5月8日にかけて浜松市で全国産業博覧会(以下、産業博)が開催されている。産業博は、昭和5年の天皇行幸及び市制施行20周年を記

念すると同時に、不況克服と産業の発展を目的に開催された。同時期には、国産振興博覧会や産業博覧会など、国内産業振興や経済発展を意図する博覧会が日本全国で開催されている。当博覧会は、このような全国的傾向のもと開催された博覧会であると看取される。

会場としては、元浜町及び天林寺境内を東会場として、「國產館、靜岡縣館、農林水產館、迎賓館、滿蒙館、朝鮮館、奈良館、發明館、ラヂオ館、音樂堂、演藝館」等が建設された。また、鴨江町を西会場として、「機械館、國產館、野外劇場、樺太館、水族館、子供ノ國」等が設置されたことが確認できる[43]。

また、本博覧会の来場人数はおよそ68万人と、それまでの県内開催の博覧会の中で最も多い集客を誇ることから[44]、人々の関心の高さもうかがえる。

当博覧会は、昭和4年から続く世界恐慌及び国内の昭和恐慌の最中に開催されている。産業博は、全国的な経済不況を背景に、その打開と経済の再生を目的としていることが「博覽會趣意書」より読み取ることができる[45]。

> 明年市制施行二十周年ニ相當スルトニ由リ之ヲ有意義ニ記念センガ爲メ明年陽春ノ候ヲトシテ一大博覽會ヲ開催シ廣ク内外ノ物產ヲ蒐集シ各種ノ機械及發明品ヲ網羅シ我國產業ノ現況ヲ展開公示シテ國產ノ愛用及本邦產業貿易ノ振興發達ニ資スルト共ニ現下我國經濟難局打開ノ一助タラシメントス

本博覧会では、産業発展を目的として以下のような取り組みを行っている[46]。

> 本會は別に國產振興部を設け、輸入品に対抗しつゝ、ある國產品、輸入品に代用し得べき國產品、輸出を奨励すべき國產品の三部に分類し各出品物より希望に応じて特に監査を行ひ、其の優良品と認めたるものに対しては賞状を授与すること、爲せり。

これらの記事より産業博は、これまで静岡県で開催されてきた様々な博覧会と比較しても、内需拡大に関する展示に偏重していること窺える。また、娯楽的な館があるものの相対的に少なく、大半が産業紹介を行う実業的なパビリオン構成がなされている。このことから、当該博覧会は国内産業の発展と経済復興に強い意志を持って計画されたことが読み取れるのである。

産業博における静岡県博物館発達上の特筆点としては、本県博覧会史上初めて水族館を設けたことにある。本県における水族館は、昭和5年に沼津市に建設された中之島水族館がその嚆矢とされている。産業博の水族館は、中之島水族館に次ぐ本県二例目の設置事例と判断される。当水族館は、浜松市中山町住民有志が中心となり、中村浜松市長や商工会議所に働き掛けた結果建設された

施設であって、当館の展示は昭和6年2月18日付『靜岡民友新聞』にその記載を確認できる[47]。

濱松博覽會に對する縣産□の水族館は費用の點で行惱みとなつたのに遺憾とした同市中山町の有志は中村市長、宮本商工會議所會頭等の賛助により獨力で西會場一大水族館を設け學術參考の珍魚を出品するは勿論、ガラス張りの大水槽で海女の飛び込み作業や海底の魚類生息狀況を縱覽せしむべく豫算一萬圓を以て工事中で博覽會唯一の呼び物とすべくいき込んでいる

記事の如く、あくまで「呼び物」としての意図を持って建設される水族館ではあるが、行政が断念したものを民間の力で完成させた取り組みには感嘆させられる。当水族館は、熱心な住民によって建設された住民主導の博物館として好例であろう。また、大水槽での海女の展示は、国内の博覧会では盛んに行われていた。大正期以降、各地で行われた博覧会に「海女館」が設けられ、主に三重県志摩の海女による真珠や鮑取りの作業を実演することで、来場者に海女の実力を示す一種の見世物として人気を博しており、博覧会の呼び物の一つとして定着したのである[48]。当該博覧会の海女展示は、他の地域ですでに実践されていた海女によるパフォーマンスを導入し、ただ魚を見せるだけではなく、より来館者を満足させるための集客効果を見込んで実践されたのである。

戦時下の博覧会 第二次世界大戦中には国威発揚・戦意高揚の目的のために、博覧会等が利用される事例が存在した。このような取り組みは、一般的に戦時博覧会・展覧会(以下、戦時博覧会)と呼称され、市内に広く会場を取った大規模なものから、公会堂の一部を用いた小規模な会まで、戦時を通して日本および植民地の各地で開催されていた。

本県においても、昭和18年に「大東亞戰博覽會」を静岡市で開催し、軍事啓蒙と日本軍の戦争正当化を目的とした喧伝を行っている。大東亜戦博覧会については、博覧会の開催趣旨にその概要が記されている[49]。

爰に於て左の如く大東亞戰博覽會を開催し、過去に於ける暴戾米英の東亞侵略史を回顧し、現在の大東亞戰果と對比し、帝國の聖戰の意義と其の因遠く來れるを知らしめると共に、大東亞戰必勝の理念をより強固に認識し、特に陸、海軍省より特別御貸下の現用兵器により、近代化學戰に不可欠なる化學兵器の重要性と認識を深め、聖戰完遂東亞共榮圈確立後に於ける明朗東亞を建設せしめ、以て長期戰に對する覺悟を更に固からしめんとす。

当該記載の如く、本博覧会は太平洋戦争・日中戦争に関連した戦意高揚を目的とする催事である。当該博覧会は、静岡市内に於いて同年5月5日〜6月

15日の日程での開催を予定していたが、出品物である戦利品の飛行機や兵器類の到着が遅れたため、5日遅れの5月10日～6月20日の間開催されたとされている[50]。

当該博覧会は、出品目録等が確認できず、遺存している資料についても『開催趣旨』とそれに付属する会場図のみであるため、詳しい内容については把握することができない。会場図から読み取れる情報では、まず会場を旧護国神社の敷地を第一会場、商工奨励館を第二会場の2ヶ所に設定し、それぞれの会場を電車で移動できるようになっていた。両会場は、それぞれ細かいパビリオンに区分されており、第一会場には本館（陸軍館、海軍館、スタンプ館、郷土部隊武勲館、防諜防犯館、南方資料館、電動式パノラマ館から構成）、演芸館、海女館、ジャングル館が設けられ、また本館中庭には産業館・華道陳列場・即売部が入る建物があり、さらに高射砲、戦車、海上偵察機など大型の軍事資料は会場内に野外展示されていた。第二会場には、軍事援護館と南方紹介館の2つが設けられ、それぞれの会場で軍事・戦争を主体とした展覧会が開催されていたことが確認できる。

本県の戦時博覧会が開催された昭和18年は、空襲等による被害は未だ少ないものの、戦局が次第に悪化していく時期にあたり、文末の「以て長期戦に對する覺悟を更に固からしめんとす」との如く、市民に対し"強い日本軍"の存在を改めて印象付け、戦争継続の意識を鼓舞する意味合いが強いと言えよう。また同博覧会では、実際の兵器展示のほかに「演芸館」や「電動式パノラマ館」を設け、モノを見るだけでなく音や動きなどを持つ臨場感と娯楽性のある展示が実践されていたことがわかる。演芸館での上演内容は不明であるが、同時期の戦時博覧会などから推測すると、戦争関係の演目・展示だけでは一般大衆の魅力に乏しかったことから、客寄せとなる著名人のコンサートや各種ショーなど、大衆を喜ばせるものが主体であったと推測される[51]。また、パノラマ館は、当時他の博覧会でも多く利用されて人気を博しており、当該博覧会においても人々へ

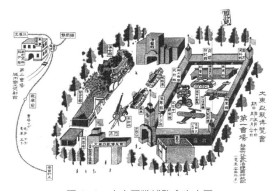

図2-2　大東亜戦博覧会案内図
（静岡県立歴史文化情報センター提供）

のビジュアル的な情報伝達のために導入されたものと理解できる。

　戦時博覧会は、一過性のイベントであることから、継続開館する展示と比較して高い集客力と費用対効果を持ち、また同じ展示資料を様々な地域で繰り返し使用できることから、当該時期において多用されたのではないかと推定できる。当該博覧会は、時代を端的に表す戦争に直結した催事である。我が国の性質上、戦後このような博覧会は開催されておらず、戦時中特有の展示活動の一例であるといえる。

小　結

　静岡県内には、物産の展示・販売を専門的に行う物産陳列館が多数設置されてきた。本県では、当初県立の物産陳列館が開館するもののすぐに閉館し、明治34年の「物産陳列場補助規定」制定によって県が市や郡を支援することで、各地域に陳列館が分散設置されたのである。明治39年の『農商務省商品陳列館報告』第二四號の「全國陳列所一覧」には、静岡県の陳列館は５館存在し、全国で最も設置数が多い状況が見て取れる。三宅拓也の『近代日本〈陳列所〉研究』によると、「分散的に地域密着型の〈陳列所〉を置く構図は、他府県には見られない」とし(52)、本県独自の傾向ということがわかる。

　この傾向の根底には、静岡県が３つの旧国から成立したことが影響している。静岡県は、浜松市を中心とした遠江、静岡市を中心とした駿河、伊豆半島と駿東地域からなる伊豆の３国が合併してできたことは周知のとおりである。この成り立ちに伴い、現在の県西部・中部・東部では全く文化が異なり、同じ県内にあっても連帯意識が低い県民性が形成されている。物産陳列館が隆盛していた時期は、明治初期に静岡県に合併されてから日が浅く、現在以上に旧国意識が強かったものと推測される。そして、県の中心を静岡市に設けてはいるものの、それぞれの地域の自治意識が強く、統一的な組織運営が難しかったのである。このため、県庁所在地に集権的な陳列館を設けるのではなく、希望する各地域が独自に陳列館を設置・運営できるような仕組みが考案されたと推定できる。

　物産陳列館の特徴は、産業奨励・地域振興を意図することであり、一般的な博物館とは異なる性質を持つものである。しかし、常設の建物に物品を集積し、不特定多数の人間を集めて観覧させ、講義・講演会等を実施する物産陳列館の機能は、とりもなおさず博物館機能に近似するものであり、静岡県の博物館発展の一つの要因であることは間違いない。

　さらに静岡県は、戦前戦後を通じて多種多様な博覧会が開催されてきた。本

項では、本県博物館発生に関わる要因として、明治〜昭和前期の博覧会が影響を与えるものと理解できることから、わずかながらその事例を挙出した。当該時期における博覧会の傾向としては、①産業技術の向上と地域振興を主たる目標としていること、②主催者は様々であるが、開催地域を中心として国や県、多くの地方から物産・資料を集め展示すること、③産物に対する品評会や即売会が開催されることが挙げられる。本県の博覧会としても、大きくその傾向から逸れるものは無いものの、各博覧会に於いてそれぞれの特色を出していたと看取される。逆に言えば、「静岡県」という特色を前面に出す博覧会は、静岡博覧会以外に確認されておらず、他府県の博覧会のテーマを流用した博覧会を開催する傾向を見出すことができるのである[53]。

　本県で開催された博覧会の博物館への影響としては、第一に物産をはじめとした郷土由来の情報を、モノを通じて発信したことが考えられる。モノによる情報伝達は博物館の基本であるが、博覧会に於いても同様にモノを媒介とした情報伝達を行っている。特に地方博覧会では、参考品として郷土の書画、偉人の遺物、考古資料などを展示している例が多く、それを見学することによって地域に関する情報を得ることが可能となる。特産品即売会では、地域の産業実態を知るだけでなく、それを持ち帰ることでより印象付けることができるのである。また本県の博覧会では、教育を意図する展示を多数確認できることも大きな特徴であろう。モノを通じた教育は、まさしく博物館活動そのものであり、静岡県の博物館発生には博覧会の影響が多分にあると断言できる。第二は、博覧会のパビリオンとして、参考館・美術館・動物園・水族館などの博物館的な施設が実際に建設されたことが挙げられる。博覧会の展示は、産業技術の向上と地域振興を主たる目的としたものであり、期間や場所を限定して開催するものであるから、直截的に博覧会が博物館には成り得ない。しかし、実際に博物館的な施設が設けられることで、その建物の移築や博物館的な施設にヒントを得て博物館を開館する例は、日本全国で枚挙に暇がない。静岡県内の事例として、大正5年の三島町衛生教育品展覧会には白隠禅師関連の資料が展示されたが、展覧会終了後の大正8年には白隠禅師が住職であった沼津の松蔭寺に白隠禅師遺物展覧館が設けられたとされている[54]。当事例は直接的なつながりは無いものの、展覧会出品者に寺院関係者がいることから、何かしらの影響を与えたのではないかと推察される。静岡県内で開催された博覧会からは、建物を移築して博物館とした事例は確認されていないが、博覧会に博物館的な施設を設けてその存在を広く宣伝したことは、静岡県民への博物館という存在を普

第3節　社会教育施設の隆盛と博物館

1　社会教育施設付属展示施設の誕生

　戦後の静岡県では、図書館・公民館をはじめとする社会教育施設の設置が隆盛し、その動きに伴って展示施設が設置される事例が多い。表2-2は、近代から現在にかけて設置された社会教育施設付属の展示施設を集成したものである。本県では、明治43年（1910）設置の静岡県教育会附設図書館陳列室をその濫觴とし、現在までに29の社会教育施設に展示室・資料館が設置された事例を確認することができる。

葵文庫と県立図書館の展示室　本県の社会教育施設に付属して設置される展示室としては、明治43年に静岡市教育会通俗図書館に設置された展示室と、その流れを汲む静岡県立葵文庫（現、静岡県立中央図書館）内に所在した郷土室がその嚆矢である。静岡県立葵文庫は、近世期に奇書・珍籍を集めた江戸幕府の書籍収蔵機関である「葵文庫」を基盤とし、大正14年（1925）に図書館の体を以て開館した施設である。県内には、明治40年に静岡市瑞光寺内に設立された私立丁未図書館を嚆矢として、様々な地域に図書館が建設されている。また静岡市内には、丁未図書館の蔵書を引き継ぎ、明治43年に静岡市教育会通俗図書館が開館している。同年9月には、静岡県教育会付設図書館が静岡市に開設され、静岡市教育会通俗図書館を合併している。その後、県立葵文庫の計画が成り、県教育会付設図書館を吸収して葵文庫が開館した[55]。

　図書館内部には、書籍を配架・閲覧するのみならず、資料の展示・公開する区画を設ける事例が多い。実際に、静岡県教育会付設図書館には展示区画が設けられており、大正3年には静岡展覧会が開催されるなど[56]、様々な展示活動に活用されている。葵文庫内部に於いても、書籍を展覧するスペースが設けられており、昭和5年（1930）の昭和天皇行幸の際には、漢学復興・西洋文明流入・行政産業・郷土資料等に関する各種書籍類を天覧に供している[57]。当館に於いては、戦中期である昭和18年に郷土室が設けられ、郷土に関連する資料を展示している。図書館における郷土資料とは、博物館で用いられる特定地域の考古・歴史・民俗・自然に関する物質資料という意味合いではなく、「特定地域に関連する文書・絵図」等の紙媒体による資料群である。

第3節　社会教育施設の隆盛と博物館

設置年	設置母体	社会教育施設名	展示施設名
明治43年	静岡県	静岡県教育会附設図書館	陳列室
大正14年	静岡県	静岡県立葵文庫	郷土室
昭和12年	浜松市	浜松市立図書館	郷土室
昭和21年	静岡県	静岡県立葵文庫	郷土館
昭和25年	浜松市	浜松市立図書館	郷土室、目録室
昭和32年頃	相良町	相良町中央公民館	展示室
昭和44年	静岡県	静岡県立中央図書館	展示室
昭和45年	浜北市	浜北市社会教育センター	郷土資料室
昭和46年	焼津市	焼津市立焼津図書館	郷土資料展示室
昭和47年	芝川町	芝川町中央公民館	展示室
昭和49年	岡部町	岡部町中央公民館	民俗資料展示室
昭和50年	豊岡村	豊岡総合センター	薬草資料館
昭和52年	小笠町	小笠町中央公民館	資料展示室
昭和52年	熱海市	熱海市立図書館	郷土資料室
昭和53年	清水市	清水市文化会館	展示室
昭和54年	大東町	大東北公民館	大東町郷土資料室（松本亀次郎資料館）
昭和56年	浜北市	浜北市文化センター	郷土資料室
昭和59年	三ヶ日町	三ヶ日町公民館	民俗資料館
昭和60年	清水町	清水町立図書館	資料展示室
昭和62年	藤枝市	西益津公民館	常設展示室
平成元年	大仁町	大仁町立図書館	郷土資料展示室
平成3年	豊田町	豊田町立図書館	展示室
平成5年	磐田市	磐田市立図書館	展示室
平成10年	雄踏町	雄踏町図書館	郷土資料展示室
平成18年	芝川町	芝川文化ホール・芝川公民館（くれいどる芝楽）	展示室
平成19年	掛川市	大東図書館	郷土ゆかりの部屋（郷土資料展示室）
平成21年	清水町	清水町地域交流センター	郷土資料室
平成21年	南伊豆町	南伊豆町立図書館	石垣りん文学記念室
平成22年	吉田町	吉田町立図書館	吉田町立ちいさな理科館
平成26年	沼津市	沼津市立図書館	音と映像のフロア（郷土資料の展示）

表2-2　静岡県内の主要な社会教育施設付属展示施設（2016 中島作成）

第 2 章　博物館設立前史

　県立葵文庫では、その前身である久能文庫の設立趣意書において、「歴史、地理、統計、法律、沿革など諸分野に役立つ資料を網羅的に収集することを目的」としており[58]、明治期より郷土資料の収集を続けてきた歴史を有している。そして、昭和初期から隆盛した郷土教育・郷土研究を受け、それまで収集した資料と郷土研究によってもたらされた各種資料を集約し、それを保管・活用する施設が求められたのであった。静岡県の戦前の県立葵文庫の郷土資料展示室に於いても、郷土に関する書籍・記録等を主たる展示物とする施設であった。

　戦後の昭和 21 年には、郷土室の名称を静岡県立葵文庫郷土館へと変更し、展示活動を行っている。昭和 28 年実施の文部省の「博物館調査」によると、「登呂遺蹟土器を主体」とする資料を展示する施設として博物館の一つに数えられており[59]、とりもなおさず郷土博物館としての活動をしていたものと推定される。

　戦後の葵文庫では様々な展覧会が開催されていることから、展示に関連する活動は継続されていたことが理解できる。しかし、昭和 30 年に登呂遺跡の出土資料を収蔵展示する静岡考古館が開館したことから、同じく登呂遺跡出土土器を展示していた郷土館はその役目を全うしたものと考えられる。郷土館の閉館時期はわからないものの、静岡考古館の設立と前後して閉館したものと推測される。

　また、静岡県立葵文庫は、昭和 44 年に静岡県立中央図書館と改称し、新たに静岡市駿河区谷田へ移転開館した。県立中央図書館が開館した際には、3 階に展示室が設置されている。当展示室の特徴は、常設展示に留まらず、特別展示室を有している点である。ここで特筆できるのは、図書館でありながら常設の埋蔵文化財展示を行っている点である。中央図書館の北部には、平成 28 年（2016）まで静岡県埋蔵文化財センターが所在しており、県内で実施した発掘調査の資料を整理・保管していた。中央図書館では、埋蔵文化財センターが収蔵する考古資料を活用し、展示室内に於いて常設展示を行っているのである。当該展示は、土器や石器を並べるだけの展示ではなく、埋

写真 2-2　創立当時の静岡県立葵文庫
（『「葵」80 周年記念部会誌』P.12 より転載）

蔵文化財センターに所属する学芸員資格と専門知識を持った職員により工夫された展示構成となっている。これは、図書館付属設備でありながらも、博物館に準ずる展示施設と見做すことができるのである。県立の人文系博物館が存在しない本県では、県の収蔵する考古資料等の公開・活用の場が少ない傾向にある。中央図書館の展示室は、本県収蔵の人文系資料を公開することのできる数少ない設備であり、県立人文系博物館に代替する施設として重要である。

浜松市立図書館の展示施設　一方、市立の社会教育施設に付属して設置される展示室としては、浜松市立図書館に設けられた「郷土室」が早い例である。郷土室の概要に関しては、昭和12年2月10日付の『東京日日新聞遠州版』に以下のように記載されている[60]。

> 遠州の郷土史料研究家として有名な元濱松市西小學校々長大場辰太郎翁はさきごろ沼津の愛息の許で余生を樂しむべく濱松を去るに當り同氏が秘藏してゐた遠州由來の偉人、名士等の肖像畫、寫眞、遺墨、書畫の類八十余點を濱松市立圖書館へ寄贈したので同館はこれを機會に濱松出身の名士、濱松創成の功勞者の肖像、遺墨を更に廣範圍に蒐集し同館内の一室にこれを蒐集陳列して"郷土室"を命名し一般に公開愛郷精神の發揚を期し郷土史料研究に資することとなつた。

同室は、浜松市の偉人・名士等の関係資料を収集・展示し、その顕彰を行う人物記念館として開館した。同誌によると、偉人の肖像に伝記を加えて展示し、さらに遺墨を併せて展示することで、包括的な人物の顕彰を意図していたことがわかる。当該記事が掲載された時点では、賀茂真淵をはじめとする28名の肖像と遺墨が収集されたとされ、その後『濱松市史』に掲載された53人まで展示数を増やしたいとの考えのもと活動を続けたようである。しかし、当該時期は、日中戦争の開戦とそこから続く戦争の時代であり、次第に浜松市へも戦争の影響が出始めた。浜松市立図書館への決定的な影響としては、昭和20年6月の浜松大空襲である。当該空襲では、図書館建物3棟と蔵書35,000冊が灰燼に帰し、同時に郷土室と展示資料も焼失したのである。

戦後の浜松市には、明確な博物館施設が存在していなかった。浜松市内は、軍事関連施設が多数所在していたことから、複数回の空襲と艦砲射撃によって大きな被害を受けた。多くの建物が破損・焼失し、戦前期に存在した商品陳列所などの展示施設もほとんどが失われたのである。その中で、博物館的な機能を発揮したのが昭和25年11月に再建された浜松市立図書館であった。同館は、戦争末期に焼失したのち、同市建築課の技師栗原勝によって再建されることと

なった⁽⁶¹⁾。建物の概要は、昭和40年に刊行された『浜松市立図書館小史：再建から15年』に以下のように記されている⁽⁶²⁾。

> この図書館の玄関は四方にあり、全く開放された自由な出入り口と、一般図書の他フィルム・ライブラリー、レコード・ライブラリー、<u>郷土博物館、美術館的な機能を充足</u>し、子供の部屋にはファンタジックな壁画（山内泉氏）が描かれ、子供達を楽しい夢に誘い、婦人閲覧室には乳児のベッドを備え、<u>目録室には大谷石で出来た古器の陳列棚があり</u>、庭園にはプールを前に少女の立像「花神」（水野欣三郎氏）が立ち、芝生の上では寝ころんで読書する雰囲気がかもし出されている。（下線、筆者）

このように、図書館の一室に展示用の設備を設け、郷土資料の展示を行っていたことがわかる。また、『浜松市立図書館小史』によると、館2階に陳列室と郷土室が設けられ、郷土室では前年より発掘調査が開始された伊場遺跡の出土資料を陳列したとされている。しかしながら、やはり主たる機能は図書館であり、博物館的な機能も不十分であった感が否めない。同誌によると、昭和33年4月に浜松市郷土博物館が完成したため、翌5月には伊場遺跡資料を博物館へ移管し、郷土室を学生室へ転用したことが確認できる⁽⁶³⁾。

浜松市立図書館に設けられた展示室は、公立博物館が不在であった浜松市の展示・公開機能を担う数少ない施設として存在した施設である。戦前の浜松市域には、浜松中学校歴史参考館や浜松師範学校郷土研究室などが常設の博物館施設として存在したものの、市立の博物館は存在していなかった。一方、常設の展示機能を有する施設は、濱松市商品陳列所が存在し、また松菱などのデパートにて頻繁に美術展覧会が開催されていたが、郷土の顕彰を行う機能は皆無であったのである。そのような背景の基で郷土室は、大場辰太郎の寄贈資料を中心として、郷土の偉人を顕彰するいわば先人記念館として計画され、実際に開館したのであった。当該地域において、図書館に記念館が設けられたことは、地域住民が気軽に"郷土"へアクセスできる環境を整え、モノによってわかり易く郷土の顕彰を行うことを意図していたのである。しかし、太平洋戦争の戦禍によって、市立図書館とともに郷土室も焼失したのであった。

戦後復興の中で、同市の社会教育施設として図書館は再建されることとなり、そこにも展示室が設けられたことは特徴的であろう。戦後の図書館の展示室は、戦前期の郷土室とは異なり、歴史博物館としての性格が強いものであった。これは、図書館の新設と時期を同じくして、伊場遺跡の発掘調査が実施されており、その資料を展示に活用できたことが大きな要因といえよう。実際に発掘調

査を行っている時期に、そこから出土した資料を実際に展示することで、一般市民へのアピール効果は大きかったと推測され、また当該展示を行うことで市民の興味を喚起し、間接的にも伊場遺跡調査に協力してもらいたいという意図があったとも考えられる。

2 市町村における社会教育施設の展開と博物館

社会教育施設付属館の一例 戦後の市町村立施設は、昭和32年（1957）頃に設置された相良町中央公民館展示室が挙げられる。しかし、当該展示室は、『相良町史』に於いても「展示室を設ける」との記載があるのみであり、その詳細は不明である。

　形を変えながらも現存し、博物館的な意味合いの強い施設として、昭和45年の浜北市社会教育センター郷土資料室が挙げられる。浜北市社会教育センターは、県西部の浜北市（現、浜松市浜北区）が社会教育・生涯学習の核として建設計画を行ったものである。当館には、市立図書館・研修室・映写室・展示室・和室が設けられ、博物館・図書館・公民館の機能を合わせた文化複合施設に位置づけられるものであった。同館郷土資料室は、浜北市文化協会が昭和43年に開催した「明治100年展」に際し寄贈・寄託された資料を母体に開設されている。当該資料は、一般市民が所有・保存してきた民俗資料を中心とし、それに加えて浜北市が調査を行った発掘資料や絵図・文書等の歴史資料をコレクションとしている[64]。また昭和56年には、文化会館・中央公民館・図書館・勤労青少年ホームの機能を兼ねた「浜北市文化センター」が開館し、社会教育センター内に所在した郷土資料室が移転開室している。さらに平成16年（2004）には、センター内の市立図書館が移転し、その跡地に「市民ミュージアム浜北」が開館している。同館は、天竜川下流域の生業や文化を紹介・展示する1階の「くらしの資料館」、及び天竜川下流域の考古資料を中心に展示を行う2階の「歴史資料館」から構成されている。同館は、郷土資料室に収蔵されていた資料を引き継ぐとともに、資料の収集若しくは寄贈・寄託によって新たなコレクションを形成している。また浜北市は、平成17年に浜松市に合併し、当該施設も新浜松市歴史系博物館群の一角として位置づけられることとなった。これにより、浜松市域の博物館と相互に交流することが可能となり、人及びモノによる交流が行われることで、複合施設内の一部としての展示を脱却し、付属施設でありながらもより博物館的な意味合いを持つ施設に変化したと考えられる。当該施設は、社会教育施設の一部屋を起点とし、資料の収集・

保存・展示を通して博物館的な地位を確立し、浜北市文化センターの開館及び新浜松市歴史系博物館群への加入を契機として、より地域に根差した郷土博物館として醸成されていったのである。

　社会教育施設付属博物館の中でも特徴的な館としては、昭和50年の豊岡総合センター薬草公苑・薬草資料館が挙げられる。当館が付属する豊岡総合センターは、昭和41年に磐田郡豊岡村（現、磐田市）に建設された施設であり、老人福祉センター、野球場、宿泊施設、児童遊園などを複合した施設として計画されたものである。当該施設は、「農村の生活環境を整備したり、快適な生活を維持・向上させるため」の施設を核とし、取りも直さず村民の健康管理・健康意識の創出を意図するものであった[65]。薬草公苑・薬草資料館は、地域の山野に自生する植物を栽培し、農民の健康増進に資することを目的とした施設である。郷土の歴史・考古資料等を社会教育施設に展示する事例は数多く存在するが、住民の健康意識啓発及び野草を用いた教育を意図する施設は、全国的に観てもその事例は少ないと看取される。さらに、その計画・運営を村が行い、村民に対する健康教育を実施してきたことは、地方自治体による教育機関としての博物館運営の好例である。

　また本県には、社会教育施設に併設するというスタイルをとりながらも、開設当初より博物館として機能をしている施設が存在している。上記表内では、大東町北公民館、大仁町立図書館、南伊豆町立図書館に所在する展示施設は、本県内の施設に於いても博物館的な意味合いが強いものと看取される。

大東町の展示施設　大東町北公民館は、静岡県西部の小笠郡大東町（現、掛川市）に所在し、昭和45年に開館している。同館設置の郷土資料室は、「松本亀次郎資料館」の別名が付される施設である[66]。松本亀次郎は、静岡県小笠郡大東町出身の教育者であり、戦前・戦中期に於いて中国人留学生の日本語教育に尽力した人物である。大東町では、郷土の偉人である松本亀次郎の功績を顕彰する住民の活動に呼応し、昭和54年に北公民館西館を建設した際に松本亀次郎資料館を併設している。当資料館は、松本亀次郎関連資料を中心に、郷土の歴史資料及び民俗資料を収集・展示する博物館であり、偉人を顕彰する記念館型の傾向が見られるものの、地域由来の様々な資料を収集・展示を行ういわゆる郷土博物館であると看取される。大東町は、平成の大合併の時流のもと、平成17年に掛川市と合併している。平成19年には、掛川市大東図書館が開館し、内部に「郷土ゆかりの部屋（郷土資料館）」が開館している。郷土ゆかりの部屋は、大東町北公民館収蔵の資料を移管し、当該資料を基盤とした展示

活動を行っており、同館が開館すると同時に松本亀次郎資料館は閉館している。また掛川市大東図書館は、一定の温湿度管理を可能とする文化財用の収蔵庫を所有しており、社会教育施設付属展示室でありながらも、資料の収集・保存・展示といったより現代的な博物館活動を可能としている点が特筆できる。大東町北公民館の展示施設は、地域の偉人顕彰を目的として設置された博物館であり、独立した建物を持つ館ではないものの、地域の教育・生涯学習に資する施設として現存している点が評価に値する。

大仁町の展示施設　平成元年開館の大仁町立図書館は、田方郡大仁町（現、伊豆の国市）に所在する図書館である。当館は、平成の大合併により平成17年に伊豆の国市中央図書館と改称されているもので、伊豆の国市域の中核を成す図書館である。当該図書館には、設計段階に於いて「郷土資料展示室」が組み込まれており、また旧大仁町には博物館施設が存在していなかったことから、大仁町の社会教育活動の核として設計されたものと推定される。当該展示室に於いては、図書館付属施設でありながらも、地元大仁町から出土した国の登録有形文化財である「仲道A遺跡出土縄文草創期遺物一括」を収蔵し、その常設展示を実施している点を特筆することができる。また、地元のボランティア組織である大仁考古学研究会による管理についても興味深い。大仁考古学研究会は、「公蔵免遺跡、茅野B遺跡、大平遺跡群の発掘調査に参加した女性を中心とした考古学のボランティア団体」であり、発掘調査の経験を活かした企画展の実施や史跡の草刈り・清掃作業などを実施している(67)。同会は、発足した昭和55年に開催した、大仁町民会館（現、大仁市民会館）での第一回企画展『先土器から平安時代』を皮切りに、考古学に関連する様々な展覧会を開催している。図書館の郷土資料展示室では、同会が受付と解説を担当しており、同室の管理運営に地域住民が積極的に参加している事例を垣間見ることができる。大仁町立図書館に設置された郷土資料展示室は、地域から産出した貴重な資料を地元の人間の手によって管理・活用するものであり、取りも直さず住民主体の郷土博物館に比定されるものである。また、合併後の伊豆の国市には、専門職採用の学芸員を有する韮山郷土史料館が存在していた。同館では、市主導の博物館運営が行われており、民間が主導で展示活動を行う中央図書館とは対照的な位置づけとなっていた。このことから、伊豆の国市では博物館活動に於いて官と民がうまく棲み分けを行っており、市内施設の相互交流によりより効率的かつ有効な学習の場を提供していた。

　しかし、平成29年3月には、老朽化のため同年5月31日をもって韮山郷土史

料館の閉館が決定し、史料館機能を中央図書館に移管するとの発表があった[68]。同館は、国の重要有形民俗文化財「山木遺跡出土の生産・再活用具」の保管・展示のために昭和42年に建築され、平成29年には竣工から50年を迎える。50年の館に建物は老朽化し、建て替えや耐震補強の必要性が発生してきたものの、同館は国の重要文化財江川邸の指定範囲内に所在しており、現状変更が事実上不可能であったとされている[69]。建物の老朽化は、博物館活動にも支障をきたしており、博物館としての運営は困難であったのである。このため、伊豆の国市では同史料館の閉館を決め、同様に展示機能を備えた中央図書館へ機能集約を行うとしたのである。

　だが、このような機能集約が必ずしも良いとは考えられない。韮山郷土史料館は、50年の博物館活動の結果として数多くの資料を保有しており、その中には山木遺跡の出土資料をはじめとする指定物件も含まれている。それらの膨大かつ貴重な資料を図書館内の展示施設で扱うのは困難である。博物館専用に建てられた建築物でない以上、資料の保存・展示環境には制約があり、またそれまでは専従する学芸員を配置していたため管理が可能であったが、移管後はおそらくその的確な管理も難しいだろう。

　図書館等に設けられる展示施設は、他に基幹となる博物館施設が存在したうえで、そのサテライトとして運用されることが望ましい。例えば、沼津市立図書館3階の郷土資料展示コーナーは、沼津市教育委員会の監修・資料貸与の上で運営されている。同市には沼津市歴史民俗資料館、沼津市明治史料館等の登録博物館が存在し、専任の学芸員も配置されているのである。やはり、資料を的確に運用できる職員と、資料の的確な保存環境は必須であり、それらを踏まえたうえで他の社会教育施設に展示施設を出先として設けるのは良かろう。しかし、基幹となる施設・設備・人材も無いながら、資料と展示機能だけを社会教育施設へ移管させるのは、文化財の保護・保存および博物館経営の面でも難があるといえよう。韮山郷土史料館閉館後の伊豆の国市には、歴史的建造物を転用した歴史民俗資料館が所在するが、常勤職員もおらずモノが置かれているだけの倉庫的な施設と見做すことができ、市としての資料保存、展示、普及能力は著しく低下することが予想される。この後、博物館施設の設置など新たな展開があるのか、それとも現体制のままで次第に衰退していくのか、今後の動向についても注視していきたい。

南伊豆町の展示施設　南伊豆町立図書館は、平成元年に開館した公立図書館であり、平成21年に「石垣りん文学記念室」を開室している。石垣りんは、大

第 3 節　社会教育施設の隆盛と博物館

正～平成にかけて執筆活動を行った詩人・随筆作家で、日本興業銀行に勤務しつつ生活に即した作品を数多く残したことで知られている。南伊豆町は、石垣りんの父が生まれた地である。また、石垣りんが平成20年に逝去したのちこの地に葬られ、親族より遺品・著作等が南伊豆町に寄贈されるなどのゆかりがある。石垣りん文学記念室は、寄贈された資料をもとに、「石垣りんさんの作品を末永く保存し、多くの方々に親しんでいただくとともに、文学の香り豊かなまちづくりを目指す」ことを目的として寄付を募り、1,443万円の寄付をもって開館した施設である[70]。同室は、「文学館」に比定される施設であり、取りも直さず作家の回顧と顕彰を意図する存在である。また同室では、収蔵・展示には遺族から寄贈された資料を活用しており、積極的な資料収集を行う博物館とは異なり、既存の資料の保存と活用を意図する記念館と見做すことができる。さらに石垣りん文学記念室は、記念事業として現代の詩人や文学者の対談を積極的に開催していることが確認できる。これらのことから同室は、地域の偉人を顕彰する文学記念館であり、限られた資料を適宜活用しつつ、講演・対談の開催によって更新性を持たせている博物館であると考察することができる。

小　結

　本県初期の社会教育施設設置型展示室は、戦前期に設立された図書館内の展示室に遡ることができる。静岡市と浜松市の両地域に設営されたこれらの施設は、郷土資料の収集・展示を行うという共通項が見出せ、戦中を通じて活動を続けていた。しかし、戦中期には、空襲によって県立葵文庫の講堂ほか一部が焼失、浜松市立図書館が全焼するなどの被害を受け、終戦時にはその機能を喪失していた。戦後、それぞれの地域では、考古学史に残る重要遺跡の発掘調査が開始され、その資料をもって復興された図書館に新たに展示室が設けられた。そして、後にそれぞれの地域に博物館が設けられることで、図書館の資料を移管し、博物館の資料にするとの共通点が見出せるのである。本県では、戦前期に公立博物館が殆ど設立されなかったものの、公立図書館は比較的整備されていた。そして、図書館に展示室を設けることで、図書館と博物館の文化複合施設のように運営してきたのである。このことから、本県の公立博物館の根底には、図書館に設けられた展示室の存在があり、また現在においてもそのような展示室が多数確認できることから、いわば図書館寄生型博物館が本県の博物館の特性の一つであると考えられる。

　また、本県に於ける社会教育施設付属の博物館施設は、町や村といった小規

模な地方自治体に設置される事例が多い。これは、町村の財政面や人材面に於いて、独立した博物館施設の建設・運営が困難であり、また博物館を設置する際に必要な資料が乏しいことに起因する。

　前者の問題としては、町・村という人口が乏しい自治体では、県や市に比べ財源が乏しい傾向にあり、それに伴い社会教育に割ける人材も少ないことは明白である。昭和24年の社会教育法、昭和25年の図書館法の制定に伴い、戦後の社会教育施設は全国的な広がりを見せ、様々な地域で公民館や図書館の設置運動が行われた。このため、公立の公民館・図書館の設置を意図する地方自治体は多く、当該施設に勤務する職員も配置されていった。しかし、同じ社会教育施設に位置づけられる博物館に於いては、行政側は積極的に設置を推進するものではなく、地域住民に於いても建設運動を行った例は少ない。本県の町村に於いても、この傾向は顕著であり、公民館や図書館に比べ博物館の優先度は低いものとみられる。このことから、限られた予算の中より第一に公民館や図書館の建設を意図し、その付属として建物と職員を一部流用する形で展示施設を設けるという設置意識を垣間見ることができるのである。

　また後者の資料の問題としては、資料の収集・保管に関する難点が存在する。例えば、昭和44年には、村立の博物館として「戸田村立造船郷土博物館」と称する博物館が開館している。同館は、田方郡戸田村（現、沼津市）が設置した村立の登録博物館である。同村は、嘉永7年（1854）に発生した安政東海地震により大破・沈没したロシア船ディアナ号乗組員の人員の受け入れを行った村であり、ロシア人が滞在した際の生活器具や、同村に於いて日本で初めて建造された洋式帆船ヘダ号に関する資料が数多く遺存している[71]。当該博物館は、村内に遺存するこれらの郷土資料を収集し、その資料を基に博物館活動を行っているのである。しかし、すべての自治体が特徴的な地域史・郷土資料を持っているとは限らず、独立した博物館を建設しても、公開・活用に耐えられる資料が少ないため、博物館活動がままならないという難点が存在している。また、調査研究がなされていないために資料の収集ができないことや、収集した資料の保管環境などの問題があることから、独立した博物館の建設に躊躇する自治体が多いのではないかと推察される。

　博物館の設置並びに運営には、「人・モノ・場」の三要素が必要であり、一要素を欠いても博物館は成り立たないのである。社会教育施設付属の展示施設は、本来の意味での博物館ではないものの、博物館の主たる機能である「展示」を行う場を設けた点に於いて評価に値する。本県の付属施設は、独立した博物

館施設を有さない自治体に於いて博物館に代替する存在であり、専門職員の未配置や資料の収集、展示の更新等の問題を抱えるものの、当該地域の郷土博物館機能を担う存在として重要な意義を持つものであると考察することができる。

まとめ

　明治維新以前より、静岡県下においては、博物館以外にも様々な展示活動がなされてきた。代表される広義の展示としては、神社・仏閣における居開帳・出開帳に遡ることができ、これらの展示活動は形を変えつつ現在まで連綿と受け継がれている。

　モノを展示し、不特定多数の観覧に供する行為は、明治時代の博覧会や共進会、物産陳列館からはじまり、戦前期を中心に全県的な広がりを見せた。博覧会は、イベント性と競争・即売能力を有する一過性の催事であったが、その実施によってモノの展示手法の開発や、展示施設の機能精査など様々な技術の進展に影響を与えたと観られる。特に、静岡市で開催された静岡博覧会や、浜松市で開催された全国産業博覧会など、博覧会の会場に美術館や動物園、水族館などが実際に設営されたことは、その後の博物館設置は勿論、一般市民へ"博物館"の存在を印象付けることに効果があったのである。

　一方、物産陳列館は、モノを展示して人々に観覧させる常設の施設として誕生した。静岡県では、当初県立館が設けられたものの、明治中期には県が補助を行ってその機能を地方に分散させる他県に見られない方式を確立し、独特の発展を遂げたのであった。物産陳列館は、博物館と異なり、展示による教育や資料保存を意図しておらず、また即売機能を有した施設であった。しかしながら、"特定の場所にモノを見に行く"という意識を一般市民へ植え付け、モノを用いた情報伝達を行ったことは、とりもなおさず博物館的であると言えよう。

　さらに、戦後期の社会教育の隆盛に伴い、県内全域に図書館・公民館が設けられたが、博物館の設置は一般化しなかった。これは、戦前期より本県域には博物館が僅かしか存在せず、その存在や機能が一般にあまり浸透していなかったこと、また地方自治体として図書館・公民館の設置を推進しながらも、博物館設立には積極的でなかった歴史が影響していると推測できる。しかし、全県的に設けられた図書館や公民館には、不完全ながらも郷土資料の展示スペースが設けられ、郷土博物館不在の地域における博物館の代替施設として機能していることは特徴的であろう。これらの中には、完全に展示用の部屋を確保し、

第2章　博物館設立前史

博物館と遜色ない活動を実践することで、実質的な文化複合施設として機能している館も存在するのである。

このように、本県におけるモノの展示活動は、いずれかの部分で博物館に近似、あるいは影響を与えたと観察される。その一方で、博物館の代替として機能するなど独自の発展を遂げたものも存在する。これらの活動があったからこそ、一般市民へ展示やモノの観覧が浸透し、本県に博物館施設が設けられる遠因になったとも換言できるのである。

註
(1) 虎尾俊哉 編『延喜式』(2000 集英社) より抽出
(2) 國幣小社神部淺間大歳御祖神社　1937『國幣小社神部淺間大歳御祖神社誌』PP.124-135
(3) 東益津村役場 編　1913「社寺」『東益津村々誌』第二巻ノ一
(4) 田村貞雄　2014『秋葉信仰の新研究』岩田書院　PP.150-151
(5) 斎藤月岑（今井金吾校訂）　2003『定本武江年表』上～下 筑摩書房
(6) 大正9年（1920）の「道府縣市立商品陳列所規定」制定以前の「物産陳列館」という名称には明確な定義はなく、物産陳列所・産業奨励館・商工奨励所・商工陳列所など様々な名称が用いられている。本稿では、静岡県内に設置されていた施設より、「物産陳列館」の名称を使用する。
(7) 横山秀樹　1979「新潟県における明治初期の博覧会」『県政記念館報』No.2 新潟県政記念館
(8) 石井研堂　1908『明治事物起源』橋南堂　P.242
(9) 提醒社　1878年11月10日付「廣告」『静岡新聞』
(10) 静岡県議会　1979『静岡県議会百年史：激動の一世紀』資料編
(11) 函右日報社　1980年4月22日『函右日報』
(12) 静岡縣　1901『静岡縣公報』93号の「物産陳列場補助規定」より抜粋
(13) 静岡新報社　1902年9月18日付「濱松物産陳列館開館式」『静岡新報』
(14) 註13と同じ
(15) 濱松市役所　1926「第九節 商品標本陳列所」『浜松市史全』PP.537-538
(16) 濱松市商品陳列所　1936「一、沿革」『濱松市商品陳列所要覽』P.1
(17) 静岡縣内務部　1913『静岡縣之産業』第二巻　P.321
(18) 静岡新報社　1902年10月5日付「中遠物産陳列館開館式」『静岡新報』
(19) 註17と同じ　PP.319-320
(20) 静岡新報社　1902年6月22日付「富士物産陳列館に就て（1）」『静岡新報』、同6月24日付「富士物産陳列館に就て（2）」
(21) 註17と同じ　P.321
(22) 伏見忠七　1910「静岡縣静岡市物産陳列館規則」『静岡市物産陳列館 第四年報』P.1
(23) 註17と同じ　P.318
(24) 静岡市役所　1929「第三章 産業の沿革 第十節 物産陳列館及勧工場」『静岡市史編纂資料』第六巻　P.149
(25) 平賀源内　1762『東都薬品会引札』（『平賀源内全集 下』より）
(26) 福沢諭吉　1873『西洋事情』慶應義塾（『日本の名著33 福沢諭吉』より）
(27) 静岡県　1989「浜松市博覧会開催案内」『静岡県史』資料編第16巻
(28) 静岡市　1929「第三章 産業の沿革 第九節 共進會と博覽會」『静岡市史編纂資料』第六巻 PP.142-143
(29) 静岡民友新聞社　1914年7月12日付「静岡展覽會開會」『静岡民友新聞』
(30) 静岡民友新聞社　1916年8月6日付「沼博開會式」『静岡民友新聞』
(31) 静岡民友新聞社　1916年8月3日付「全國特産品博覽會盛装されたる沼津町」『静岡民友新聞』

まとめ

(32) 註 31 と同じ
(33) 立花義彰　2006「静岡近代美術年表稿 大正編」『静岡県博物館協会研究紀要』第 29 号　静岡県博物館協会　P.54
(34) 静岡民友新聞社　1916 年 8 月 5 日付「三島盛典本日より開會」『静岡民友新聞』
(35) 註 34 と同じ
(36) 静岡民友新聞社　1919 年 8 月 5 日付「静岡博覽會開會」『静岡民友新聞』
(37) 静岡民友新聞社　1919 年 8 月 1 日付「静岡博覽會案内」『静岡民友新聞 旬刊附録』
(38) 註 37 と同じ
(39) 註 37 と同じ
(40) 註 37 と同じ
(41) 註 37 と同じ
(42) 静岡民友新聞社　1919 年 7 月 6 日付「呼びものとなる親子の朝鮮鶴」『静岡民友新聞』
(43) 濱松市　1931「全國産業博覽會の開催」『濱松市制施行二十周年記念小誌』
(44) 産業博覧会開催までの最大の入場者数は、大正 8 年開催の静岡博覧会で、23 日間の開催で約 22 万人の集客があった。(大正 8 年 8 月 28 日付『静岡民友新聞』より)
(45) 全國産業博覽會協贊會　1931「博覽會趣意書」『濱松市主催全國産業博覽會協贊會誌』PP.3-4
(46) 註 43 と同じ
(47) 静岡民友新聞社　1931 年 2 月 18 日付「博覽會呼物の水族館工事」『静岡民友新聞』
(48) 塚本 明　2012「都びとのあこがれ―歴史に見る志摩の「観光海女」―」『三重大史学』第 12 号　三重大学人文学部考古学・日本史研究室　PP.15-39
(49) 静岡南方振興會　1943『大東亞戰博覽會開催趣旨』(静岡県立中央図書館歴史文化情報センター提供資料より)
(50) 静岡新聞社　1943 年 5 月 1 日付「大東亞博日延べ」『静岡新聞』
(51) 柴田哲夫　2014「第 6 章　大陸の博覧会―汪精衛南京政府下の大東亜戦争博覧会」『中国と博覧会―中国 2010 年上海万国博覧会に至る道―[第 2 版]』成文堂　PP.97-121
(52) 三宅拓也　2015『近代日本〈陳列所〉研究』思文閣出版　P.385
(53) 我が国の博覧会の動向については、山本光雄の『日本博覧会史』(1973 理想社)や丸山宏の「明治初期の京都博覧会」(1986『万国博覧会の研究』思文閣出版 PP.221-248)、大貫涼子の「地方博覧会の変容(序論)―明治前期を中心として―」(2013『國學院大學博物館學紀要』第 37 輯)や、佐々木和博の「明治 9 年開催の宮城博覧会に関する基礎的検討」(2017『國學院大學博物館學紀要』第 41 輯)などに詳しい。初期博覧会では、「人知解明」を開催主意とするものが多く、展示物は古器旧物が大半であったとしているが、その後は衛生観念の普及を目的とした衛生博覧会や内国勧業博覧会を嚆矢とする殖産興業を目的とした博覧会に移行する傾向がみられる。戦中期に入ると、国威発揚・戦意高揚を目的とした博覧会が盛んに実施され、国内のみならず台湾・朝鮮・満洲などの所謂植民地においても開催された。このような推移をもって戦前期の博覧会は実施された。
(54) 静岡民友新聞社　1926 年 2 月 9 日付「白隠禅師の遺物展覽館」『静岡民友新聞』
(55) 静岡県立中央図書館　2005「沿革史・略年表」『静岡県立中央図書館報 葵』創立 80 年記念号 PP.24-29
(56) 註 29 と同じ
(57) 静岡縣　1931『昭和五年 静岡縣御巡幸記録』PP.193-226
(58) 青木祐一　2012「静岡県立葵文庫とその事業―アーカイブズの観点から―」『学習院大学文学部研究年報』第 59 輯　学習院大学　PP.99-117
(59) 文部省　1953「博物館調査」P.68 (『博物館基本文献集』第二〇巻より抜粋)
(60) 大阪毎日新聞社東京支店　1937 年 2 月 10 日付「濱松市圖書館に遠州の郷土室」『東京日日新聞』
(61) 浜松市　2012「文化センターとしての図書館」『浜松市史』四　PP.441-442
(62) 浜松市立図書館　1965『浜松市立図書館小史:再建から 15 年』P.19
(63) 註 62 と同じ　P.17
(64) 浜北市　1994「4 戦後の文化活動の発展」『浜北市史通史下巻』PP.1196-1198
(65) 豊岡村　1995「豊岡総合センターの建設」『豊岡村史通史編』PP.941-942

65

第 2 章　博物館設立前史

(66) 大東町　1984「公民館活動」『大東町誌』PP.403-408
(67) 伊豆の国市社会教育課　2009「大仁考古学研究会」『文化財通信』その 66
(68)「伊豆の国市韮山郷土史料館平成二十九年度企画展　さようなら韮山郷土史料館」チラシおよび同送り状より抜粋
(69) 平成 27 年 3 月 13 日の韮山郷土史料館見学の際に実施した神田朝美学芸員（当時）への聞き取りより
(70) 南伊豆町 HP「「石垣りん文学記念基金」について」: http://www.town.minamiizu.shizuoka.jp/docs/2013031100234/
(71) 日本博物館協会 編　2014（更新）「沼津市戸田造船郷土資料博物館」『全国博物館総覧 3』P.6421

第3章　歴史系博物館の誕生と展開

　静岡県は、旧石器時代から現代までの長い歴史を有し、その中でも源頼朝遠流の地や北条早雲の拠点、徳川家ゆかりの地など、歴史上重要な位置を占めたといえる。そのため、本県域には非常にバリエーションに富んだ歴史資料が生まれ、現代にまで伝世しているものも少なくない。これらの歴史資料を中心に、資料の保存・公開のために設立された博物館が歴史博物館である。本県は、博物館が初めて設立された明治時代から現代に至るまで、県立歴史博物館を有していないという特徴がある。一方で、市町村立の公立博物館を中心とした郷土博物館が各地に設立され、その大半が郷土史資料の収集・展示に偏重している傾向がみられるのである。

　本章では、静岡県下に於ける歴史博物館の設立から現代までの歴史を辿り、その傾向と意義について考察を試みる。また、歴史民俗資料館を始めとする郷土博物館は、歴史だけでなく民俗的な要素を多分に持ち合わせているところから、本章では歴史・考古・民俗を包含する「歴史系博物館」の名称をもって論考するものである。

第1節　戦前期の歴史系博物館

1　歴史系博物館の誕生

　静岡県における直截な歴史系博物館の嚆矢は、明治41年（1908）に開館した静岡中学校参考品陳列館と浜松中学校歴史参考館であると現時点の資料から判断できる。両館に関する詳細は、第9章にて述べるため割愛するが、前者は歴史・美術・標本類などを広く陳列する総合博物館に類する施設であり、後者は浜松市域に遺存する歴史資料の収集・保管・展示を意図した郷土歴史博物館である。特に後者は、博物館名に「歴史」と銘記されている点からも、静岡県内の本格的な歴史系博物館の嚆矢に位置づけられる。

　森斧水コレクションとその系譜　次いで早い歴史資料展示は、大正14年（1924）に公開を始めた森斧水コレクションである。森斧水（本名、森一）は、下田観光協会長や下田町長を歴任した地元の名士で、大正13年に豆陽中学校（現、県立下田北高等学校）の卒業生を中心に「黒船社」を結成している。黒船社は、

機関誌『黒船』を発行する同人団体で、同誌は史家の村松春水や歌人の前田福太郎の協力を得、吉川栄治、島崎藤村らも寄稿する地方誌としては稀有な存在であったといえる[1]。森は、黒船社を主催して下田の歴史発掘などの文化的活動に寄与する一方、個人的に下田開港史や黒船にまつわる資料の収集を志したとされている。同氏の収集資料は、昭和32年（1957）に運輸省観光局が刊行した『観光資源要覧第四編 陳列施設』において、以下のように記載されている[2]。

> 大正十四年森氏の創立したもので、幕末下田開港・黒船関係の史料を中心に当時の遺品及びオランダ渡りの舶来品等異国資料二百数十点を収蔵している。森氏個人の収集品で、一般公開はしていないが、然るべき紹介者にのみ観覧の便を与えている。

森の収集した資料群は、森斧水コレクションと通称されるようになり、これらの資料を2階建ての建物に展示して希望者に観覧させていたのである。当コレクションの意義としては、地域の歴史資料を地域住民が収集し、その保存と一定の公開を行った点であろう。周知のとおり下田は、日米和親条約に基づき我が国で最初に開港された2港のうちの一つである。条約交渉とその後の補填条約締結にも活用された土地であることから、多くの史跡、資料が遺存していたのである。しかしながら、開国から約60年を経過した大正末期では、人々の記憶の風化や資料の散逸、旧跡の改変が行われていたことは容易に想定でき、開港の事跡は下田地域の人々も過去の出来事と認識されていたのであろう。森の郷土資料収集に関する明確な目的について、今日把握できる資料は確認できない。しかし、黒船社を中心とした森の活動から鑑みると、当コレクションは消えゆく郷土の歴史・記憶を改めて検証し、それらに関わるモノを後世に残すことを目的に資料の収集・保存を行い、限定的ではあるものの公開と活用を意図したものと考察できる。当コレクションは、一個人によって収集・公開された初期の私立博物館と看取されると同時に、地域住民の手によって郷土の歴史の保存と活用を目論んだ郷土歴史博物館とも換言できるのである。

森斧水コレクションは、戦前・戦後に亘って公開が続けられた。その後、昭和40年に伊豆急サービス株式会社がドライブイン下田白浜レステルを建設した際に、内部に下田開港記念館が設けられ、その展示資料として森斧水コレクションが活用されたと記録が残っている[3]。白浜レステル内の記念館には、幕末・開港関係資料約500点が収蔵・展示されたとの記載が残り、具体的にはハリス・ペリーの航海日誌や幕末期の交易品、古文書など下田開国に関する資

料が展示されたのである(4)。

　下田開港記念館は、その後寝姿山山頂の下田ロープウェイ山頂駅隣接地に移転している。同館を運営していた伊豆急行株式会社の社史である『伊豆とともに生きる　伊豆急行30年史』によると、昭和51年3月22日に下田ロープウェイ山頂に建設・開館したとあることから(5)、白浜レステルに所在した期間は10年余りであった。下田ロープウェイに隣接した開港記念館では、森斧水コレクションから約150点を展示したと記録が残り、白浜レステル内に所在したころと比較して大分規模を縮小したことがわかる。下田ロープウェイの記念館は、昭和60年に「蓮杖写真記念館」に改修され、伊豆急行の管理する開国記念館は幕を閉じるのである。

　その後、昭和60年に開館した下田開国博物館（旧豆州下田郷土資料館）は、下田ロープウェイ内の博物館の資料を引き継いで下田市内に開館した博物館である。同館は、下田の老舗酒店の主人である志田長美が私財を投じて設立した私立博物館である。志田は、人々の記憶の風化や郷土の歴史資料の散逸を憂い、その収集と保存を志し、地域住民からの資料提供を得て同館を開館したとされている。その資料収集の際に、森斧水コレクションの移管の話があり、現在の下田開国博物館へ収蔵されることとなったのである。『下田の歴史と史跡』によると、昭和60年の開館時の収蔵資料は2,000点を数えるとの記載が確認でき(6)、資料数は大正期の収集開始から約5倍に増加したことがわかる。これは、単純に森斧水コレクションを継承するだけでなく、その後も郷土の歴史資料を収集し続け、とりもなおさず郷土史保存とその解明を目指していたと看取されるだろう。

　このように、森斧水コレクションは所有者を変えつつも現在まで継承され、博物館として広く公開されているのである。これほど所有権が移りながらも散逸せずに伝世してきたコレクションは、静岡県内だけでなく日本全国でも稀有な存在といえるのである。森斧水コレクションを巡る各種の博物館は、本県に誕生した初の体系的な個人コレクション博物館であり、なおかつ郷土の歴史を地域で守り続ける郷土歴史博物館と断言できるのである。

下田武山閣とその活動　本県の常設の歴史系博物館として早いものは、下田町に開館した武山閣である。武山閣は、開館年に関して諸説が混在している。『伊東・伊豆・下田今昔写真帖保存版』では、「了仙寺裏手にあった武山閣」という項目で昭和5年5月に開館(7)、『日本博物館沿革要覧』には昭和6年開館、昭和5年5月の『黒船』にある「下田武山閣」と題する論考では、大正10年

写真 3-1　下田武山閣
(『伊豆下田了仙寺史蹟説明』より転載)

頃にはすでに開館している様相が確認できる[8]。また、「下田武山閣」に於いては、昭和5年5月上旬に「下田開港記念館」が新築落成するとの記載があり、上記二著はこれを以て武山閣の開館としていると推定される。本書では、同時期の論文であり、詳細な解説が述べられている「下田武山閣」の記載を採用することとした。

　同館については「下田武山閣」において、大正期からの変遷を辿ることができる[9]。武山閣は、下田郵便局長であった鈴木吉兵衛の収集品を収蔵展示する施設である。大正5・6年頃から仏像の収集を開始し、大正10年頃より自宅内に資料を展示するも手狭となり、邸内の石造倉庫を改装し陳列館としたとされている。そして、昭和5年には了仙寺境内に土地を得て、2階建てコンクリート造の「下田開港記念館」を建設するとしている。開館した2階建てコンクリートの建物は、昭和前期の絵葉書に「開國記念武山閣」として確認することができ、瀟洒な洋館造りの博物館であったことがわかる。収蔵資料は、アジア域に跨る仏像コレクションを主とし、地元南伊豆の考古資料、開国関連資料、性崇拝に関する資料を収集している。同館は、戦時中に閉館し、資料のすべてを沼津に移動している。戦時中、武山閣付近は爆撃を受け、建物は破壊された。しかし、沼津への移管により資料の焼失は免れたとされている。武山閣跡地は、戦後了仙寺の駐車場となったが、昭和22年頃には寺域内に下田民俗室として再開し、昭和28年には了仙寺宝物館に改修され現在に至っている。

　戦前期の武山閣は、日本博物館協会にも加盟しており、戦前期の『博物館研究』によると、館長で了仙寺住職の清水歸一は、全国博物館大会に度々出席していたことがわかる。また『博物館研究』第14巻第12號内の記事には、静岡県内に2館の博物館が所在するとの記載があり[10]、当時の全国博物館大会の参加実績からも、武山閣がこの一館に該当すると考えられる。さらに「下田武山閣」や『伊東・伊豆・下田今昔写真帖保存版』には、下田の名所・観光地として定着していた旨が記載されており、また了仙寺のリーフレットにも「境内に建設せる開國記念武山閣」として、同寺の史跡の一として紹介しており[11]、

武山閣は昭和期の静岡県内を代表する人文系博物館及び下田の名物観光地として認識されていたと見受けられる。

2 昭和期の県立郷土博物館設立構想

　静岡県内で初めて「博物館」という語を用いた事例は、昭和5年（1930）の郷土博物館建設に関わる建議である。本建議は、同年5月の昭和天皇行幸を記念し、静岡県の風土・動植物をはじめとした郷土資料を収集・展示する博物館を建設することを目的とするものであった。

　「富士博物館」と仮称された当博物館は、当初県立葵文庫内に一室を設け、後々正式な博物館を建設する事を目標とした。しかし、昭和5年現在、葵文庫に施設的な余裕がないこと、県の財政が逼迫しており早急な館の建設は不可能であることを理由に、一時的に計画を停止している。それに伴い、県内の郷土研究家へ博物館建設の計画がある旨を伝え、各自研究を続けると共に、ある一定の時期が来たらその研究を集積し、県費と寄付によって博物館建設を実現させるという計画が、同年11月11日付『靜岡民友新聞』に報じられている[12]。

　郷土博物館建設計画に関しては、その後2種類の展開がなされている。一方は、「郷土博物館」として静岡市の静岡御用邸跡に建設をする計画、もう一方は富士山須走口に「富士博物館」を建設する計画である。

　静岡市に郷土博物館を建設する計画は、昭和6年の『博物館研究』に下記の記事を見ることができる[13]。

　　縣廳を中心として、「靜岡縣郷土研究協會」を創設し、縣下を十七區に分ち、各區域に支部を設け、完全なる郷土研究の調査網を張り、各班に學校、教員、職員中の篤志者、民間における郷土研究家を網羅し、研究資料の蒐集に當らしめ、縣はこれに對して六年度において一千五百圓の補助を交附する外に、縣下師範學校に一校一千八百圓づゝの豫算を配當して郷土研究に對する圖書を整へ、側面より助長して行くといふのである。かくて第一次計畫の完成を俟つて、靜岡市に博物館を建設し、漸次研究物を収容する計畫になつてゐる。

　その後、実際に静岡県郷土研究協会が発足し、昭和8年には研究紀要である『靜岡縣郷土研究』が刊行されている。また、師範学校への予算配当は、昭和5年に郷土教育施設の拡充を目的として国庫より全国の師範学校に各千円の補助が行われた時期と相俟って、師範学校での郷土研究・郷土教育に県として力を入れていたと看取される。郷土博物館に関する建設計画は、この後静岡県

の文献にほとんど登場することはなく、詳細は不明である。日本博物館協会編纂による『わが国の博物館施設発達資料の集成とその研究大正・昭和編』には、昭和6年2月に「静岡県の郷土博物館開館す」との記載がある[14]。また、静岡県郷土研究協会会則の第四條四には、郷土教育と郷土研究の推進のために必要な事業として「郷土博物館ノ經營」が掲げられており[15]、開館の有無にかかわらず郷土博物館を意図して活動がなされたことがわかる。

富士山須走口への建設計画は、文献調査によると静岡市のものとは別の計画であると判断される。昭和6年の『博物館研究』には、「富士博物館起工」の記事があり、建設の経緯や館の構成についての記録を確認することができる[16]。

> かねて富士山の動植物及び化石等貴重なるものを参考資料とし、御大典記念事業として富士山に富士博物館を建設しようとする計畫は、その後經費の關係で立消えとなつてゐたが、最近大宮淺間神社の後援を得て、地元の須走口に同博物館の建設を計畫し、去る一月二十二日に二三の有力者が静岡縣保安課に出頭して認可の申請をしたので、縣保安課では一兩日中に須走口に出張して實地調査をすることになつたが、同博物館は本邦生物界の權威者を顧問とし、建物は事務所、展望室、標本室、陳列室、文獻室に分れ、文獻室には富士及び大宮淺間神社の文獻、陳列室には珍しい高山植物二百數十餘種を陳列することになつてゐる。

この記載より、富士博物館の建設計画が昭和5年の郷土博物館建設計画を引き継ぐものと看取され、自然史系博物館としてより具体性を帯びた計画に練成されていることが確認できる。当館は、静岡県初の自然史・科学博物館に比定される存在であるが、『昭和44年度 静岡県博物館総覧』『日本博物館沿革要覧』等の博物館総覧類にも記載がなく、富士山須走口の所在地である『小山町史』にも記録は確認できないところから、開館されたかどうかは不明である。

富士博物館の計画は、大宮の浅間神社（現、富士宮市の富士山本宮浅間大社）の協力を得て設立するとあるが、設立先は須走口（現、小山町）付近とされており、そこに疑問を感じる。富士宮市と小山町は、地図上からみてもわかるとおり、富士山を挟んでほぼ対極に存在する。同じ富士山麓にあっても、大宮浅間神社が博物館建設地を融通できたとは思えない。また須走口には、現在の東口本宮富士浅間神社にあたる神社が所在し、同じ浅間神社でも所轄地域が異なる地まで権力が及んだとは考えづらい。さらに、東口本宮富士浅間神社の氏子によると、神社境内地には博物館施設等を設立した事実は無いとのことか

ら[17]、やはり開設できなかったと推定できる。

小　結

　戦前期に静岡県内に設立が企図された郷土博物館は、その開館や活動について不明な点が多々存在している。複数の資料をあたってみても、明確な開館年や活動について明記するものは存在しないことから、やはり開館はできなかったものと推察されよう。しかし、郷土博物館の設立を目的に、県下の郷土研究遂行機関として静岡県郷土研究協会が発足し、20輯を数える研究論集を刊行したことは、全国の郷土教育・郷土研究においても見られない本県独自の活動であったのである。また県は、県立博物館の設立時には主導的な立場に立って事業を進めるのが通常である。しかし当時の静岡県は、研究に対する資金補助を実施し、郷土研究遂行の為の協力を行うことで、在野の研究者の研究をも促し、博物館設立に向けて官民協働を促したことが特徴的である。

　一方、富士博物館は、須走口には開館できなかったと看取されるものの、昭和5年の計画にあった県立葵文庫に一室を設けるという計画は、昭和18年設置の郷土室として成就したことは、第2章で述べたとおりである。しかし同施設は、あくまで郷土に関する文献資料を中心としたものであり、博物館施設とは判断できない。昭和21年には、県立葵文庫に郷土館が設立され、同館では登呂遺跡出土資料を展示していた。戦後になり、郷土に関する県立の展示施設が誕生したものの、戦前期の郷土研究に基づく郷土博物館とは趣を異とする存在であったのである。

第2節　戦後の歴史系博物館の展開

1　重要遺跡の発見と遺跡博物館

　終戦後、戦後復興と地方自治の再開がなされる当該時期には、遺跡の発掘調査や埋蔵文化財保護行政の始まりに伴い、市町村立の歴史系博物館が設置され始める。

登呂遺跡の発見と博物館設置　埋蔵文化財保護に伴う博物館設置の事例としては、昭和30年（1955）の静岡考古館がその嚆矢である。当館は、静岡市駿河区に所在する特別史跡登呂遺跡に隣接して建設された博物館である。登呂遺跡は、戦時中の昭和18年に軍需工場の建設工事中に発見された日本屈指の弥生時代集落遺跡である。当該遺跡の推移については、静岡市立登呂博物館の刊行した『登呂博物館開館40周年記念展　登呂遺跡はじめて物語〜40メモリー

ズ〜』に詳細が記載されているので、本稿ではその記事を基に調査の概要を示すものである[18]。

　登呂遺跡発見当初は、「先住民族農耕の蹟　静岡で雄大な聚落遺蹟發見」などと新聞で紹介されたものの、戦時中であったところから時局の推移に伴って十分な発掘調査は実施されなかった。実際に本格的な調査が行われたのは、戦後の昭和22年になってからである。発掘調査は、同年から昭和25年までの4年間継続して行われた。当時は、昭和20年の敗戦に伴い、それまでの皇国史観に基づく歴史教育からの脱却が求められた時期であった。日本の再建の中で発掘が開始された登呂遺跡は、科学的な手法をもって過去の姿を明らかにすることで、日本国民に新たな時代の幕開けを示す絶好の機会となったのである。昭和20年代の発掘調査では、8haに互る広大な水田跡と複数の住居址や建物跡、漆塗りの琴をはじめとする膨大な量の木製品が出土し、明確なビジュアルをもって人々に太古の暮らしを印象付けたのである。

　その後、東名高速道路の整備に関わる予備調査では、20年代の調査区からさらに南へ水田が遺存していることが確認され、昭和40年には本格的な発掘調査が実施された。調査の進展とともに、遺跡が高速道路の地下に埋没することを憂いた地域住民により「登呂遺跡を守る会」が発足し、静岡県や静岡市を巻き込んで遺跡の保存運動が展開された。県と市からは、日本道路公団に向けて遺跡部分の高速道路を高架化する陳情がなされ、その後正式に高架化が決定、結果的に市民を起点とした保存運動が実って登呂遺跡は保存されることとなったのである。

　平成9年（1997）には、登呂遺跡発掘50年を期として、遺跡の再発掘調査が企図された。様々な人々の努力で保存された登呂遺跡は、昭和41年以降史跡公園としての整備が計画され、保存遺跡と復元建物群、弥生時代の樹木を植林した森林、遺跡博物館を持つ登呂公園として運営されてきた。平成の再発掘調査は、同遺跡の再整備計画に基づくもので、平成9年から15年にかけてリニューアルに向けての全面的な調査が行われた。それと並行して登呂公園も再整備を行い、水田復元地区の拡大や遺跡との関連が不明瞭であった弥生の森を廃止するなどして、平成22年には新躯体となった静岡市立登呂博物館とともにリニューアルオープンしたのであった。

　登呂遺跡の調査は、様々な面で革新的な試みがなされ、今日につながる影響を多数残している。例えば、東京帝国大学の八幡一郎や明治大学の後藤守一、國學院大學の大場磐雄や文部省の杉原荘介など考古学史に名を遺す研究者だけ

第2節　戦後の歴史系博物館の展開

写真 3-2　静岡考古館
（ガイドブック『登呂』P.9 より転載）

写真 3-3　静岡市立登呂博物館
（平成 22 年リニューアル後）（著者撮影）

でなく、人類学、歴史学、地質学、動植物学、建築学等の様々な分野の研究者が多数参加しており、最初期の総合調査であったといえる。また、登呂遺跡発掘のために発足した静岡市登呂遺跡調査会を基に現在の日本考古学協会が形成されたことや、市民が直接発掘調査に携わった最初期の例であることなど、エポックメイキングな調査であったことは間違いない。

　中でも発掘が進められると同時に、調査が終了した住居址を見学できる形に整備し、また相当量の建築部材が出土したことにより、これらの部材を用いて住居と倉庫を復元したことは、遺跡整備の先駆を成した例として著名である。本遺跡の整備は、遺構付近に研究成果に基づいた建物の実物大模型（＝復元建物）を建築し、また森林跡に当時生育していたと考えられる樹木を植え、集落と周辺環境を復元するといった集落復原型遺跡整備の先鞭をつけた最初期の例でもある。さらに昭和 53 年には、全国の遺跡博物館に先駆けて水田遺構の復元を行ったことも特筆できる。当初 1ha であった水田は、現在では 2.2ha にまで拡張され、全国屈指の規模を誇っている。加えて、昭和 53 年より復元水田を用いて弥生時代の栽培方法の検証実験を開始し、遺跡で米を栽培する体験や収穫米を用いた炊飯体験などを全国に先駆けて実施したことに意義が見出せる。

　遺跡の整備と並行し、登呂遺跡の発掘調査で出土した資料の保管と公開を目的として、昭和 30 年 3 月に静岡考古館が建設された。当該施設は、長野県塩尻市の平出遺跡に設けられた平出遺跡考古博物館（昭和 29 年開館）などと並び我が国の遺跡博物館の最初期の例に比定されるものである。当館の設立は、発掘調査実施中である昭和 23 年 5 月の「登呂遺蹟調査後援募金運動趣意書」に於いて、その設置について初めて示唆されている[19]。

　　なほこの登呂遺蹟調査會の學者諸氏の調査が終わりましたならば、發見の遺物を静岡に持ち帰りをお願いし、それによつて静岡の地に古代文化博物

館を建設し、日本の建國當時の姿を科學的根拠によつて世に明かにし、再建に奮い立つわれわれの踏台としたいという念願を持つているということを耳に入れておきたいと思います。

　また、上記募金活動を実施する目的で設立された登呂遺跡調査後援会の規則では、「観光対象としての諸施設」及び「日本上代文化博物館（仮称）」の建設が掲げられており[20]、文化施設としての博物館を設置すると共に、登呂遺跡に観光的な位置づけをするという意図が読み取れる。さらに、同年8月に開催された「登呂遺跡"講演と映画"の会」では、講演者である明治大学の後藤守一より「登呂遺跡の重要性」というテーマで講演がなされ、その中で出土品保存施設設立に関する提言がなされていることも明示しておきたい[21]。

　このような考えを基盤とし、静岡市が主導して建設された施設が静岡考古館である。同館は、登呂遺跡の出土資料を保存・展示するだけでなく、考古館が主体となって市内の遺跡の調査・研究を実施している。これは、発掘調査した遺跡に対し『静岡考古館研究報告』として報告を作成していることから確認できる。また同館では、特別展示や中学生向けサマースクールの開催などが計画されていたほか、静岡市の文化機関として「郷土の文化財をたずねる会」と称する講演・見学会を実施するなど[22]、様々な普及活動を模索しており、戦後の郷土博物館の在り方について一つのモデルケースとなった施設であると看取される。

　静岡考古館は、昭和46年に一度閉館し、翌47年に静岡市立登呂博物館として新規開館している。平成6年には、館の1階部分を参加体験型展示にリニューアルし、また平成22年にはそれまでの建物を取り壊し、館そのもののリニューアルを挙行している。当該博物館は、平成6年以降「参加・体験」を重視した博物館づくりを推進し、平成22年のリニューアル時には、「登呂遺跡が伝える歴史や文化あるいは地域について、豊かな実感をもって学ぶことができる場となり、人々の活気にあふれる集いと温もりのある交流を創出」することを目的に、館の内外で遺跡を通じた様々な参加・体験ができるような展示を構築した[23]。

　登呂遺跡とその博物館は、埋蔵文化財の発掘調査に基づき、その資料の保存・展示を初めて行った事例として評価できる。また、遺跡を保存するだけでなく、一般民衆にもわかりやすい情報伝達を行う目的を持ち、遺跡の復元や弥生時代の生活体験等を実施している。これは、遺跡を中心とした博物館のあり方の規範になる存在であると考えられ、現在も我が国の遺跡博物館を先導する

好例であると言えよう。

静岡名物食品株式会社古代文化資料室　登呂遺跡に関連する博物館として、静岡市に所在した「古代文化資料室」が挙げられる。古代文化資料室は、静岡銘菓の安倍川もちを製造販売する静岡名物食品株式会社（現、株式会社やまだいち）によって、昭和41年頃に開館した歴史・民俗系の博物館である。同室は、静岡名物食品が昭和41年10月に本社工場を静岡市登呂高松へ移転した際に、本社2階に展示室を設けたものである。古代文化資料室は、静岡県文化財保護審議会長であった小川龍彦と、静岡県の考古学に多大な功績を残した望月薫弘の両者が監修したもので、当時のリーフレットには以下のように記載されている[24]。

　この資料室は小川龍彦、望月薫弘両先生のご協力により、我が国の古代文化の推移をわかりやすく解説し、特に原始文化の研究に関係の深いアイヌの民俗資料を展示したものです。（中略）

　第一室　アイヌの文化　我が国に縄文式文化を残した石器時代の先住民族とアイヌ民族とは、どういう関連があったのか？今日の日本が形成されるまでの長い歳月を考えると、アイヌが持ち伝えた衣食住などの土俗や祭祀、言語、等におおいにきがかりなものがあります。（中略）この資料室はまだ十分ではないが、衣服、装飾品、狩猟具、日常の雑器を始め、文献写真などを展示、研究の一端に資したものであります。

　第二室　日本の古代文化　縄文式文化から弥生式文化、古墳文化を経て奈良時代までを、郷土を中心に、遺物、図版、写真等で解説。

当該二室は、実物資料と写真・文献などから日本の原始文化を考察することを目的としたもので、特に考古学とアイヌ民族学に立脚した展示が実施されていたことがわかる。リーフレットには、アイヌ民族が着用した衣類（羽織）と縄文土器の破片が掲載されているものの、資料が殆ど残存していないことから、どのような資料が展示されていたかは不明である。しか

写真3-4　静岡名物食品株式会社
『古代文化資料室リーフレット』

し、上記二者の監修のもとで設置された博物館であることから、単に資料を羅列するだけの展示ではなく、ある程度の展示計画・展示意図を持って整備がなされたものと推察される。

　古代文化資料室は、先述の登呂遺跡に隣接して設置されており、登呂遺跡を見学した人々を資料室へ誘致し、見学した者に安倍川もちの無料提供を実施していた。当時は、登呂遺跡に隣接して静岡考古館が所在していたものの、登呂遺跡の出土資料を主体とした静岡考古館では知識教授が不十分であり、登呂遺跡の見学者は更なる知識や娯楽を求めて古代文化資料室を見学したものと推測される。

　同館の存在は、『昭和47年度版　静岡県観光便覧』にも確認することができる[25]。リーフレットの時点では、見学料大人（高校生以上）30円、子供（小・中学生）10円と有料館であったが、便覧には入館無料と記載されている。展示内容は、「アイヌ工芸文化と考古資料」と明記されており、リーフレットを裏付ける内容となっている。

　しかし、昭和47年に静岡市立登呂博物館が開館したこともあり、同館は昭和51年頃には閉室したとされている[26]。また同室の収蔵資料は、静岡名物食品株式会社の当時の社長が管理を行っていたとされているが、閉室後の所在は株式会社やまだいちでも掴めていない。

　静岡名物食品株式会社の古代文化資料室は、静岡県内の企業博物館の嚆矢に位置づけられるほか、専門家の意見を取り入れて展示を構築した人文系博物館であったのである。同室が開室された昭和40年代前半には、静岡県内にも公立・私立ともに博物館が開館・運営されており、施設として先進性の見られる館ではない。しかしながら、郷土の古代史を通史的に扱い、また縄文文化と関係深いと考察してアイヌ文化の展示を行うなど、同年代の県内博物館には見られない展示の実践が特筆に値する。また、研究に資することを目的に博物館を設置している例は当該年代には少なく、単なる娯楽や個人の興味関心に立脚しない私立博物館の初期の例として重要である。

蜆塚遺跡と浜松市博物館　本県の博物館の中には、遺跡博物館として発生したのちに統合・改組され、郷土博物館としての性格を付与された事例が存在し、中でも浜松市博物館の例を挙げることができる。浜松市博物館は、縄文時代後期〜晩期の貝塚及び集落遺跡である蜆塚遺跡に隣接する遺跡博物館である。蜆塚遺跡は、江戸期より蜆の貝殻が採取できる地としてその存在が知られており、昭和30年〜33年にかけて学術的な発掘調査が実施されている。調査終了

後の昭和 35 年には、貝層の現状保存且つ一般の観覧に供するための覆屋が整備され、5 万点にも及ぶ出土資料を保管・展示するための「蜆塚遺跡出土品収蔵庫」が整備された。当該施設は、後述の浜松市郷土博物館の分館に指定されており、昭和 39 年には展示機能を強化する形で蜆塚遺跡陳列館が新築開館している[27]。

　昭和 33 年には、明治 6 年（1873）の「全國城郭存廢ノ処分並兵營地等撰定方」（通称、廃城令）によって破却された浜松城が復興され、天守閣内部に「浜松市郷土博物館」が設置された。浜松市郷土博物館では、浜松市・浜松城にゆかりのある歴史・民俗資料の展示がなされており、城郭内に所在しながらもあくまで郷土を扱う博物館であったとされている。しかし、同館の展示に対しては、以下のような意見も確認できる[28]。

　　浜松城の復元天守閣が、外観を観光筋に、中身は郷土博物館ということで、二人三脚の奇妙な運営がはかられてきたものの、陳列品は寄せ集めで、系統だってのコレクションではなかった。中にはこれが喪われたら大変だという、貴重な品のあれこれが散見はされているが、わるくいえばばらばら、ちぐはぐな印象が残されたことは事実である。

　このように、浜松城の博物館では、収集した資料を単に並べるだけの展示がなされており、現代的な博物館の展示の在り方ではなかったと推察される。同館の開館にあたっては、第 2 章で述べたように浜松市立図書館に収蔵されていた伊場遺跡の出土資料を移管し、その展示を行っていたことが判明している。それ以外にも、徳川家康関連の近世資料や民具資料などが収蔵され、展示意図を伴わない展示活動が実践されていたようである。

　昭和 40 年代後半からは、浜松市郷土博物館が主体となって市内に散在する民俗資料の収集を開始し、昭和 47 年には民俗資料館の建設構想が、翌年には後述の伊場遺跡の発掘調査に伴った伊場遺跡資料館と総合博物館の建設事業が開始されている。さらに、昭和 51 年には浜松市博物館基本構想がまとめられ、昭和 54 年に蜆塚遺跡に隣接する形で浜松市博物館が開館したのである[29]。

　浜松市博物館の特徴としては、その母体となった浜松市郷土博物館が復興浜松城内に置かれた所謂「城郭博物館」であり、また蜆塚遺跡と伊場遺跡の両遺跡博物館を取り込むことで完成したことが挙げられる。同館の資料は、浜松市郷土博物館の収蔵資料を基盤とし、さらに市内から収集した歴史・民俗資料や発掘調査で得られた考古資料、及び蜆塚遺跡陳列館収蔵資料を集積することでコレクションを形成している。当館は、歴史及び考古系博物館の集合に

よってその基礎が作られたという設立経緯があるものの、歴史・考古に偏重しない郷土資料の収集・展示を行う施設であるとして、郷土博物館の好例といえる。また、郷土博物館でありながらも、隣接する蜆塚遺跡の保存と活用を積極的に行っていることから、活きた遺跡博物館の好事例とも考えられるのである。さらには、平成17年に市町村合併を行った際に、市内の歴史系博物館の協働を目的とした「新浜松市歴史系博物館群」が構築されており、浜松市博物館はその中核施設として位置づけられている。浜松市博物館は、昭和30年代にその萌芽があり、埋蔵文化財保護行政の展開と共に発展し、地域の社会教育・生涯学習の中核として醸成されていった存在であると考察することができる。

伊場遺跡の保存争議と伊場遺跡資料館　また、埋蔵文化財の保護に伴い博物館が設置されてはいるが、保護すべき遺跡自体がすでに湮滅している例が存在している。これは、浜松市に所在した伊場遺跡および伊場遺跡資料館に関する事例である。

　伊場遺跡は、弥生時代の集落遺構を中心として、奈良・平安期などに跨る複合遺跡である。遺跡発見のきっかけは、昭和24年に遡り、太平洋戦争時の浜松攻撃に於いて穿たれた炸裂孔より、西部中学校の生徒が弥生土器を拾ったことに端を発する。表採した土器片は、西部中学校の高柳智教諭にもたらされ、さらに國學院大學考古学研究室に届けられたことから発掘調査に繋がったとされている[30]。その後、同研究室を中心とした13次に亘る発掘調査が実施され、昭和29年に県指定史跡に指定されている。発掘調査では、弥生時代の集落、古墳〜平安にかけての建物跡などの遺構が検出され、また「己亥年五月十九日淵評竹田里人」と記された木簡や、土器・絵馬・短甲状木製品など非常に特異な遺物が出土している。これらの資料を保管し、且つ一般公開を目的として、昭和50年に伊場遺跡資料館が開館した[31]。

　伊場遺跡が考古学史上有名となったのは、開発工事の為に静岡県教育委員会が史跡指定を解除し、それに反発する市民および全国の考古学者との間で訴訟問題が発生したことに起因する。当該事例に関しては、椎名慎太郎の『歴史保存と伊場遺跡』に詳しいことから[32]、本書では概要のみを示すこととする。事の発端は、東海道本線の高架化と貨物駅建設のための用地として、伊場遺跡の史跡指定地の使用を国鉄が計画したことである。県指定史跡であった伊場遺跡には、標柱以外の整備がなされておらず、一見して雑草の生い茂る荒蕪地であったとされている。伊場遺跡は、元々の国鉄用地に隣接する地に所在しており、国鉄としては元来の敷地に隣接する荒蕪地を活用したいと考えたと推定さ

れる。そして、この開発に県教委および市教委が呼応し、昭和50年11月には史跡指定解除と公有地化した史跡指定地の譲渡がなされている。この決定を不服とし、遠江考古学研究会や伊場遺跡を守る会を中心に、指定解除処分取り消しを求める訴訟が行われている。後に伊場訴訟と称されるこの訴訟は、原告である考古学者側が、史跡指定解除処分の取消しを求めるための法律上の利益を有しておらず、訴訟における原告適格を有さないことを理由に、棄却されている。当該訴訟は、言うなれば指定文化財を破壊する行政の動きに対し、市民側は異議申し立てを行う権利を持たないことを公に示した事件であり、その後の遺跡保存運動の在り方に少なからず影響を与えたものと考察される。

　伊場遺跡資料館は、史跡の指定解除が通達された年と時を同じく開館しており、単に出土遺物の保管・展示を行う遺跡博物館を開館するのとは異なる意図が介在していると推察される。『広報はままつ』第503号に記されている資料館開館の報道では、「伊場遺跡を保存」というような語は使用されておらず、すでに指定解除・開発が決定したのちに報道されたと考えられる。また資料館を建設している時期は、遠江考古学研究会や伊場遺跡を守る会によって保存運動が展開されている時期と合致する。このことから浜松市としては、保存運動を推進する人々に対して、資料館建設によって遺跡の記録保存がなされることで、遺跡保存運動の停止または譲歩させる意図があったのではないかと推察される。地域住民には、「伊場遺跡というものが存在していた」ことを、資料館の建設を通じて周知し、遺跡そのものは存在しないが市として最低限博物館を建設したという免罪符的な意図も持ち合わせていたとも推定されるのである。

　伊場遺跡の旧所在地は、その大半が現在もJRが管轄する鉄道用地となっており、遺跡範囲の一部のみが浜松市の所管する伊場遺跡公園として整備されている。伊場遺跡資料館も、当該公園の一角に所在しており、ごくわずかな遺跡範囲ではあるが、博物館を伴った遺跡整備の実践例であったといえる。

　しかし、市町村合併に伴う博物館組織の再編の一環として、平成23年3月末をもって伊場遺跡資料館は閉館したのである[33]。平成28年7月に筆者が訪れた際には、かつて資料館が存在していた

写真3-5　伊場遺跡資料館跡地　(著者撮影)

場所が駐車場となり、建物の痕跡を見つけることはできなかった。また、環濠付近の古墳時代復元住居も取り壊され、更地になってしまっていた。一方、浜松市のWEBサイトには、伊場遺跡公園として資料館と復元住居が入ったままになっており、これでは住民への正しい情報発信になり得ていないと判断できる。

　結果的に遺跡の全面保存がなされず、伊場遺跡の存在を紹介してきた資料館も閉館したことで、今後伊場遺跡の知名度は急速に低下する傾向にあると考察される。過去にこのような遺跡が存在し、遺跡保存をめぐって様々な時代の動きがあったことを後世に伝えるためにも、改めて博物館の存在は必要なのである。市の政策として資料館が閉館し、その建物も現存していない以上、資料館としての復活は限りなく不可能である。しかし、その収蔵資料を浜松市博物館や市内所在の博物館で活用し、また伊場遺跡公園の教育活動での利用などを考慮することで、今後も伊場遺跡の存在を風化させない取り組みが必要であると断言するものである。

小　結

　戦後の公立博物館は、埋蔵文化財の発掘調査と深く結びつく形で開館する例が多い。埋蔵文化財は、地中に埋没しているという性格上、歴史・民俗といった他の資料と違い個人の所有物であることは必ずしも多くない。また発掘調査は、行政が主管していることから、調査で出土した資料は自治体の所有となり、その資料を基盤に博物館を建設するという事例は、全国的に非常に多いのである。本県においても、本項で示した3館以外にも、国史跡上白岩遺跡に隣接する伊豆市資料館や、弥生時代の水田遺跡である山木遺跡の出土資料を保存・展示する目的で設置された伊豆の国市韮山郷土史料館など、様々な設置例を確認できる。このことから、本県に於いても公立博物館の発生には埋蔵文化財保護が深く関わっており、また静岡考古館や蜆塚遺跡陳列館など、我が国の先駆けになるような事例を有することが特筆できるのである。

2　県内各地への博物館の伝播

　昭和45年（1970）に文化庁が開始した歴史民俗資料館設置に関する補助制度は、日本国内に郷土博物館が伝播する大きな要因となったといえる。歴史民俗資料館は、社会の発展に伴い失われてゆく歴史・民俗資料を発見・収集し、その永年保存を行う施設の建設を目的としたものである[34]。その本義は、文化財保護法に基づく「資料の保存」機関であるが、地域に遺存する歴史資料、

第 2 節　戦後の歴史系博物館の展開

設立年	設置母体	資料館名	備　考
昭和 46 年	富士川町	富士川町立地方歴史民俗資料館	既存建築再利用
昭和 48 年	沼津市	沼津市歴史民俗資料館	
昭和 49 年	浜松市	浜松市博物館（分館）	
昭和 50 年	新居町	新居関所史料館	
昭和 53 年	韮山町	韮山町立歴史民俗資料館	既存建築再利用
昭和 53 年	森町	森町歴史民俗資料館	既存建築再利用
昭和 54 年	細江町	細江町立姫街道歴史民俗資料館	
昭和 54 年	大須賀町	大須賀町歴史民俗資料館	既存建築再利用
昭和 55 年	富士市	富士市立歴史民俗資料館	既存建築再利用
昭和 59 年	焼津市	焼津市歴史民俗資料館	文化複合施設
昭和 61 年	中伊豆町	中伊豆町歴史民俗資料館	

表 3-1　静岡県内の歴史民俗資料館一覧（2016 中島作成）

民俗資料、考古資料の収集・保存・展示を実践していたことから、博物館の範疇に含むことが多い。

　本県に設立された歴史民俗資料館は、『無形文化財民俗文化財文化財保存技術指定等一覧平成二十七年三月』によると 11 館が確認できる[35]。このほかに、当該補助金の対象ではないものの、春野町歴史民俗資料館（現、浜松市春野歴史民俗資料館）と引佐町歴史民俗資料館（現、浜松市引佐歴史民俗資料館）の 2 館が「歴史民俗資料館」の名称を使用している。これら 2 館の名称は、補助金を背景とした命名ではなく、「地域の風土や歴史、そこから醸成された民俗文化の保存を目的とし、調査研究・展示などの博物館活動を用いて地域住民への公開・活用を意図する機関」[36] としての命名と考えられ、純粋に歴史と民俗を対象とした資料館を意図した結果と観られる。

　本県の歴史民俗資料館は、補助制度の開始された翌年に第 1 号である富士川町立地方歴史民俗資料館が開館するなど、全国に先駆けてその実践を行ったと見做すことができる。また、本県に設立された歴史民俗資料館は、西は愛知との県境に近い細江町、東は伊豆半島の中伊豆町と、伊豆半島下部を除く県内全域にその分布が見られる。歴史民俗資料館の補助制度が本県の博物館に与えた影響とは、市町村単位のミクロな歴史・民俗を取り扱う博物館の増加のきっかけとなったことであろう。終戦から歴史民俗資料館設置に対する補助制度が

始まる以前の県内には、10館余りの歴史系博物館が設立されていたが、これらの博物館は遺跡の保存や地域の有する固有のテーマを対象とするものが大半を占め、地域の歴史・民俗・考古を包括的に扱う施設は磐田市立郷土館と浜北市社会教育センター郷土資料室、富士宮市立郷土資料館の3館のみであった。しかしながら、補助制度の開始された昭和45年以降、県内には11館の歴史民俗資料館が設置され、また公立館を中心として郷土を対象とした博物館は現在までに30余館が開館し、県内全域に伝播したことが確認できる。このように、歴史民俗資料館の発生が画期となって、静岡県内にも郷土博物館が増加していったのである。

　この理由としては、静岡県内には、日本史に残る遺産が多く遺されていたものの、行政として博物館を設立する意識が希薄であったことが影響していると考えられる。明治期からの博物館成立史を紐解いてみても、県下初の博物館は静岡師範学校に設けられた器械室であり、戦前期には公立の歴史系博物館は設立されなかった。戦後初の公立歴史系博物館は、静岡県立葵文庫に設けられた郷土館での登呂遺跡出土資料展示であるが、これはあくまで図書館の一部を転用したものであり、明確な意図を持った博物館として計画されたものではなかった。

　公立歴史系博物館として最初期の例は、昭和28年の磐田市立郷土館や昭和30年の静岡考古館、昭和33年の浜松市郷土博物館であるが、磐田市立郷土館は歴史的建造物である旧見付学校の保存と活用、静岡考古館は登呂遺跡の発見と調査成果の公開、浜松市郷土館は浜松城の復興に伴い内部を転用するなど、本県の公立歴史系博物館の設立には、純粋に博物館を設立する目的以外に別の要因が必要だったのである。恐らく、これらの地域史に関与する要因が先にあり、その付帯事業として予算を獲得し、博物館を設営したのである。その後も、山木遺跡の発掘調査が契機となって設営された韮山町立郷土史料館や、当時のソビエト政府より約500万円の寄付を受けて設立された戸田村立造船郷土資料博物館など、純粋に行政が博物館建設を意図して設立されたものは極めて少なかったのである。しかし、歴史民俗資料館の補助金の開始に伴い、行政が主体となって地域の文化遺産を保存するという意識が生まれ、その核となる施設に博物館を位置づけようとしたと推測される。歴史民俗資料館が伝播するとともに、何かの契機に基づいての博物館建設から、地域の文化保存のための博物館建設へと行政意識の転換が進み、結果として郷土博物館が県下全域に拡散することとなったのである。

小　結

　歴史民俗資料館の補助制度は、市町村域を対象とする博物館の建設を助長させ、ふるさとのアイデンティティを顕在化させる役割を果たしたともいえる。歴史民俗資料館の設置を計画するにあたり、地域の歴史・民俗に関する調査を実施し、今まで知られてこなかった郷土史を発掘するだけでなく、祭事や生活用具など地域では当たり前であった資料を収集・保存することで、地域住民が郷土を再確認する効果を担っていたのである。現在、地域創生、ふるさと再興が盛んに叫ばれているが、このような外向きの地域興しに対して歴史民俗資料館の担った役割は、地域住民を対象としたいわば"内向きの地域興し"だったのである。当該事業の実施により、実際に郷土博物館に属する施設は増加し、また地域の文化財の発掘と保存に一定の効果を挙げたことは確かである。

　しかしながら、同制度の開始から約50年が経過し、様々な不具合が発生していることもまた事実である。当該時期に建設された躯体は、おしなべて老朽化が進んでいるほか、静岡県は常に東海地震の脅威を抱えている地域故に耐震への意識が強く、ハード面での劣化が問題となっている。また、歴史民俗資料館は文化財保護法の管轄する施設であったことから、博物館法に基づく学芸員の配置が義務付けられておらず、展示の陳腐化や資料の保存環境の悪化も懸念される。中には、伊豆の国市歴史民俗資料館のように管轄する職員すら常設されていない施設も存在する。

　当該時期に設立された歴史民俗資料館は、開館から数十年が経過し、時代に即さない部分が多々散見できる。これらの施設を時代に即した形にアップデートし、地域文化資源の保存・活用機関として再利用できるようにすることが今後求められる。そのためには、博物館活動に熱心に取り組む学芸員と、地域住民の理解・協力が不可欠である。博物館に関する知識と情熱を有する職員を配置することで、地域と住民をつなぐ博物館活動の円滑な実践が可能であり、活力ある博物館を創造することができよう。また、行政や学芸員だけが熱心になるのではなく、その活動に地域住民を巻き込むことが重要である。地域住民は、当該地域についての知識と暮らしてきた経験を有することから、その協力を得ることで、文字資料だけ或はモノだけの博物館にリアリティのある活きた情報を導入でき、展示に於いても臨場感を付加できる。郷土博物館は、地域特有の空気を感じられる場でなくてはならず、まして地域住民を無視して成立し得ないのである。歴史民俗資料館の今後の展望としては、地域住民が館の活動に主体的に参加でき、住民と協働して郷土博物館として変化させていくことが肝要

なのである。

3　平成の大合併と博物館

　平成年間に実施された大規模な市町村合併を、平成の大合併と通称している。総務省が公表した『「平成の合併」について』によると、所謂平成の大合併とは平成11年（1999）から22年にかけて日本全国で発生した市町村合併のことを指しており、具体的には「平成11年から17年までは合併特例債や合併算定替の大幅な延長といった手厚い財政支援措置により、また、平成17年以降は、市町村の合併の特例等に関する法律（以下「現行合併特例法」という。）に基づく国・都道府県の積極的な関与により、推進されてきた」としている[37]。これは、高度経済成長を経て我が国は経済成長を遂げたものの、東京への一極集中による地域・家族コミュニティの変化や、人口減少・少子高齢化によって、地方自治体への負荷が増大し、円滑な業務運営が難しくなってきたことに起因する。加えて、地方分権を目的とした財源基盤の確保が求められ、また平成12年当時の与党（自民党、公明党、保守党）の与党行財政改革推進協議会において、「基礎的自治体の強化の視点で、市町村合併後の自治体数を1000を目標とする」との方針が打ち出されたことに基づいて、積極的な市町村合併が推奨されたのである。全国的な合併推進の結果、平成10年度末に3,232存在した市町村は、平成26年度末には1,718に減少し、与党の掲げた1,000市町村には届かないものの全体の約半分に自治体数が圧縮されたのである。

　静岡県は、平成11年3月31日の時点では21市49町4村で構成されていたが、平成の大合併によって平成29年現在23市12町0村へと改組されている。総務省の公表した合併に伴う自治体の圧縮率は52.7％で、全国の平均減少率よりもやや多い程度の減少率であった。この大規模な合併に伴い、静岡県内の博物館組織にも大きな変革が発生したことが確認されている。本項では、市町村の合併と行政組織の改組に伴う公立博物館の事例を提示し、その意義と課題について考察するものである。

　平成の大合併に伴う博物館への影響としては、博物館の名称の変更や所管組織の改編、新たな博物館連携の構築などが挙げられる。この合併の影響を特に顕著に示す例として、平成17年の浜松市の事例を挙げることができる。浜松市は、平成17年に旧浜松市、浜北市、天竜市、舞阪町、雄踏町、細江町、引佐町、三ヶ日町、春野町、佐久間町、水窪町、龍山村の12市町村が合併し、静岡県内で最大の面積を誇る市となった。旧市町村では、天竜市を除く全ての

自治体が博物館施設を有しており、当該合併に於いてそれらの博物館が取りまとめられ、「新浜松市歴史系博物館群」が誕生している。当該博物館群は、登録博物館である浜松市博物館を中心とし、各旧市町村の博物館を有機的に連携することを目的とするものであり、その事業方針としては『浜松市博物館報』第19号に詳細を見ることができる[38]。

> 新市域には、標高2千メートルを超える山地から浜名湖・遠州灘まで変化に富んだ自然景観と、さまざまな生業を見ることができる。それぞれの地域を活かし、各館の特徴である展示普及活動を模索するとともに、環博物館群として連携した事業を実施する方針である。

このように、新浜松市歴史系博物館群は、新しく市域となった旧自治体の特性を活かしつつ、博物館同士の相互交流による博物館の活性化を意図して推進された計画であるといえる。その事業の一としては、「博物館巡回展示」を実施している。これは、毎年テーマを決め、テーマに沿った市域内の博物館収蔵資料を、新浜松市歴史系博物館群の他館に於いて展示を行うものである。巡回展示は、住民の身近な博物館で様々な歴史情報を取得することを目的としており、当該博物館群事業の中で最も市民に開かれた活動であると考えられる。この事業を始めとして、市町村合併による新浜松市歴史系博物館群の構築は、地方自治体による博物館運営を見直し、より時代に即した博物館協働・博物館連携の在り方を示すものとして評価できる。

一方で、浜松市の合併に伴う博物館運営の見直しには、博物館の廃止・業務転換に踏み切った負の面も確認することができる。これは、平成22年度に浜松市域の博物館を再編する動きによって決定されたもので、平成23年3月31日をもって引佐歴史民俗資料館、さくま郷土遺産保存館、水窪カモシカと森の体験館、龍山郷土文化保存伝習施設、旧王子製紙製品倉庫、三ヶ日公民館民俗資料室、伊場遺跡資料館、雄踏図書館郷土資料展示室の8館の事業を見直すこととしている[39]。そして、姫街道と銅鐸の歴史民俗資料館、水窪民俗資料館、舞阪郷土資料館、春野歴史民俗資料館、市民ミュージアム浜北の5館を新たに拠点館として指定し、入館料無料化などを断行して、浜松市博物館を核とした新たなミュージアム・ネットワークを構築しようとしたのである。

当該改革は、公立館の無料化など一部評価できる点は存在する。しかし、果たして8館もの廃止・業務転換は必要だったのであろうか。見直し対象とされた館には、県指定有形文化財を転用した旧王子製紙製品倉庫や、先述の伊場遺跡資料館なども含まれており、浜松市だけでなく県・国レベルで重要な意義

を持つ施設も対象とされたのである。見直しの理由としては、施設の老朽化や入館者数の低迷、管理者の不在など様々な理由が存在するが、本当に廃止する必要があったのだろうか。合併した新浜松市は約1,558km²の広大な市域となり、その面積は全国で2番目に広い[40]。これだけ広大な土地であれば当然文化・生活は異なり、それぞれの地域が有してきた歴史が存在する。郷土博物館は、対象とする地域の縮図であり、近似の文化を有する地域であっても二つと同じものは存在し得ないのである。その博物館が廃止されることにより、ミクロな地域の歴史・文化が蔑ろにされるほか、地域住民が当該地域の歴史・文化を把握しないことによる貴重な文化財の喪失を招く恐れもある。また、ある程度の博物館は拠点館として残されているものの、広大な市域ではその拠点館に行くことが難しい地域もあり、また距離が離れれば歴史・文化も異なることから、学校の郷土学習などにも活用することが難しいのである。このように、博物館学の分野からみると疑問を覚えるような改革が市町村合併に伴い行われており、浜松市の前例があるが故に他の自治体でも博物館の廃止を検討することも考えられる。この点に関しては、今後も動向を見守っていきたい。

　一方で、合併後に発展的な解消に至った博物館も存在する。伊豆半島中部に位置する伊豆市は、中伊豆町、修善寺町、天城湯ヶ島町、土肥町が合併してできた自治体であるが、同市の博物館も合併10年を経て統廃合を実施している。旧4町時代では、中伊豆町に町立歴史民俗資料館と大井上康学術文献資料館、修善寺町に町立郷土資料館、天城湯ヶ島町に昭和の森会館（森の情報館、伊豆近代文学博物館）が所在していた。その中で中伊豆町立歴史民俗資料館と修善寺町立郷土資料館は、伊豆市への合併後も郷土博物館として存続していたものの、平成27年度末をもって「伊豆市資料館」として統廃合されることとなった。同資料館は、修善寺郷土資料館の機能を中伊豆の資料館へ集約し、名称を改めたものである。伊豆市域には、上述の博物館が所在するものの、中央博物館としての施設は存在しなかった。伊豆市資料館は、未だ不完全ながら伊豆市域の歴史や地理、民俗を伝える組織となり、今後市の中央博物館になっていくことが期待される。

　また、閉鎖となった修善寺郷土資料館跡地には、平成28年4月2日に伊豆半島ジオパークミュージアム・ジオリアが開館した。同館については、第4章にて詳細を述べるため割愛するが、郷土資料館を廃止する代わりに伊豆半島の拠点となる自然史博物館が開館したことは、博物館史上珍しい事例であると言えよう。結果的に伊豆市では、合併した後に比較的近接した地域にあった資料

館を統合して拠点化したことと、新たに博物館を建設したことが特徴的であり、地方自治体としての博物館運営の新たな姿を模索している事例である。

4　歴史系博物館の今後の動向
1. 静岡市の総合歴史系博物館計画

　平成 28 年（2016）現在、設置が検討されている博物館としては、静岡市が計画している総合歴史系博物館が挙げられる。同館は、「歴史文化から静岡の未来を創る」をキーワードに計画が進められている博物館であり、平成 23 年には「静岡市歴史文化施設基本構想」が策定されている。当該計画では、「歴史文化から静岡の未来をつくる。～静岡の過去を学び、今を知る。そして、未来を考える。～」をテーマとし、以下の 7 点を柱として総合的な歴史博物館建設を進めている[41]。

①　静岡市の歴史文化遺産の展示・保存及び学術研究拠点をめざす
②　「歴史文化のまち静岡」の情報を発信し、観光の核となることをめざす
③　文化活動を通じて地域産業の活性化をめざす
④　自ら学ぶ市民を支える生涯学習の拠点をめざす
⑤　学校教育との連携を深め、郷土学習の拠点をめざす
⑥　歴史研究のためのネットワークを構築し、情報の交流と蓄積を進める
⑦　市民との協働により、市民とともに進化し続ける施設をめざす

　従来静岡市には、歴史系博物館として特別史跡登呂遺跡に隣接した静岡市立登呂博物館と静岡浅間神社境内地の静岡市文化財資料館を有し、それ以外にも静岡市美術館をはじめとした複数の市立博物館施設が所在している。また、市域内に県立美術館とふじのくに地球環境史ミュージアムの 2 館の県立博物館が所在するほか、様々な私立博物館が集中する博物館の密集地帯とも観察できる地域である。

　しかし、歴史分野に関しては、現行の施設は非常に脆弱であると断言できる。静岡市立登呂博物館は、元々登呂遺跡出土資料の保存と公開を目的とした施設であることから、その内容はおのずと登呂遺跡と弥生時代に限定される。同館は、平成 6 年ころより、従来の資料展示を主とする遺跡博物館とは異なる体験・体感型博物館へと舵を切り、現在の遺跡博物館の基本になったとも換言できる施設である。このため、リニューアルした現在の建物でも体験ゾーンが非常に大きく取られているが、その分出土資料の展示は不十分になっていると言わざるを得ない。また考古学資料の展示は、静岡市の所有分は静岡市埋蔵文化

財センターで一部を展示し、また県立中央図書館の展示室では静岡県埋蔵文化財センターの保管する資料を展示しており、一つの市内で3ヶ所に分散展示されているのが現状である。

　一方で静岡市の歴史資料展示は、ほとんど体裁が整っていないといっても過言ではなかろう。市内には、静岡浅間神社境内に静岡市文化財資料館が設営され、刀剣や書画などの歴史資料が一部展示されている。しかし同資料館は、元々静岡浅間神社の宝物館として企図されたものの、のちに静岡市が支援することで市立施設として開館したものであり、元来神社博物館としての性質が強い。収蔵資料を見ても絵馬や彫刻、甲冑・刀剣など、同神社に奉納された資料が多くを占めていることからも裏付けられよう。展示手法においても、回廊式の館内に展示ケースを口の字に配置し、そこに資料を並べて若干の題箋を付すだけの提示型展示であり、とりもなおさず美術館的な展示状況となっている。建物も、昭和50年（1975）に開設されてから40年以上が経過し、老朽化が見て取れるほか、常時閉鎖している所謂"開かずのシャッター"が展示室中央に配置されて館内の美観を損なっているなど様々な不具合が見て取れるのである。

　このような背景から、静岡市の総合歴史系博物館に寄せる期待は大きい。周知のとおり、静岡市は先史時代から現代に至るまでの歴史を有し、それぞれの時代の節目に重要な歴史的痕跡が遺されている。そして、歴史に裏打ちされた各種資料が伝世・発掘されてきたのである。これらの歴史資料を包括的に扱い、静岡市を中心とした県域をも含む歴史文化の核となる施設が必要と考える。本県には、歴史系の県立博物館が設営されておらず、市立の大型歴史系博物館である浜松市博物館も昭和54年の開館であり、そのコンセプトはもはや現状に即しているとは言い難い。静岡の歴史を扱う博物館が不在の本県には、やはり統括的な役割を果たす存在が必要であり、その任を静岡市の総合歴史系博物館が果たせるものと期待している。特に、上記の「⑥歴史研究のためのネットワークを構築し、情報の交流と蓄積を進める」では、同館が核となって周辺域の歴史博物館とのネットワークを構築し、相互協力の下で博物館活動を実践することができる。同館は、あくまで市立の歴史博物館ではあるものの、政令指定都市かつ県庁所在地に誕生する21世紀型の歴史博物館として、県内各地域の歴史系博物館を牽引する存在となるべき施設を要望するのである。

　さらに静岡市では、新博物館建設に先立ち、歴史文化施設の機能である収集保存・調査研究・展示公開・教育普及機能を市民へ普及することを目的として「歴史文化施設建設に向けたさきがけ博物館事業」を実施していることが興味

深い。同事業は、「歴史文化施設の機能である収集保存・調査研究・展示公開・教育普及について知っていただくために、建設にさきがけて行う事業」と定義し[42]、上記した博物館の4大機能に即した事業を展開している。収集・保存と調査研究は、「我が家の宝」調査隊と題し、一般家庭が所有する様々な資料を調査し、さらに専門家たる学芸員が資料の保存方法についてアドバイスするといった画期的な取り組みである。教育普及は、「戦国今川塾」と銘打ち、静岡市にゆかりのある戦国大名の今川氏を中心に、各種研究成果を講座の形で市民に還元している取り組みである。さらに展示・公開としては、静岡市役所1階の市民ギャラリーに

写真3-6 第1回さきがけ企画展
「今川氏 駿府を愛した戦国大名」
（筆者撮影）

おいて「さきがけ企画展」を開催しており、平成27年2月から平成28年までに3回の企画展示を実施した。展示事業で特徴的なのは、単純に資料を展示するだけでなく、見学後にアンケートに回答すると、特製の菓子をプレゼントしていたことである。この菓子は、将来のミュージアムグッズとして販売するための実験を兼ねており、実際に観覧者に評価をしてもらうことでより良いグッズを作り出そうとしている点が面白い。

　当該事業は、市民への博物館PRだけでなく、博物館運営技術とノウハウの取得、職員の練度向上を意図したものでもある。これらの事業は、とりもなおさず静岡市の職員が主体となって取り組んでいる。筆者は、第1回さきがけ企画展の「今川氏　駿府を愛した戦国大名」を見学した際に話を聞いたのだが、受付や会場対応を行っている職員は静岡市の学芸員（非常勤含む）であり、今後開館する博物館において円滑な活動ができるように取り組んでいるとしていた。当該事業の実践により、学芸員の実践的な技術の向上が見込め、より質の高い博物館運営が可能となる点が評価できるのである。

2. 世界遺産と博物館

　平成25年6月にカンボジアのプノンペンで開催された第37回世界遺産委員会において、静岡県と山梨県に係る富士山が「富士山―信仰の対象と芸術の源泉」として世界文化遺産に登録された。また平成27年7月には、「明治日本の

産業革命遺産」の構成要素の一つとして伊豆の国市の韮山反射炉が世界文化遺産に登録された。このように、静岡県内には２件の世界遺産が所在しており、登録以降も多くの観光客が訪れている。

富士山と世界遺産センター　世界遺産登録を受け、静岡県では、「(仮称)富士山世界遺産センター」(以下、世界遺産センター)の建設を進めている。同センターは、富士宮市の富士山本宮浅間大社に近接する地に計画されており、平成29年12月の開館を目指している。世界遺産センターのコンセプトは以下の通りである[43]。

> センターは、富士山が持つ顕著な普遍的価値を次世代に継承する「永く守る」拠点施設として整備するものである。
>
> 富士山を「永く守る」ために、富士山の価値や魅力を「楽しく伝える」活動を行うとともに、県民が富士山を通じて国内外の人々と「広く交わる」機会を創出する。
>
> また、これらの活動内容を奥深いものとするため、富士山の自然や歴史、文化等を「深く究める」活動を展開する。
>
> センターでは、諸活動の成果を「連ねる」ことで「富士山学」を体系化し、世界文化遺産「富士山」の価値を探求する活動を展開する。

世界遺産センターは、名称こそ"センター"を用いているが、その活動は上記の通り、収集・保存、調査研究、展示、教育普及の博物館機能に則っており、広義の博物館施設に比定できる。当該施設は、"富士山"を核として「国内外からの富士山への来訪者に世界遺産「富士山」の価値や構成資産相互の関連性を体系的にわかりやすく、楽しく伝え、来館者が富士山について考え、富士山を将来に引き継ぐことの意義を改めて考える契機となる」展示を展開することを意図し、ガイダンス展示、常設展示、企画展示、登山体験などの各種体験展示、映像シアターで構成するとしている。「富士山世界遺産センター(仮称)展示実施計画」によると、人間が入り込めるジオラマや、VR技術を応用した映像機器を多用する展示が計画され、視覚だけに頼らない五感を駆使した博物館体験を企図していることが窺える。当該施設が完成することで、富士山をメインテーマとはしているものの、歴史・自然・美術など多角的な分野を扱う静岡県で初めての県立総合博物館が誕生することから、その活動には期待ができる点もある。

しかし筆者は、当該施設について２点の疑問を抱いている。第一として、富士山に関する拠点館であるにもかかわらず、実物展示が相対的に希薄な点であ

る。展示実施計画によると、ガイダンス展示と常設展示を併せて71の展示セクションがある中で、実物展示を謳っているのは22ヶ所のみである。その殆どは、保存の必要の少ない岩石資料や現代の資料、もしくは二次資料を活用したものであり、一般的な博物館に比べモノの量・質ともに不十分な印象を受けた。当該施設は、富士山に登山したことが無い人々でも、富士山に関して十分な知識と理解を促すことも目的としており、"わかりやすく"知識を教授するために映像や体験展示を多用していると看取される。しかし、富士山に関する実際のモノを観覧せずして、知識や理解を深められるのであろうか。特に信仰に関するセクションでは、ほとんどがパネルとジオラマ展示となっており、実物資料は御師関係資料の一部と現在の登山道具だけである。このような展示内容では、文字と僅かな図としての情報享受はできるものの、信仰に用いる道具や装束、宗教行為を行っている姿を深く知ることはできない。他館の例としては、富士山に関する歴史・民俗・自然を対象とする博物館として裾野市立富士山資料館が現存しているが、同館では実物資料を豊富に収蔵し、可動性を持った展示を展開しているところが対照的である。ほとんど同一の展示コンセプトながら、世界遺産センターでは映像と体験展示を中心とした所謂ガイダンス施設のような展示を意図し、一方裾野市立富士山資料館では本来の博物館としての実物資料展示を行っているのである。ガイダンス施設としての展示であれば、映像と体験展示主体でも致し方無い点も理解でき、核となる地域の博物館との連携で展示機関としての任を全うできる。

　しかしながら世界遺産センターは、静岡県が主導して設立する「世界遺産富士山」の核となる施設なのである。日本を代表する富士山をテーマとし、世界に目を向けた施設がこのような内容で良いのだろうか。富士山は、パネルと映像だけで伝わるほど簡単なものなのだろうか。断じて違うだろう。やはり富士山には、山そのものの自然環境、山に関する神話・信仰と歴史、絵画等に見られる芸術など様々な観点が存在し、それぞれに豊富な資料が現在にも遺存しているのである。世界遺産センターの展示テーマ区分は、富士山を様々な観点から多角的に捉えた理想的なものと考えられるが、やはりそれぞれの展示テーマを裏付ける説得力が弱いのである。富士山を多角的に観た場合、その痕跡は必ずモノとして遺存している。そのモノを資料として収集、展示することで、より臨場感と説得力のある情報伝達が可能となるのである。

　しかし、世界遺産センターが、このような展示にならざるを得なかった理由としては、同館が本県の中でも後発の存在であり、またその所管が静岡県であ

ることが挙げられよう。富士山の世界遺産推進は、平成初年代より開始されたものの、当初は自然遺産としての登録を推進しており、現在登録されている文化遺産への登録推進は、富士山世界文化遺産登録推進両県合同会議が発足した平成17年以降本格化した(44)。静岡県下の公立歴史系博物館は、昭和50年代後半以降最も多く設立される傾向にあることは、先述のとおりである。世界文化遺産としての登録推進が始まった平成10年代には、県下の殆どの地域に公立歴史系博物館が設営され、また全国的にも博物館・美術館などが広く普及しており、様々な歴史・美術資料はすでに博物館へ収蔵されていた。また富士山関係の資料は、富士山を中心とした市町村に広く分布し、それぞれの自治体や個人が所有していたのである。

　世界遺産センターは、静岡県立の組織であることから、その展示には県が保有する資料を用いるのが基本であるものの、元来県立歴史系博物館を持たず、その設立運動すら希薄であった本県では、展示に活用できる資料が絶対的に足りなかったと推測できる。本県における県立博物館設立運動は、第4章・第5章にて触れるので詳細は割愛するが、戦後の県立館設立の始まりは昭和38年に遡ることができる。昭和38年の計画では、「美術館兼博物館」を設立するとしていたが(45)、実際に博物館が建設されることはなかった。時代は下り、昭和54年になると、静岡県議会の100年記念事業の一環として県立館の建設計画が再燃し、県議会100年記念事業調査特別委員会に於いて美術館の建設が決定され、昭和61年には静岡県立美術館が開館したのであった。

　一方で静岡県では、平成元年度より県立博物館整備に向けての検討が開始され、平成7年度には自然系博物館整備の方向性が示され、翌年度纏められた静岡新世紀創造計画ではその主要政策として県立自然系博物館整備が位置づけられたとされている(46)。同じ時期には、県内の自然科学系研究会が集まって「静岡県立自然史博物館設立推進協議会」が発足し、平成15年度からは「NPO法人静岡県自然史博物館ネットワーク」に発展した。同会は、県に対して県立自然史博物館設立の要望書等を提出するほか、県内の自然系資料の収集や自然環境の調査などを実施し、その成果を書籍として刊行するなど、多様な活動を行ってきたのである。その後、本県の自然史博物館は、紆余曲折をへて平成28年3月に「ふじのくに地球環境史ミュージアム」として開館したのである。

　平成11年に完了した『静岡県史』編纂事業では、事業終了後に収集した各種資料を一括管理・活用する静岡県歴史文化情報センターが設けられたが、これはあくまで史料を保管・公開するアーカイブとしての性格が強いものであっ

た。これに対し、静岡県考古学会、静岡県地域史研究会、静岡県近代史研究会、静岡県民俗学会は合同で会合を開き、歴史文化情報センターの貧弱さを指摘するとともに、「「静岡県歴史文化情報センター」を発展させ、さらに多様な機能を有する県立の総合博物館の設立が必要」との結果に至り、その結果「県立の総合博物館を考える県民の会」が発足した[47]。同会の活動としては、以下のような活動を意図していた[48]。

 1 活動内容
  (1) 総会（年 1 回）
  (2) 例会（年 3 回）
  (3) 講演会・公開シンポジウム（隔年）
  (4) 施設見学会（隔年）
  (5) 会報の発行（年 4 回）
  (6) 行政への情報提供
  (7) その他
 2 「県立総合博物館」の成案づくりに向けて（検討すべき内容）
  (1)「県立総合博物館」の意義
  (2) 博物館・文書館・図書館の役割
  (3) 博物館建設による効果
  (4) 立地・施設
  (5) 総合テーマ
  (6) 展示テーマ・内容
  (7) 組織
  (8) 博物館の活動
  (9) その他

「県立総合博物館」については、静岡県近代史研究会の刊行する『静岡県近代史研究』第 29 号に、川上努が「「県立総合博物館」に関する小考察」を寄稿し、県立博物館の具体的なイメージについて論考している[49]。川上は、同会の平成 15 年 2 月例会において静岡県近代史研究会の村瀬隆彦が報告した「県立博物館」のイメージを起点として、どのような施設が必要であるかと考察している。同論の記載によると、「村瀬氏のイメージは、博物館ではないにしろ、県の持つ歴史情報を価値付けるために研究し、保存し、公開する施設（機関）としての「歴史情報公開センター」のようなもの」であるとし、それを受けての質疑応答で同会の参加者が当該施設に求めるイメージに齟齬があったことを

第3章　歴史系博物館の誕生と展開

写真3-7　『みんなで考えよう県立総合博物館：「県立総合博物館を考える県民の会」設立総会』冊子

指摘している。具体的には、一般県民を対象として展示に重きを置くのか、それとも歴史関係の研究者を対象として展示スペースを少なくし、むしろ資料の保存と希望者への公開機能に重点を置くのかという二つの視点があったとするが、それを踏まえて「博物館法」に則った博物館ではない新たな施設・機関について言及している。同論では、「（仮称）県立総合博物館」が「静岡県歴史文化情報センター」を発展させた施設として計画されたところから、博物館よりもむしろ文書館・公文書館の方が同会の意図する施設に近いものとして、静岡県の公文書館に関する現状について多く紙面を割いている。結論として、博物館・図書館・文書館は、収集・保存といった機能が近似してはいるものの、実際には全く違う施設として他の機関が業務を兼ねることは不可能であると述べ、複合的な施設になる可能性を示唆しつつも機関として独立する必要があると締めくくっている。川上は、自身の県立総合博物館像については言及していないものの、「県自体に文書館構想があり、博物館や資料館などの施設（機関）の設置を要求するのならば、文書館構想の方が現実性が高い」とも述べている。川上は、国立公文書館のアーカイブズ研修の終了論文に於いて「公文書管理法時代における静岡県の公文書館構想」を執筆しており、博物館学よりもアーカイブ・文書館研究をフィールドとしていると看取される。これゆえに、「県立総合博物館」についても文書館寄りの考察をしていると見られるのである。

しかし、直截に「県立総合博物館」の博物館的な側面について言及している論考を発見することはできなかった。また、同会の活動把握は勿論、年4回予定していた会報も図書館に収蔵されていないことから一般には確認できない。同会の基となった4学会は、それぞれが活動をしているものの、それぞれの学会誌に県立総合博物館の記載は見られない。このことから、平成28年現在県立総合博物館の計画は進行していないと看取される。

このように、本県における県立博物館設立の動きは、県主導、官民両立、民

間主導の 3 種類が存在していた。しかし、民間主導で進められた県立総合博物館設立運動は、その活動が頓挫した状況にあり、計画に県が関与していないことから、今後の発展も無いと観られる。また、総合博物館構想に県が関与していなかったことで、その設立に係る資料の収集などはなされてこなかったのである。さらに、開館準備に伴って自治体や個人の所有資料を、県が無理やり徴用することはできず、ましてやすでに博物館へ収蔵された資料を転用するわけにはいかなかった。資料の蓄積が無いことが世界遺産センターの実物資料の貧弱さに繋がったのである。

　第二の疑問点は、平成 28 年に開館した山梨県側の富士山世界遺産センターとの関係である。富士山は、静岡県と山梨県にまたがる独立峰であり、「富士山―信仰の対象と芸術の源泉」としての世界遺産登録も両県合同で行ったことは周知のとおりである。山梨県では、平成 10 年に山梨県立富士ビジターセンターを開所し、静岡県に先駆けて富士山に関する情報発信を進めてきた。平成 25 年 6 月の世界遺産登録を受け、平成 28 年にはビジターセンターに増設する形で山梨県立富士山世界遺産センターを開館させた。(以下、ビジターセンターを北館、世界遺産センターを南館と称する) 南館は、「世界遺産である富士山を訪れる多くの訪問者に対して、富士山の顕著な普遍的価値に関する情報発信や、保存管理の中心的な役割を担う」施設として位置づけられ、「富士山のもつ多様な自然美を感じながら、世界遺産の価値をわかりやすく紹介する中核的施設」とすることが謳われている[50]。南館における展示は、主に富士山に関わる歴史・民俗などの人文系展示に偏重しており、内部を「エリアⅠ／世界遺産富士山を知る」「エリアⅡ／信仰の対象・芸術の源泉」「エリアⅢ／富士山世界を体感する」「エリアⅣ／富士山を未来へ」の 4 区画に区分している。展示手法は、映像とパネル展示を多用したもので、実物資料を用いた展示は殆ど存在しない。また、全体的に白基調の館内は、明るいながらも光の反射で落ち着かず、パネル類の文字サイズも殆どがごく小さいものでまとめられており、デザイン性には優れるものの観覧者の見学し易さの点はあまり考慮されていないと感じた。一方、館内のパネルは、必ずしも山梨県の構成資産に特化したものではなく、自然環境や浅間神社など様々な分野で静岡県域の紹介も行っており、県域に拘らず純粋に「富士山」の情報伝達を目的とした展示を行っている点は評価に値する。同センターは、専任の研究員は所属しているものの建物内に収蔵庫を持ち合わせておらず、博物館の 4 大機能で言うところの収集・保管機能を欠いた"准博物館"とも称すことのできる施設として設営されている。

一方、既存館である北館は、あくまで富士山のガイダンス施設としての位置付けであり、展示室、カフェ、御土産屋などから構成されている。北館では、富士山に関する信仰や自然、富士山をモチーフとした芸術活動などを概説展示し、中でも自然関係展示に重点を置いていることが、南館と対照的である。

 山梨県立世界遺産センターの理念や構成は、とりもなおさず静岡県のものと酷似しており、静岡県では山梨県より一年遅れて近似の施設を設立することとなるのである。2ヶ所の世界遺産センターは、設営する県は異なるものの、果たして同様の施設を建設する必要があったのだろうか。山梨県では、平成10年に現在の北館を開設し、世界遺産センターも平成28年に開館させるなど、静岡に先んじた事業展開が多くみられる。一方静岡側では、富士山に関するビジターセンターを早くから設けていたわけでもなく、世界遺産センター設置においても本体工事の入札不調などで計画が遅延し、すべてが後手に回っていたのである。静岡県側では、山梨県の世界遺産センター計画が先行していることを逆手に取り、山梨県に無い展示構成の考案や、県立歴史系博物館としてより広い範囲を対象とすることもできたのではなかろうか。博物館の核を同一の資源に求めた場合、展示構成や資源の活用方法が類似しがちであり、さらに世界遺産として普遍的な価値付けやストーリー付けがなされているものを対象とした場合、博物館の内容が酷似するのは必然といえよう。それでありながらも、似たようなコンセプトで展示施設を建築することは、やはり設置側の考え方が凝り固まっていると判断されるのである。

 ただし、静岡県の世界遺産センターが評価できる点としては、センターの発足に先立って歴史系の研究員を複数新規採用し、若手研究者の能力向上を図っている点が挙げられる。また、山梨県の世界遺産センターが指定管理者制度を導入しているのに対し、静岡県は県直営での運営を意図していることが特筆できよう。静岡県は、県文化財保護課の職員として学芸員採用を行っているが、世界遺産センターの設立時にその職員を配置換えするだけでなく、新規職員として研究職を採用した。これは、ふじのくに地球環境史ミュージアム発足時にも同様に、専門的知識を有する研究員を採用していることからも理解できるように、静岡県は新たに作る展示施設を"研究機関"として捉えているのである。そして、研究機関たるこれらの施設を、県が直営で管理・運営することは、県を挙げて博物館研究に重点を置き始めたことを如実に示していると言えよう。

 静岡県の富士山世界遺産センターは、展示やコンセプトなどにやや疑問が残る部分があるものの、本県が研究機関として意欲的に設立する施設である。今

韮山反射炉とガイダンス施設　一方、伊豆の国市の韮山反射炉では、平成28年12月に隣接してガイダンス施設が建設された。抑々韮山反射炉は、九州を主体とした「明治日本の産業革命遺産」の一構成要素として世界遺産登録されたのであり、単独登録となった富士山とは趣が異なることは確かである。しかし、構成資産が全国に分散していることで、それぞれの地域に博物館・ガイダンス施設が誕生し、地域ごと独自の展開を見せていることが当該遺産群の特徴である。韮山反射炉に隣接して設立されたガイダンス施設は、「導入に韮山反射炉築造当時の時代背景をパネルでの解説から始まり、続いて反射炉が映っているスクリーンにおいて、操業当時の大砲鋳造を臨場感あふれる立体映像」で観覧させたのち、実物を見学する展示構成を計画、施工している(51)。また伊豆の国市では、韮山反射炉の世界遺産登録に先立ち、平成24年に『韮山反射炉総合整備計画』の策定を行い、「ガイダンス施設整備、駐車場整備、多目的広場整備、敷地内公園整備」を行うとした(52)。工事の経過としては、平成25年度に基本設計、平成26年度に実施設計を行い、平成27年度に工事着工、平成27・28年度に工事を実施し、平成28年8月末日にガイダンス施設建築工事を終了し、内部の展示施設工事及び多目的広場の整備を平成28年11月末までに完成させるとしたが、実際には工期がずれ込み、12月11日の開館となった。

　現状、伊豆の国市が保有する博物館施設である伊豆の国市歴史民俗資料館では、韮山反射炉に関する展示は存在せず、また伊豆の国市韮山郷土史料館や隣接する江川邸においても、旧韮山町の歴史の一つや江川太郎左衛門の顕彰展示として扱われるのみであり、反射炉そのものに関する展示施設は存在しなかった。当該施設は、韮山反射炉に関する知識の教授を専門的に行う初めての施設として、また観光・郷土学習の拠点としての活用が期待される。

　しかし、本当にこのようなガイダンス施設が必要であったのかと、疑問を感じる部分は多々ある。例えば、ガイダンス施設の展示は、当時の写真をパネル展示した後、映像を観覧するとあるが、果たしてその程度の内容で反射炉への理解が深められるであろうか。当該施設の映像機器は、計画当初は立体映像を謳っていたものの、現実には大型ではあるもののあまり特色の見られない映像機器に変更されていた。映像機器は、その分野の技術発展が日進月歩であることから、何年もしないうちに陳腐化することは目に見えている。故障した場合にも、修理予算が付かず放置されるケースが殆どであることは、国内に数多存在する博物館映像展示を見ても明らかである。またパネル展示は、簡易な情報

伝達には効果があるものの、多くの情報を伝えるためにはパネルの大型化や情報の高密度化が必要となる。しかし我が国のガイダンス施設では、展示範囲や経費との兼合いの結果として、情報の薄い展示にしか成り得ていないのが現状であろう。さらに当該施設では、実物資料が展示室内に展示されているものの、展示室自体が映像機器のシアターを兼用しているため、放映中は展示室内が暗く、実物資料を観覧できる状況ではなかった。同施設の構成は、資料を見学したい来館者の熟覧を妨げ、映像展示の鑑賞を強要する展示であるといっても過言ではない。また、映像展示に重点を置いたところから、実物展示のスペースはごく僅少であり、ただでさえ狭小なガイダンス施設内においては、十分な情報伝達ができているとは言い難い。

　このように、軽佻浮薄なガイダンス施設を建築しているのは、設置者側の史跡の活用に関する意識の欠如であるといっても過言ではない。先述のとおり、市内に所在する博物館施設では、一部に反射炉に関する展示があるものの、その絶対的な情報量は足りないと言わざるを得ない。それでいて、情報量の乏しいガイダンス施設を新たに建設しても、十分な情報伝達は不可能なのである。また、史跡に隣接してガイダンス施設を建築しても、パネル中心の展示では臨場感の創出は不可能であり、観覧者の印象性も薄いと看取される。さらに、"臨場感の創出"を映像に頼り、大きくキャッチーな映像機器を売りにすれば人が来ると踏んだ展示の構成は、先を見据えていないそのコンセプトを含めて極めて前時代的であり、地域住民の愛着を誘発せず、リピーターを創出できない施設なのである。やはり、史跡に関連するモノがあり、それに関する情報を提供してこそ、観覧者の理解を促すことが可能なのである。

　日本近世史に残る史跡であり、世界遺産でもある韮山反射炉を遺し伝えていくには、やはり博物館においてきちんと展示を行う必要がある。ここでの展示とは、実物資料の展示と学術的知識に裏付けされた情報伝達である。韮山反射炉に関する十分な情報伝達のためには、実物資料を含めた展示を強化する必要がある。核となる施設において、十分な情報伝達が可能であれば、ガイダンス施設において導入を行ったのち実物を見学し、さらに博物館に誘引することで、韮山反射炉に関する深い理解を促すことができるのである。このように、韮山反射炉に関しては、新設されたガイダンス施設と既存館との連携を取り、より充実した観光・教育を実践していくことが肝要なのである。

　一方で、施設に関する問題は山積している。同市内には、市域の核となる伊豆の国市韮山郷土史料館が存在するが、老朽化のため平成29年5月末をもっ

て閉館している。今後の機能移転については第2章で述べたので割愛するが、ただでさえ脆弱な伊豆の国市の博物館・文化財保護に対し大きな痛手である。韮山反射炉ガイダンス施設の新設と韮山郷土史料館の閉館は、必ずしも直截な関係が無い可能性もあるが、新規に設けられた施設が上記の現状であることから、市域の博物館活動が不十分である感は否めない。伊豆の国市域の文化財保存や情報の伝達を効果的に行うには、やはり設備の整った"場"が必要であることは言うまでもない。伊豆の国市の文化財保護や資料保存、地域住民や観光客に対する効果的な情報提供のためにも、市域の核となる博物館施設の新設を期待したい。

小　結

　本県は、県下の文化資源の世界遺産登録がごく最近のため、そこに設置する博物館施設もいまだ発展途上である。これらの施設は、世界遺産となった文化資源の一般市民への理解を促すため、実物資料、映像、体験展示などを多様に組み合わせた展示活動を展開している。しかし、どちらの館もグラフィックパネルや映像展示など、観覧者の目を引く展示手法に偏重しているきらいがあり、全体的に軽薄な印象を受けるのである。やはり、特定の文化資源の明確な理解のためには、文化資源そのものの体感と、それに付帯する諸資料を実際に観覧・体験することが必要不可欠である。日本の世界遺産には、従来博物館が設立されることが少なかったものの、諸遺産の理解のためにはモノを媒体とする情報伝達が有効であり、とりもなおさず博物館が必要なのである。筆者は、ガイダンス施設そのものを否定するわけではないが、仮にガイダンス施設を設営する場合、より多くの情報伝達が可能な博物館との連携が必要と考える。また、世界遺産センターの名称を用いるのであっても、その施設を世界遺産保護と活用の核に位置付けるのであれば、やはり展示はガイダンス的であってはならない。世界遺産とそこに付帯する博物館施設は、誰もが世界遺産について理解を深めることができ、また知識レベル、観覧目的に応じた対応が可能であることが肝要である。

第3節　静岡県下の歴史系博物館の傾向

　本章では、静岡県下に設営された歴史系博物館について、特徴的な事例を基に考察を行った。静岡県の歴史系博物館は、上記設立史からみて大きく2つの傾向をもってこれまで設営されてきたことが確認できる。

第一の傾向としては、やはり県立の歴史系博物館を設営してこなかったことが挙げられよう。本県の県立歴史系博物館は、昭和5年（1930）の郷土博物館設立の建議を端緒として、何度も俎上に載せられてきたものの、いまだ明確な開館には至っておらず、県としても県立歴史系博物館設立を視野に入れていないと観られる。平成28年（2016）現在、歴史・民俗展示室を持つ総合博物館を含む都道府県立の歴史系博物館を持たない自治体は、静岡県と愛知県のみである[53]。しかし、愛知県には、市立大型館である名古屋市博物館が存在し、県内を代表する博物館活動を実践していることから、実質的な県立歴史系博物館といっても過言ではなかろう。実際に同館では、年に複数回の特別展の開催や様々な教育活動を実践し、2階常設展示室では「尾張の歴史」と題して県域の歴史展示を実践し、県内の歴史系博物館をリードする存在として活動を続けているのである。

　しかしながら本県には、県内の歴史を扱う展示も無ければ、県域を代表できる歴史系博物館も存在していない。西部地域では、市域を統括する浜松市博物館や3館協働で博物館活動を実践する袋井市歴史文化館・郷土資料館・近藤記念館が、また中部地域では、文学館と一体の藤枝市郷土博物館・文学館が比較的大型で、良好な博物館活動を実践しているものの、県域の中核となり得る博物館は存在していない。県庁所在地である静岡市ですら、博物館意識を持った活動をする館が現状では存在していないのである。それだけではなく、県東部地域を中心として、自治体ごとに郷土博物館を有していないことが常態化している。或は、貧弱ながらも郷土博物館を有している場合、一応の資料保存がなされていることから、それによって歴史展示・郷土展示が完結すると誤った理解をしている部分も存在することが本県の歴史系博物館の特徴であると言えよう。これは、歴史民俗資料館の項で述べた通り、自治体として郷土博物館を設立する意識が希薄であったこと、さらに博物館設立以外の別の要因が無ければ館の設置に至らないという消極的な態度に起因すると考えられる。

　さらに、静岡県では、前章で述べた通り、明治初期に一時期県立の物産陳列館が誕生し、昭和初期に県立郷土博物館の設立構想はあったものの、県としての統一施設をつくる意識は相対的に希薄であったと推測される。県立博物館を設ける場合、東部・中部・西部がそれぞれ固有の歴史や自然を有しており、どの地域を中心とした展示・運営を行うのかに問題が存在する。また本県では、博物館以外の分野においても、県域が東西に長い地理的環境から、中央に大きな施設を作るよりも、地方ごとに小規模施設を分散配置することが一般的であ

る。このような要因から、静岡県には県立歴史系博物館が設立されてこなかったものと考察できる。

　第二の傾向は、本県の初期歴史系博物館は、民間組織または公立学校などによって設営され、地方自治体が博物館設立に対し積極的に関わっていなかったことが挙げられる。先述の通り、本県の歴史系博物館は、明治41年（1908）に静岡中学校と浜松中学校に設けられた学校博物館がその嚆矢であり、続いて大岡尋常高等小学校内に設置されたといわれる通俗博物館と続く。一方、単独開館した歴史系博物館は、昭和5年の下田武山閣であり、美術館や植物園などに比べて設立が遅い上に私立館であった。明確な公立の歴史系博物館は、昭和28年の磐田市立郷土館まで時代が下るのである。戦前期の静岡県では、師範学校での郷土研究を皮切りに県内で郷土研究が推進されていくものの、大正期以前には地方自治体として歴史・郷土に関わる事業を行った例は殆ど存在しない。幕末から明治初期にかけて、日本史の転換点であった下田であっても、当時の開国関連資料を収集・保管していたのは森斧水をはじめとする個人であり、他地域・他分野においても文化的な活動は民間が推進してきたのである。地域の歴史や偉人の顕彰を行おうとした例としては、浜松市立図書館に設けられた郷土室の活動が挙げられるが、同室の資料も元をたどせば大場辰太郎の収集したコレクションであり[54]、個人の資料を譲り受けて自治体が運営するとの方式を取っていたのである。

　当該時期には、公立の図書館や公民館は設営されてきたものの、博物館については対応が冷淡であったと思わざるを得ない。戦前期の本県では、官・民ともに展覧会活動が盛んに行われ、展示活動を行う場合には、県立葵文庫や教育会館、物産陳列館、地方においては学校などが利用されたが、展示活動が可能な場所は常に求められていた。これゆえに、展示が行える施設は多数設立されたものの、求められたのは貸会場としての機能であり、常設の資料展示はそれほど意識されなかった。また、物産陳列館が各地に存在したことで、モノを常置する施設が比較的身近であり、博物館が意図されなかったことも公立博物館の未設置に影響したと想定される。

　昭和5年に計画された県立郷土博物館構想においても、建物を新設あるいは既存の建物を転用するのではなく、まず県立葵文庫に一室を設けるとしたことからも、博物館に対する意識の低さが窺える。当該時期は、昭和恐慌の影響を受けて全国的な財政難が問題となっており、本県においても財政上の理由から躯体の新設ができないとしている[55]。しかし、翌年には、郷土研究者全体に

1,500円、各師範学校に1,800円の資金援助を行い、郷土研究の推進に力を入れていたことから、必ずしも資金だけが問題ではなかったと推定できる。建物を新設せず、とりあえず葵文庫に一室を設けようとした理由は、展示に供する資料の問題もあったのではなかろうか。先述の通り、昭和初期の郷土研究の隆盛以前には、郷土・歴史・民俗などの資料を収集・保存していたのは、実業家や寺社など民間が主体であり、自治体はそれらにあまり関心を示してこなかった。昭和14年県指定の浜松市の「犀ヶ崖」など、地域の史跡等を自治体が保存する例は存在するものの、積極的にモノ資料を集めようとはしてこなかったのである。これゆえに、所有する資料が少なく、博物館設置に際しても活用できる資料に乏しかったことが理由として考えられる。当時の県は、資料が乏しいが故にすでに民間が保有している各種資料に目をつけ、それをうまく徴用することを考えた。そして、郷土研究の名のもとに資金援助を行い、地域の研究者や教員などに資料を集めさせ、その資料を集約することで郷土博物館の建設を意図した。当時の静岡県は、県自ら資料の収集等を行って博物館を設置するのではなく、民間を活用して資料の収集にあてるほか、その設立資金についても県費に併せて寄付を念頭に入れた計画をするなど、県独自の事業として博物館建設を完遂する意識が乏しかったものと考察できる。

　一方で、明治初期から博物館が存在しなかった故に、役人の中でも博物館に対する理解が無かったと推測される。昭和21年の『博物館研究』第十八巻第一號には、終戦後の全国の博物館動向が記載されているが、その中の下田武山閣の項には、「博物館事業に理解のない役人が同施設が寺院の境内近くにあるといふのでそれを寺院に寄附せよなどと高壓的に出て來た」ことから自主的に閉館させた旨が記されており[56]、行政職員にも博物館に関する知識がなかったことが窺える。一概にすべての自治体で、このような不理解があったかは分からないが、戦前期の本県には民間を含めても博物館施設が少なく、博物館が世間にあまり周知されたものでなかったことは確かである。

　これゆえ戦前期には、公立の歴史系博物館が皆無であり、その影響を引きずったが故に、県立歴史系博物館の未設置や貧弱な郷土博物館への繋がっていたのである。

まとめ

　静岡県下に設営された歴史系博物館は、戦前期には個人コレクションを主体

とした博物館が設立され、学校に付属するもの以外公立館は皆無であった。しかし、戦中から戦後すぐにかけて、登呂遺跡や伊場遺跡、蜆塚遺跡など考古学史に残る重要遺跡が相次いで調査され、それらを基に公立の歴史系博物館が増加を始める。その後、全国総合開発計画やリゾート開発に伴う県域の開発によって、各地の考古・歴史・民俗資料が発掘・発見され、文化庁の歴史民俗資料館設置に関わる補助金の影響などもあり、昭和50年代より館数が大幅に増加したのである。

平成10年代には、それまでの拡大傾向が低調になり、中には事業の見直しによって閉館する館も出始めた。一方、博物館の躯体を新設するのではなく、従来存在した建物や歴史的建造物を再利用する形での開館事例が大半を占め、建物のリノベーションによる工費の圧縮や、"街の顔"たる建物を再利用することによる住民との親和性の創出など、コンパクトで最大の効果を発揮する事業へとシフトしてきている傾向がみられる。

平成20年代には、平成の大合併に伴う博物館の見直しが発生し、館の統廃合や浜松市のような博物館の閉館がおきた。一方で、昭和50年代頃に建てられた博物館のリニューアルや、統廃合で不要となった館の別系統博物館への転用事例が発生するなど、当該時期は歴史系博物館の増減を繰り返している時期であるといえる。そのような中で、静岡市が新たな総合歴史博物館を新設し、また世界遺産登録に伴うビジターセンターの新設が計画されるなど、当該館種の分野は俄かに活気づいているのである。

このように、館の新設やリニューアルが続いている現状では、これまでの博物館活動を振り返り、その良し悪しを再検討することで、次の博物館へフィードバックさせることが肝要である。今後新設やリニューアルを計画する館は勿論、既存館についてもその活動を再確認し、今後に生かしていくことが期待されるのである。

註
(1) 肥田喜左衛門　2009「郷土誌「黒船」と森斧水」『下田の歴史と史跡』下田開国博物館　PP.168-169
(2) 運輸省観光局　1957『観光資源要覧第四編　陳列施設』P.129
(3) 静岡県博物館協会　1970『昭和44年度 静岡県博物館要覧』P.6
(4) 人文社観光と旅編集部　1971『観光と旅20　郷土資料事典静岡県』人文社　P.120
(5) 伊豆急行株式会社　1992『伊豆とともに生きる　伊豆急行30年史』P.52
(6) 註1と同じ
(7) 加藤清志　2006「了仙寺裏手にあった武山閣」『伊東・伊豆・下田今昔写真帖保存版』郷土出版社　P.96

(8) 海野珊瑚　1930「下田武山閣」『黒船』第七巻五月號 黒船社　PP.47-48
(9) 註8と同じ
(10) 森 金次郎　1941「本邦博物館施設の統計的考察」『博物館研究』第14巻第12号 日本博物館協會　P.4
(11) 法順山了仙寺リーフレット「伊豆下田了仙寺史蹟説明」より
(12) 静岡民友新聞社　1930年11月11日付「行幸記念として本縣が郷土博物館を建設」『静岡民友新聞』
(13) 日本博物館協會　1931「静岡縣の郷土博物館」『博物館研究』第四巻第五號　PP.5-6
(14) 日本博物館協会 編　1965『わが国の博物館施設発達資料の集成とその研究 大正・昭和編』P.13
(15) 静岡縣郷土研究協會　1933「静岡縣郷土研究協會々則」『静岡縣郷土研究』第一輯
(16) 日本博物館協會　1931「富士博物館起工」『博物館研究』第四巻第二號　P.5
(17) 平成28年5月に実施した、小山町教育委員会金子節郎氏への質問回答より。
(18) 静岡市立登呂博物館　2012『登呂博物館開館40周年記念展　登呂遺跡はじめて物語〜40メモリーズ〜』
(19) 静岡市　1948「登呂遺跡調査後援募金運動趣意書」『登呂遺跡発掘関係第一號』
(20) 『登呂遺跡調査後援会規則』(『静岡県史』資料編21より抜粋)
(21) 静岡市　1948「登呂遺跡「講演と映画」の會につき静岡市報告」『登呂遺跡発掘関係第一號』
(22) 静岡考古館　1963『静岡考古館年報1962』P.9
(23) 静岡市HP「静岡市立登呂博物館リニューアルの計画」
http://www.city.shizuoka.jp/deps/kyoiku/toro_renewal/
(24) 静岡名物食品株式会社　1966頃『古代文化資料室リーフレット』
(25) 静岡県　1973『昭和47年度版 静岡県観光便覧』P.137
(26) 平成26年11月の株式会社やまだいちへの聞き取り調査より
(27) 浜松市　1964「蜆塚遺跡に陳列館完成」『広報はままつ』第238号
(28) 浜松文化モニター社　1979「よくぞ集めたり—博物館のオープン」『浜松文化モニター』第131号
(29) 川江秀孝　1985「浜松市博物館」『博物館研究』Vol.20No.10 日本博物館協会　PP.17-18
(30) 浜松市　2012「伊場遺跡」『浜松市史』四　P.478
(31) 浜松市　1975「伊場遺跡資料館のオープン」『広報はままつ』第503号
(32) 椎名慎太郎　1987『歴史保存と伊場遺跡』三省堂書店
(33) 浜松市　2011「博物館運営事業」『平成23年度政策 歴史文化の継承と創造』
(34) 内川隆志　2011「歴史民俗資料館」『博物館学事典』全日本博物館学会　PP.381-382
(35) 文化庁文化財部伝統文化課　2015「2. 歴史民俗資料館建設一覧」『無形文化財民俗文化財文化財保存技術指定等一覧 平成二十七年三月』
(36) 拙稿　2016「郷土博物館・歴史民俗博物館」『観光資源としての博物館』芙蓉書房出版　PP.99-103
(37) 総務省　2010『「平成の合併」について』P.3
(38) 浜松市博物館　2007「広域合併と新浜松市歴史系博物館群」『浜松市博物館報』第19号
(39) 註33と同じ
(40) 国土地理院　2014『平成26年報道発表資料2　市区町村別面積の順位』
(41) 静岡市　2015『平成27年度（仮称）静岡市歴史文化施設建設基本計画』
(42) 静岡市の文化財HP：http://www.shizuoka-bunkazai.jp/project/2014/06/sakigake.html
(43) 静岡県　2014『富士山世界遺産センター（仮称）展示実施計画』
(44) 世界遺産富士山HP「登録までの道のり」：http://www.fujisan-3776.jp/touroku/schedule.html
(45) 静岡県立中央図書館　2005「沿革史・略年表」『静岡県立中央図書館報 葵』創立80年記念号 PP.24-29
(46) 柴 正博　2007「自然史博物館の使命」『タクサ 日本動物分類学会誌』No.22　P.93
(47) 県立総合博物館を考える県民の会　1999「静岡県立総合博物館を考える県民の会（仮称）の

設立について（趣意書）」『みんなで考えよう県立総合博物館：「県立総合博物館を考える県民の会」設立総会』
(48) 註 47 と同じ
(49) 川上 努　2003「「県立総合博物館」に関する小考察」『静岡県近代史研究』第 29 号　静岡県近代史研究会　PP.121-125
(50) 山梨県立富士山世界遺産センター HP「施設の御案内」：http://www.fujisan-whc.jp/guide/information.html
(51) 伊豆の国市 HP「韮山反射炉ガイダンス施設の完成想定パース」：https://www.city.izunokuni.shizuoka.jp/hansyaro/manabi/bunkazai/hansyaro/gaidansupa-su.html
(52) 伊豆の国市　2015「韮山反射炉総合整備事業について」『平成 27 年 9 月伊豆の国市長定例記者会見記者発表資料 2』より抜粋
(53) 東京都の江戸東京博物館は、財団法人江戸東京歴史財団（現、東京都歴史文化財団）が運営を担ってきたが、抑々の設立構想等は東京都が主体となって実施してきたことから、実質的には都立歴史博物館に比定できる。また、京都府には中央博物館としての施設は無いものの、丹後郷土資料館と山城郷土資料館が府立館となっていることから、歴史系博物館が存在すると判断した。さらに福岡県は、「県立博物館」のような名称を用いる館は無いものの、県立の歴史民俗資料館の先駆けとして九州歴史資料館が設けられたことから、実質的な歴史系博物館と判断した。
(54) 大阪毎日新聞社東京支店　1937 年 2 月 10 日付「濱松市圖書館に遠州の郷土室」『東京日日新聞』
(55) 註 12 と同じ
(56) 日本博物館協會　1946「全國博物館最近の狀況」『博物館研究』第十八巻第一號　P.8

第4章　自然史・科学博物館の出現と展開

　静岡県は、県北部に富士山をはじめとした山岳地帯を有し、南部には駿河湾・遠州灘などの海が広がっている。県域には、浜名湖や佐鳴湖などの湖沼や、富士川・天竜川などの大型河川が貫流している。また、伊豆半島を中心とした富士箱根伊豆国立公園と静岡市・川根本町の一部が含まれる南アルプス国立公園の2ヶ所の国立公園に指定され、さらに伊豆半島は日本ジオパークに指定されているなど、多様で豊かな自然環境を有しているのである。一方、県西部を中心に機械製造が、富士市を中心に製紙工業が発展し、工業・科学分野でも高い水準を誇っているといっても過言ではない。

　これらを背景に、本県にはこれまでに3つの設立構想と44の自然史・科学博物館が設営されてきた。平成28年（2016）3月には、初の県立自然系博物館のふじのくに地球環境史ミュージアムが開館し、翌月には伊豆市に伊豆半島ジオパークミュージアム・ジオリアが開館するなど、俄かに活気づいている分野の館種であるといえる。本章では、戦前期からの自然史・科学博物館の発達史を概観し、その中でも現在の博物館に特に大きな影響を与えた事例を抽出し考察を試みたい。本県に設立された自然史・科学博物館は、ふじのくに地球環境史ミュージアム等の公立館も存在するが、私立館も同等以上に存在している。東海大学の博物館群のように、組織として館の情報・歴史を集積している例も中には存在するが、概ね自館の歴史等を顧みる館は少なく、動もすれば館の閉鎖と共にその記録類も湮滅してしまう危険性も存在する。本章では、県下の自然史・科学博物館の歴史を纏めることで、実態把握とそれらの記録保存をも目的とするものである。

　なお、静岡県内に設立された自然科学系の博物館施設は、人文系博物館や動・植物園、水族館などとの線引きが難しい館が存在し、必ずしも正確な開館数を挙げることができないのが実情である。抑々自然史博物館とは、「現代では生物や地学部門を扱う博物館」[1]とされ、科学博物館は「自然科学系博物館のうち、動植物園・水族館などの生き物を扱う博物館を除いた自然史・理工学・産業技術などを扱う博物館の総称」[2]の定義をもって認識されている。しかし静岡県下には、「東海大学海洋科学博物館」のように生体展示を行っている博物館や、「ふじのくに地球環境史ミュージアム」のような科学・環境の歴

史を展示する一種の歴史博物館的な施設が存在しており、明確な分類が難しいのである。かかる静岡県の博物館の様相から判断して、本書では「自然科学分野を収集・展示・保存の対象として扱う博物館」を"自然史・科学博物館"と定義するものである。

第1節　戦前期の自然史・科学博物館

　本県の自然史・科学博物館は、昭和6年（1931）に企画された富士博物館設立構想にその始まりを見ることができる。同館の詳細は、第3章で述べたので割愛するが、「陳列室には珍しい高山植物二百數十餘種を陳列する」とあることから[3]、自然史系博物館と植物園の両方の性質を持ち合わせた計画であったことが窺える。
　また、科学博物館の設立構想は、戦中期の浜松市科学博物館設立構想にその嚆矢を見ることができる。当館は、戦時という社会背景を基に博物館建設の要望が述べられたもので、昭和16年の『博物館研究』に以下のような記事が確認できる[4]。

　　日本樂器製造株式會社川上嘉市氏は、濱松市に科學博物館建設の目的を以て、今回私財三十萬圓を同市へ寄贈された同市では深くその厚志に感激し早速之を受理し、之が計畫に着手する由である。

　当記述からは、日本楽器製造株式会社（現、ヤマハ株式会社）より資金提供を得て科学博物館を建設する旨を見て取れる。しかし、館の概要等を決定する段階ではないと見られ、記事内に館の詳細を見出すことはできなかった。また当博物館についての記事は、『わが国の博物館施設発達資料の集成とその研究大正・昭和編』に於いても見ることができるが、「浜松市科学博物館の建設計画成る」としか記載が無く、また同書内では事例の引用先等が記載されていないため、内容を知ることはできない[5]。本館は、建設に関する計画はあるものの、寄付によって建設される市立博物館としての情報以外得ることができなかった。『浜松市史』に於いても、科学博物館の記載は無いことから、その存在は不明である。浜松市は、終戦までに空襲や艦砲射撃によって甚大な被害を受け、科学博物館が建設されていたとしても戦争により被災しているものと推定される。
　当該時期には、科学博物館の建設計画・建設事例が多く、また科学技術に関する展覧会・博覧会が多数確認できることから、科学知識普及に関する全国的

第1節　戦前期の自然史・科学博物館

な傾向があったものと推定される。一例として、以下のような意見がある[6]。

> 日本の工業界はまだ外國依存だ、これがいかんと思ふ。私が會議に出した議案は、「我國工業水準の向上」だ。それに政府はもつと發明奨励をやる。各縣は一つ位の見當で「科學博物館」を建設し、活きた科学教育を施すことだ。即ち工業科學の知識を教育施設や、社會施設で國民の常識とするのだ。云々。

当意見は、大政翼賛会に出席していた不二越鋼材工業社長の井村荒喜より出されたもので、民間からも科学博物館の必要性が述べられている。また、下郡山誠一によって「産業科學の觀覽施設擴充」が記され、都会には重要産業・科学・防空・衛生に関する陳列館を、地方には役場内に代用食料や科学・産業に関する陳列館を設けることなどが述べられている[7]。

一方で、吉野楢三は、帝国教育会発行の『帝國教育』に「兒童博物館建設の急務」を掲載し、青少年の科学知識の向上と探求心の充足を可能とする施設としての博物館について、以下のように述べている[8]。

> 殊に最近におけるわが國兒童の科學探求心の旺盛なることは實に素晴しいものである。彼等のかうした科學探求心は到底從來の學校における施設とその抽象的形式的な學習指導によつては滿足され得ないのである。かうした可憐なる科學少年は彼等のために資料の展觀とその實物指導をしてくれる近代兒童博物館の建設を切實に要望してゐる。(中略)彼等を陶冶指導し、彼等の科學探求心を充足せしめるべき活力のある明朗な實物指導機關として整備された近代兒童博物館の建設はいふまでもなく、概設博物館のかうした方面の近代特別施設の未だに値すべきものをも持たないのは實に悲しむべき限りである。

吉野は、日本の更なる国際進出・産業躍進のためには科学の発展が第一であるとの考えを持ち、科学の振興およびそのための科学教育には取りも直さず産業博物館・科学博物館の存在が不可欠としている。しかし当時の日本では、世界に誇れる産業・科学博物館を持っておらず、次代を担う青少年の科学教育が不十分であるという現状から、児童博物館の建設が急務であると論じている。吉野の云うところの児童博物館は、青少年の科学知識寛容のための博物館であり、時局に対応し次代の日本を背負っていく若者の育成を行うという意図が、吉野の児童博物館論に介在している。吉野の思い描く児童育成は、「建國三千年來の光輝ある傳統を持つ日本精神の發揚」を行うことを根幹に据えたものであり[9]、取りも直さず戦時体制への移行を見通した知識・技術の教授と、愛国

心涵養・思想善導を目論んだものと推定できる。

　このように、戦時下に於いては特に科学技術・知識の周知が必要とされ、それを教授する科学博物館が求められていたことがわかる。しかし、当該時期に求められた科学技術・知識は、取りも直さず戦争遂行に関連するものであり、当該時期の科学博物館は、現在の科学館のような純粋な科学知識普及の場ではないと考えられる。戦時における科学博物館は、戦争遂行に関連する科学知識教授の場として求められ、数多くの館が計画・建設されたのである。

　戦時中は、政府が戦争完遂に向けて民衆を扇動していた時期であり、音楽・映画・文学など様々な方法を用いて戦争賛美の喧伝を行っていた。博物館も戦争宣撫に用いられた一媒体であり、南洋資源に関する知識等の普及や占領地域の紹介などが国内において奨励され、学校博物館においても時局室を設けて戦時教育に用いるなど、様々な形態をもって活用された。また、大東亜共栄圏各地の知識について博物館でも取り扱い、国民にそれらに関する知識を周知させようとする動きが日本博物館協会などで起こるなど、当該時期独自の博物館運営が見られる。

　しかし、終戦に至る間に閉館した館数は決して少なくない。太平洋戦争初期は、戦争正当化のために用いられた博物館も、中期から末期にかけて戦局が悪化すると平常時のような常時開館できなくなった。これは、兵士や労働要因として招集されることによる人的資源の不足、常設開館のために用いられる物資の不足、空襲による建物の被災や建物の軍事徴用などが要因として考えられる。これらの影響で閉館の記録すら残っていない館も存在するのである。

小　結

　本県の自然史・科学博物館は、戦前期には構想が見られるものの、明確な開館事例は存在していない。これ以外にも、第3章で述べた昭和6年に企画された富士博物館や、第8章で述べる昭和9年に企画された富士高山植物博物館など、富士山の自然やそこからの資料を基にした博物館が計画されたが、どれも結実しなかった。

　これらの館が開館されなかった理由としては、まず計画の不十分さが挙げられよう。当該時期の自然史・科学博物館構想は、建設する土地や資金援助の問題をクリアしたから建設するといった文脈が多用され、どの館を見ても展示の内容に具体性が無いことが共通している。昭和6年の富士博物館計画では、「建物は事務所、展望室、標本室、陳列室、文献室に分れ」との記載があるように[10]、館内の構成が考えられているもののそれ以外の情報は無く、具体性

に乏しい計画であったことが窺える。浜松市科学博物館は、資金援助の記載以外に実態が無く、基本的な計画すら知ることができない。このように、博物館を建設するとの意気込みは立派なものの、実計画が伴っていない例は戦前期の本県には多数みられる傾向である。これは、本県に公立博物館が殆ど存在しておらず、自治体が博物館建設を意図しても、その設立・運営のノウハウを有していなかったことに起因する。昭和初期には、久能山東照宮や三島神社（現、三嶋大社）の宝物館や下田の武山閣、伊豆半島の水族館などがすでに存在していたものの、明確な公立博物館は設けられていなかった。また、県立郷土博物館構想が昭和5年より進んでいたものの、施設や資金の関係で頓挫した状態であり、本県は博物館をつくる知識や技術が乏しかったのである。

　またこれらの館は、すべてが公立施設として計画されたものの、県や市単独では土地や資金の関係で開館することができず、民間をあてにしている様子がうかがえる。昭和初期は、昭和恐慌の煽りを受けて全国的に不況が続いており、地方自治体が文化事業に割く資金は極めて少なかったと推測できる。また、昭和7年に満州事変が勃発し、昭和12年に日中戦争の発端となった盧溝橋事件が発生するなど、大陸を中心として戦時色が強くなっていく時期にあたる。戦時体制に移行すると同時に、軍需産業に支えられて経済は上向きになりつつあるも、当該時期はやはり戦争遂行を第一義としていたことから、地方自治体として文化事業への支出は難しかったと観られる。特に浜松市科学博物館構想の時代は、徐々に戦局が悪化していく時期にあたり、戦争遂行の為の科学教育の施設として科学博物館が意図されても、直截に戦争につながる事業への支出や軍需工場への土地活用などが優先され、計画が後回しにされている内に本土空襲や艦砲射撃を受け、結果的に計画倒れとなったものと推測できるのである。

第2節　戦後の自然史・科学博物館

1　2つの児童会館

　戦後の静岡県下には、児童へ学びや遊びを提供する施設として2つの児童会館が設営された。本県に設置された児童会館は、科学の仕組みに関する展示や実験など行い、楽しみながら子供に対する科学知識を涵養させることを目的としていたことから、広義の科学博物館に比定することができよう。本県の児童会館としては、静岡県児童会館と所管替えした静岡市立児童会館、浜松市児童会館が挙げられる。

静岡市域に所在した児童会館　静岡県児童会館は、児童福祉法第四十条に基づく児童厚生施設として、昭和32年（1957）に駿府城跡の一角に開館した。昭和48年には、静岡県から静岡市へ移管されて「静岡市立児童会館」となり、平成15年（2002）まで存在した施設である。同館建設の動機については、静岡県児童会館運営課が編纂した『児童会館運営の概要』に以下のように記載されている[11]。

> 昭和26年当時、社会の混乱による青少年問題がやかましいころ、青少年の不良化をどうするかについて関係者の間で考えられたのであるが、直接不良化の対策を講ずるよりも何かよりよいものを与えた方がよいという声が強かった。知事もこの問題には非常な関心と熱意を持っていて、何か県政の政策としてよいアイデアを出そうと考えていた時なので、子どもたちのためになるものをということで、児童文化館のようなものが考えられたわけである。

この動機に基づいて計画された児童文化館は、「(1)児童文化財提供の拠点、(2)知的教育財提供の拠点、(3)児童育成の指導の拠点」の3つの目標を掲げ、設立が検討されたのである。昭和32年に開館した際の同館は、以下の目的をもって運営が開始された[12]。

> 主として中学生以下の児童を対象とし、優良文化財を確保提供して、健全な娯楽を与え、環境を浄化し、自然を愛して科学と芸術を尊ぶ豊かな心情を培い、もって心身ともに健全な児童の育成に寄与して郷土を興す、よりよき県民としての人格の形成を期しこれを設置する。

このように、本県の児童会館は、健全な遊びの場を提供することで青少年の不良化を抑制し、さらに遊びを通じて学習する社会教育施設として設立されたのである。さらに、ただ施設の機器で遊ぶのではなく、モノを製作する体験や行事の開催など、より来館者が能動的な学びを享受できるような取り組みが見られるところから、機能の上では子ども博物館（チルドレンズミュージアム）に分類できるものである。

館内は、「エネルギーと発電」（展示物：ソーラーランド、蒸気機関車）、「光と音の世界」（メロディーチューブ、万華鏡）、「力と運動」（ガタガタ自動車、ボールの運動）、「電気と磁気」（案内ロボット、レーザーアドベンチャー、パソコンコーナー）、「通信・交通」（D51型蒸気機関車、交通パノラマ）、「宇宙・天文・気象」（日時計、月から見た地球）、「地学・生物」（南極の石、地震模型装置）の7区画に分けられ、約60種の常設展示があったとされている[13]。この他に、展示室

内でのサイエンスショーや 2 階ホールでの映画上映、3 階ギャラリーでの絵画展や発明工夫展などの教育普及活動を行うほか、移動児童会館として出前授業のような活動も実践していた。しかし、開館から 50 年弱が経過し、建物や設備が老朽化したことに加え、駿府城公園の再整備計画の影響を受けて、平成 15 年に同館は閉鎖されている。

一方静岡市では、市立の科学博物館設置構想を推進していた。昭和 56 年から科学館建設のための調査研究が開始され、平成 3 年の「第 7 次静岡市総合計画」に「(仮称) 子ども科学館の建設」が盛り込まれることとなり、平成 9 年には基本構想・基本計画が策定された。その後、静岡駅前の再開発の一環として、北口の再開発ビルの中に科学館を建設する事が決定され、平成 16 年に「静岡科学館る・く・る」が開館した[14]。静岡科学館は、その基本理念として「"遊び"を通して、一人・ひとりの想像力・創造力を解放し、科学を"くらし"の中にいかしていく」を掲げ、児童会館から引き継いだ"遊び"を通した科学知識の涵養を謳いながらも、様々な年層を学習の対象とすることで、名実ともに科学博物館となったのである。

浜松市の児童会館　浜松市児童会館は、浜松市制 50 周年を記念して昭和 37 年に開館し、昭和 61 年まで存在した。浜松市 HP に連載されている『はままつ今昔物語』の「その 11　子どもたちの夢や希望を育んだ児童会館」によると、プラネタリウムや蒸気機関車、パイロット気分を体感できる「パイロットレーナー」などが設けられ、楽しみながら学ぶような構成となっていたようである[15]。『浜松市史』によると、昭和 32 年に静岡県児童会館が開館したものの、当時の浜松市民には静岡市は遠く、時おりやってくる児童会館の巡回車では物足りないとのことから、浜松市への児童会館の設置の機運が高まり、折しも昭和 36 年に浜松市民会館が落成し、昭和 2 年竣工の浜松市公会堂が不要となったことから、その建物を改修して浜松市児童会館として開館したとされている[16]。同館は、随所に静岡市の児童会館に対する対抗意識とも思える証左が各所にみられる。例えば当時の『広報はままつ』によると、「静岡市にある県立の児童会館にも鉄道模型はありますが、規模ではこの浜松市児童会館の方が大きく、よい子たちにきっとよろこんでいただけることでしょう。」との記載がなされ、より大きく良好な設備の設置を意図していたことが窺える。

しかし同館は、開館から約 30 年、建物の新築から約 60 年を経て老朽化が激しくなり、昭和 61 年に閉館している。浜松市児童会館が担っていた"青少年への楽しみながらの科学知識の涵養"は、同年 5 月に開館した浜松市科学館へ

引き継がれることとなった。浜松市科学館は、『広報はままつ』によると「子供たちの科学する心を養い、創造性豊かな子供の育成や親子のふれあいの場」として設立されたことが記載されており[17]、抜本的には児童会館の果たしていた役割を引き継いで運営されていることが理解できる。

2つの児童会館と児童館の関係　これらの2館の児童会館の特徴としては、やはり楽しみながら学ぶことのできる子ども博物館・科学博物館として設立されたことである。それぞれに共通する内容として、天体観測やプラネタリウムによって天体に関する知識を得ることや、実験機器を操作することで遊びながら科学・物理の原理等を取得できるような設備が整っていた。これらの要素は、とりもなおさず現在の科学博物館の展示と共通しており、また利用の対象者を子供に主体を置く点から、子ども博物館としての性格を有していたのである。

　一方で、近似の用語を冠する施設として「児童館」がある。児童館とは、児童福祉法第四十条によると「児童に健全な遊びを与えて、その健康を増進し、又は情操をゆたかにすることを目的とする施設」であるとされ[18]、また厚生労働省の「児童館ガイドライン」によると「児童館は、18歳未満のすべての児童を対象とし、遊び及び生活の援助と地域における子育て支援を行い、子どもを心身ともに健やかに育成することを目的とする」としている[19]。現状の児童館は、子供への安心できる遊びの場の提供や保護者の情報交換の場、ボランティアの育成の場として活用することがガイドラインによって示され、あくまでも厚生労働省の所管する"児童福祉施設"として活用されているのである。また、一般財団法人児童健全育成推進財団では、「厚生労働事務次官、雇用均等・児童家庭局長通知」を基に、児童館を以下のように分類している[20]。

　(1) 小型児童館

　　小型児童館は、小地域を対象として、児童に健全な遊びを与え、その健康を増進し、情操を豊かにするとともに、母親クラブ、子ども会等地域組織活動の育成助長を図る等児童の健全育成に関する総合的な機能を有する施設です。

　(2) 児童センター

　　児童センターは、小型児童館の機能に加えて、遊び（運動を主とする）を通じての体力増進を図ることを目的とする事業・設備のある施設です。また、大型児童センターでは、中学生、高校生等の年長児童に対しての育成支援をおこなっています。

　(3) 大型児童館

大型児童館は、原則として、都道府県内や広域の子どもたちを対象とした活動をおこなっています。特に3つに区分されています。
A型児童館
都道府県内の小型児童館、児童センターの指導や連絡調整等の役割を果たしています。
B型児童館
豊かな自然環境に恵まれた地域内に設置され、子どもが宿泊をしながら、自然を生かした遊びを通じた健全育成活動を行っています。そのため、宿泊施設と野外活動設備があります。
C型児童館
児童館全ての機能に加えて、芸術、体育、科学等の総合的な活動ができるように、劇場、ギャラリー、屋内プール、コンピュータープレールーム、宿泊研修室、児童遊園等が付設され、子どもたちの多様なニーズにこたえています。

当該分類に照らし合わせると、静岡県下の児童会館は、「⑶大型児童館―C型児童館」に比定できる面もある。実際、静岡県児童会館は、児童福祉法第四十条に即した施設と謳われており、また浜松市児童会館は設立当初は厚生部の所管であり[21]、児童福祉施設たる大型児童館として設立されたことからも理解できよう。

一方、現在では、児童館と児童会館の定義が曖昧になっている感が否めない。本来の児童館は、児童福祉法に基づく厚生労働省の所管であるが、千代田区や広島市など児童館を文部科学省の影響の強い教育委員会が所管している例が多数存在している。また児童会館は、文部科学省所管の児童文化施設として、教育委員会によって運営されている場合が多い。児童文化施設とは、児童図書館や児童遊園に代表される児童文化の向上に資する為の施設である。当該施設は、児童に対する文化的な活動の支援を目的とすることから、大きくは文部科学省が所管し、地方自治体などミクロな部分では教育委員会が所管する傾向にある。

さらに、両者の混同の実際として、名称と機能の関係が挙げられる。現在、実際に運用されている"児童会館"と名の付く施設は、ぐんまこどもの国児童会館や秋田県児童会館みらいあ、帯広市児童会館など複数が存在しているが、その殆どに「科学展示室」などの資料展示や体験展示設備が備えられている。なお、ぐんまこどもの国児童会館や秋田県児童会館みらいあは児童福祉法に基づく施設であるが、帯広市児童会館は「児童文化センターと青少年科学館

の機能を併せ持つ社会教育施設」として設立されたとしており[22]、比較的博物館に近い存在として認識されている。一方で、大阪府立大型児童館ビッグバンや越谷市児童館コスモス等は、"児童館"を名乗りながらも科学・宇宙などに関する展示活動を実践し、実質的な子ども博物館としても運用されているが、これらは何れもが児童福祉法に基づく児童厚生施設である。このように両者は、ほぼ同等の存在として認識されていることが理解できる。

　上記の特徴を踏まえると、やはり本県の児童会館は、子供を対象とした文化施設(＝児童文化施設)と判断できる。本県の児童会館は、遊ぶだけではなく"学び"の面を重要視した施設であったことは先述のとおりである。この点が、やはり児童福祉施設たる児童館と児童文化施設たる児童会館の違いであると考えられる。設立当初、厚生部に属していた浜松市児童会館も、後に教育委員会の所管となって文化施設として活用されていた。静岡市の場合も同様に、遊び場の提供だけでない学習の地として活用されたことからも、これらの施設が文化施設＝博物館の一種として認識されていたことを裏付けられるのである。さらに、それぞれの後継施設として科学博物館が設立されたことからも、当該両施設は子供を対象とした自然史・科学博物館に比定することができるのである。

2　東海大学構内に所在する博物館群

　東海大学内には、昭和40年代〜50年代にかけて、複数の博物館が設立され、一種の科学博物館群を形成している。当該博物館群は、現在の静岡市清水区の三保半島に建設された清水キャンパス内に所在した施設で、昭和45年(1970)の海洋科学博物館の開館以来4館の博物館が建設されてきた。本項では、海洋・人体・自然史の3館について詳述し、またその実態について議論されることがこれまで殆どなかった航空宇宙科学博物館について、活動の内容と存在意義について一考するものである。

① 東海大学海洋科学博物館

　昭和45年開館の東海大学海洋科学博物館は、"海とそこに生きる生物"を主体的に扱う博物館であり、大型水槽を伴う水族館的な要素と航海・海洋文化に関する人文的な要素、海洋開発・海洋科学に関する研究成果を扱う、海洋に関する総合的な博物館として建設された。現在の内部は、1階に水族館部門、2階に科学博物館部門(マリンサイエンスホール)と機械水族館部門(以下、メクアリウム)、3階の研究室に分けられており、"海洋"をテーマとする自然史・科学博物館と換言できよう。

同館は、昭和37年に東海大学海洋学部が新設されたころから、松前重義総長や海洋学部教員によって構想が練られ、昭和42年に基本構想・設計図が完成し、昭和45年に開館した。同館の目的は、東海大学の学報である『東海』の17号に以下のように記されている[24]。

　　静岡県清水市　風光明媚な三保半島の突端に東洋一の規模と設備を持つ海洋水族博物館が建設される。この博物館は大学の海洋研究や実験施設だけでなく広く一般に開放して海洋思想の普及　啓発　特に青少年の海洋知識の啓蒙をはかることにしている。

　当該博物館は、計画段階において3つの柱をもって構想された。同館の元館長鈴木克美は、『海洋科学博物館三十年のあゆみ』の中で以下のように述べている[25]。

　　第一に先行発足した東海大学海洋学部の掲げた海洋開発の重要性と関連科学技術の発展推進への協力と連携と、その研究成果の普及啓蒙の場と考えたこと、第二に博物館構成の中心に創案の巨大水槽を擁する水族館を位置付けるという独創の実現を持って推し進めたこと、第三に博物館を大学の教育と広報の延長に据えて、私立大学の経営に資さんとしたことである。

　このように同館は、大学付属の教育・研究機関との位置付けを基本としつつも、研究成果の社会への還元や広報を目的とする社会教育施設として計画され、さらに活動の主体を水族館に据えるという独創性に満ちた施設であったのである。この理念は、現在までも受け継がれ、研究活動に偏重しがちな大学博物館の中でも、様々な活動によって地域社会と広く交流する開かれた博物館となっている。

　同館は、計画当初では8階建ての円筒系の建物と7階建てのオーシャンタワーの2棟と付属棟を建築する予定であった[26]。円筒系の建物は、1～7階を飼育準備室・事務室・管理室・機械室に、8階を食堂兼展望室とし、主に事務棟に供する予定であった。オーシャンタワーは、1階

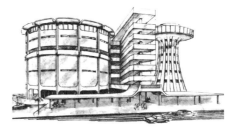
海洋水族博物館立面図

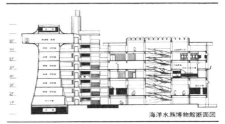
海洋水族博物館断面図

図4-1　東海大学海洋科学博物館予定図
（『東海』No.11 グラビアより転載）

〜6階を温・熱・寒帯の各地域に生息する水族の展示や標本室に、7階をワニ・ヘビなどの爬虫類展示室に使用する計画であった。

　しかし、同館は設計段階で大幅に縮小され、着工の時点では地下1階地上3階建てに変更されたのである[27]。開館当初の館内は、1階を水族館フロアとし、600トンの大型回遊水槽を目玉としてさらに小型の水槽を配置、一部は裏側から餌付けの様子を観覧できるようにしていた[28]。2階は、海洋科学展示室として、各種文献や海洋開発に関する船舶資料等が展示された。2階では、中央に、象徴展示たるピグミーシロナガスクジラの全身骨格標本を据え、周囲に「海の起源」「海の探求」「海のすがた」「海のめぐみ」「海洋資源の開発と利用」「人類と海洋の未来」の6セクションを設置していた[29]。また、3階部を研究室とし、1階部には講堂を設けて普及活動に資するなど、館の設立目的に沿った館内配置を意識している。さらに、第二期工事として、海生哺乳類を飼育・展示できる大型海洋生物施設と、魚類に匂いや音響を与えてそれに対する反応を実験する生体動物実験施設を計画しており、同館を海洋研究の基幹施設として運用することが窺える。

　同館の大きな改修としては、昭和53年のメクアリウムの新設、昭和55年にかけての大水槽改修と2階展示室の改装、昭和61年の2階展示室の全面改装によるマリンサイエンスホールの新設、平成7年（1995）のメクアリウムの全面改装、さらに平成17年〜21年にかけての水族館フロアの改修が挙げられる。

　第一のメクアリウムは、博物館2階の屋上庭園を改修・増築することで、昭和53年4月29日に、機械動物（メカニマル）35種120点をもって新設された[30]。これらの機械動物は、もともと昭和50年〜51年にかけて開催された沖縄国際海洋博覧会に出品されていたもので、「世界初の海洋博の意義を未来に伝えるために、また今後の研究発展の大きなヒントとするため」に、参加国や企業グループから譲り受けた展示物の一部である[31]。メカニマルは、「海という未知で複雑な環境のもと、何億年もの間、進化と適応をかさねてきた生物たちの機能に学ぶことにより海洋機器の新しい開発へのヒントが得られるのではないか」との発想から誕生したもので[32]、海洋生物の動作を機械的に再現するロボットとして作製された。例えば、通常のカニから一脚ずつ足の少ない「タラズガニ」や、シャコを真似した「シャコマネシ」などが作製され、それぞれに和名や学名、英語名などを付けることで、あたかも本物の生物であるかのように取り扱ったことがユニークである。『海洋科学博物館三十年のあゆみ』によると、当初短期間の展示のために作製されたものであったが、学芸スタッフに

よる研究改良と部品交換を重ね現在に至るとしている。また、昭和55年の改装の際に一部改修を行い、平成7年には開館25周年を記念して全面改装を行った。平成7年の全面改装の際には、開館当時のコンセプトである「海の生きものに学び、海洋開発（技術）を考える」を変更し、新展示コンセプトを「地球との共存のために海の生きものに学ぶ」としている。これは、「社会情勢の変化によって、今日では海洋を得難い自然と見て、海洋環境の悪化を防ごう」との社会背景に基づくもので[33]、背景色や照明の変更、展示資料の変更などを通じて、明るく親しみやすい展示空間の創出を目指して改修を行ったとしている。

第二の大きな改修としては、展示の大幅な改修である。上記の通り、大規模な改装は昭和55年と昭和61年に行われた。昭和55年の改装は、開館10周年を記念したもので、大水槽のガラス交換と2階展示室の展示替えが実行された。同館の大水槽は、水深6m、縦横10mの当時世界最大級の大型水槽として設置され、「自然に近い海中そのままを海底に降り立ってみているような迫力ある水槽」であったとされている[34]。しかし、10年の歳月を経ることで経年劣化を来し、ガラスの隙間からの漏水や重合部の変色、漏水に伴う鋼材の腐食などが起こっていたのである。この現状を踏まえ、アクリルガラスの全交換と水槽内部環境の一新、防水工事のやりなおしが図られたのであった。2階展示室の改装は、『海洋科学博物館三十年のあゆみ』によると、「海・船・その歴史、クジラの生物学、海の資料室」の改修が行われたとされ、展示の一部マイナーチェンジに留まっていたことがわかる。

一方、昭和61年の改装は、2階展示室の展示を大幅に変更したもので、新たに名称もマリンサイエンスホールに変更している。改修の概要については、昭和61年4月20日付けの『東海大学新聞』に確認することができる[35]。具体的な変更点としては、「世界初の人工衛星画像による直径四十五㌢の地球儀、波の発生の仕組みがわかる波発生装置、波利用発電装置、魚のなき声コーナー」などを新設し、さらに海洋学部が発見した海洋資源などを展示している。今回の改装の大きな変更点は、従来型のモノを展示する博物館とは異なり、"参加型"の展示を意識したとし、実験装置の操作や触察展示を多用することで、楽しみながら海について学べるような博物館づくりを進めたことが重要である。これは、同館には大人もさることながら児童生徒の来館者が非常に多く、社会教育施設としてより低年齢層にも理解を促すことを目的とした改装であったと推測される。水族館と博物館が同時に存在していた場合、児童生徒は水族館

に注目することが一般的である。改装前は、児童生徒が同館を訪れる場合、まず1階の水族館部門に目を引かれ、2階の展示室はおざなりにされがちであった。これに対し昭和61年の改装では、低年齢層の興味を引くわかり易く楽しい展示を創出し、2階部への積極的な誘因を目論んだものと推定できる。さらに、昭和60年の実験棟の建設や、翌年の標本室の新設、複数年にかけての一般水槽の整備など、様々な改修が加えられた。

平成17年〜21年にかけては、昭和55年以来の水族館フロアの大規模改修が行われた。まず、損傷が見つかった大型水槽内壁のコンクリートブロックを補修し、それに併せて室内の色をダークグリーンからダークブルーへ変更、水槽内装飾の改修を行った[36]。平成19年には、27個存在した一般水槽の6個を閉鎖し、「クマノミ水族館」としてリニューアルさせたほか、平成20年には円柱水槽室を改修してサンゴ礁に生息する生物を展示する「きらきらラグーン」を設置、平成21年には玄関ホールの一部を使いタッチプールと幼児用プレイコーナーなどを合わせた「クマノミ・キッズ」が新設されたなど、多様な改修を行いつつ現在に至っている。

また同館は、年一回程度特別展を開催し、「海のワークショップ」や公開解剖実験など同館でしかできない教育普及活動に力を入れている。研究分野では、科学研究費を取得できる環境を整え、日本財団などからの外部資金の獲得を積極的に行っている。一方で、東海大学の海洋研究・生物研究の場として学生の研究協力を行うほか、博物館実習の施設としても活用されており、同大学の基幹的な大学博物館として活動を続けているのである。

② 東海大学人体科学博物館

昭和48年開館の人体科学博物館は、その名称の通り、人体の機能や営みについて専門的に取り扱う博物館である。当該博物館に関しては、『東海大学博物館研究報告 海・人・自然』第5号に「東海大学人体科学博物館の記録」が掲載され、詳細な記録が残されていることから、同書の記事を中心に概説するものである。同書によると、人体科学博物館の設立目的は以下のように記載されている[37]。

> 東海大学の設立者である松前重義は、常に地域社会に開かれた学園作りを目指した。国民の医療体制の充実を目指して新たに医学部を創設（1974年）するに当っても、国民一人一人に「自分自身に最も関係のある人体の正しい知識と生命の尊厳について考えてもらう」ことが、健康な社会生活を送る上で重要であるとの考えに基づいて人体科学博物館を設置した。

設立の背景としては、「当時の日本は豊かな生活に向けて、科学技術が加速度的に進展した科学技術ブームの時代」であって、DNAに関する研究の進展や人工臓器の開発など、医療分野も急速に進展し始めた時代であった。一方で、経済活動に伴う公害が深刻な社会問題となっていたことから、医療分野に関する関心も高かったとしている。さらに、新設する医学部の姿勢として、「病気の研究はさることながら予防医学に関しても広く研究が進められ、それらの研究成果は学生、医師、研究者にだけ知らされるのではなく、一般にも理解されるよう、普及に努力してこそ、その研究は人々の役に立つものと確信することができる」と論じている[38]。同館は、社会的に医療分野の情報発信が求められており、さらに新設する医学部の広報施設としての機能を意図して設立されたのである。

開館当初は、生体科学の先端を展示し、医学教育の啓発を目指す施設として開館した。当初の展示方針は以下の通りである[39]。
　①　学術的に偏らせず、また興味だけにとらわれない
　②　教育的な面を強く出す
　③　わかり易く、系統的に展示する
　④　静的展示ではなく、動的展示を心掛ける
　⑤　最先端の科学、特に人工臓器について展示する
　⑥　コンピューターを駆使した簡易の健康診断システムを導入する

具体的な展示としては、3階に旧東ドイツのドレスデン衛生博物館に製作を依頼した人体透過模型を主体とした「身体―からだとそのはたらき」、2階に人工臓器等を展示する「医療―医療と科学・その未来」、1階に展示方針⑥を具現化した「健康―コンピューターと健康管理」を配置した。

その後、複数回のリニューアルを行っている。同館では、社会情勢や医療・科学技術の進歩に即応して、こまめに展示改修を行ってきたが、大きなリニューアルは全部で2回行われた。

まず、昭和53年のリニューアルによって、誰もが楽しみながら人体について学ぶことができることを目的とする博物館へとコンセプトを修正している。これは、旧来の展示が専門的で、子供来館者を含め難解であったことが関係している。東海大学医学部付属病院が設立されるにあたり、より一般市民の理解を促す博物館に関する問題提起がなされ、「従来の専門的な博物館色彩よりも、より普遍的な啓蒙を目的とする展示方法を工夫する」方針が打ち出された。そして、昭和53年8月より、「児童生徒にもある程度理解ができるビジュアル的

内容」の博物館を目指して改修が行われた。これは、隣接する海洋科学博物館を訪問する児童生徒の増加に伴い、共通の来館者を意図したもので、「高い内容の知識をやさしく判ってもらう」ことを目的とした(40)。その結果、キャッチフレーズを「口から入ってミクロの世界」とし、マリリン・モンローの口を象った入口から入館し、人体を順次巡っていくことで最終的に肛門から退館する方式に全体を改めたのが特徴的である。当該改修では、観覧者自身が人体内部を歩くことで人体の諸機能に対する理解を促す展示を主体とし、さらに生殖に関する展示の追加や、ファイバースコープをはじめとしたビデオ機器を用いた展示など、来館者の容易な理解のための実験的な展示が随所にみられる意欲的な改修であったことが窺える。

さらに、平成4年には、開館20周年を記念してリニューアルが行われた。当該改修では、館内のアスベスト除去やカーテンウォール・床の張り替えなどの博物館の基幹となる改修が行われたほか、人体のセンサーたる感覚器の展示コーナーを新設した。

しかし、平成10年に清水地区整備委員会が設立され、大学の研究機能強化を目的とした博物館とスポーツ関連施設の見直し・再整備をはかる「三保アカデミックゾーン21プロジェクト（MAZ21プロジェクト）」が開始された。その見直し内容として、人体科学博物館の廃止が決定され、平成12年10月31日をもって同館は廃止されたのである。再整備の理由としては、大学の社会教育センターとして海洋科学分野と地球科学分野の更なる強化を行い、世界をリードする存在とすることが謳われ、その一環として人体科学博物館と三保文化ランドの廃止が決定したとされている(41)。また一方では、国内唯一の医療・人体系博物館として、健康知識や医学情報の発信という面で一定の役割を終えたとの発言も見受けられる(42)。これは、テレビや書籍だけでなく、インターネット等での情報取得が可能となり、医療・健康に関する知識を比較的容易に入手できるようになったこと、また海洋生物や恐竜などと比較して"人体"に関する展示が忌避される傾向にあり(43)、博物館としての入館者数の減少(44)を招いたことが理由であると考えられる。とはいえ、健康知識や医学情報の発信を行う国内唯一の博物館として、一般市民への教育効果は高かったものと理解できる。

③ 東海大学自然史博物館

自然史博物館は、清水キャンパスでは最後発の博物館である。その始まりは、昭和56年に恐竜館が開館したことに遡る。恐竜館は、アゼルバイジャンに所

在する世界遺産「乙女の塔」をモデルとして、昭和49年に清水キャンパス内に建てられた乙女の塔の1階フロアを利用して設立され、1階部分の680㎡を展示室として利用していた[45]。同館は、恐竜の骨格標本や所謂"生きた化石"と呼ばれる生物を展示し、「地球と人類の歴史を知ることができる自然史博物館」を目指して計画・開館された[46]。展示資料は、モンゴルのゴビ砂漠より発掘された化石をソ連科学アカデミーの協力を得て複製したものを主体とし、生きた化石（ラブカやミツクリザメ等）については実物標本を用いるとした。展示構成は、「①地球と恐竜と哺乳類、②魚類時代から両生類、原始爬虫類へ―古生代の世界、③古い時代から新しい時代へ、④恐竜の時代―中生代の世界、⑤哺乳類時代―新生代の世界、⑥恐竜Q&A」とし、展示の難易度・理解度を小学校高学年に理解ができる程度に設定したとしている[47]。さらに、同館は自然史博物館構想の第1部とし、最終的には「地球の歴史」「生命の歴史」「日本列島のおいたち」「東海地方の自然史」の4部構成によって完成するとのことであった[48]。

恐竜館に遅れること2年、昭和58年5月には、自然史博物館に「地球館」が開館した。地球館は、250㎡の広さを有し、中央に直径4mの地球の内部構造を表す模型を象徴展示し、それを中心に宇宙全体の解説と地球の将来を考える7部門の展示が設計された[49]。開館式典は、人体科学博物館と三保文化ランドの開館十周年を兼ねており、大学関係者を含め約1,200人の来場があったとされている。また地球館は、それまで所在した恐竜館とは異なり、乙女の塔に隣接して設けられており、自然史博物館構想の第2部にあたる組織であった。さらに平成5年には、恐竜館と地球館を統合し、専門的な自然史博物館として新装開館となったのである。

転機となったのは、ＭＡＺ21プロジェクトによる清水キャンパスの再整備計画である。当該計画は、社会教育施設としての研究能力の強化などを目的としたことは先述のとおりであるが、その一環として閉館が決まった人体科学博物館の建物へ自然史博物館を移転することとなったのである。人体科学博物館の建物は、大正時代の建築家山田守が設計した東京中央電信局の建物を復元したもので[50]、波状あるいは蛇腹状の独特の外観を呈する建物である。当該建築は、旧自然史博物館の建物と比べ規模が大きく、また海洋科学博物館に隣接するという見学者が観覧し易い良好な地理条件を備えていた。そして、人体科学博物館が閉館することで、その建物を引き継いで自然史博物館をリニューアルさせることとなったのである。

平成14年にリニューアルした自然史博物館は、人体科学博物館を引き継いだ地上3階建てで、展示面積は1,423㎡に拡張された。展示の内容は、3階に恐竜の骨格標本を中心とした「恐竜の時代」、2階にマンモスなどの骨格標本を並べた「ほ乳類の時代」、1階にQ&Aコーナーなど体験的に学べる「ディスカバリールーム」を設け、古生代から新生代までの400種450点もの資料を展示すると記載がある[51]。また平成25年には、2階部分を改修して「海から生まれた生物」コーナーと、1階部分を半分改修して「静岡の自然」コーナーを新設している。

　平成28年現在の展示の流れとしては、入口には「導入展示」として地球上での生命発生から原生代までを展示、そこからエスカレーターを上がった3階に古生代の「脊椎動物の時代」、中生代の「恐竜の世界」、一階層下った2階部に「中生代の海」、「海から生まれた生物」、「生きている化石」、さらに新生代の「哺乳類の時代」、「氷期の時代」が設けられており、概ね人類誕生までの古生物史を時系列順に観覧することができる[52]。1階部には、郷土の自然を展示した「静岡の自然」と、調べ学習・体験学習が可能な「ディスカバリールーム」が設置されており、郷土学習や学校利用、来館者自身の興味・関心の充足に役立てられるように、様々なマイナーチェンジを繰り返しながら現在まで運営が続けられているのである。

　しかし、当初計画された「地球の歴史」「生命の歴史」「日本列島のおいたち」「東海地方の自然史」の4部構成の博物館は、現在までも完成していない。現在の自然史博物館は、「生命の歴史」の中の化石生物の時代に特化し、平成25年に「静岡の自然」コーナーを設けることで「東海地方の自然史」を一部実現したものの、一方で移転リニューアルの際に地球館の持っていた「地球の歴史」の展示を喪失したことから、当初計画された総合的な自然史博物館構想は現在では推進されていないことがわかる。

④東海大学航空宇宙科学博物館

　東海大学航空宇宙科学博物館（以下、航空博）は、静岡県清水市三保（当時）の東海大学清水校舎に昭和49年に開館した航空科学系博物館である。航空博は、東海大学工学部に航空宇宙学科が設置された昭和42年以来、その建設が議論されてきた[53]。当館は、航空機の歴史や航空宇宙技術の発達の流れを、実際の飛行機やロケット等を用いて解説し、航空知識の普及、啓蒙を意図することを目的として設置された博物館である。同館の設立の趣旨について、『東海大学新聞』第228号には以下のように記載されている[54]。

航空機の発達の歴史が政治・経済・外交のあり方を変えてきたことにつながるとともに現代では社会生活に欠かせない科学技術の結晶となっていることを中心に、これを学問的に展示し今後の航空宇宙技術のあり方にまでふれて展示し、社会教育活動を行っていこうというものである。

写真 4-1　東海大学航空宇宙科学博物館
(同館リーフレットより転載)

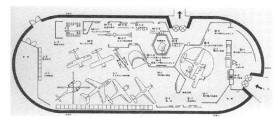

図 4-2　同館館内配置図
(同館リーフレットより転載)

航空博は、航空宇宙学科の創設以来設置が意図されてきたものの、実際の博物館設置準備委員会が発足したのは昭和49年になってからである。当委員会では、松前重義総長をはじめ、学長や航空宇宙学科の教授、航空業界の権威によって構成されており、同年8月の開館に向けての調整を目的としていた。

昭和49年8月3日には、来賓、大学関係者、地元住民など約400人が出席し、盛大な開館セレモニーが開催されている[55]。開館時に配布された小冊子によると、博物館は無支柱モノコック構造エアードームと称される特殊な躯体の建物であり、航空機の実機展示に耐えられるよう建坪3,000㎡の広大な敷地が用意されていることがわかる[56]。また同誌には、「四、展示区分」として同館の展示をA～Hの8部門に区分している。(A)歴史・記録の部門では、人類の空への憧れから当時最新の航空機に至るまでの歴史を模型・パネルにより解説し、(B)飛行の原理部門では原理実験機および模型による飛行原理の解説を実施している。(C)飛行の構造部門では、航空機のエンジンや車輪などの実物を用いた構造解説を行い、(D)航空機の実機部門には戦後日本で初めて製作・飛行した川崎重工製KAT-1型機をはじめとした航空機が展示されている。(E)宇宙部門は、宇宙開発の歴史と宇宙技術の原理をパネル・写真で示し、さらにソ連製人工衛星スプートニク1号をはじめとする実物資料が展示された。(F)民間

航空・産業航空部門および(G)航法部門は、やや専門的な内容となり、(F)では民間航空・産業航空における飛行機の活用について示し、また(G)では航空計器の発達と航空交通管制業務について実物を用いて解説していた。また(H)映画・催物部門は、開館当時は計画中とされた。航空博は、航空と宇宙に関する実物、模型、写真、イラストを駆使することで、航空科学・宇宙科学についての理解深化を促すために、様々な工夫を実践していることが見て取れる。

　文献に見られる開館後の航空博の動向としては、東海大学校友会が発行する機関誌『東海』の36号において、アジア航測株式会社からカナダ製航空測量機「D・Hビーバー」が寄贈された記事が確認できる[57]。『東海大学新聞』においては、昭和50年1月に海上自衛隊より実験飛行艇「UF-XS」が貸与され、同3月の「D・Hビーバー」の寄贈、同6月の三菱重工からの国産ロケットエンジン寄贈に関する記事が見られる。また同年7月には、航空博の建物が、日本ディスプレイデザイン協会の「ディスプレイデザイン1974賞」において銀賞に輝いているほか、昭和51年9月までの『東海大学新聞』には航空博の記事が数例確認することができる[58]。学外資料としては、昭和49年の『航空ファン』10月号および『航空情報』10月号に航空博の記事が確認できる。両誌では、航空博内部の展示風景が紹介されており、東海大学学内誌では見ることのできない部分を確認できることが重要である。

　しかし航空博は、昭和51年9月20日付の『東海大学新聞』を最後に、広報誌等への記載がなされなくなる。『東海大学五十年史通史編』の記載によると、同館は昭和51年10月には休館、昭和59年には閉館となっている。同館の収蔵していた資料は、閉館後の動向が不明なものが多いものの、実機資料に関しては全国各地の航空系博物館に移送された例も確認されている。来歴が確実な例としては、先述の「UF-XS」が挙げられる。同機は、海上自衛隊が国産飛行艇開発のための実験ベースとして使用しており、東海大学では貸与された昭和50年から平成5年に至るまでの間、清水キャンパス内で屋外展示を行っていた。その後同機は、屋外展示による劣化部分の補修や、機体の改変部分の原型機への復元を実施し、平成5年に岐阜県のかかみがはら航空宇宙科学博物館へと移管された[59]。

　航空博は、昭和49年～59年まで存続するものの、昭和51年10月には休館していることから、その実質的な活動期間は2年余りであったことが確認できる。同館は、極めて限られた期間のみ運営されていた博物館ではあるが、我が国の博物館史上重要な意義を持つ存在であると考えられる。

第一に航空博は、教育的意図を持った我が国初の航空科学系博物館であることが挙げられる。戦前の日本には、国威発揚・戦意高揚を意図した戦時博覧会・戦争博物館が存在しており、その中で航空機を展示している例が多く存在する。しかし、敗戦後のGHQの統治下では、航空機の製造・研究・設計が禁止されており、戦前に存在した航空関連資料についても多くが没収・廃棄されているのである。航空博は、昭和26年のサンフランシスコ平和条約締結後に建設された最初期の航空博物館であり、また設立趣旨にもある通り「社会教育」を目的としていることから、教育施設としての我が国の航空科学系博物館の嚆矢と位置づけることができる。

　また航空博は、航空だけでなく宇宙に関する展示を行う点に意義がある。同館が建設された昭和40年代は、アメリカとソ連による宇宙開発競争が激化していた時代である。また日本では、昭和45年に日本万国博覧会が開催され、宇宙開発を前面に出したアメリカ館・ソ連館に多数の観覧者が並ぶなど、宇宙に関する関心が非常に高かったのである。その社会的背景の基に、宇宙開発の実際の資料を展示・公開する博物館は、社会的に希求されていた存在であると考察される。そして、実際に宇宙に関する展示を行う航空博は、社会の要求を満たすと同時に、我が国の宇宙に関する博物館建設に先鞭をつけた存在として特筆に値するのである。

　当該博物館が設置された背景には、大きく3点の理由が介在している。

　第一として、東海大学は昭和18年に開校した「航空科学専門学校」を母体としており、航空技術及び操縦者の開発育成を実践してきたことが挙げられる。同校は、昭和42年に工学部に「航空宇宙学科」を設置しており、現在においても航空・宇宙に関する理論と技術に関する研究を実施している。このことから、東海大学は航空科学に関する知識・ノウハウが豊富であり、また日本の航空分野に大きなコネクションがあり、資料に関しても多く遺存していたことが設立の背景として挙げられる。

　第二の背景としては、大学創建者である松前重義とソビエト連邦の関係が挙げられる。松前は、ソ連・東欧との友好を促進する団体である「日本対外文化協会」の設立に関与し、当団体及び東海大学の活動を通じて交流を深めている。その交流の証として、昭和46年にはソ連より人工衛星「スプートニク1号」が海洋科学博物館へ贈られるなど、宇宙関連の資料を比較的収集し易い環境にあったことが設立の背景にあると推定される。

　航空博建設の第三の背景としては、昭和49年当時にはすでに大学博物館の

設置及び運営に関する実績があったことが挙げられる。航空博は、大学博物館2館の管理および運営を行ってきた経験と実績があり、さらに様々なコネクションから得られた資料を有することによって、初めて完成し得た博物館であると看取される。

このように、東海大学航空宇宙科学博物館は、我が国における教育的意図を持った航空科学系博物館の濫觴であるとともに、社会的背景に基づいた宇宙に関する博物館として先進的な存在である。しかしながら、活動期間が非常に僅少であり、関係する資料についても現存数が少ないことから、博物館史研究においてこれまで顧みられることはなかったのである。

小 結

東海大学の博物館群は、我が国では珍しい大学博物館群であり、一つのキャンパス内に複数の博物館が存在した特異な例である。それぞれ開館の時期は異なるが、同一キャンパスで同時期に最大3館の博物館が同時運用されていたことは、我が国の大学博物館においても類を見ず、また創立者の顕彰を行うだけの記念館ではなく、それぞれが明確な意図を持った社会教育施設として研究・展示・普及活動を行ってきたことが特徴なのである。

展示資料に関しては、ソ連や東欧諸国の協力を得て手に入れた、本国内でも希少な資料が揃っていることが挙げられる。昭和46年には、万博に展示されていたソ連の人工衛星スプートニク1号とルナ3号が、ソ連政府から海洋科学博物館に寄贈され、また人体科学博物館の東ドイツ製人体模型や自然史博物館の化石骨格標本レプリカなど、それぞれの博物館に冷戦時代の東側陣営由来の資料が多数収蔵されている。この要因としては、先述した松前重義を代表としたソ連・東欧諸国との積極的な交流が挙げられる。日本対外文化協会の活動は勿論、松前個人や大学としての交流など、これまでに様々な人的・物的交流があったことが確認されている。その顕著な例が、ソ連からの人工衛星寄贈であり、記念式典に参列したソ連のトロヤノフスキー大使は以下のような言葉を述べている[60]。

> スプートニク1号とルナ3号を東海大学に贈ったのは、松前総長が日ソ両国の文化交流を推進するために貢献されていること、昨年の万国博のソ連館開設について、協力委員会会長をつとめていただいたこと、さらにソ連と東海大学とは海洋関係で協力していること、このような関係である松前総長から万国博終了後も人工衛星を日本に残してほしいとの要望があり、ソ連政府はこれに対して心よく応じたものである

このように、ソ連とのつながりは松前個人による交流・協力からはじまり、それを要因として大学との繋がりができ、さらにその一環として博物館資料の寄贈などが実現したのである。
　さらに、当該博物館群は、開館10周年などの節目に際して、展示や施設を全面的に改装している更新性が伺える。僅かな期間しか運営されなかった航空博はともかく、海洋・人体・自然史の3館は専門職員を配置した良好な経営が行われており、安定した集客数も記録していた。また当該博物館群は、研究機関たる大学の付属組織であり、各学部での調査・研究の成果や博物館への来館者研究のフィードバックが比較的容易であったことも要因であろう。当該博物館群の更新性は、10年の間に蓄積された研究成果を反映し、それまでの間に判明した不具合の修正を目的としたもので、その根幹には当該博物館群が学生は勿論一般住民から求められた存在であり、リニューアル後も安定した集客が見込めたことが影響しているのである。
　このように、東海大学に設営された博物館群は、大学の研究成果の反映の場として、また博物館実習などの授業で利用される一方、一般市民への社会教育を運営の柱として誕生したことから、一般的な大学博物館とは異なる特殊な事例に位置付けられるのである。

3　自然史博物館ネットワークの形成と「ふじのくに地球環境史ミュージアム」

　静岡県には、昭和61年（1986）に県立美術館が開館しているが、平成28年（2016）3月まで県立の「博物館」は設置されてこなかった。しかし、県立博物館の設置構想は、昭和の時代から継続的に論じられてきたのである。本節では、昭和末期より建設計画が始動し、平成28年度に開館した「ふじのくに地球環境史ミュージアム」に関わる構想と、それを巡る社会的背景について述べるものである。

ふじのくに地球環境史ミュージアム設立への推移　平成28年3月26日に開館したふじのくに地球環境史ミュージアムとは、静岡県域の自然を端緒として、世界的な地球環境を考察することで、世界に通じる調査研究を情報発信していくことを目的とした博物館である[61]。博物館の活動理念として「百年後の静岡が豊かであるために」を掲げ、人と自然の関係の歴史を展示し、これからの豊かさについて考えることを目的としている[62]。同館は、その名称・設立の目的からも把握できるように、静岡県を中心とした自然環境をテーマとした博物館であり、とりもなおさず自然史博物館の一つに位置付けられる。

昭和61年度～平成6年度	新総合計画に「博物館構想の推進」という項目が立てられ、文献調査や有識者との博物館構想懇話会による検討を開始
平成7年度	博物館のテーマを「静岡県が有する富士山・駿河湾等の豊かな自然」とすることを決定し、同年より各県の自然系博物館の調査、県民の意識調査、有識者との意見交換会などを開始
平成13年度～14年度	民間有識者による「自然学習・研究機能調査検討会」(全12回) が開催され、自然環境をめぐる課題に的確に対応できる人づくりや、その基礎となる自然に関する調査・研究の推進の必要性が指摘され、拠点施設のあり方や整備形態、整備方法などが検討される
平成14年度	同検討会により、自然史資料の収集保管や調査研究を優先整備する二段階整備案が提案される
平成15年度	自然史資料の収集保管業務を開始し、同年発足したNPO法人静岡県自然史博物館ネットワークに業務を委託
平成15年度～24年度	資料の収集保管業務の実施と保管場所として、平成15年9月から平成17年6月まで教育委員会三島分館に、平成17年7月からは、旧中部健康福祉センター庵原分庁舎に拠点を設置
平成19年度	NPO法人等の研究者と意見交換会を開始し、自然系博物館のあり方や持つべき機能などについて議論を行う
平成20年度	資料の収集保管業務の実施と保管場所の名称を「静岡県自然学習資料センター」とし、静岡大学の博物館実習の受入れを開始(平成24年度からは東海大学の受入れを開始)
平成21年度	整理が進んだ標本を、県民に普及、情報発信するため、ホームページでの公表を開始
平成22年度	出前博物館を開催 来場者は、年間約27万人(平成24年度)に上る
平成23年度	拠点がある旧中部健康福祉センター庵原分庁舎の老朽化、狭隘化による課題を解決するため、統合により閉校となる県立静岡南高校の校舎に移転することを決定
平成24年度	将来の博物館への移行を見据え、静岡南高校移転後のセンターの充実すべき機能と基本的な施設改修のあり方を検討するため、「静岡県自然学習資料センター整備方針検討委員会」を設置し、平成25年3月に、その方針書を編纂
平成25年度	施設改修の基本設計を実施し、年度後半に改修工事に着手 また、移転後に目指す県立初となる登録博物館の設置に向け、その性格や特徴、具体的な機能などを検討する「ふじのくに自然博物館基本構想検討委員会」を設置し、新たな博物館の基本構想づくりを開始
平成26年度	文化・観光部にふじのくに地球環境史ミュージアム整備課を設置、静岡県自然学習資料センターの移転完了
平成27年度	4月にふじのくに地球環境史ミュージアム開設、6月よりミュージアムキャラバン開始
平成28年	3月28日にふじのくに地球環境史ミュージアムの開館

(『ふじのくに地球環境史ミュージアム基本構想』、ふじのくに地球環境史ミュージアムHP「沿革」より作成)

表 4-1　ふじのくに地球環境史ミュージアム開館までの流れ

県立博物館構想の経過は、表 4-1 の通りである(63)。このような流れで県立博物館の設置が検討されてきたのであるが、自然史系博物館設置の背景には静岡県の置かれている地理的・歴史的環境が大きく影響していると考えられる。『ふじのくに地球環境史ミュージアム基本構想』には、求められる博物館像として以下のような記載がなされている(64)。

(1) 地域の特徴を活かした魅力づくり

複雑な地形構造に深い海溝と急峻な山岳地帯が迫り、自然美溢れる県土には、多様な動植物が分布しており、こうした本県固有の自然資産は、"ふじのくに"発の調査研究の貴重なフィールドとなるものである。一方、東日本大震災では、自然の力は人類の文明を遥かに凌駕する存在であることを痛感させられたが、本県は、その地形的特性から、東海地震などの大規模地震や富士山の噴火など、自然災害の可能性が指摘されている。新たな博物館では、こうした地域の特徴を活かし、"ふじのくに"発の自然等についての調査研究を進めると共に、地域の自然環境に関する情報を地域の人々に知らせ、守り、伝えていくことが、博物館の使命として期待される。

(2) 地域づくりの先導役を担う新たな取組の拠点

本県を取り巻く社会経済環境を鑑みると、世界経済の低迷や円高、東日本大震災の影響で、輸出型産業を主力とする本県経済が深刻な影響を被り、全国に比べ、企業活動や雇用の経済指標で、指数の改善が大きく遅れている。また、2013 年 3 月末現在の本県の社会移動による人口減少数は全国第 3 位となり、前述の県内経済低迷による雇用の流出のほか、高等教育機関が相対的に少ないことによる 19 歳等の若者人口の流出が主な原因となっている。こうした厳しい社会経済情勢を踏まえ、県勢再興の一助としていくためには、世界に秀でた学問を振興し、学問を究める優れた研究者に学びを求めて人が集い、そこから生まれた情報が新たな付加価値となって、地域の魅力となる、そうした地

写真 4-2　ふじのくに地球環境史ミュージアム
（筆者撮影）

域づくりの先導役を担う取組を主体的に推進する機関としての新たな博物館の存在が必要となっている。

当該記載に見られるように、ふじのくに地球環境史ミュージアムは、静岡県という土地を活かした調査研究と地域づくりに重点を置いた設計である。実際の展示室は、1階に7つの展示室と学校記念室、2つの講座室を配置し、2階には3つの展示室と2つの企画展示室、3つの講座室と講堂・キッズルーム・図鑑カフェが配置されている。展示室の構成は、以下の通りである[65]。

展示室1　地球環境史との出会い：地球環境史とは何か？海や大地に刻まれた記録は、人と自然の歴史を伝え、未来を照らす道しるべとなります。

展示室2　ふじのくにのすがた：ふじのくにの自然は、私たちのくらしに豊かな恵みを与えてくれる一方で、時として脅威となり平穏な日常を奪います。

展示室3　ふじのくにの海：日本一深い湾、駿河湾を有するふじのくにの海には、多種多様な水生生物がすみ、豊かな海の幸をもたらしてくれます。

展示室4　ふじのくにの大地：あらゆる生物は、「食う―食われる」の食物網でつながっています。私たち人間も例外ではありません。

展示室5　ふじのくにの環境史：縄文時代から現代に至る歴史の中で、ふじのくににすむ人と自然の関係は、どのように変化してきたのでしょうか？

展示室6　ふじのくにの成り立ち：県内各地から産出する岩石や鉱石、そして化石が、ふじのくにの成り立ちや、大昔の自然や生物の存在を語ります。

展示室7　ふじのくにの生物多様性：ふじのくにの変化に富む自然環境に育まれた多様な生物たちを、当館が収集した多くの標本を通じて紹介します。

展示室8　生命のかたち：ここは脊椎動物たちの教室。黒板の座席表を見ながら出欠をとってみましょう。返事はしてくれないと思いますが…。

展示室9　ふじのくにと地球：地球家族会議テーブルを囲んで、私たちが生きているふじのくにと地球の"7＋1の環境リスク"を知りましょう。

展示室 10：ふじのくにと未来：心豊かに暮らすとはどういうことでしょうか。百年後の静岡が豊かであるために、私たちが今できることを考えます。

地球史の旅：展示室を廻る 200ｍ の廊下を 46 億年の地球史に例え、この間地球上に起きた事件を 17 の標本箱に収めました。

本館の展示は、上記のように「ふじのくに＝静岡県」を核に据え、海洋・地質・災害・生物・自然環境など様々な分野から「ふじのくに」へアプローチすることで、未来の豊かさとは何かを考えさせる構成になっている。同館は、学校の校舎を再利用して設立された博物館であるため、学校時代の机や椅子、黒板などをうまく再利用して展示を作成している。また、現在新設される博物館の多くは、モニター映像やプロジェクションマッピングなどの映像展示に偏重する傾向がみられるが、同館は映像展示の分量を少なくし、実物資料を多用しながらも従来のような提示型の自然史系展示ではなく、よりわかり易いビジュアルや親しみやすい展示を心掛けていることが特徴的である。

さらに、当該博物館の計画推進には、自然史系博物館の学芸員や職員、自然科学系の大学教員をはじめとして、公的機関だけでなく一般市民からの協力があったことが特徴的である。民間における自然史博物館設立運動の流れは、柴正博の「静岡県に県立自然史博物館を！」に詳しい経緯が記載されている[66]。表 4-2 は、ふじのくに地球環境史ミュージアム開館までの活動の流れをまとめたものである。下記のように、本県の自然史博物館設立には、日本野鳥の会静岡支部や静岡県地学会、静岡昆虫同好会をはじめとする自然研究グループと、それらを基に結成された静岡県立自然系博物館設立推進協議会（以下、自然博推進協）や NPO 法人静岡県自然史博物館ネットワーク（以下、自然博ネット）が大きな役割を果たしていたことがわかる。特に、自然博推進協時代より継続してきた自然観察会・講演会などの普及活動は、県民の自然環境に対する意識を高める効果があったと思われ、また自然博ネットに改組してからの県より受託した「自然学習資料保存事業」は、静岡県内の自然史資料を発掘し、開館を目指す博物館資料としての基礎調査の役割を担っていたことから、これらの活動には非常に意義があったのである。さらに、当該事業によって収集・整理された資料があったからこそ、現在のふじのくに地球環境史ミュージアムの展示を実物主体にできたとも換言でき、県立博物館設立に民間が協力した好例といえるのである。

ふじのくに地球環境史ミュージアムの課題　しかし、筆者は、静岡県立の博物

平成6年12月	12月3日付『静岡新聞』の投稿欄に、元静岡大学教授の伊藤二郎が「静岡県に県立自然史博物館が必要である！」との記事を投稿
平成7年	日本野鳥の会静岡支部や静岡県地学会、静岡昆虫同好会などが伊藤のもとを訪れ、自然系博物館設立推進のためのグループ結成を開始 →同年2月に設立発起人会結成のための第1回会合、4月に第1回協力委員会総会の実施
平成7年5月	静岡県知事へ「県立自然系博物館設立の要望書」を提出
平成8年1月	静岡県立自然系博物館設立推進協議会（以下、自然博推進協）が結成
平成8年4月	「静岡県立自然系博物館整備の要望書（その2）」を知事に提出
平成8年5月	第1回自然博推進協総会を開催→同年6月に「自然博推進協通信」第1号を刊行
平成8年12月	「県立自然系博物館基本構想の早期策定について」を知事に提出
平成11年4月	「自然史博物館設置についての提案書（静岡県立自然史博物館基本構想第3次案）」を知事に提出
平成11年夏	静岡市内のビルのフロアを借用し、自然博推進協主催で展覧会「ミニ博物館『静岡県の自然』」を開催
平成13年4月	自然博推進協の普及事業「ミニ博物館『静岡県の自然』」の成果を基に、一般市民への静岡県下の自然に関する普及書として、『しずおか自然図鑑』を静岡新聞社より刊行
平成15年3月	県行政の事業をNPO法人と協働していくとの県の方針に伴い、自然博推進協を発展的解消し、新たに「NPO法人静岡県自然史博物館ネットワーク」（以下、自然博ネット）が設立
平成15年度〜	県の「自然学習資料保存事業」を自然博ネットが受託し、仮収蔵施設となった県教育委員会三島分室で事業を開始
平成16年度	浜名湖花博に出展された植物標本の保存事業を自然博ネットが受託、4,510点の腊葉標本を作成
平成17年度〜	自然学習資料保存事業の保存施設・作業場所を旧中部健康福祉センター庵原分庁舎に移転して実施
平成20年度〜	旧庵原分庁舎の保存・作業場所を「静岡県自然学習資料センター」に改称 →平成25年度までに標本数約30万点を収集、その中で約8万点を整理・登録する
平成19年9月〜22年3月	『静岡新聞』日曜版に自然博ネットがコラム「しずおかの自然史」を連載 →平成22年10月に『しずおかの自然史』が静岡新聞社より刊行
平成22年度〜	自然学習資料保存事業で収集した資料を基に展示物を作成し、積極的な活用を図る「標本活用事業」が開始され、自然学習資料センターへの常設展示や特別展の開催、出前授業などを実施
平成28年3月	ふじのくに地球環境史ミュージアムの開館

（柴正博「静岡県に県立自然史博物館を！」より作成）

表4-2　ふじのくに地球環境史ミュージアム開館までの民間の動き

館組織設立方針について、疑問を呈するものである。まず、そもそも何故自然史系博物館だったのであろうか。昭和 61 年の新総合計画の「博物館構想の推進」では、博物館の設立を意図するものの、その館種は歴史系・自然史系の種別がなされていなかった。しかし、平成 7 年度には、博物館のテーマを「静岡県が有する富士山・駿河湾等の豊かな自然」とすることが決定され、その後当該方針を基に博物館計画が進んでいったのであった。

　本県には日本史上重要な史跡・資料が存在しながらも、それを統一的に調査研究するための組織は現在まで存在していない。これは、本県には各市町まではいかなくとも、地域ごとに公立の歴史系博物館が設置される傾向にあり、一応は地域に於いて郷土の資料の保護・活用が成されていることが関係するのである。しかし、設立当初より展示の更新が無く、収蔵状態も決して良くはない館も多く、郷土の博物館を牽引できる機能を持つ施設が存在していないこともまた事実である。今回完成したふじのくに地球環境史ミュージアムとともに、やはり本県の歴史系分野を統括する施設は必要なのであり、県立美術館・地球環境史ミュージアムと協働して"静岡県"の歴史・自然・文化芸術を語り継いでいくことが肝要なのである。

　また、設立する建物を廃校利用としたことについても疑問が残る。改修元となった県立静岡南高等学校は、静岡市の南部の宇度山に占地され、近接して静岡大学の静岡キャンパスが所在している。当該地域は、最寄りの東静岡駅から 4km 以上距離があり、山間部にあるため駅からの徒歩でのアクセスは困難である。また、ふじのくに地球環境史ミュージアムへは、静岡駅北口よりバスが発着しているものの、片道 30 分かかる上に平日でも 9：35〜16：35 の 1 時間間隔で 8 便しかなく、バスでのアクセスも不具合な場所に所在するのである。県を代表する博物館が市街地から離れていることは、全国的にも儘あることだが、廃校を利用するのであれば市街地の校舎を利用することもできたはずであり、来館者のアクセスをあまり考えていない選地であったと思われても仕方ない。

　さらにネーミングの問題も挙げられよう。同館 WEB サイトには、"ふじのくに"として以下のような記載がある[67]。

　　霊峰富士を中心に、"ふじのくに"周辺に広がる豊かな自然環境には、人の文明が成せる境界は存在せず、地球全体が繋がって（環）いるように、調査研究など自然を探究する博物館の活動に境界（境）はありません。

　　"ふじのくに"は、地球の中の日本の一つの地域に過ぎませんが、この地域の自然を端緒として、世界的な地球環境を考察することで、世界に通じ

る調査研究を情報発信し、「ふじのくに」の博物館を創り上げます。

当該説明では、富士山を中心として広い分野・フィールドを対象とする意味を込めて当該名称を用いたと推測される。「静岡県」などの特定名称を用いることは、博物館の扱う範囲が当該地域のみに限定されると想定され、より幅広い博物館活動を表徴するための名称利用であろう。しかし、同館の英語名称は「Museum of Natural and Environmental History, Shizuoka」であり、その名称内に「Shizuoka」の名称が用いられているのである。このように、日本語名称と英語名称では博物館に感じる印象は若干異なり、日本語のニュアンスがうまく訳されていない感がある。

また、"ふじのくに"の名称から判断される地域は、静岡県に限ったものではない。富士山は、静岡県と山梨県に跨るところから、山梨県を取っても"ふじのくに"と表現することはできる。それにも拘らず、館の名称に"ふじのくに"を使うのは如何なものかと思われる。これでは、博物館の所在地域にも語弊を招く可能性がある。例えば、同様に富士山を名称に用いる博物館として、山梨県富士吉田市に所在する「ふじさんミュージアム」が存在するが、元々の名称は富士吉田市歴史民俗資料館であった。同館は、平成25年の富士山世界遺産登録を機にリニューアルを実施し、愛称を「ふじさんミュージアム」と設定した。しかし、同館の展示は富士吉田市と富士山信仰に偏重しており、総合的に富士山について学ぶことのできる施設には成り得なかった。それでも、「ふじさんミュージアム」の名称を聞いた場合、一般的には富士山のことが好く理解できる施設とのイメージであり、博物館に対する直観的な理解には結びつかないのである。博物館の名称は、やはり見ただけ・聞いただけで如何なる内容の施設であるかを想起させる必要があり、そのためには紛らわしい名称は避けることが肝要である。その点に於いて「ふじのくに地球環境史ミュージアム」の名称は、静岡・山梨どちらの施設であるかが判断しづらく、また「地球環境史」と聞きなれない名称が展示の内容を想起させづらい点が問題なのである。

さらに言えば、「ふじのくに」であって「富士の国」でない理由もよく理解できない。博物館を含む社会教育施設や文化施設では、市民の愛着や親しみやすさの創出を目的に、正式名称とは別に愛称をつける例が多々存在し、特に子供層の利用が顕著な科学館や水族館において、ひらがなやカタカナを用いた愛称が付けられる傾向が見られる。例えば、甲斐の国の博物館をもじった山梨県立博物館の「かいじあむ」や、「サン・ファン・バウティスタ復元船」から

第 2 節　戦後の自然史・科学博物館

愛称を取った宮城県慶長使節船ミュージアムの「サン・ファン館」など、館に直接関係のある名称が多い一方、佐賀県立宇宙科学館の「ゆめぎんが」や大分マリーンパレス水族館の「うみたまご」など、意味が殆ど通じず軽佻浮薄な印象を与える例も存在する。ふじのくに地球環境史ミュージアムの場合、漢字の持つ「富士」の限定的なイメージにとらわれず館の対象とする範囲の広大さを表現する意図や、市民への親しみやすさを意図してこの語が用いられたと推察される。しかし、単純に館名が長く、略称も考えづらい名称である点は再考の必要がある。別に静岡県自然史博物館のような正式名称があり、愛称として「ふじのくに地球環境史ミュージアム」を用いるのであれば、館名の持つイメージから館の内容が理解しやすく且つ親しみやすくなったのではなかろうか。博物館の名称には、様々な意図が込められていることは理解できるものの、やはり利用者の容易かつ的確な理解を促す名称を付けることが望ましいのである。

　第 4 の疑問として、同館の展示は実物資料を多用し、来館者の視覚に訴える非常にわかり易く面白い展示であるが、展示範囲・展示規模が狭小であることは否めない。同じく自然史系で独立開館型の県立博物館には、ミュージアムパーク茨城県自然博物館や群馬県立自然史博物館、神奈川県立生命の星・地球博物館などが存在するが、その何れもが新規躯体を建設して大規模に展示を行う大型館である。これは、展示に供する自然系資料として、恐竜の骨格標本や動物の剥製標本、実寸大ジオラマなどの大型資料を多用しているからであり、また館の大きさに合わせて収蔵庫も大きく取られていることが通常である。一方、ふじのくに地球環境史ミュージアムは、展示室は 1・2 階の一般教室の転用であり、収蔵庫や研究室等の所謂バックヤードは 1・2 階の特別教室と 3 階フロア全てを転用している。同館の展示室は、元々の教室範囲を改変することなく展示室に転用しており、一つ一つの展示室のまとまりは良いものの展示数が少なく、一部物足りない感を受けた。また、来館者が多い日には、展示室内が非常に混雑し、身動きが取れない状況が発生していた。さらに、大型の資料は展示室内に搬入することができず、相対的にインパクトに欠ける展示となっていたのである。

　一方バックヤードは、比較的狭小な一般教室を研究室に転用したり、日の当たらない校舎北側の教室を収蔵室に転用したりするなど、一部理にかなった活用も確認できる。しかし、収蔵室は 1 階から 3 階にそれぞれ分散しており、資料の搬入・移動に用いるエレベーターは、図面上来館者と共通である。また、リノベーションしたとはいえ元々教室をベースとしているので、資料の保存能

力は専用に設計された収蔵庫と比べても劣るとみられる。自然系資料には、岩石や化石など温湿度変化に鈍感で防虫の必要の少ない資料も含まれてはいるが、一方で剥製標本や昆虫標本など温湿度に敏感で虫害の影響を強く受ける資料も存在している。現在、日本全国様々な地域で廃校利用の博物館が設営されているが、館の学芸員等に話を伺うと、資料の収蔵についての問題点や苦労を話されることが多い。廃校利用博物館では、ふじのくに地球環境史ミュージアムのような教室を転用した収蔵室や、秋田県の大館郷土博物館のように元体育館を収蔵庫に転用するものが殆どであるが、中には収蔵庫そのものを持たない館も存在する。元々専用に設計されていない収蔵室では、細かい温湿度管理やトラップなどによる防虫など、通常の収蔵庫以上に多くの箇所に注意を配る必要があり、資料保存の点で不具合な点が見受けられる。さらに、体育館はまだしも教室を転用している場合、天井の関係で大型資料の搬入や収蔵に不具合を生じるなど、廃校利用博物館において旧教室等を収蔵庫として活用することにメリットは存在しないのである。

　本項で述べた疑問点は、とりもなおさず県立博物館として同館が抱える課題であるとも言えよう。一度廃校利用博物館として開館した以上、その立地等を変更することは不可能であるが、今後の来館者増加を見込んで公共交通機関の拡充は急務である。現状では、一般駐車場が169台、バス5台、身障者用駐車場21台と、自動車での来館を意図していることが窺える。しかし、新幹線や高速バス等で静岡を訪れる場合、駅からのアクセスの悪さは致命的であり、やはり路線バスの増発や直通シャトルバスの運行などが必要である。また、展示室・収蔵室等については、現状は良いとしても、機能面や展示スペースを鑑みた場合、将来的に不十分となることが予想されよう。これに対しては、旧駐輪場やグラウンドへの躯体の新設、専用設計による収蔵施設の増築などが肝要である。現状では、旧高校敷地内に活用されていない箇所が複数確認でき、その部分を再整備して展示や保存等に利用するのである。いずれにせよ、同館の活動は始まったばかりであり、本県を代表する県立博物館として今後の展開が期待されるのである。

4　伊豆半島ジオパークと博物館

ジオパークとは　ジオパークとは、地球に存在する固有の特徴をもった自然遺産群を保護・保全し、その資源を基に固有の自然と親しむことを目的としている。世界ジオパークネットワークでは、ジオパークについて以下のように定義

している⁽⁶⁸⁾。

- 地域の地史や地質現象がよくわかる地質遺産を多数含むだけでなく、考古学的・生態学的もしくは文化的な価値のあるサイトも含む、明瞭に境界を定められた地域である。
- 公的機関・地域社会ならびに民間団体によるしっかりした運営組織と運営・財政計画を持つ。
- ジオツーリズムなどを通じて、地域の持続可能な社会・経済発展を育成する。
- 博物館、自然観察路、ガイド付きツアーなどにより、地球科学や環境問題に関する教育・普及活動を行う。
- それぞれの地域の伝統と法に基づき地質遺産を確実に保護する。
- 世界的ネットワークの一員として、相互に情報交換を行い、会議に参加し、ネットワークを積極的に活性化させる。

　我が国に於けるジオパークは、世界ジオパークネットワークにて審査され同機関への加盟を認定された「世界ジオパーク」と、日本ジオパーク委員会が認定する「日本ジオパーク」の二種が存在しており、平成29年（2017）現在、8ヶ所の世界ジオパークと43ヶ所の日本ジオパークが認定を受けている[69]。ジオパークは、地域固有の自然遺産・文化遺産を有機的に統合し、それらの構成資産を用いて地域の保全と振興、郷土教育・郷土学習を意図することから、日本では対象地域を包括した一つの博物館と見做した活動を行う「エコミュージアム」と近似の存在として捉えられている傾向にある。

伊豆半島ジオパークの概況　静岡県には、日本ジオパークに認定されている「伊豆半島ジオパーク」が存在している。伊豆半島ジオパークは、「伊豆半島まるごとミュージアム」をキーワードに、伊豆半島の各地に所在する自然・歴史等の構成資産（ジオサイト）を統合して、あたかも当該地域が一つの総合博物館であるかのような運営活動を実践している。伊豆半島ジオパークは、伊豆半島を熱海、函南、北伊豆、伊東、中伊豆北、中伊豆南、大瀬崎・戸田、河津・東伊豆、下田、南伊豆、西伊豆の11のエリアに区分し[70]、さらにそのエリアの中に複数の構成資産が所在するという、エリアごとのジオサイトのユニット化がなされている。例えば大瀬崎・戸田エリアでは、大瀬崎ジオサイトに大瀬崎と大瀬崎南火道を有し、井田ジオサイトは汽水池の明神池や松江古墳群を含む井田南と井田火山の噴出物断面が観察できる井田北に分けられ、さらに御浜岬を中心とする戸田ジオサイトが加わることで一つのエリアを形成していると

施設名称	設置場所	職員	展示内容
天城ビジターセンター	道の駅「天城越え」・昭和の森会館	有	解説パネル、モニター、地形図
伊豆の国ビジターセンター	道の駅「伊豆のへそ」	無	解説シート、モニター
伊東ビジターセンター（ジオテラス伊東）	伊豆急行「伊豆高原駅」	有	化石・岩石・剥製標本、解説パネル、各エリアの紹介パネル、ダイビング器具、地形模型
伊東港ビジターセンター（ジオポート伊東）	伊東港初島、伊豆大島航路発着所兼待合所	無	解説パネル、モニター、地形図
河津七滝ビジターセンター	河津七滝観光センター泣かせ隊	無	岩石標本、解説パネル、モニター、検索用PC
下田ビジターセンター	道の駅「下田開国みなと」	有	砂・岩石標本、解説パネル、地形図
長泉ビジターセンター	コミュニティながいずみ	有	岩石標本、解説パネル、地形模型
西伊豆ビジターセンター	こがねすと	有	岩石標本、解説パネル
沼津ビジターセンター	道の駅「くるら戸田」	無	深海生物標本、解説パネル、地形図
東伊豆ビジターセンター	伊豆急行「熱川駅」	無	温泉関係資料、「細うで繁盛記」関係資料、解説パネル、地形図、モニター、検索用PC
松崎ビジターセンター	明治商家　中瀬邸	無	化石・岩石・貝類標本、解説パネル
三島ビジターセンター	三島市総合観光案内所	有	モニター、検索用PC、地形図
南伊豆町ビジターセンター	あいあい岬売店	有	岩石標本、解説パネル、モニター、地形図
伊豆半島ジオパークミュージアム・ジオリア	修善寺総合会館	有	化石・岩石標本、解説パネル、各エリアの紹介パネル、地形模型（プロジェクションマッピング）映像展示

表4-3　伊豆半島ジオパーク関連展示施設の概要（2017 中島作成）

いった具合である。

　伊豆半島ジオパークの取り組みとしては、それらユニット化された各エリアにビジターセンターを設置し、さらに伊豆の中央部に所在する伊豆市に統括的な博物館である「伊豆半島ジオパークミュージアム・ジオリア」を設け、ある種のエコミュージアムのような構成を取っていることが挙げられる。当ジオパークのビジターセンターは、平成29年8月現在、三島、松崎、天城、南伊豆、東伊豆、下田、河津、伊東（2ヶ所）、沼津、長泉、伊豆の国、西伊豆の13ヶ所が設けられており、各施設の概要は表4-3に示した通りである[71]。ビジターセンターには、独立施設として開館したものは無く、三島・長泉は観光

案内所を兼ね、松崎・天城は博物館の館内に、伊東(ジオテラス)と東伊豆は伊豆急行の駅、下田・沼津・伊豆の国は道の駅に、伊東(ジオポート)はフェリーの待合所、南伊豆・西伊豆・河津は土産物屋にそれぞれ併設されるといった特徴がみられる。これらの施設は、ビジターセンターの名称を用いているものの、当該地域のジオサイトを紹介する以外に展示・紹介内容に統一的な傾向は見出せない。伊東(ジオテラス)のものは、各種パネルと岩石標本などの実物資料を展示する博物館的な施設であるが、伊豆の国や三島のように伊豆半島の地形図とTVモニター、観光パンフレットが置かれただけの施設もある。当ジオパークのビジターセンターは、各エリアに対応して設けられているものの、有効活用されているかといえば疑問が残る施設となっていることが残念である。

他方では、当ジオパークの取り組みとして、様々な講演会やフォーラム、ワークショップの開催による住民協働を促していることが挙げられる。伊豆半島ジオパークでは、各エリアにて毎月必ずイベントやガイドツアーが開催されており、平常時行われるイベント・ツアーとは別に年に数回講演会やシンポジウムなどが実施される傾向にある。例えば平成28年7月には、堂ヶ島ジオクルーズや三島エリアジオツアーをはじめとして12のイベントが開催されており[72]、平均して1ヶ月に10回程度のイベントが開催されている。

イベントの一例として、平成27年1月31日、2月1日には、伊豆半島ジオパーク推進協議会と静岡大学との協働で、「伊豆半島における観光振興と住民参加による博物館活動」と題する企画があり、筆者もこれに参加した。同企画は、平成27年度の世界ジオパークネットワーク加盟に向けての広報・周知の役割を持ったものであり、1日目のフォーラムと2日目のワークショップから構成されていた[73]。1日目は、「伊豆半島における観光振興と住民参加による博物館活動」をテーマとし、静岡大学の狩野美知子准教授による「熱海市観光動線実態調査に見る観光客の特性」と、同校石川宏之准教授による「エコミュージアムからみた地域社会と博物館の連携」が講演され、さらに

写真4-3 下田まちあるきジオマップづくりの様子
(平成27年2月1日 筆者撮影)

伊豆観光推進協議会の三好信行専務理事を交えたディスカッションが行われた。まず初日は、観光における地域振興とそれに関わる博物館について、ジオパークを核として議論が交わされ、不特定多数の市民に対し観光振興と博物館について考えてもらうことを意図していた。一方、2日目は、「下田まちあるきジオマップづくり」と題し、ジオガイドの案内のもと地図を持ちながら実際に下田の街なかを散策し、市内の文化・自然資源をマッピングするとのワークショップであった。当該ワークショップは、複数回実施の連続企画であり、同年2月21日には第2回のジオマップづくりワークショップが開催され、2回のワークショップによって作成した成果は、同年3月のシンポジウムにて発表・公開するとの企画であった。筆者は、第1回のまちあるきに参加したのだが、運営側のジオパーク推進協議会の方々と指導役の静岡大学石川准教授、さらに一般から選出されたジオガイドの方々が主導し、公募で集まった一般市民とともに街なかの文化・自然資源を探し、お互いに協力しあいながらマップ作りを行った。特に下田の沿岸部には、地質学的にも特徴的な要素が複数存在しており、それらの資源についてジオガイドが説明するだけではなく、実際に歩くことで一般参加者が積極的に疑問を見つけ、参加者同士が疑問の解決に向けて考える姿が印象的であった。さらに、それを地図の形にするべく、指導者・参加者の垣根を越えて意見を述べ合い、出来上がった地図について発表しあって参加者同士で共有することで、イベントに参加するだけでなく能動的にジオパークに関与するとの認識と、マップを作り上げる達成感を得ることができ、ジオパークを活用した参加型イベントとして住民参加の好例であると印象を受けた。

伊豆半島ジオパークの課題　しかし、伊豆半島ジオパークの運営にも問題点はある。当ジオパークは、伊豆半島全域という広大な範囲を対象としている。このため、ジオサイトのある各地に小規模なビジターセンターを配置しているのであるが、そのすべてが観光協会や土産屋など他の施設に付随するものであり、当該地域の観光案内所と大差ない程度の施設も存在する。本来のビジターセンターは、ジオパークに関する包括的な情報提供と活動を実施し、とりもなおさずエコミュージアムにおいてのコアミュージアムの役割を果たすべき存在である。しかしながら伊豆半島ジオパークでは、構成資産が伊豆半島に広く分布しており、伊豆市にコアミュージアムたる伊豆ジオパークミュージアム・ジオリアが開館したものの、サテライトとしてのビジターセンターとうまく連携を取っているようには思えない。

ジオパークは、地域に所在する自然・文化遺産の保全と活用を目的とするものであり、その資料は不動産であることが多い。しかし、それらを見学し、体感するだけではわからない情報が数多く存在するのである。例えば、伊豆半島ジオパークのメインテーマである「南から来た火山の贈り物」という内容に関して、リーフレットやWEBサイ

写真4-4　ジオリア内　伊豆半島の自然・産業・文学等に関する展示（筆者撮影）

トにわずかながらに情報記載が見られるものの、いざ現地でジオサイトを見学する際にそれが伊豆半島にどのような関わりがあるかが解りづらい。また、伊豆半島ジオパーク推進協議会では、乃村工藝社の協力でスマートフォンアプリ「GeoIZU」を開発し、ジオサイトの現地でも情報を得られるように工夫をしているが、必ずしもすべての人々がスマートフォンを使えるわけではなく、また得られる情報も限定的なのである。

　当ジオパークは、伊豆半島を包括した屋根のない博物館と換言できるものの、やはり基本的な情報提供と訪問者に対する普及活動を担うことのできる核となる施設が必要なのである。平成28年4月に伊豆半島ジオパークミュージアム・ジオリアが開館したものの、象徴展示たる映像展示とグラフィックパネル展示を中心とした小規模なものであり、とりもなおさず学習効果は低い印象を受けた。実物展示に関しても、火山弾や化石など温湿度変化の影響が少ない資料がごく少数展示されているだけであり、また大室山と富士山の模型を触って形状比較するハンズ・オン展示や、水を使った実験装置などを備えてはいるが、そのバリエーションは少なく、教育効果も希薄であった。さらには、地質や惑星に関するパネルの文字量が多すぎて情報が把握しづらい一方、伊豆半島の自然や産業などの展示は情報量があまりにも少なく、スペースが限られているにもかかわらず壁面の1/6程度を企画スペースとして割いているなど、その展示には多くの問題点が見受けられた。核となる施設とは、専門的な知識を有した学芸員を有し、調査・研究に裏付けされた適切な展示と教育を行うことのできる博物館が望ましい。実際に、伊豆半島ジオパーク推進協議会では、伊豆半島ジオパークを検討するにあたり火山学の専門家を研究員として採用し、各地での

第4章　自然史・科学博物館の出現と展開

写真 4-5　道の駅伊豆のへそ
(伊豆の国ビジターセンター)（筆者撮影）

講座をはじめ様々な教育普及活動において活躍している。その知識・技術を援用するとともに、伊豆半島を訪問した方が"いつでも""自由に"情報を得ることができる施設が必要なのである。

さらに、各地に所在するビジターセンターの設備・内容の向上が必要である。伊豆半島では、ジオリアをコアにビジターセンターをサテライトに位置づけてはいるが、コアの機能が貧弱であると同時にビジターセンターも不十分である。表4-3に示した通り、伊豆半島ジオパークでは、13ヶ所のビジターセンターの1/3近くは常駐職員がおらず、ジオサイトに関するモノの展示もなされていない箇所がいくつか見られた。例えば、伊豆の国市のビジターセンターに位置付けられている「道の駅伊豆のへそ」では、ビジターセンターの看板とモニター1台が置かれているだけで、質問できる職員すら近くにいない。また、三島や東伊豆のビジターセンターは、モニターやPCを設置してより多くの情報伝達を意図しているものの、如何せんパネルや実物資料が貧弱であり、全くビジターへの対応がなされてないといっても過言ではない。このように、せっかくビジターセンターを訪れても、観覧者を落胆させる結果になりかねない施設が横行しているのも事実である。広大な範囲をカバーするために、多くのビジターセンターを設置するというコンセプトは評価できるものの、必要な情報を得られない施設をいくつ作っても意味は無いのである。同じくジオパークとして認定されている新潟の糸魚川ジオパークでは、コア施設としてフォッサマグナミュージアムを持ち、複数の博物館がジオパークと連携して当該地域のエコミュージアム的な空間を構成している。伊豆半島ジオパークにおいても、不完全なビジターセンターを運営し続けるのではなく、ジオサイトを有する地域の博物館をサテライトとし、より多くの情報を提供するべきではなかろうか。実際、下田ビジターセンターが置かれている道の駅開国下田みなとには、下田の歴史等を紹介するハーバーミュージアムを有しており、特別展示室を持っているものの実際には貸会場として活用していることから、その場を活用してサテライトミュージアムを運営できる。また、ジオサイトの一つである三島市楽寿園内に

は、一部ジオパークの展示を行う三島市郷土資料館を有しているにもかかわらず、楽寿園外の観光案内所の中に別途ビジターセンターを設けてあり、有料・無料の違いはあれど、至近距離に内容の重複した施設を設けている一種の無駄が見られるのである。

　このように、全体から見るとビジターセンターの多くは、各地の博物館で代用することができ、さらに郷土博物館であればより多くの情報提供が可能であることから、その再検討が今後必要であると断言できよう。

第3節　静岡県の自然史・科学博物館の傾向

天文系博物館　本県の自然史・科学博物館の特徴としては、主に天文関係の博物館施設が多いことが挙げられる。天文関係の施設としては、昭和32年（1957）開業の月光天文台と静岡県児童会館（昭和48年に静岡市立児童会館へ改組）、昭和36年の富士観日本平センター日本平プラネタリウム、昭和37年の浜松市児童会館、昭和57年の浜松市天文台、昭和61年の浜松科学館、平成9年（1997）のディスカバリーパーク焼津市天文科学館などが開館した。その内、月光天文台と浜松市天文台、静岡県児童会館（静岡市立児童会館含む）、ディスカバリーパーク焼津市天文科学館は天体望遠鏡による天体観察ができ、それ以外の館にはプラネタリウムが設営され、それぞれ異なる形で天文分野にアプローチする形態をとっていた。美術館の系統に入れたが、伊東市に所在した岩崎一彰・宇宙美術館では、天体望遠鏡とプラネタリウムの両者を設置して、来館者への宇宙に関する知識の普及啓発を行っていた。また、三島市の三島市立箱根の里や富士市の道の駅富士川楽座は、直截な博物館施設ではないものの、教育普及の意図を持ったプラネタリウムが設置されている。日本全国で見ると、やはり空気の澄んだ山間地の長野県や岐阜県に天体観測施設が多く、逆に肉眼で天体が観測しづらい大都市にはプラネタリウムが多い傾向が見出せるが、静岡県ではその両者がバランスよく設営されており、その数も全国的に少なくはない[74]。

　これは、県北の山岳地帯を中心に空気が比較的良く、大規模な都市が少ないことから天体観測に向いていることが挙げられる。本県の工場地帯および大都市は、東海道とそれを踏襲した東名高速道路に沿って点在している。それゆえに、東海道沿いの地域では、大都市からの光害や工場の煙害によって、星空が見えづらくなっている。しかし、あくまでその地域は限定的であり、川根本

町など山間部の自治体では、現在も非常に美しい星空を観察することができる。また本県には、京浜工業地帯のような大規模な工場群が形成されておらず、大気汚染が比較的軽微なことから、様々な箇所に天体観測が可能な施設が整備されたと考察できよう。一方で、プラネタリウムの設置は、大都市周辺で星空が見えづらい地域への天文知識の教授の面、およびプラネタリウムを用いたより詳細な解説と来館者への楽しみの提供を目的としていることに由来すると推測できる。東京や大阪など、化学物質や光害の影響で星空が見えづらい地域の場合、前者の設置理由が適用されるが、静岡県の場合、そこまでの設置理由には当たらない。

例えば、三島市立箱根の里や函南町の月光天文台は、周囲に人家が少なく天体観測が容易な地域に所在するにも拘らずプラネタリウムを設置しており、また月光天文台やディスカバリーパーク焼津市天文科学館など、本格的な天体望遠鏡を有しながらも一方でプラネタリウムを設けているのである。この地理的・設備的条件を考慮すると、プラネタリウムを設置する目的は、とりもなおさず後者の理由であることが窺える。当該地域に天文系の博物館施設が多数存在する傾向は、自然環境的に天体観測がしやすい地域であると同時に、地域住民への天体・宇宙知識の涵養に積極的な環境を有することがその原因であったと考えられる。

地域別の設置傾向　第二の特色として、公立館と私立館の割合が拮抗していることが挙げられる。博物館史から見た本県の全県的な博物館設置傾向では、200件余り設立された公立博物館に対し、私立博物館は250館程度開館と私立館の方が設立件数は多い。これに対し自然史・科学博物館は、公立博物館が23館、私立博物館が21館とほぼ同数である。

さらに、設立場所に関しても、西部（14館）・中部（13館）・東部（17館）と殆ど差が見られない。全県的な博物館の傾向としては、東部地域の設立数が圧倒的に多く、次に西部が続き、中部の設立数は東部の半数程度と少ないのである。自然史・科学博物館の地域別設立数の順位は、全県的な傾向に比例するものの、他館種に比べてその振り幅が小さいことが特徴的である。この傾向は、逆に言えば東部地域での設立数は少なく、中部地域の設立数が比較的多いことを表していると指摘できる。

中部地域には、一大博物館群を形成している東海大学の清水キャンパスが所在し、また静岡県立および静岡市立の自然史・科学博物館が静岡市内に設けられたことから、設立数が増加したと観察される。さらに、戦後10年ほど経ち、

第 3 節　静岡県の自然史・科学博物館の傾向

児童・生徒を対象として楽しみながら科学知識を涵養することを目的とした静岡県児童会館が開館し、静岡市立児童会館、静岡科学館る・く・ると変遷していったことも、設立数増加の要因の一つといえる。中部地域では、科学や環境など包括的なテーマの博物館が殆どで、幅広い層の利用を目的とした館が多い点が特質である。これは、設立母体が地方自治体や大型大学であり、来館者への幅広い知識の教授を主たる設立理由に掲げていることがその要因であると考えられる。また、当該地域には、静岡県の中心である静岡市を有しており、博物館の殆どが同市に所在する。同市は、県庁所在地であると同時に政令指定都市でもあり、県の中心であるとの意識が少なからず存在する。その意識のもとに設立された博物館は、県内を包括するような展示を企図することとなり、当該地域の傾向が生まれたとも推測できる。

　一方、東部地域には、国際文化交友会が設立した月光天文台とその系列博物館群が複数年に亙って設立され続けたほか、スポーツカーやペンギン・ネコ・イノシシなど特定のテーマに絞った私立博物館が多く、公立の自然史・科学博物館は少ない傾向にある。また公立館であっても、地方自治体が設立するものは極めて少なく、環境省や海上保安庁など国の諸団体が設営するものが大半である。当該地域の自然史・科学博物館は、伊豆アンモナイト博物館やねこの博物館のように伊豆高原の美術館群の一角に所在する館も存在するが、自然史・科学博物館が1ヶ所に集中するような傾向は見出せない。

　例えば、伊豆アンモナイト博物館は、大学時代より化石の研究をしてきた吉池高行館長の個人コレクションを基に、化石の持つ魅力・化石発掘の楽しさを多くの人に知ってもらいたいとの思いから設立された博物館である[75]。他方では、ジャパンゲームフィッシング協会が資料を提供して「道の駅開国下田みなと」内に設立された「JGFAカジキミュージアム」や、一般財団法人地球の石科学財団が運営する奇石博物館など、それぞれの設立者が各々意図する場所に博物館を設立している。

　これは、当該地域の自然史・科学博物館が、特定の個人あるいは企業・団体等のコレクションをもとに形成された館であり、公立館のように地方自治体の意図のもと1ヶ所に集約されたり、観光地における集客資源として集中して設けられる必要が無かったことが要因といえる。当該地域の自然史・科学博物館は、私立館であっても来館者への普及啓発を目的としている館が多く、本県の美術館・動植物園のような観光に特化する館はほとんど見られない。これは、自然史・科学分野の資料は、美術作品や動植物ほど一般市民にわかり易いもの

ではなく、安定した集客効果を見込めないことから観光資源になりづらかったことが要因といえよう。自然史・科学分野の資料では、恐竜の化石や昆虫標本、天体観測などのイベントは子供を中心として人気があるものの、生物の原理や天体に関する情報などの一歩踏み込んだ博物館の展示は、一般の大人にとっても理解が難しい場合がある。また、大人になってからも自然科学分野に興味を持って活動している人は、現在の社会一般では奇特な人との認識を持たれ、転じて自然史・科学博物館は子供向けの施設との認識が浸透していることが挙げられる。このようなことから、成人層だけでの自然史・科学博物館訪問は少ない感があり、ましてや神奈川県立生命の星・地球博物館のように雨天時の見学スポットとして認識されているもの以外、観光地を訪れた際に訪問することは殆ど無いと思われる。このことから自然史・科学博物館は、観光資源とされたのではなく、あくまで科学知識や特定テーマを普及啓発する場として設立・運営されたと考えられる。

　さらに西部地域は、中部地域と東部地域を折衷したような設立傾向が観られる。当該地域に設立された博物館は、大半が地方自治体が設置した公立館であるが、個人や企業が設営した館も少なからず存在する。博物館のテーマとしては、浜松市が設営する館は包括的なテーマであるものの、それ以外の地域では公立館であっても「香り」「オルゴール」「昆虫」など特定のテーマに絞った館が占める傾向を見出せる。浜松市には、博物館、美術館、文芸館、動物園、科学館ほか20館もの市立または運営に市が関与する博物館施設が存在しており、政令指定都市として西部地域の中心であるとの意識を持っているが故に、静岡市と同様の傾向になったと推測される。

　西部地域の他の博物館は、夫々の設立母体が有するコレクションや、森林公園などの設立先、設立母体となった組織に対応したテーマを採用しており、東部地域の設立傾向と近似している。しかし、特定のテーマを用いる博物館であっても、西部地域では公立館が多いことは東部地域との相違点である。例えば、平成9年に設立された豊田町香りの博物館は、日本全国でも珍しい"香り"をテーマとする公立博物館である。同館は、「香りの文化史コーナー」として世界各国の香りにまつわる美術工芸品を展示しているが、古代エジプトの香りなど5種類を実際に体感できる「香りの小部屋」や、香水に含まれる香りの違いを楽しむ「香りのスポット」など、科学的な要素に基づく体験展示を多用していることから、自然史・科学博物館に分類している。同様に"香り"をテーマとする博物館には、伊東市に所在した伊豆一碧湖香りの美術館が挙げら

れるが、これは香水瓶など美術的なモノ展示に偏重していたことから、当該館種ではなく美術館の一つに分類し、またユニマットグループが運営していた私立美術館であった。このように、同様のテーマを持つ博物館でも、それを公立館として運営する例が存在している。また、水窪町カモシカと森の体験館や磐田市竜洋昆虫自然観察公園昆虫館など、特定の生物を対象とする施設も存在し、さらにそれを地方自治体が運営するなど、東部地域とは異なる傾向を呈しているのである。

まとめ

　静岡県の自然史・科学博物館は、戦前期にはその設立を見なかったものの、昭和30年代から現在にかけて断続的に設立がなされてきている。本県の科学博物館は、児童向けの科学館や天文関係の施設からはじまり、また自然史博物館は東海大学の博物館群がその濫觴となり、これまで発展してきた。さらに近年、初の県立博物館であるふじのくに地球環境史ミュージアムや、ジオパークのコア施設である伊豆半島ジオパークミュージアム・ジオリアが誕生し、それらを核とした新たな自然史・科学博物館の展開が期待されるのである。

　また本県の自然史・科学博物館は、私立館であっても調査研究や普及啓発に力を入れている館が多く、とりもなおさず観光型博物館が少ない点を指摘できる。これは、美術館や動植物園と異なり、岩石や地質など活用する資料が観光向きではなかった点や、博物館としての明確な使命をもって運営を行っている館が多数存在する点に起因するのである。

　本県の自然史博物館は、静岡県の豊かな自然環境を活かし、自然学習の場として存在し、一方科学博物館は、市民への科学知識の普及を目的としており、静岡県における自然史・科学博物館とは、当該分野の知識・情報をモノと体験を通じてわかり易く伝える普及啓蒙のための機関であると断言できるのである。

註
(1) 布谷和夫　2011「自然史博物館」『博物館学事典』全日本博物館学会　PP.150-151
(2) 山田英徳　2011「科学博物館」『博物館学事典』全日本博物館学会　P.49
(3) 日本博物館協會　1931「富士博物館起工」『博物館研究』第四巻第二號　P.5
(4) 日本博物館協會　1941「濱松市科學博物館建設」『博物館研究』第14巻第11號　P.6
(5) 日本博物館協会 編　1965『わが国の博物館施設発達資料の集成とその研究大正・昭和編』P.26
(6) 井村荒喜　1941「各府縣に科學博物館を建設せよ」『博物館研究』第14巻第9號 日本博物館協會　P.6
(7) 下郡山誠一　1943「產業科學の觀覽施設擴充」『博物館研究』第16巻第10號 日本博物館協

會　P.6
(8)　吉野楢三　1935「兒童博物館建設の急務」『帝國教育』第六七四號 帝國教育會　PP.25-31
(9)　註8と同じ
(10)　註3と同じ
(11)　静岡県児童会館　1960「草創期の児童会館―そのあゆみを顧みる―」『児童会館運営の概要』静岡県児童会館　P.2
(12)　註11と同じ　PP.3-5
(13)　静岡県博物館協会　1999「静岡市立児童会館」『しずおかけんの博物館』静岡新聞社　P.107
(14)　静岡科学館る・く・るHP「る・く・るとは？沿革」：https://www.rukuru.jp/about_rukuru/history.html
(15)　浜松市HP「その11　子どもたちの夢や希望を育んだ児童会館」：https://www.city.hamamatsu.shizuoka.jp/koho2/pr/fb/konjyaku/11.html
(16)　浜松市　2016「浜松市児童会館の誕生」『浜松市史』五　PP.145-147
(17)　浜松市　1986『広報はままつ』4月号
(18)　児童福祉法第四十条より抜粋
(19)　厚生労働省　2011『児童館ガイドライン検討委員会報告書』別添2
(20)　一般財団法人児童健全育成推進財団HP「児童館とは？」：http://www.jidoukan.or.jp/what/support/childrens-center.html
(21)　註16と同じ
(22)　帯広市児童会館HP：http://www.city.obihiro.hokkaido.jp/jidoukaikan/jidoukaikan.html
(24)　東海大学校友会　1969「東洋一の規模・設備　東海大学海洋水族博物館」『東海』17号誌内グラビアより
(25)　鈴木克美　2000「第1章 30年の回顧と明日への期待」『海洋科学博物館三十年のあゆみ』東海大学社会教育センター　PP.1-14
(26)　東海大学校友会　1967「東海大学海洋水族博物館」『東海』11号誌内グラビアより
(27)　註24と同じ　PP.18-19
(28)　東海大学校友会　1970「完成間近い海洋科学博物館海洋思想普及にも一役」『東海』21号　P.26
(29)　註28と同じ　P.27
(30)　註25と同じ　P.5
(31)　東海大学校友会　1976「沖縄海洋博を永久展示」『東海』39号　P.34
(32)　東海大学新聞編集委員会　1977年12月5日付「ユニークな実験館海洋科学博物館機械生物館が着工」『東海大学新聞』第301号
(33)　註25と同じ　P.6
(34)　東海大学校友会　1980「海洋知識の普及に貢献海洋博物館大水槽を改装」『東海』51号　P.34
(35)　東海大学新聞編集委員会　1986年4月20日付「海洋博物館"海"の科学を新展示　マリンサイエンスホールがオープン」『東海大学新聞』第475号
(36)　西 源二郎　2011「この10年を振り返って」『東海大学海洋科学博物館40年のあゆみ』PP.1-5
(37)　東海大学人体科学博物館記録作成委員会　2003「東海大学人体科学博物館の記録」『東海大学博物館研究報告 海・人・自然』第5号　PP.57-92
(38)　松前達郎　1976「東海大学のめざす新しい医学と博物館」『からだの博物館』東海大学人体科学博物館　PP.2-3
(39)　註37と同じ　P.58
(40)　註37と同じ　P.60
(41)　東海大学新聞編集委員会　2000年3月5日・20日付「MAZ21プロジェクト明らかに清水地区整備計画の一環」『東海大学新聞』第771号
(42)　東海大学新聞編集委員会　2000年11月20日付「27年の歴史に幕人体科学博物館」『東海大学新聞』第785号
(43)　末永恵子　2012『死体は見世物か：「人体の不思議展」をめぐって』大月書店
(44)　平成4年のピーク時には、年間587,776の来館者がいたものの、閉館前年の平成11年度では

まとめ

年間 131,416 人に減少している。（註 34 と同じ P.82）
(45) 静岡県博物館協会　1982「東海大学自然史博物館（恐竜館）」『しずおかの博物館　博物館ガイドブック』PP.104-105
(46) 東海大学校友会　1981「太古の神秘へ誘うタイムトンネル東海大学自然史博物館（恐竜館）開館」『東海』57 号誌内グラビアより
(47) 東海大学新聞編集委員会　1981 年 9 月 20 日付「三保に恐竜館―自然史博物館―をオープン」『東海大学新聞』第 376 号
(48) 註 45 と同じ　P.105
(49) 東海大学校友会　1983「人体科学博物館・三保文化ランド十周年自然史博物館（恐竜館）に地球館がオープン！」『東海』64 号誌内グラビアより
(50) 東海大学新聞編集委員会　2000 年 12 月 5 日付「博物館だより 人体科学博物館の足跡」『東海大学新聞』第 787 号
(51) 東海大学新聞編集委員会　2002 年 1 月 20 日付「自然史博物館新オープン」『東海大学新聞』第 811 号
(52) 東海大学自然史博物館 HP「展示案内」：http://www.sizen.muse-tokai.jp/exhibit/index.html
(53) 東海大学　1993『東海大学五十年史通史編』東海大学出版会　P.526
(54) 東海大学新聞編集委員会　1974 年 5 月 20 日付「設置委員会が発足三保に航空宇宙科学博物館」『東海大学新聞』第 228 号
(55) 東海大学新聞編集委員会　1974 年 8 月 5 日付「航空宇宙科学博物館が開館」『東海大学新聞』第 233 号
(56) 東海大学　1974『航空宇宙の未来をさぐる東海大学航空宇宙科学博物館開館』P.1
(57) 東海大学校友会　1975「本学に航空測量機を寄贈航空宇宙科学博物館で一般公開」『東海』36 号誌内グラビア
(58)「大型飛行艇を展示三保の航空宇宙科学博物館」『東海大学新聞』第 241 号、「栄光の航測機と新鋭グライダー二機が"戦列"へ加わる」同誌第 244 号、「国産ロケットエンジンを公開航空科学博物館三菱重工から受贈」同誌第 252 号、「航空宇宙科学博物館が銀賞」同誌第 253 号、「一雲のじゅうたん―飛行機の歴史を」同誌第 270 号、「見ながら学べる東海大学の 3 大科学博物館　海・人・空」同誌第 276 号
(59)「重要航空遺産 UF-XS 実験飛行艇」一般財団法人日本航空協会 HP：http://www.aero.or.jp/isan/heritage/aviation-heritage-UF-XS-detail.htm
(60) 東海大学校友会　1971「万博の人気者ソ連館の人工衛星海洋科学博物館へ」『東海』24 号誌内グラビア
(61) ふじのくに地球環境史ミュージアム HP「ミュージアムについて」：https://www.fujimu100.jp/museum/about/
(62) ふじのくに地球環境史ミュージアムリーフレットより
(63) ふじのくに自然系博物館基本構想検討委員会　2014『ふじのくに地球環境史ミュージアム基本構想』PP.2-3、ふじのくに地球環境史ミュージアム HP「沿革」：https://www.fujimu100.jp/museum/history/
(64) ふじのくに自然系博物館基本構想検討委員会　2014『ふじのくに地球環境史ミュージアム基本構想』P.5
(65) 註 62 と同じ
(66) 柴 正博　2013「静岡県に県立自然史博物館を！」『静岡県博物館協会研究紀要』第 36 号　静岡県博物館協会　PP.10-17
(67) 註 61 と同じ
(68) 独立行政法人産業技術総合研究所 HP「ジオパークとは」：https://www.gsj.jp/jgc/whatsgeopark/index.html
(69) 日本ジオパークネットワーク HP：http://www.geopark.jp
(70) 伊豆半島ジオパーク HP「ジオサイト」：http://izugeopark.org/maps/
(71) 伊豆半島ジオパーク HP「ビジターセンター・関連施設　一覧」：http://izugeopark.org/visitor_center/

(72) 伊豆半島ジオパーク HP「伊豆半島ジオパーク 2016 年 7 月イベント一覧」：http://izugeopark.org/2016/06/21/201607_event_list/
(73)「伊豆半島における観光振興と住民参加による博物館活動」チラシより抜粋
(74) 日外アソシエーツ編集の『科学博物館事典』では、全国で 51 の宇宙科学系博物館が記載され、また『子ども博物館美術館事典』によると 80 館の天文を扱う博物館が存在するが、静岡県では 6 館の天文系博物館が運営されている。2 誌から見ると全国で最も多いのは北海道の 10 館で東京でも 7 館であることを考慮するとその数は全国的にも多いと判断される。(日外アソシエーツ編 2015『科学博物館事典』、同 2016『子ども博物館美術館事典』)
(75) 伊豆アンモナイト博物館 HP「伊豆アンモナイト博物館の紹介」：http://www.ammonite-museum.com/

第5章　美術館構想と静岡県における発展

　静岡県下の美術館は、他県の美術館とは明らかに異なる傾向を呈している。平成28年（2016）3月のふじのくに地球環境史ミュージアムの開館まで、県下に於ける独立した県立博物館施設は、静岡県立美術館のみであった。また、伊豆高原を中心として私立美術館の集中がみられ、中部地域では静岡市に、西部地域では掛川市に特に美術館の設置事例が多く、美術館の設置および性質に一定の傾向が見出せる。このことから本章では、美術館設置・運営の歴史を時系列順に追い、設立の背景などの傾向を分析することで、本県美術館の傾向と意義について考察するものである。

第1節　美術館の発生

1　静岡県下の美術館の濫觴

物産陳列館内の美術館　静岡県内で初めて「美術館」の語を使用した施設は、明治43年（1910）に設置された静岡美術館である。静岡美術館は、静岡市物産陳列館館長兼静岡県商業会議所書記長の伏見忠七と同書記の杉山尚次郎らにより、静岡市物産陳列館内に設置された施設である。静岡市物産陳列館は、第2章で述べた通り、県からの補助金を受けて静岡市が開館させた市立の物産陳列・即売施設で、明治38年に開館した。静岡美術館に関する記述は、明治42年12月20日付『静岡民友新聞』に於いて確認することができる[1]。

> 物産陳列館内の一部に静岡美術常設館を新設して新古、書畫、骨董、彫刻、篆刻、金銀細工、玉器、陶磁器等を陳列して大に美術思想の普及を計らんと計畫したる

　また、同記事には翌年1月20日頃に開館を予定している旨の記載を見ることができ、実際に明治43年1月23日付『静岡民友新聞』には、開館の様子が伝えられている[2]。

> 已報の如く静岡美術館は伏見物産陳列舘長、小泉猛英、横田保、杉本高次郎諸氏の熱心なる尽力にて愈々同舘上に設置せられるが飯塚聖林氏外數名より三十余點の出品ありたり

　当該美術館に関しては、開館時の様子が記録されているものの、その後の展

示内容や運営については不詳である。静岡市物産陳列館は、年に一度『静岡市物産陳列館年報』を発行しており、館の沿革や人員・建物・参考品の配置、陳列館活動の概況について伺うことができる。しかし、同館が開館したとされる翌年（明治 44 年）の第 5 年報には、敷地構成や 43 年度経費にも美術館の名は確認することができず、また昨年度の出来事にも美術館開館が記録されていない。『静岡民友新聞』の記載からは、展示資料についての記載もあり、一応開館されたと観られるが、当該記事以外に静岡美術館の名称が確認できないことから、ごくわずかの期間存在していたと推察される。

　静岡美術館は、本県で初めて設けられた美術館であり、また初めて地方自治体が設営した公立博物館でもあった。その活動理念は、「美術思想の普及を計らん」とするものであり、明治末期の時点で美術作品を用いた社会啓蒙・社会教育をすでに意識していたことが窺える。抑々「美術館」の名称は、明治 10 年の第一回内国勧業博覧会に設けられたパビリオンに原初を求めることができる。公立美術館としては、コレクションを持たないギャラリー的な施設ではあるものの、大正 15 年（1926）の東京府美術館がその嚆矢で、また私立美術館は大正 6 年の大倉集古館が嚆矢とされている。しかし、開館年のみを以てすると、静岡美術館は東京府美術館よりも 16 年も早く誕生しているのである。仮に同館が、伏見忠七や杉山尚次郎らによって私設で設けられた施設であったにせよ、大倉集古館よりも 7 年も早く開館している事実は、美術館史上重要である。

昭和期の常設美術館　大正期には、常設の美術館は設立されなかった。静岡美術館に次いで設立された常設美術館としては、昭和 6 年（1931）に開館した愛宕下美術館と日本民芸美術館が挙げられる。

　愛宕下美術館は、横須賀町（現、掛川市）の個人収集家である三枝基の手によって設立された美術館である。同館は、絵画・書・陶芸等を専門領域としたもので、要予約ながら現在も開館している。平成 23 年（2011）4 月 21 日付『静岡新聞』の記事によると当館は、創立者の三枝が三井物産退職後に地元である横須賀町に文化の光をもたらしたいとの思いで建設した美術館であるとしている[3]。当館は、鉄筋コンクリート造りの 2 層建築物で、元々は敷地内に図書館を併設した文化複合施設として開館をしたようであるが、図書館は現存していない。愛宕下美術館は、静岡県初の私設美術館であると同時に、知り得る限りでは現存最古の県内美術館である。館の実態としては、個人のコレクションを陳列・公開した古いタイプの運営でありながらも、一地方都市に博物館を建設

した先進性は高く評価されよう。また、徳川家の関連資料など、地域に関連する資料の収集・展示を行っていることから、美術館との名称を冠しつつも郷土博物館としての性格を持ち合わせる施設と観察される。

　日本民芸美術館は、浜名郡積志村（現、浜松市東区）に所在した美術館であり、柳宗悦が提唱した民芸運動に基づく美術館である。当館は、我が国初の常設民芸館に位置づけられる施設である。民芸運動とは、絵画などの美術品ではなく、普段の生活に使用する道具など日常当たり前に存在するものに美意識を持ち、それを芸術として昇華させることを目的とする運動である。大正15年の『日本民藝美術館設立趣意』の発行に端を発するこの運動は、昭和3年の「大禮記念國産振興東京博覽會」への民藝館の出品を経て全国へ拡大した。

　浜松への民芸運動の伝播は、昭和2年に柳宗悦達民芸運動推進者が、浜松に在住であった中村清を訪問したことに由来する。中村は、浜松在住の民芸運動推進者で、後に浜松での民芸運動の経緯と沿革をつづった『民藝と濱松』を出版している[4]。『民藝と濱松』では、昭和2年1月12日に中村の別荘に於いて柳宗悦らの座談会が開催され、翌日には積志村在住の蒐集家高林兵衛の自宅を訪れて資料を見学したことが記載されている。高林は、柳の訪問を機に熱心な民芸運動支持者となり、昭和4年には自邸内に民芸を意図した平屋建ての住宅を新築している。この高林邸に所在した古民家を利用し、全国の民芸品を収集・展示したものが「日本民藝美術館」である。日本民芸美術館は、民芸品・工芸品が過去に存在していたことを示し、それを「未來に於いてもあり得べきことを示すために」設立された。言うなれば、資料の収集・保存だけではなく、伝統技術の復活や継承、後継者の養成を意図する施設であるといえよう。この精神に基づき、平松實による遠州木綿製作技法の復活や、鳥谷成雄による木工技術の研究など一定の効果があったことが確認されている。当館は、昭和8年に閉館するものの、その理念や資料は昭和11年開館の「日本民藝館」に引き継がれる。日本民芸美術館は黎明期の民芸運動の核として、現在まで続く民芸館活動の源流に位置づけることのできる施設である。

2　戦前期の美術館設立計画

　一方で、実際に開館はしなかったものの、昭和10年代には美術館建設について計画された例が3件存在する。具体的には、静岡県美術協会によって昭和14年（1939）頃に設立が検討された「嶽陽美術館」計画と、昭和15年に浜松市の実業家宮本甚七が計画した「栖鳳館」計画、さらには韮山中学校による「彦

坂美術館」計画である。

嶽陽美術館計画　嶽陽美術館は、昭和9年に設立された美術団体である静岡県美術協会によって計画された美術館である。その計画については、静岡県立美術館の学芸員であった立花義彰が「昭和14・15年の美術館建設計画について」の中で詳細に述べている[5]。同氏が論中で引用している『静岡縣美術協會會報』は、国立国会図書館はおろか静岡県内の図書館にも収蔵が確認できないことから、本書では立花の記述を基にその推移を追うものである。静岡県美術協会の開会の様子は、美術雑誌『アトリエ』の11巻12号に以下のように記述されている[6]。

> 静岡縣美術協會創立。創立仮事務所は静岡縣追手町商工奨励館内。毎年1回の静岡に於ける展覽會及び巡回展開催その他講演會及び講習會を開く。
> 第1回展は静岡公會堂の竣工を期して開催。

その後、「静岡市緑町1」に事務所を移転し、昭和16年にはその活動に終止符を打ったとされている[7]。同会の活動を記した『静岡縣美術協會會報』によると、第6号にて「美術館建設事業と経過報告」と題し、以下の報告がなされている[8]。

> 昭和14年第4回展褒賞授與式後市役所貴賓室に於いて副會長石川欽一郎氏は長尾建吉翁の記念館建設を為し、美術の殿堂たらしめ度き旨説かれること頻りなり。（居合わせたる者山田順策氏、萩田長太郎氏、長尾一平氏、其他役員等）山田順策氏大いに賛意を寄せられ種々具体的實行方法にまで言及せられ、萩田長太郎氏和して御熱心に御高配下され、結局本協會事業として早く完成を期すべしと云ふことになり。嶽陽美術館建設の萌芽を見たのであった。

この建議と時を同じくして静岡県美術協会は、「会の財団化をもめざし、施設の建設費と併せ寄付を募っている」と立花は記述している。また、美術協会の初期の計画では、「事務所或は會館建設、研究所開設案」となっており、美術研究所開設を意図していた。しかし、昭和14年5月には上記引用の如く美術館建設の計画に変更し、同年12月に発行された趣意書には「静岡特産指導會館」の設立へと計画が推移していった。趣意書の段階においては、一つの建物に事務所、美術研究所、美術館、特産品指導施設など複数の役割を付与しようとしていたことが窺える。

一方で、静岡県内の様々な出来事を記述した『駿遠豆』では、昭和15年7月まで記念館・美術館建設の計画を報じている。まず、昭和14年七月号に掲

載された清水柳太の「人格崇高の德を讃へて嶽陽記念館と翁三年忌展覽會」では、在京の静岡県美術協会員の会合の際に「嶽陽翁臨終の川邊靜居の室を記念室として後世に遺し、將來美術家の會合美術研究の事どもに關する相談所」の設立が提案されたとしている⁽⁹⁾。続く、昭和 15 年新年号に掲載された「嶽陽翁記念館設立と在京縣人美術家の會合全國の洋畫家にこの美擧を知らしめよ」では、在京の美術協会員によって昭和 14 年 12 月 12 日に会合が持たれたとされ、その中で記念館設立の決議がなされたとしている。当該会合では、「會館設立基金として、各會員は十號以上の作品を提供すること」や「記念館、設立の趣旨を、翁を知る全國の美術家に周知せしめ作品提供を勸誘すること」、「新聞、雜誌、文書等を以て設立の趣旨を知らしめること」などが決議され⁽¹⁰⁾、全国的な協力を得て記念館を設立しようとしていたことが理解できる。また、同年五月号では、名称を「嶽陽記念美術館」と改め、その設立計画について以下のように記載されている⁽¹¹⁾。

　　嶽陽記念美術館建設之次第　嶽陽長尾建吉翁が生前我洋畫界に盡くされた直接間接の努力を頌し功勞を記念するため、今回翁の郷里静岡市に美術館を建てることになりました。
　　　之に要する經費は、翁が生前辱交の諸淸雅並に畫家各位及廣く同好の諸賢よりの御出金及び御寄附畫等によつて支辨致す方法を採り之により畫界と翁との親誼を永久に完からしめたい考であります。

当該記述にあるように、嶽陽美術館の設立には、寄付金と寄付画を基本とする考えが読み取れる。これに続く文章には、「御寄附畫は、一點は御寄附を願ひ他は任意の點數を御預り致し之を御指定の價格に賣讓しその幾割かを頂戴致したきこと」と記載され、美術館の資料収集と資金創出のために寄付を活用しようとしていたことが窺える。実際、同年七月号には、石井柏亭や澤田政廣など美術史に名前が残るような人物までもが、賛意と作品の寄贈を行っている様子が確認できる⁽¹²⁾。

しかし、昭和 15 年 1 月に起こった静岡大火の影響を受け、会報には「館の動行が復興に将亦興亞の建設にお副ひ出來るやう致し度き決意である次第である」との言が記載され、幹事の原川は東京会員との相談会の場を設けて現状を打開しようと活動していたようである。『駿遠豆』においても、同年七月号以降美術館建設に関する記事は掲載されなくなり、計画は頓挫したものと推測できる。美術館建設の動向について立花は、静岡大火によって当該地域の物価が高騰し、美術協会の計画は財政面で破綻を来したと考察している。また立花は、

「あまりに多方面に渡る要求を一つの施設に併せ意図したこの建設計画は、美術がその目的以外のものを目的とした彼の時代の誤りを示しているように思われる」とも断じている。

　嶽陽美術館は、僅か2年弱の間のみ計画された美術館であり、設立母体や静岡大火などの時代背景のために実現しなかったのである。設立母体たる静岡県美術協会は、その前身である尚美会や図画教育研究会と同様に、学校の美術教員を中心に構成されていた。それゆえに、会の運営や展覧会開催など必要な資金を調達することが、民間資本主体の団体と比べ難しかったと判断される。美術館の設立に於いても、寄付を募ってその資金に充てる旨が謳われていた。しかし、静岡大火の影響や戦争の長期化に伴い、十分な寄付を得ることができなかったと推測され、資金の問題が美術館設立を遅延させる直截な要因であったと考えられる。

　戦時下であった当該時期には、戦地の絵画や兵士の像などを制作することで市民の戦意高揚を促すなど、間接的に戦争に協力していた芸術家も存在した。一方で、徴兵によって戦地に送られた美術教員や芸術家も存在し、当該時期は十分な芸術活動が可能な時代とはいえなかったのである。そのような時代に、民間の美術団体が主導して美術館建設を計画したことは、全国的にも稀有な存在であったと言えよう。

栖鳳館計画　昭和15年に設立が検討された栖鳳館は、近代日本画家の竹内栖鳳の作品を展示するための美術館である。これは、浜松市出身の実業家で、日本形染株式会社の創業者や日本楽器製造株式会社などの重役の顔を持つ宮本甚七の発願で設立が検討されたもので、昭和15年1月6日付の『東京日日新聞遠州版』には以下のような経緯が示されている[13]。

　　遠州實業界の大御所宮本甚七翁と日本畫壇の老伯竹内栖鳳畫伯の交游すでに卅五年、それに今年畫伯は喜壽のおめでたを迎へ宛も紀元二千六百年といふ國のお祝ひも重なつてゐるので、一ツ年上で兄分たる宮本翁は畫伯のためそして國のためになるやうな素晴らしい贈り物を畫伯へさゝげようといろいろ計畫してゐたが、この卅五年間に畫伯から毎年翁へ贈られた國寶的作品百余點をまとめて適當な場所へ栖鳳館を建築して陳列永遠に保存する案が有力となつた、畫伯が宮本翁へ贈つた作品は畫伯が廿二歳のまだ楳嶺畫伯の門弟時代から七十七歳の今年まで卅五年間宮本翁のため毎年欽かさず執筆したもので栖鳳畫伯の年譜として完全なものであり、昨年畫伯が宮本翁を訪れた際も「私の家にも若い時代のものが一つもないからぜ

ひ保存しておいて貰ひたい」と頼んだほどでこの計畫こそ紀元二千六百年を壽ぐにふさはしい我國美術界へのよき贈り物であらう（後略）

宮本と竹内栖鳳の関係は、明治時代に遡り、宮本が療養のために別荘を設けた際に作画を始め、京都へ遊んだ際に栖鳳と知り合い、交友を結んだとされている。明治34年(1901)頃には、浜松の宮本邸に半年ほど栖鳳が滞在し、その後もしばしば栖鳳が宮本を訪ねるなど良好な関係を築いていたようである[14]。栖鳳館

写真5-1　栖鳳館建設を伝える記事
（『東京日日新聞 遠州版』昭和15年1月6日より抜粋）

は、二人の親密な関係の中で、栖鳳の喜寿の祝いと皇紀2600年の祝いを兼ねて、宮本に寄贈された栖鳳作品を保存・展示する施設として計画されたのであった。同紙によると宮本は、初期から晩年に至るまでの栖鳳作品を所有していたことが窺え、さらに年代別・時系列順に作品を展示することができるとしている。これにより、多数の栖鳳作品を1ヶ所で網羅的に観覧できるだけでなく、年代・時代による栖鳳の絵柄の変化を楽しむことができたのである。

しかし、当該計画が成就したようには思えない。まず、建設を計画するとあるが、具体的な遂行の痕跡がほとんど見られない点が挙げられる。上記の嶽陽美術館や、下記する彦坂美術館などは、具体的な進捗方法や設立場所が記されていたものの、栖鳳館は「計画」とするだけで具体的な設置場所等ほとんど決まっていなかったと理解できる。宮本のコレクションを活用する以上、恐らく宮本が居住していた浜松市付近あるいは同氏の別荘・邸宅を利用して設立する計画かと思われるが、実際のところは判別しない。一方で、栖鳳館計画の中心であった宮本も、同年9月に逝去しており、推進者を失って当該計画は頓挫したものと推測される。宮本の死後、栖鳳作品のコレクションがどのようになったかは不詳である。浜松市美術館では、栖鳳の作品を数点収蔵しているが、100点にも及ぶ栖鳳コレクションを有している館は全国的にも無く、宮本の死後コレクションは散逸したと推察される。

彦坂美術館計画　県立韮山中学校は、明治6年に足柄県韮山支庁に設けられた

仮研究所を母体とする教育機関で、伊豆半島では2校のみの中等教育機関であった。彦坂美術館は、同校の美術教員であった彦坂繁三郎を記念して計画されたもので、その詳細は昭和15年11月10日付の『靜岡新報』にその計画を確認できる[15]。

> 縣立韮山中學校の學級増加は明春新學期よりと缺定近く縣官出張設計その他について協議するが丁價十萬圓を以て五教室並に講堂、修養道場と彦坂美術館の建設を行ふこの中美術館は同校に三十年間勤務する彦坂教諭に對する教え子中
> △畫家　近藤浩一路　柏木俊一　栗原誠　故栗原忠二
> △彫刻家　澤田政廣　和田金剛
> 氏らそうゝたる大家が恩師に捧げる感謝の印として代表的作品数點づつを陳列するもので、縣下初の美術館として傳へられる、なほ工費十萬圓は三島出身實業家佐野隆一氏、同忠次氏兄弟の三萬五千圓を初め知事級その他大官連が何れも数百円づゝを出金、なほ不足の時は佐野兄弟が必要額だけ寄贈するといふ聞くも朗らかな話題となつている

彦坂美術館は、当時第一線で活躍していた芸術家が、恩師である彦坂のために作品を寄贈して建てる常設美術館の計画であった。韮山中学校は、県立校であったため、学校に関するハード・ソフト両面の改修に県の職員が関与している旨が記載されているが、改修費用に関しては佐野兄弟の資金をあてにしていることが窺える。兄弟の兄である佐野隆一は、同校の出身であり、また刀剣をはじめとする日本・東洋美術の収集家でもあり、同氏のコレクションを基盤とした佐野美術館が三島市に存在するなど、芸術活動にも造詣の深い人物であった。これゆえに、母校が美術館設置を計画した際に、資金提供を快諾したものと判断される。

しかし、同校の美術館が開館したかどうかは、定かではない。韮山中学校の後継組織である現在の県立韮山高等学校が発行した『韮高百二十年』においても美術館の記載は無く、また120周年の際に佐野美術館で開催された特別展「龍城山下の芸術家たち　静岡県立韮山高等学校120周年記念」の図録にもその記録は確認できずその詳細は不明である[16]。

しかし、同校の校長室には、以前より絵画・彫刻作品が多数展示され、さながら美術館の様であったことが『韮高百二十年』や展示図録の記載・記事からも窺える。現在の韮山高校のWEBサイトには、同校出身者やゆかりの人物から寄贈を受けた絵画・彫刻・陶磁器・書などを紹介する「龍城美術館」が設け

られている[17]。現状では、同校に収蔵されている作品71点の目録と一部の作品のビジュアル、法量と作者の情報をWEB上で閲覧することができる。同校には、複数の美術作品が収蔵されているものの、学校美術館は持っておらず、先人の顕彰と作品の公開を目的に、WEB美術館のスタイルを取って公開しているのである。同校所蔵の美術作品には、先の引用にも登場する芸術家の作が複数存在しており、実際に芸術家から同校へ作品の寄贈はなされていたことが確認できる。

3　戦前期美術展覧会の概況

　本県に於ける美術館は、近代に於いては先述の3館以外の開館例は確認できず、建設が意図されることあっても、それが実現しなかったことが挙げられる。これに対し、新聞に報道される美術展覧会の数は非常に多く、明治期には約120回、大正期には約160回の美術関係展覧会が開催されるなど、民間における美術活動は非常に盛んであったことを窺い知ることができる。美術活動が隆盛していたにもかかわらず、設置された美術館が少ない傾向は、美術作品の公表の場が多くあったことが挙げられる。立花義彰が『静岡県博物館協会研究紀要』に連載している「静岡近代美術年表稿」によると、明治初期の美術公開は主に神社・仏閣を用いて行われており、明治後期以降は静岡市物産陳列館や各地の学校、料亭・旅館など、昭和初期からは田中屋や松菱など各種百貨店にて開催される傾向が見出せると指摘している。

明治〜大正期の展示動向　明治初期は、書画を展示するための広域的な施設が寺社以外殆ど存在していなかった。また、新たに制作した作品もあったと推測されるが、同年表からは寺社の宝物や好古家・蒐集家の旧蔵品などを持ち寄って展示していた例が多いことが窺え[18]、江戸時代の開帳の延長として寺社での公開が意図されたと考察できる。

　明治中期に入ると、相変わらず寺社での展覧会は多いものの、浮月楼や沼津岳陽旅館などの料亭や旅館において展覧会を催す例が多く、その理由としては、料亭や旅館などは宴会のために広い部屋が設けられていることが一般的であり、展示スペースとして十分な広さを有していた点であろうと推し量られる。また、寺社と異なり祭事など寺社行事で使用が制限されることもなく、日本画・洋画・書など作品の様式も任意で設定することができたと言えよう。さらに、展覧会の開催とともに会合を開き、飲食を伴って作品の観覧・講評・清談を交わすなど料亭や旅館は当該期に於ける寺社に代わる新たな展示空間であったこと

が指摘できる。

　明治後期から大正期にかけて、物産陳列館や学校での展覧会が増加する。明治30年代末には、県内5ヶ所に物産陳列館が建設されたほか、各地域に小中学校が普及したことは別章で述べたとおりである。特に物産陳列館は、元々モノを展示するために設立された建物であり、とりもなおさず展示専用のスペースが広く取られていた。また、『静岡市物産陳列館年報』によると、物産の展示だけでなく貸館業務を行っていたことが窺え、陳列館側が展覧会に協力していたことが開催数の多さに繋がったと観察される。また明治末期には、三島町（現、三島市）の三島神社境内地に、田方郡内の講演会や演劇、各種展覧会を執り行う役割を持った日露戦争戦捷紀念館が開館し[19]、大正末期には県下教員の活動の有効化と団結力の向上を目的とした静岡県教育会館が開館した[20]。両館では、物産陳列館と同様に美術展覧会が多く開催されたことが各種新聞によって報じられている[21]。これらの館は、それぞれ貸館業務を行って美術活動に協力しており、特に三島町の戦捷紀念館は、静岡県東部地域において数少ない展覧会が可能な施設として活用されたのである。一方学校は、屋内体育場などの広いスペースを有し、また様々な地域に普及していたことから、展示側が利用し易かったことが活用の理由として挙げられよう。当該時期には、公立の公開施設が多く誕生し、また時を同じくして美術団体の増加・活性化が始まったことが新聞紙上でも確認できる。

昭和期の展示動向　昭和初期は、静岡県内にも百貨店が誕生しはじめ、その店舗を利用して展覧会を開催する事例が爆発的に増加する。当該時期には、田中屋百貨店、丸高百貨店、松坂屋静岡店、松菱百貨店などが相次いで開業し、美術団体による展覧会の多くは百貨店開催へシフトされた。

　全国的にみると、明治37年（1904）の三越の「デパートメントストア宣言」を皮切りに、明治末から大正期にかけて「座売り」の廃止と「陳列型」へ移行した旧呉服屋系百貨店が誕生した。大正末期から昭和初期にかけて、それまでの百貨店が目指した高級志向から転換し、「食料品や日用雑貨などを含む商品構成の拡大」をすることによる大衆化が百貨店に見られ、初めから大衆化を見込んで駅に隣接する電鉄系の"ターミナル百貨店"が各地で誕生したとされている[22]。しかし、これらはあくまで大都市圏を中心とした時間変遷であり、地方都市においては、その源流を江戸期の呉服屋に求めるものでも、昭和初期に入ってから百貨店化する例が多い。同時に、大都市圏に本店を持つ百貨店が地方進出を始める時期と相まって、昭和初期には全国的に百貨店が増加するの

第 1 節　美術館の発生

である。

　抑々百貨店での展覧会は、明治 37 年 11 月に開催された三越百貨店の「光琳遺品展覽會」がその嚆矢であり[23]、その後三越や高島屋をはじめとする様々な百貨店が展覧会を開催してきた。種井丈は、「明治・大正期における三越の文化催事をめぐって」の中で、百貨店による文化催事は、展覧会場が希少で人々にとって文化的享受が限られていた時代の人々にとって、「芸術文化の啓蒙の場にもなっており、ある意味では生涯学習施設の役割も果たしていた」と述べており[24]、大正期以降大都市圏の百貨店での展覧会はポピュラーな存在になっていたことが窺える。昭和初期の全国的な百貨店の増加に伴い、中央で行われていた百貨店展覧会も地方へ伝わり、地方都市の芸術文化の啓蒙の場として百貨店が活用されたと推測される。

　本県の百貨店は、大都市圏から遅れて開業しており、他府県ですでに実践されていた百貨店のノウハウを取り入れて開業したと理解できる。そのため、当初より展覧会の開催も考慮し、催事場にも展覧会用の設備が少なからず用意されていたと推測される。他府県の百貨店における美術展覧会の現状を鑑み、展示設備が整っていたことから、本県に於いても多くの美術展覧会が百貨店にて開催されたのである。

　しかしながら、これらの美術展覧会は、昭和 10 年代後半になると次第に戦時色が増し、純粋な作品展覧会は減少する。また、昭和 15 年（1940）の静岡大火や、昭和 17 年の田中屋・松菱・松坂屋の店舗の一部供出[25]の影響を受け、さらに昭和 19 年 9 月には「美術展覽會取扱要項」が制定され、美術団体展が禁じられたことで、戦前期の美術展は殆ど行われなくなるのである。

小　結

　以上のように、静岡県の美術館は、近代にその濫觴を見出すことができるものの、本格的な隆盛は太平洋戦争後であり、近代には美術館設置へつながる美術活動が活発である傾向を見出すことができる。また当時は、現在進行形で美術作品を制作していることで、作品の収蔵・保存に関する意識が希薄であったと考えられる。現在進行形で作品制作を行っているのであれば、芸術家が求めるのは、恒常的な観覧施設ではなく、常に新しい作品を公開できる場であろう。このため、長期の保存・展示を重視する美術館よりも、一過性であっても多様な作品を展示できる "文化催事を行える環境" が求められたのである。実際に、大正 15 年（1926）に開館した東京府美術館が、収蔵品を持たないギャラリーとして出発したことからも、この傾向を裏付けることができよう。一方

165

で、一般大衆への美術思想の普及を目的とした静岡美術館や、地元横須賀町に文化の光をもたらすことを目的とした愛宕下美術館など、当初より社会教育を目的に計画された美術館が複数存在していることも本県の特徴である。しかし、戦後静岡県の美術館は、観光資源として利用される傾向が強く、教育機関としての位置づけが希薄な館が横行していることもまた事実である。

第2節　戦後美術館の動向

1　静岡県立美術館設置構想

　県内の県立博物館設置に関する動きは、昭和38年（1963）の「静岡県文化センター」建設計画に遡ることができる。当計画は、県内の社会教育・文化施設等の中心的存在となる文化センターを建設する計画である。『静岡県中央図書館報「葵」創立80周年記念号』には、県立中央図書館の沿革の一部として当該計画について述べられている[26]。

> 昭和38年、県は「教育文化の振興」を県政の重点施策とし、この年よりの継続事業として、静清の中間地区である草薙に大規模な「県文化センター」の建設を企図して建設準備委員会を設置、基本計画の策定を開始した。
> 　委員会は神奈川、京都など他府県の文化施設8カ所の視察を行い、その結果等を検討し構想をまとめた。それは、<u>センターを構成する施設を図書館、美術館兼博物館、体育館、音楽ホールとし</u>、それらの施設が相互に有機的な連携をもち、文化エリアとしての機能をもつようにするというものであった。（下線筆者）

　当該計画では、文化センターを「図書館、美術館兼博物館、体育館、音楽ホール」から構成するものとしており、取りも直さず静岡県が県立の博物館・美術館の建設を計画していることが把握できる。草薙の地には、後年になって静岡県立中央図書館と静岡県立美術館が開館している。しかし、本計画に於ける「静岡県文化センター」は、その構成要素の半分である体育館、音楽ホールの機能を兼ねるものではなかった。実際に、静岡県文化センターとして運営されているものは図書館及び美術館であり、同一組織としての体育館、音楽ホールは建設されていない。しかし、静岡県立中央図書館と静岡県立美術館は草薙の地に隣接して存在しており、またやや離れて静岡県草薙総合運動場や静岡県コンベンションアーツセンターが建設されたことから、より広域的な範囲に於いて文化ゾーンを形成し、当初計画である文化・教育の中心的な存在となって

いる。

　その後しばらくは、県立の博物館設置計画に大きな進展は見られなかった。しかし、昭和54年になると、静岡県議会の100年記念事業の一環として県立館の建設計画が再燃する。これは、静岡県議会100年記念事業調査特別委員会に於いて、美術館の建設を記念事業の一環に加えることが決定されたことに起因する。同年11月には、静岡県立美術館建設基本構想が決定し、翌年には県教育委員会事務局に美術博物館建設準備室が設置され、県立美術館の設置に向けて資料の収集等の準備を開始した。当初、美術館の建設用地として静岡市駿府公園が検討されていたものの、予定地の地下に中世の遺跡が確認されたことから、昭和58年6月に建設予定地を変更し、静岡県文化センター内に建設を行うこととなった。これらの経緯を経て昭和59年に着工し、昭和61年に静岡県立美術館は開館したのである[27]。

写真5-2　静岡県立美術館（筆者撮影）

　静岡県議会100周年記念事業に伴う計画では、当初計画より「美術」をテーマとする博物館建設を意図しており、昭和38年の文化センター建設計画時の「美術館兼博物館」からより焦点を絞った館種設定がなされている。また、昭和61年に県立美術館が開館した一方で、同年の静岡県新総合計画には「博物館構想の推進」という項目が立てられ、文献調査や有識者との博物館構想懇話会による検討を開始するなど、美術館とは別の県立博物館組織建設計画が始動していることも特筆できる点である。当該計画は、紆余曲折と長い年月を経て、ふじのくに地球環境史ミュージアムとして結実したことは、前章で述べたとおりである。

小　結

　このようにして、静岡県立の博物館組織は発足したのであるが、県立の博物館組織を有する他の県に比べても設置が遅い傾向にある。また、県立館の始まりが美術館という例は特徴的であり、全国的にも特異な県であると考えられる。この背景には、明治時代より県が博物館設置を先導せず、静岡県として県立組織の設置・運営に積極的でなかった歴史が存在しているのである。椎名仙卓の『博物館学年表―法令を中心に―』によると、明治期の日本には北海道、宮城県、埼玉県、新潟県、石川県、愛知県、滋賀県、京都府、大阪府、島根県、広島県、

香川県、福岡県、長崎県、鹿児島県に道府県立の"博物館"の名称を用いる組織が誕生し、またほとんどの道府県に県立物産陳列館が設けられるなど、各地方自治体に県立組織を設置する意思が強くあったことが窺える[28]。

　一方静岡県では、県としての統一施設を設置する意識は相対的に希薄であった。静岡県は、駿河・遠江・伊豆の旧三国から構成されていることは周知のとおりであるが、その旧国意識は現在においても県民に根深く残っており、各地域で全く異なる文化圏を形成しているといっても過言ではない。抑々近代初期に静岡県に合併したことから、明治〜昭和初期は現在以上に旧国意識が残っていたと考えられる。実際、本県の物産陳列館を例にとった場合、明治初期に県立館が静岡市に設立されたものの、明治22年（1889）には閉館し、その後明治34年に「物産陳列場補助規定」を県が制定することで、県が市町村を補助する形で複数の物産陳列館が誕生した歴史を有する。これは、同一県域になった旧国住民の意識を汲んだものと思われ、統一的なものを作るのではなく、各地の代表的な都市に地域を統括する施設を設け、県の認可のもと各地が自由に活動するように企図したものと推測される。例外的に、大正14年（1925）に開館した静岡県立の図書館である県立葵文庫は、元々が徳川家に関わりがあったことから、その本拠地であった静岡市に設営され、改修・移転ののち県立中央図書館として現在に至っている。

　さらに、それぞれの地域に固有の歴史・自然・文化があり、どこを主軸とするかが問題であったことは前章で述べたとおりである。これに対し美術館は、設置場所に展示上の制約は無かったのである。何故なら地域ゆかりの画家や、富士山などの特定地域を描いた作品は存在するが、それらには可動性があり、歴史や自然環境のように地域と不可分の存在ではないからである。また、県立美術館として、県内ゆかりの作品を網羅的に集めるのであれば、そこに旧国意識は影響しづらいと推定される。つまり、県立の博物館施設を作る際に、県立館として軽佻浮薄にならず、旧国意識を考慮して最も角が立たない館種が美術館であり、そのような背景から県立美術館が他の博物館を牽引するという本県独特の構造になったものと考察できる。

　また、民間に於いて戦前より積極的な博物館運営の例が確認でき、昭和28年の磐田市立郷土館の開館以降、市町村立の博物館の増加により、地域の歴史や風土の研究・展示を現地で担うという構造が確立されていったことから、中央組織としての県立博物館があまり意図されなかったものと推定される。

2　平成初期の伊豆半島における美術館の乱立

　戦後の静岡県における美術館の傾向として、伊豆半島に多くの美術館が集中する傾向が見出せる。平成 28 年（2016）11 月までに静岡県東部地域に開館した美術館は、77 館が確認でき、その内伊豆半島に設営されたものは、62 館を数える。静岡県下の美術館設立総館数は 114 館なので、全体の約半数が伊豆半島に存在するのである。さらに、伊豆半島に設営された美術館は、全体の 9 割が私立館であり、また全体の 8 割強が観光型の様相を呈している点が共通する特徴である。

　伊豆半島の中でも、さらに伊豆高原の美術館群は、昭和 50 年（1975）開館の池田 20 世紀美術館を皮切りに平成初頭より爆発的な増加をみせ、閉館したものを含めて 43 館もの美術館が設立された。表 5-1 は、伊豆高原周辺に開館した美術館を集成したものである。

　抑々「伊豆高原」とは、伊豆急行による鉄道敷設に伴う別荘・リゾート開発の過程で付けられた名称であり、本来の地域は伊東市の八幡野地域とその周辺を指す。元々の当該地域は、沿岸部では漁業、山間部では林業を生活の基盤としてきた。しかし、昭和 36 年の伊豆急行開通に伴い、状況が一変する。当該地域は、温暖湿潤な気候と首都圏からの好アクセス地である地理的条件を有し、また大室山や一碧湖をはじめとした景勝地が存在している。さらに、各種スポーツが楽しめる施設がすでに整っていたことから、首都圏近郊の観光地として別荘開発がはじまり、第一次産業主体の地域から第三次産業へと経済主体が移ったのである。

　当該地域では、まずニチレキ株式会社創業者の池田栄一の寄付によって池田 20 世紀美術館が開館されるが、その後しばらくは美術館設立が低調であった。しかし、別荘開発が一定の成熟を迎えた平成 4 年ころから美術館設立ラッシュがおき、表 5-1 に示した通り平成 12 年までに 30 館近くの美術館が開館したのであった。これらの美術館設立の背景については、古本泰之が「観光地域における「芸術活動」の観光資源化としての美術館集積」において詳細に分析している[29]。古本によると、1970 年代以降の別荘地開発の中で、何人かの芸術家が伊豆高原に拠点を置いて活動するようになり、芸術家間の交流から他地域からの芸術家の流入を招き、さらにそこに一般の芸術愛好家が別荘を持つようになったとしている。さらに、昭和 63 年に芸術家・エッセイストの谷川昇一・宮迫千鶴夫妻が伊豆高原に拠点を置いたことが契機となり、さらなる芸術関係者の流入を促すとともに、湯布院温泉で開催されていた「アートフェスティバ

第 5 章　美術館構想と静岡県における発展

開館年	美術館名	備考
昭和 50 年	池田 20 世紀美術館	
昭和 53 年	工房やまざき	ギャラリー主体
平成 2 年	宝生庵内田美術館	閉館か？
平成 3 年	人形の美術館それいゆ	平成 27 年閉館
平成 4 年	伊豆高原切り絵美術館	平成 20 年閉館
平成 4 年	プッペンハウスヨシノ	平成 21 年閉館
平成 5 年	伊豆ガラスと工芸美術館	
平成 5 年	伊豆高原メルヘンの森美術館	
平成 5 年	伊豆高原美術館	平成 22 年閉館
平成 6 年	ワイルドスミス絵本美術館	
平成 6 年	伊豆一碧湖美術館	平成 22 年閉館
平成 6 年	伊豆高原陶の華美術館	平成 16 年閉館
平成 7 年	阿部和唐陶芸館『土火天』	平成 26 年閉館
平成 7 年	伊豆テディベア・ミュージアム	
平成 7 年	グラスマレライミュージアム城ヶ崎	
平成 7 年	芸術の森ろう人形美術館＆メキシコ館	
平成 7 年	伊豆オルゴール館	
平成 8 年	アンティーク・ジュエリー・ミュージアム	
平成 8 年	伊豆高原からくり時計博物館	
平成 8 年	伊豆高原陶磁・ガラス美術館やんもの木	
平成 9 年	村上康成美術館 Breezing	
平成 9 年	伊豆高原ジュディ・オング資料館	
平成 9 年	松田賀江ふるさとの木美術館	
平成 9 年	伊豆一碧湖香りの美術館	平成 21 年閉館
平成 10 年	創作人形館ミワドール	
平成 10 年	岩崎一彰・宇宙美術館	平成 28 年閉館
平成 10 年	セキグチドールガーデン	平成 13 年休館
平成 11 年	天使の美術館	平成 25 年休館
平成 11 年	パリ装飾美術館　ファッション館	平成 25 年休館
平成 12 年	アトリエ・ロッキー万華鏡館	
平成 12 年	野坂オートマタ美術館	
平成 12 年	高橋京子花の絵美術館	
平成 13 年	伊豆高原モダンアート美術館	
平成 15 年	怪しい少年少女博物館	
平成 15 年	アフリカンアートギャラリー（現、感無料ミュージアム）	
平成 16 年	伊豆高原ドールガーデン	平成 19 年休館
平成 18 年	伊豆高原ステンドグラス美術館	
平成 19 年	人間国宝美術館	
平成 20 年	森のぞうがん美術館	
平成 20 年	兵馬俑博物館 HAO 伊豆高原	平成 25 年閉館
平成 25 年	崔如琢美術館	
平成 26 年	象牙と石の彫刻美術館〜ジュエルピア〜	
不明	トンボ玉工芸館	

表 5-1　伊豆高原に設立された美術館一覧（閉館年はわかるもののみ記載）（2016 中島作成）

ルゆふいん」を参考とした「伊豆高原アートフェスティバル」が平成5年より開催されることとなった。同イベントは、谷川をはじめとした地域住民・別荘住民が実行委員となり、別荘・宿泊施設・物販施設などの既存施設を会場として芸術作品を展示することで、外部からの観光客だけでなく地域住民を中心としてより多くの人々が参加できるように計画された。同イベントでは、初年度に約10万人を動員し、また同じ時期に伊豆高原駅周辺のいくつかの美術館がブームとなったことで、「伊豆高原＝芸術振興の地」としての印象付けがなされ、平成初年代の美術館設立ラッシュへとつながったと古本は考察している。そして、池田20世紀美術館設立から芸術家の製作拠点が集まり始めた1970年代後半を原初形成期、さらに芸術家が集まり、既存の美術館を中心に活動を始めた1980年代を萌芽期、谷川夫妻が拠点を移し、伊豆高原アートフェスティバル開催に至る80年代末から90年代初頭を開花期、美術館設立ラッシュの時代を成長期に位置づけている。

　しかし、2000年代以降新たな美術館建設は低調となり、平成28年までに設立された館はわずかに10館を数える程度である。また、当該地域に設営された美術館群は、2000年代以降閉館・休館する例が非常に多い傾向にある。表5-1には、現在わかっているだけで10館もの美術館が閉館・休館状態にあり、表5-1の館の中でもWEBサイトが存在していなかったり、古い情報しか残っていなかったりする美術館が複数存在することから、実際の閉館・休館数はさらに多いと推定される。

　美術館が爆発的に増えた時期は、ちょうどバブル経済の終末期にあたり、豊富な資金を背景に日本全国で開発ブームが起きていた時期にも合致する。美術館がブームとなり、芸術の地としてイメージ付けられた伊豆高原にそれを目当てにした観光客が集まり始めると、二匹目の泥鰌を狙って新たな施設が設立され、それにより美術館が一定地域に集中する現象が起こったのである。特に当該地域に設営された美術館は、バブル期にもてはやされた西洋絵画や、西洋由来の資料（ガラスや時計、ドール類など）を展示テーマとする傾向にある。これらの展示は、バブル期の欧州志向を反映し、普段の生活と離れた旅行・観光に際して非日常感を演出する装置として機能したと考えられる。伊豆高原の観光資源たる美術館群は、知的な体験を目的とするものである。当該地域は、元々が別荘地として開発されたこともあり、自然環境は良くても固有の文化資源は相対的に少なかった。つまり、文化資源の少ない地域を、特定の意図に基づいて観光開発してできたのが伊豆高原とも換言できる。そして、別荘の所有者や

"別荘地"という雰囲気に合致した観光資源として、美術館が用いられたとも考えられる。これらの美術館の対象は、とりもなおさず成人層であり、遊園地や動物園・水族館、ショッピングモールなどとは異なり、ハイクラスで落ち着いた印象の創出を意図していたと観察される。このイメージを具現化するために、建物や樹木を含めて街を修景し、その構成要素として文化的な施設である美術館を求めたのである。同じ文化施設でも、図書館や公民館は地元志向のイメージがあり、また郷土博物館は、考古資料や民俗資料などの展示から、土の匂いのする野暮ったいイメージを持たれがちである。これに対し美術館は、絵画や彫刻など日常生活で必ずしも必要ない美しい品々を展示することから、洗練された印象を持っている人々は少なくなかろう。別荘のある観光地にて、西洋諸物品を中心とした美術館を観覧することは、あたかも西洋諸国へ旅行しているかのような疑似体験を抱かせる非日常性の提供であり、このような意図のもとに諸美術館の展示が企画されたとも考えられる。高級な印象の街に、洗練されたイメージを持つ施設を設置することで、知的・文化的な観光を提供しようとしたことから、当該地域が美術館の集中した地になったと考察できるのである。

　一方で、観光型美術館の展示は、リゾート・観光地を訪れる青年層をも意識したとも考えられる。著名な観光地の土産物にガラス細工やオルゴールなどが多いことからも理解できる通り、これらの展示は非常に集客効果が高い。例えば、北海道小樽市の運河周辺には、近代建築の内部を再利用してガラス館やオルゴール館に仕立てたものが、商店街に密集していることは周知のとおりである。観光客の心理として、旅行に行ったのであれば、何か土産を買いたいと思うのは一般的であろう。その土産として、色彩や音色に優れ、装飾性の高いガラスやオルゴールなどは、とりもなおさず観光客の眼を引き、普段は購入しないが比較的安価且つ軽量であることから、旅先ゆえの購入意欲を刺激するのである。また青年層は、リゾート・観光地に「芸術」を求めるのではなく、「観光の対象としての「おもしろさ」「きれいさ」「かわいらしさ」を求めている」との意見も存在する[30]。観光地の美術館は、資料の持つ綺麗な外観や優れた音色など感性に訴えかけるモノを収集・展示し、その集客能力を活用した営利的な目的で運営されている施設群であると換言できよう。

　しかし、美術館の集中が進むにつれて、似通った展示内容を持つ館が増加し、展示に供する資料の質や展示技法などが館同士で対比されることで、自然と淘汰されていったのである。また、当該地域に設営された美術館群は、入館料が

凡そ800円〜1,000円程度であり、複数の館を見学すると非常に高額な入館料を払うこととなる。この入館料設定により、複数の美術館を見学しようとする意志を阻害し、各美術館の入館者数の分散や減少を招いたと考えられる。観光客の興味を引かない美術館は、必然的に入館者数が減少し、結果的に閉館・休館する館が発生したのである。

第3節　静岡県下の美術館の傾向

地理的環境と美術館　本県美術館の傾向としては、第一に美術館同士が分散せず、特定地域に集中して設立されることが挙げられる。先述の伊豆半島の例は勿論、中部地域では静岡市（設立数14件中11館）に、西部地域では浜松市（設立数21件中8館）・掛川市（設立数21件中9館）に夫々美術館の集中が確認できる。伊豆半島では、観光資源の一つとして美術館が位置づけられたことは前節で述べたとおりである。一方で、静岡・浜松市に美術館が集中するのは、両者が政令指定都市かつ静岡県中部・西部地域の中核を成す都市であり、両市の社会教育機関として、或は企業の有する企業美術館や当該地域の娯楽施設として設立されたことから、必然的にその数が多くなったと理解できよう。また掛川市は、戦国期より掛川城の城下町として栄え、江戸期には東海道の掛川宿と日坂宿の2つの宿場が存在し、多くの歴史資料や美術資料が遺存している。現在では、東名高速道路掛川ICや東海道新幹線の掛川駅が所在し、交通の要衝であることから多くの企業が進出している地域でもある。このように、元々資料が遺存しているという博物館資料に優れている点があり、また外部からのアクセスが良好であることから、企業美術館の設立や「ねむの木こども美術館」の移転を誘発し、結果的に美術館数が多くなったと考えられる。

全国的な美術館設置の時代的背景　第二の傾向として、昭和50年代〜平成10年代にかけて公立・私立ともに美術館設立の集中が挙げられる。抑々、我が国の公立美術館は、財団法人地域創造が平成21年（2009）に公表した『これからの公立美術館のあり方についての調査・研究報告書』によると、高度経済成長期の1950年代〜70年代にかけて数が増えはじめ、80年代〜2000年代前半にその設立数は飛躍的に増加している[31]。また、昭和40年代より都道府県立美術館の建設が各地で始まり、長野県信濃美術館（昭和41年）、秋田県立美術館（昭和42年）、広島県立美術館（昭和43年）、和歌山県立近代美術館（昭和45年）、栃木県立美術館（昭和47年）、千葉県立美術館（昭和49年）などが開館したこ

とが、公立美術館設置の先駆けとなったのである。実際に、終戦から昭和30年代では、神奈川県立近代美術館(昭和26年)と富山県民会館美術館(昭和39年)以外の都道府県立美術館は確認できず、40年代より増加を初め、50年代～平成10年代にかけて飛躍的に増加、平成20年代以降は新規開館が一段落し、秋田県立美術館の移転開館（平成25年）や大分県立美術館の新規開館（平成27年）に留まるといった変遷が見られるのである。

　当該時期の飛躍的な美術館建設の背景には、全国的な博物館の増加に関わる点と、美術館増加思潮のみに影響する2つの要因が存在していると考えられる。

　文部科学省の『平成20年度 日本の博物館総合調査研究報告書』によると、当該時期の全国的な博物館の増加は、昭和47年（1972）に発表された「日本列島改造論」や昭和52年の「第3次全国総合開発計画」による開発の拡大に伴ったものと指摘されている通り[32]、全国的な開発に伴い、埋蔵文化財の発掘調査が盛んに実施されたことや、街の都市化・画一化に伴って消えゆく地域文化の保存を目的とした国や地方自治体、民間の動きによって様々な資料が蓄積されたことが、博物館設立の原因の一つである。博物館設立の過程で、地域文化資源の所在調査・研究を行った際に、地域の偉人やゆかりの作家などを再確認し、その資料・作品を発掘することで博物館として設立された郷土博物館は多く、その中で長野県の箕輪町郷土博物館のように地域の作家・美術資料を展示する館も存在するのである。また、昭和51年4月に地方交付税の単位費用算定基礎に博物館費が計上されたことや、昭和52年4月に文部省が社会教育施設活動促進費補助の対象に博物館活動を計上したこと、さらには昭和45年より開始された歴史民俗資料館建設補助や平成3年4月に開始された私立博物館の整備充実のための日本開発銀行等の低利融資制度活用の導入など、資金面での優遇措置があったことも博物館増加の一因であったと言えよう。

　しかし、美術館の増加に関わる最大の要因としては、美術に対する日本国民の関心の高揚が挙げられよう。日本全国に美術館が増加を始める少し前の時期には、海外の至宝を公開する展覧会が多数開催された。昭和39年には、国立西洋美術館でミロのヴィーナスの特別観覧が開催され、昭和40年にツタンカーメンの黄金のマスクが、昭和49年にレオナルド・ダ・ヴィンチの「モナリザ」が東京国立博物館で公開されたほか、マスメディアが催事の状況を報道し、またそれらが地方の博物館等へ巡回展示することで、博物館・美術館に対し関心の無かった人々の来館をも促したのである。

　さらに、昭和45年に開催された日本万国博覧会は、人々を美術への関心を

第3節　静岡県下の美術館の傾向

向上させた一つの要因であったと推測される。日本万国博覧会では、会場に万国美術館が設けられ、「万国美術展」と題する展覧会が開催された(33)。日本万国博覧会は、我が国で初めて開かれた万国博覧会であり、パビリオンに展示された各国の物産・資料は、日本国民に驚きをもって受容された。また、万国美術館の展示によって、世界の様々な地域の美術文化と直に触れ合う機会が与えられ、それをきっかけに海外の美術に関する注目は高まったのである。

これらの展覧会の開催を一つのきっかけとして、それまで富裕層などの特定の人々の愛玩対象であった美術品が、博物館・美術館に行くことで一般市民でも観覧できるものとの認識へと変化したのである。そして、大都市だけでなく、地方都市においても美術鑑賞が望まれるものとなり、結果として美術館の増加に影響したと考えられる。

また、美術に関する関心を高めた要因としては、昭和60年代〜平成初年代の所謂バブル景気の時代に、投資を目的とした美術品購入や、オークションなどで作品が高額で落札されたことをマスメディアが報じたことなども、国民の美術への関心が高まった理由として挙げられる。例えば、昭和62年に安田火災海上がゴッホの「向日葵」を3,992万1,750ドルで競り落としたことや、平成2年に大昭和製紙の齊藤了英名誉会長が同じくゴッホの「医師ガシェの肖像」を8,250万ドルで落札したことは、当時非常に話題となった。またバブル崩壊後にそれらが不良債権となって問題化したことや、海外からの買戻しなどが現象として観られたが、当該時期は、投資目的で美術作品を購入することが横行しており、美術作品に関する注目は否応なしに高まったと考えられる。

他方では、平成6年から放送が始まったテレビ番組「開運！なんでも鑑定団」も、国民の美術意識向上に大きな影響を与えたことは否定できない。当該番組は、視聴者から美術・工芸・考古・岩石など様々な資料の鑑定依頼を募り、それを番組側の専門家が鑑定し、その価値を専門家が売却したい金額として提示することでエンターテインメント性を持たせたものである。千田敬一は、「私立美術館の現状と課題」において、当該番組を以下のように評している(34)。

　　余談になるがテレビの「何でも鑑定団」は、美術価値を測るには貨幣価値に置きかえればよいという感覚を倍増して見せている。人気あるものは高価で、良いものでも人気がないと安価になるという現実を毎回見せてくれる。そして、美術的価値を貨幣価値に置きかえる緊張感と醍醐味は、博打にも似て人気がある。（中略）美術品を背後で支えている人間の感性を貨幣価値に置きかえることを、昔の日本人は下品なこととして避ける謙虚さ

175

を持っていた。今では総ての価値を一番わかりやすい金銭に換算して、自ら苦労することなく総てを判断しようとする。

筆者も、鑑定品に金額をつける必要は無いと考えるが、当該番組の放送によって美術・骨董分野の垣根が、一般市民へも広がったことは確かであろう。毎週放送される番組の中で、依頼人が持ってくる"お宝"に関して番組側からの解説が必ずあり、そこでモノや作者の解説が行われる。従来、美術史上著名であっても、一般的に認知されていなかった美術作家を紹介し、一般市民へ普及させた点は評価に値しよう。また、それまで"ただ古い書画"として認識されて捨てられてきた旧家伝来の掛軸・巻子などに関する認識を変え、"もしかしたら価値のあるものかもしれない"と思わせることで、史料への意識を想起させ、多くの古物を保護するきっかけとなったことは、間接的な文化財レスキューとも換言できるのである。

静岡県中・西部の美術館設置に関わる傾向　上記の全国的な傾向を踏まえ、静岡県下の美術館に目を向けると、静岡県中部・西部地域の美術館は、ほぼ全国傾向に沿った形で設立されたことがわかる。両地域では、戦前期の3館と昭和46年の駿府博物館、浜松市美術館を除き、昭和50年代〜平成10年代にその開館は集中している。駿府博物館は、徳富蘇峰の弟子で静岡新聞社・静岡放送を創設した大石光之助が計画し、"静岡県民に奉仕する社会教育施設の実現"を目指し、自ら収集した美術品と基金を寄付するとともに、旧静岡新聞社社屋を提供することで開館した[35]。一方、浜松市美術館は、浜松市の市制60周年を記念して計画され、明確な県下初の公立美術館として浜松城公園内に開館した[36]。

これをきっかけに、静岡県中部・西部地域では、美術館建設が推進されていくのであるが、当該地域の美術館は既にコレクションとして成立していたものの受贈により設立される傾向が見出せる。例えば、昭和56年に開館した静岡市立芹沢銈介美術館は、日本の染色会の代表的人物であった芹沢銈介より、郷里の静岡市に作品とコレクションが寄贈されたのを機に建設された[37]。平成10年開館の掛川市二の丸美術館は、煙草道具や刀装具などの工芸品を中心とした木下コレクションと、横山大観や伊東深水などの近代日本画を主とする鈴木コレクションをベースに常設展が形成されている。また、平野素芸と憲の父子二代にわたって収集したコレクションをもとに平成元年に設立された平野美術館や[38]、資生堂が文化芸術支援活動の一環として、東京・銀座の資生堂ギャラリーを会場に開催してきた展覧会の出展作品をコレクションとして展示する資

生堂アートハウスなど、企業美術館は創業者や会社が収集したコレクションをベースに設立されることが一つの傾向となっている。このように、既にコレクションとなっている美術資料を流用する場合、収集のコストや手間を省くことができ、躯体のみ用意するだけで開館させられる比較的手軽な手法だったのである。

　一方で、常葉学園に設立された常葉美術館や、ねむの木学園のねむの木こども美術館など、在籍する学生・生徒の作品を主たる展示資料とする館も設立された。これらの美術館は、在籍者が作品を制作し、その展示・公開の場を提供する"制作型美術館"とも換言できる施設であり、とりもなおさず購入・交換などの資料収集活動は低調である。したがって、当該時期の中部・西部地域の美術館は、開館後の資料の収集をあまり意識しないという傾向も同時に見出すことができるのである。

静岡県東部の美術館設置に関わる傾向　東部地域の美術館は、昭和30年代からの10年毎には僅かに2～4館程度が開館したに過ぎないが、昭和50年代～平成10年代に爆発的に数が増加したのち、平成20年代には年に1館程度新設され続けているのである。昭和50年代～平成10年代の増加傾向は、全国傾向に合致するものの、東部地域で着目できるのは、戦後美術館が断続的に開館していることである。東部地域では、昭和32年に開館した救世熱海美術館を嚆矢とし、77館もの美術館が設立されてきた。一方で、当該地域の美術館は、他の二地域と比べ閉館・休館した館が非常に多い点も指摘できるのである。

　これらの特徴は、やはり"観光"を意図した美術館が殆どを占めるという、東部地域の特異な傾向に起因する。美術館の属性を研究型と観光型に分類した場合[39]、中部地域では研究型と観光型の割合が拮抗しており、西部地域では研究：観光の割合が2：1の割合で存在、東部地域では1：6の割合で観光型の数が多い。

　この傾向は、伊豆半島を中心として静岡県東部地域が著名な観光地であり、その観光資源として美術館が増加したことに由来する。当該地域は、北に富士山を有し、中央部は韮山や修禅寺、天城などの歴史・文学の分野で著名であり、沿岸部には熱海や伊東などの温泉地や、伊豆白浜・富戸・大瀬崎など海水浴・マリンレジャーで有名な地域が存在し、当該地域そのものが大きな観光地として認識されているといっても過言ではない。抑々当該地域は、近代以降観光とともに発展してきた歴史を有している。明治・大正期には、熱海の良好な温泉と風光明媚な風景を求めた都市部の富裕層の別荘地として栄え、大正14

年（1925）の熱海線開通と昭和9年の丹那トンネル開通によって東海道本線が熱海駅に停車するようになり、東海岸地域の発展が加速した。

　伊豆半島以北の地域は、江戸期から東海道の宿場として、三島・沼津・富士といった地域が発展していたが、あくまで第一次・第二次産業が主体で、観光産業は殆ど鑑みられることは無かった。一方、戦前期の伊豆半島中部は、明治31年（1898）に豆相鉄道（現、伊豆箱根鉄道）が営業運転を開始し、また大正13年には三島駅～修善寺駅間が全線開通したことで[40]、首都圏から東海道本線経由で容易に訪れることのできる静養地や別荘地として、長岡温泉・修善寺温泉・湯ヶ島温泉などが注目された。しかし、伊豆半島の沿岸部や山間部は、交通網もさほど発達しておらず、温泉が湧出する以外に特に特色を持たない寒村が殆どで、そこに余暇を楽しむために観光客が訪れることは無かった。当該地域の観光地化が始まったのは、戦後以降である。

　戦後の伊豆半島では、昭和36年の伊豆急行開通に伴い、伊東―下田間にようやく鉄道が敷設された。伊豆急行の開通に伴い、東京発の準急「伊豆」「おくいず」が伊豆急下田駅まで運行することとなった[41]。また、伊豆箱根鉄道駿豆線（当時は駿豆鉄道）には、昭和24年より準急「いでゆ」が、翌年からは準急「あまぎ」が乗り入れを開始し、昭和40年には岐阜県大垣駅からの準急「するが」が、昭和42年には常磐線平駅からの急行「常磐伊豆」が停車するようになった。さらに、昭和39年には、東海道新幹線が開通し、県内では熱海・静岡・浜松の3駅が開業したこともあり、静岡県東部・伊豆地域は東京をはじめとして様々な地域からのアクセスが良好になったのである。

　一方で、昭和40年代以降のモータリゼーションの発展に伴い、昭和37年の伊豆スカイライン開通や、昭和44年の東名高速道路全面開通などによって、東部・伊豆地域も道路整備が進展した。これらの交通網の拡充に伴い、外部からのアクセスが容易になったことが、当該地域の観光地化に直截に影響したものと把握出来よう。

　さらに、交通網の拡充に伴って外部からのアクセスが向上すると、当然の如くビジターを当て込んだ観光開発が開始される。先述の伊豆急行株式会社による伊豆高原の別荘地化や、三島・御殿場・裾野や伊豆半島の山間部を中心としたゴルフ場開発、熱海や伊東、沼津など伊豆北部沿岸のマリーナ開発など、所謂リゾート開発の基本的なスタイルをもって開発が進められた[42]。東部地域の観光型美術館は、その開発の流れに呼応し、観光地での娯楽のために各地に建設されたのである。ゴルフ場やマリーナなどは、やはり楽しむことのできる

層が限られており、それらを興味対象としない人々に対する娯楽が必要となり、そこで出現したのが子供を中心にあらゆる層に人気のある動植物園や、「おもしろさ」「きれいさ」「かわいらしさ」を提供してくれる美術館だったのである。特に美術館は、様々な年代層に対応でき得ることや、雨天時にも観覧できること、また居住地では体感できないような独特なテーマの資料・作品を観覧できることが要因となって、当該地域をはじめとする観光地に増加したのである。

観光型美術館増加の背景　観光型美術館増加の背景には、博物館ではなく美術館を求める日本人の感性と、美術館を呼び物にしようとした観光意識・商売意識が存在する。一つの傾向として、日本国民は、一般的に博物館よりも美術館を求める傾向がある。朴燦一らが平成10年に行ったアンケートに基づく「博物館のイメージ特性分析」によると、特に郷土博物館は、暗く沈滞化し地味でつまらないとのネガティブなイメージである一方、美術館は「美しい」「豊かな」「すっきりとした」「オリジナリティーのある」など好意的なイメージが強い傾向が見出せる[43]。また、博物館は、子供の頃や小学校の授業で訪れたが大人になってからは行かない、或は興味のある特別展のときのみ行くといった印象が強いが、美術館は余暇・レクリエーションやデートの場として、大人になってからも活用するとの印象があり、同じくモノを用いた教育機関でありながらも対照的な印象が持たれているのである。

　「美しいもの」「珍しいもの」を展示する美術館が好まれるようになったのは、我が国の博物館成立史にも原因がある。我が国の博物館の一系統は、湯島聖堂で行われた博覧会や内国勧業博覧会の美術館などをきっかけに設立され、その当時から展示する内容は「美しいもの」や「珍しいもの」であった。これらのモノを、より美しく見えるようにライトアップし、観覧者の感性に基づいて見学させると云う提示型の博物館の基本が、この時代に完成したのである。このような展示は、のちの帝国博物館に引き継がれ、東京帝室博物館、東京国立博物館へと連綿と続いていった。同時に、「美しいもの」や「珍しいもの」を見せる施設は、博覧会の地方開催や国立博物館の京都・奈良への設置、博物館に関する情報の伝播によって全国へ広まったのである。また、明治期以降、西洋美術の流入に伴い、デパートや展示館を用いた展覧会が盛んに開催された。大正15年に開館した東京府美術館（現、東京都美術館）が、展覧会の開催の場たるギャラリーとして設立されたことからも、その影響が確認できるだろう。美術展覧会は、一般市民への美術鑑賞の場を提供し、楽しみのために美術を見に行くとして、教養的な余暇の過ごし方を人々に定着させたのである。そして、

大都市圏を中心に、美術を展覧する場所としての"美術館"が発生し、徐々に地方へと伝播していったのである。

こうして、教養的に余暇を過ごす場として定着した"美術館"は、地域住民の設立要望を追い風に、昭和40年代以降の全国各地の公立美術館設置へ繋がっていった。郷土博物館の設置であれば、その必要論等について自治体内でも意見が分かれたのであるが、美術館の設置の際には、民意があったことから比較的スムーズに計画が進行したように観られる。

これに対し、地域の資料を取り扱う郷土博物館は、昭和初期から隆盛する郷土教育・郷土研究の思想に基づき、全国的な展開を見せる。それまでには、道府県が県立の博物館を設立する例や、学校に展示専門の部屋を設けるもの、或は個人的に収集した地域の資料を保存・公開する博物館などが存在したが、その数は限定的であった。昭和初期の郷土教育運動の隆盛によって、師範学校を中心に様々な研究が実施され、その成果の公開の場として郷土博物館が全国各地に設立された。これらの施設は、とりもなおさず"教育"を目的に掲げており、余暇を過ごすための場所とは認識されなかった。戦後、これらの郷土博物館の多くは廃止されたが、登呂遺跡などの重要遺跡の発掘に伴う遺跡博物館の設置や、歴史民俗資料館の設置に関する補助金等の助成金頒布などを背景に、全国に郷土博物館は増加したのである。しかし、これらの郷土博物館は、殆どが地域住民によって望まれて設置されたものではない。郷土博物館の展示は、所在する地域をテーマとするところから、地域の自然・歴史・民俗を扱うことが多い。この展示は、決して美しいものばかりではなく、やはり教育的な意図に基づく展示であったことから、地域住民への直截な楽しみの提供ができず、余暇を過ごす場に成り得なかったのである。

さらに、全国的な美術館拡散を背景に、美術館を観光・商売の呼び物に活用した事例が増加した。本県においては、伊豆高原の美術館群が主に該当するが、これ以外にも長野県安曇野の美術館群や栃木県那須高原の美術館群、兵庫県神戸市の洋館と美術館群など、複数の地域で確認できる。これらに共通するのは、①元来別荘地や居留地、開港地など一般庶民の生活とは異なる歴史・性格を持ち、それが観光地として転用された地域に所在する点、②モノを用いた教育ではなくモノを見せて収入を得る点、③西洋アンティークや絵画、あるいはトリックアートなどを展示することで非日常性を演出する点などが挙げられる。これらの美術館と称する施設は、美術鑑賞・美術体験が金になると目論んだ多種多様な団体・企業によって設立された営利施設であり、地域は違えど

も似通ったテーマを掲げる例が多く（テディベアなどの人形類やステンドグラスなどのガラス類、オルゴール等の楽器類など）、とりもなおさず社会教育的な意図は皆無である。この背景には、近代から続く「楽しみのために美術を鑑賞」する日本国民の意識があり、また観光・旅行・余暇と云う非日常の出来事の中で、非日常性を楽しむ要素として「美しいもの」や「珍しいもの」の観覧が意図され、そこに目を付けた企業等によって観光・娯楽のための美術館が設立されたのである。

このように、我が国の博物館傾向の一つとして、近代より美術鑑賞を余暇の過ごし方とする風潮が生まれた。それに基づき、一般市民が美術館を嗜好する傾向が見出せ、それが公立美術館誕生の一端となった。さらに、美術を愛好する市民の趣向を捉え、観光・商売の一手段として美術館を利用する者が現れ、全国の様々な地域で実践されるに至ったのである。

観光型美術館の現状　しかし、観光資源として建てられたこれらの美術館は、館の運営のために営利を求めることから、集客数が低く採算の合わない美術館は否応なしに閉館することとなった。前節の伊豆高原の美術館一覧表にも示した通り、同地域ではこれまでに1/3もの美術館が閉館しているのである。これらの美術館が閉館する一方で、観光資源としての新たな美術館が当該地域に建設されたことから、現在までも断続的に美術館数が伸び続けている傾向が生まれたのである。これらの美術館の経営者やオーナー会社にとって美術館とは、集客力がありながらも動植物園ほど経費や手間のかからない娯楽施設との認識があるように思える。例えば、かつて伊東市には、ペンギン博物館と称される博物館が存在したが後に閉館し、その敷地と建物を利用して「怪しい少年少女博物館」なる施設が平成15年に開館している。また、平成16年には、閉館したセキグチドールガーデンを改修し、伊豆高原ドールガーデンが開館するなどが、当該現象の事例である。このように、一度博物館・美術館が閉館しても、同じ地域・同じ場所に博物館・美術館を再設営する例が実際に存在し、潰れては建ちを繰り返しているのが当該地域の観光型美術館の現状なのである。

まとめ

　静岡県下の美術館は、全国でも早い明治43年（1910）にその濫觴を見る。大正〜終戦直後までは、殆ど開館例は見られなかったものの、昭和30年代より徐々に設立数が増加し、昭和50年代〜平成10年代にかけて爆発的に増加

した歴史を有している。平成20年代以降は、昭和50年代～平成10年代ほどではないにせよ緩やかに増加を続けているのが特徴である。これは、一部の美術館が観光資源として捉えられており、閉館と開館を繰り返しながらも断続的に求められてきたことを示しているのである。

一方で、明治43年開館の静岡美術館は、県内の博物館施設に先駆けて社会教育を意図した施設であり、また昭和61年（1986）には初の県立の博物館施設として静岡県立美術館が開館しており、本県では"美術館"が県内博物館をリードしてきた特徴を見出せる。本県では、県立の歴史系あるいは自然史系博物館が長らく不在であったほか、公立の大型博物館が存在しないことから、静岡県立美術館が県下の博物館の代表となっているのである。隣接する愛知県においても、県立の博物館施設は美術館のみであるが、愛知県美術館と愛知県陶磁美術館の2館が県立館として存在し、また公立大型館である名古屋市博物館をはじめとして県域の多くの博物館が積極的な活動をしていることから、その状況は異なるのである。

このように、静岡県における美術館とは、一方では県下を纏める機関であり、調査研究・展示・普及活動に熱心に取り組んでいる施設がありながらも、大多数は小規模な営利・娯楽施設であり、その存在意義を公立館と私立館、さらには研究型と観光型で明確に対比できることが特徴的である。

註
(1) 靜岡民友新聞社　1909年12月20日付「靜岡市美術常設館」『靜岡民友新聞』
(2) 靜岡民友新聞社　1910年1月23日付「靜岡美術館設置さる」『靜岡民友新聞』
(3) 平松郁夫　2011年4月21日付「しずおか建築うんちく48」『静岡新聞』
(4) 中村 清　1936『民藝と濱松』開明堂　PP.1-30
(5) 立花義彰　1992「昭和14・15年の美術館建設計画について」『静岡県立美術館ニュース』No.25
(6) アトリエ出版社　1934『アトリエ』11巻12號
(7) 田中勝雄　1969「戰時体制下の洋画」『靜岡市史 通史編近代』静岡市　PP.906-907
(8) 静岡縣美術協會　1939「美術館建設事業と經過報告」『靜岡縣美術協會會報』第6號
(9) 清水柳太　1939「人格崇高の德を讚へて嶽陽記念館と翁三年忌展覽會」『駿遠豆』第十四巻七月號　PP.10-11
(10) 駿河一郎　1940「嶽陽翁記念館設立と在京縣人美術家の會合全國の洋畫家にこの美舉を知らしめよ」『駿遠豆』第十五巻新年號　P.28
(11) 青山木卯　1940「長尾嶽陽翁の偉業を永遠に記念する美術館建設の聲は翁を知る全國の作家に呼びかけられた」『駿遠豆』第十五巻五月號　PP.28-29
(12) 青山木卯　1940「嶽陽翁記念美術館建設の聲に呼應して全國作家は白熱して贊成」『駿遠豆』第十五巻七月號　PP.7-10
(13) 大阪毎日新聞社東京支店　1940年1月6日付「宮本翁皇紀の報恩喜壽の贈物"栖鳳館"彩管に結ぶ友情美はし」『東京日日新聞遠州版』
(14) 山本巴水　1940『宮本甚七翁傳』史傳研究所　PP.20-21
(15) 静岡新報社　1940年11月10日付「師弟愛を織込んだ美術館建設」『静岡新報』

（16）韮高百二十年編集委員会 編　1994『韮高百二十年』静岡県立韮山高等学校創立 120 周年記念事業実行委員会、佐野美術館 編　1993『龍城山下の芸術家たち静岡県立韮山高等学校 120 周年記念』
（17）静岡県立韮山高等学校 HP「龍城美術館」：http://www.edu.pref.shizuoka.jp/nirayamah/home.nsf/IndexFormView? OpenView
（18）立花義彰　2007「静岡近代美術年表稿 明治編（上）」『静岡県博物館協会研究紀要』第 31 号　静岡県博物館協会　PP.32-39
（19）静岡民友新聞社　1908 年 7 月 2 日付『戦捷紀念館開館式』『静岡民友新聞』
（20）静岡県教育会館 編　2006『静岡県教育会館五十周年記念誌』静岡県教育会館
（21）立花義彰　2006「静岡近代美術年表稿 明治編（下）」『静岡県博物館協会研究紀要』第 30 号　静岡県博物館協会 PP.56-77、同 2005「静岡近代美術年表稿 大正編」『静岡県博物館協会研究紀要』第 29 号 静岡県博物館協会　PP.12-31
（22）木綿良行　2003「わが国の百貨店の歴史的経緯とその評価」『成城大学経済研究』第 162 号　成城大学経済学会　PP.157-180
（23）三越　2005『株式会社三越 100 年の記録』三越　P.63
（24）種井 丈　2016「明治・大正期における三越の文化催事をめぐって」『國學院大學博物館學紀要』第 40 輯 國學院大學博物館学研究室　PP.35-57
（25）静岡新聞社　1942 年 12 月 11 日付『静岡新聞』
（26）静岡県立中央図書館　2005「沿革史・略年表」『静岡県立中央図書館報葵』創立 80 年記念号 PP.24-29
（27）静岡県立美術館　1986「沿革」『静岡県立美術館要覧』P.2
（28）椎名仙卓、青柳邦忠 編　2014『博物館学年表—法令を中心に—』雄山閣　PP.40-45
（29）古本泰之　2014「観光地域における「芸術活動」の観光資源化としての美術館集積—静岡県伊豆高原地域・長野県安曇野地域を事例として—」『日本国際観光学会論文集』第 21 号　PP.71-76
（30）並木誠士　2001「地方における美術館・博物館」『変貌する美術館 現代美術館学Ⅱ』昭和堂　PP.28-39
（31）財団法人地域創造　2009『これからの公立美術館のあり方についての調査・研究報告書』P.9
（32）文部科学省　2009『平成 20 年度 日本の博物館総合調査研究報告書』P.2
（33）吉中充代　1998「美術館の戦後の展開」『現代美術館学』昭和堂　PP.52-63
（34）千田敬一　2003「私立美術館の現状と課題」『博物館問題研究』No.29　博物館問題研究会　PP.1-11
（35）駿府博物館 HP「沿革」：http://www.sbs-bunkafukushi.com/museum/
（36）静岡県博物館協会　1999『しずおかけんの博物館』P.129
（37）静岡市立芹沢銈介美術館 HP「美術館沿革」：http://www.seribi.jp/facilities.html
（38）註 36 と同じ　P.130
（39）本書では、美術館の主体を、調査研究や美術思想の涵養・普及、作品の保存など、博物館の本来持つ機能に主体を置く場合を「研究型」とし、一方で営利に主体を置く場合や、個人コレクター・画家個人の自己顕示の場として利用されている美術館を「観光型」に分類した。
（40）森 信勝　2012『静岡県鉄道軌道史』静岡新聞社
（41）註 40 と同じ
（42）鈴木茂、小淵港編『リゾートの総合的研究』によると、「日本型リゾート」の特徴としてその画一性を挙げている。同書では、海洋型リゾート構想では、ゴルフ場・リゾートマンション（ホテル）・マリーナ、山岳型リゾート構想ではゴルフ場・リゾートマンション（ホテル）・スキー場の 3 点セットが基本的に構想されるとしている。ゴルフ場は、不動産開発による資産価値の拡大と投資資金の早期回収が可能で、ホテルは会員制リゾートマンションやコンドミニアムを建設する事により、地価や会員権の高騰などの資産価値の増大やその販売による譲渡所得の獲得を目的に開発されたとしている。（鈴木 茂、小淵 港 編 1991『リゾートの総合的研究—国民の「休養権」と公的責任—』晃洋書房 P.4）
（43）朴 燦一、田中みなみ、宮崎 清　1998「博物館のイメージ特性分析」『デザイン学研究』Vol.45No.2　PP.1-10

第6章　動物園発展の歴史と推移

　静岡県下では、大正8年（1919）の静岡博覧会に初めて動物園が設けられ[1]、また常設動物園としては昭和2年（1927）の狐ヶ崎遊園地での設置を嚆矢とする[2]。戦後になると、約70年間を通じて断続的に、県内各地で動物園が設立された。しかしながら、これまで本県の動物園について体系的・歴史的に述べた論は無く、その傾向についてはおぼろげにしかわからなかった。そこで本章では、これまでに設営された動物園の傾向を分析し、今後について展望することを目的とする。さらに、これまで知られてこなかった動物園についても取り上げ、その分析から動物園史上の意義について考察するものである。

第1節　静岡県動物園史の概況

本県における動物園の時代的傾向　表6-1は、これまで県内に設立された常設の動物園を一覧にしたものである。この表を参照すると、平成初頭からの約15年間を除き、断続的に動物園の開園・運営がなされてきたことが理解できる。本県の動物園は、端緒となる狐ヶ崎遊園地動物園から平成24年（2012）に開館した体感型動物園iZooまで、23園の動物園が開館運営されてきた。日本国内に設置・運営された動物園数は、歴史的な推移を含めると正確に把握することはできないが、日本博物館協会に拠る「平成26年度博物館館園数関連統計」では動物園が79園、動物園・水族館・植物園の複合施設が27園現存している[3]。その中で静岡県内の設置数は合計6園であり[4]、その数は東京都・兵庫県の7園に次ぐ館園数を数え、全国的にも動物園の設置数が多い地域であることが窺える。また、表6-1の23園中18園が東部地域に、内13園が伊豆半島に集中する地理的特徴が確認されるのである[5]。

　本県に多くの動物園が設置され、また大半が東部・伊豆地域に集中している原因は、やはり動物園は観光施設としての把握であり、観光地を構成する資源の一つとして選択されたことが窺える。これは、昭和30年代以降、特に顕著な傾向として認められることは、我が国のモータリゼーションの急速な発展に伴う"観光"の発展と機を一にする。

　しかし、昭和30年代以前に開館した動物園では、また異なる傾向が認めら

開園年	設立地	名称	現状
昭和2年	静岡市	狐ヶ崎遊園地動物園	平成5年閉園
昭和13年	熱海市	熱海鰐園	昭和28年頃閉園
昭和25年	浜松市	浜松市動物園	昭和58年に現在地へ移転
昭和27年	三島市	三島市楽寿園内動物園	現存
昭和32年	熱海市	ひぐち動物園	昭和36年閉園
	掛川市	加茂花菖蒲園（現、加茂荘花鳥園）	現存
昭和33年	東伊豆町	熱川バナナ・ワニ園	現存
昭和34年	伊東市	伊豆シャボテン公園	現存
昭和37年	小山町	富士高原自然科学苑	閉園（年不明）
昭和39年	富士宮市	西富士小田急花鳥山脈	平成10年閉園
昭和40年	伊東市	伊豆コスモランド	伊豆サファリ公園に改修
昭和44年	南伊豆町	石廊崎ジャングルパーク	平成15年閉園
昭和44年	静岡市	静岡市立日本平動物園	現存
昭和45年	伊豆市	天城猪苑（後の天城いのしし村）	平成20年閉園
昭和48年	伊東市	伊豆サファリ公園	伊豆ぐらんぱる公園に改修し現存
昭和52年	東伊豆町	伊豆バイオパーク	伊豆アニマルキングダムに改修
昭和55年	裾野市	富士自然動物公園（富士サファリパーク）	現存
昭和61年	河津町	伊豆アンディランド	体感型動物園 iZoo に改修
平成2年	富士市	富士国際花園（現、富士花鳥園）	現存
平成15年	掛川市	掛川花鳥園	現存
平成22年	東伊豆町	伊豆アニマルキングダム	現存
平成24年	伊豆の国市	IZU・WORLD みんなの Hawaiians 動植物園	現存
平成24年	河津町	体感型動物園 iZoo	現存

表 6-1　静岡県内に設立された常設動物園（2016 中島作成）

れる。昭和2年（1927）開園の狐ヶ崎遊園地は、静岡電気鉄道（現、静岡鉄道株式会社）が設立した遊楽施設で、動物園は遊園地の一施設として植物園と併せて運営されてきた。昭和25年開園の浜松市動物園は、市制40周年を記念して開催された浜松こども博覧会のパビリオンに端を発するものであり、昭和27年設立の三島市の動物園は市立公園である楽寿園の中に郷土館などと共に設置された施設である。これらの動物園は、別用途の施設や事業に付帯しての設置という傾向を見出すことができ、動物園設立を直截に意図した計画の結果ではなかったと看取される。

　昭和30年代以降の動物園は、明確な意図を持って設立されたもので、ほとんどの施設は観光地への集客力拡大を目的としていたのである。昭和30年代後半から始まる高度経済成長は、庶民の余暇の過ごし方を変化させた。昭和36年には伊豆急行が営業を開始し、それまで伊東までしか繋がっていなかった電車が下田まで延伸された。また昭和39年には東海道新幹線が東京〜新大阪間で開通し、静岡県内には熱海・静岡・浜松の3駅がまず開通した。このような社会背景も影響し、伊豆地域は、首都圏からほど近い保養地・観光地としてそれまで以上に発展を始め、特に熱海をはじめとする伊豆東海岸は、新婚旅行などを目的に多くの人々が訪れることとなった。そして、観光客が来静中に訪れるための娯楽・観光地の地として数多くの施設が企図され、その一環に博物館施設が位置づけられたのである。これが、静岡県での所謂観光型博物館と称される博物館の始まりであり、特に美術館、植物園、動物園に関しては観光要素が色濃く出ているのである。実際、昭和33年開園の熱川バナナ・ワニ園は、東伊豆町の熱川温泉に宿泊する観光客の来園を意図して開園したとされており[6]、また伊豆シャボテン公園ではチンパンジーのショーなどの催事を積極的に実施するなど、飼育・繁殖よりも如何に来館者を楽しませるかという面を意識しているように観察される。

　昭和44年には、東名高速道路が全線開通し、自家用車による来静が容易になると、郊外型の大型動物園が増加する傾向にある。裾野市に所在する富士サファリパークのように自家用車で園内を巡ることのできるサファリ形式の野外型・大型動物園の誕生や、伊豆アンディランド、伊豆バイオパークのように電車アクセスでは最寄り駅からさらにバス・タクシーを利用する必要のある施設が発生し、とりもなおさず自家用車による観光を見据えた動物園が拡がりを見せるのである。これらの動物園は、1ヶ所で長時間の滞留を促す施設であり、温泉入浴のついでに訪れるなどの従来の形式に対し、"動物園に行くこと"

を観光の目的とする新しいタイプの動物園であったのである。当該形式の動物園は、車によるファミリー層の来園を意識したとも看取され、通常の動物展示のほかに"ふれあい動物園"などのより動物を身近に感じさせる展示が増加し、またレストラン、土産物屋など動物園内の付帯施設の発達を促進したといえる。郊外型の動物園は、昭和40年代より日本全国で増加する傾向にあり[7]、その中でも多数の開園数を誇ることから、これらの動物園は時代に即応した先見性を有していたのである。このように静岡県の動物園は、とりもなおさず"観光"を核に据えており、観光の発展と共にその数が増加していったのである。

日本国民と動物園観　観光型動物園が主流を成す傾向には、日本人の動物園観が大きく影響している。抑々動物園の源流は、権力者が自分の権力の及ぶ範囲を示すために、版図内から様々な動物を集めてそれを観覧に供したことにはじまり、その歴史は古代中国の殷周時代に遡るほど古い施設なのである[8]。しかし、石田戢は近世以前の我が国では、自国産の動物・鳥類・昆虫の飼育例は見られるものの、異国の生物を飼育してそれを見せる行為は見出すことができないとしている。島国である日本は、自国内で勢力争いはしても、全く環境の事なる地域を占領・統治することは殆ど無く、当然上記のような権力範囲を示すための動物展示意識は希薄であった。このことから、我が国の動物園は、海外とは異なる要因で誕生したとされる。

　我が国の動物園の始まりは、やはり江戸期を中心に開催された「見世物」に比定できよう。見世物は、常人とは懸け離れた技能を持つ人々や珍奇な動物・植物、精緻な工芸品などを展示し、対価を払ってそれらを観覧させる民衆の娯楽である。昭和3年に刊行された朝倉無聲の『見世物研究』では、その歴史について以下のように概観している[9]。

　　室町時代には、未だ見世物の名目はなく、たゞ奈良時代に支那から傳來した散樂雜戯の流れを汲んだ幻術を初め、放下や蜘舞が時々寺社の境内に勸進せらるゝに過ぎなかつたのであるが、江戸時代となつて初めて香具職頭家に、天然奇物類の觀場設置を許可せられ、見世物小芝居の名目が生じたのは、實に元和偃武以後の事であつた。

　同書によると見世物自体は、室町時代には見られるものの、本格的な隆盛は大坂夏の陣以後であるとされた。『見世物研究』には、江戸期に見世物に供された珍獣類の記述が多くあり、寛永年代作『露殿草子』京都四條川原小芝居の條に「山ぶた」を見せたとの記述と、同時期の『洛陽小芝居屏風』に京都四條川原の見世物小芝居にて孔雀を展示したとの記述が、動物見世物の最古の記

録としている。その後、寛政年代より浅草と両国、大阪の下寺町と名古屋の末広町などに「孔雀茶屋」「鹿茶屋」「陳物茶屋」「花鳥茶屋」などが設けられた。これらの施設は、孔雀や鹿などの珍しい鳥獣類を観覧しながら茶を楽しめ、また雨天休業することの多かった見世物小屋とは対照的に、雨天観覧が可能であったことから隆盛を極めたとされている。朝倉は、特定の場所に動物を常設的に展示し、一般市民の観覧に供するこれらの茶屋を「動物園の先駆をなすもの」と断じたのであった。

　幕末から明治初期にかけて催行された遣欧・遣米使節団は、欧米諸国を見聞する中で博物館や動物園を見学し、様々な記録を遺している。団員の日記には、「Zoological Gardens」を「遊園」「禽獣園」「禽獣飼立場」「鳥畜館」など多様に訳した語が遺されている[10]。江戸期以前の本草学では、哺乳類を獣、鳥類を鳥や禽と称していたことから、上記の訳語となったのであろう。「動物園」の語は、慶應2年（1866）に福沢諭吉が発刊した『西洋事情』にて初めて用いられ、以下のように記している[11]。

　　動物園には生ながら禽獣魚虫を養へり。(中略) 總て世界中の珍禽奇獸、皆此園内にあらざるものなし。之を養ふには、各々其性に從て、食物を與へ、寒温湿燥の備をなす。

「Zoological Gardens」は、直訳すると「動物学園」（動物学＝Zoology）であるが、福沢の記録においても「珍禽奇獸」を集める施設との認識であり、学術的な施設との認識は希薄であったことから、「学」の字が付けられなかったのであろう。そして、動物園の名称は、上野動物園の開館を機に全国的に普及したのであったが、学術的な組織との認識は広まらなかったのである。実際、開園当時の上野動物園は、クマやシカ、タヌキなど当時まだよく見られた動物の展示が中心であり、それほど入園者数も多くはなかった。しかし、明治19年（1886）にチャリネ曲馬団からトラの子どもを手に入れたことで、翌20年には前年比1.5倍の約24万人の来場者があり、また21年のゾウ来日、27年のフタコブラクダ来日などを機に、明治28年には46万人の入園者数を記録するなど、珍獣が来日するとともに動物園の人気は高まっていた[12]。やはり一般市民は、海外産の珍しい動物を求め、娯楽・慰安のための施設として動物園を捉えていたのである。

　大正期から昭和戦前期にかけて、主要な地方自治体が動物園を開園させたほか、関西では私鉄の多くが沿線上にこぞって開園させた。天王寺動物園で実施されたチンパンジーのリタのショーを機に、多くの動物園で動物芸やパフォー

マンスが行われた。また民営動物園は、遊園地と併存する例が殆どであり、当初より遊戯施設として計画されるなど、動物園の娯楽施設化が進んでいったのである。戦時中は、猛獣処分などで一時期活動が停滞するものの、戦後復活した我が国の動物園は、動物を中心とした慰安の地としての性格を強めていくのである[13]。

　このように、我が国では、江戸時代より珍奇な動物を観覧する娯楽が発達しており、民衆の中にも「動物の観覧＝娯楽」との意識が存在したと想定される。江戸後期になると、江戸・大阪・京都などの大都市圏で孔雀茶屋などの常設の動物展示施設が定着し[14]、動物を特定の施設に見に行くとの感覚が広まっていったのである。このことが、近代日本人にも引き継がれ、動物園は動物を観覧するための観光・娯楽施設としての認識へつながる要因となったと考えられる。明治維新後は、海外から動物園の理念が輸入されたものの、珍獣を求める江戸時代以来の民衆心理が影響し、動物園側も外国産動物の購入に傾倒していくこととなる。大正期以降は、民間資本の参入などもあってより動物園の娯楽施設化が進んだ。この時代に醸成された、「珍獣を見せる」「市民の慰安・娯楽のための施設」という動物園観は、この後も日本人の中に残り続け、今日に至っている。そして、日本人の動物園観に則った観光型動物園が、現在も多数存在しているのである。

現在の静岡県下の動物園　一方、静岡県下では、バブル経済が終息した平成初年代は、全国的な不況とそれに伴う伊豆の観光業の冷え込みもあって、動物園の新設はなされなかった。しかし、伊豆アンディランドや伊豆バイオパークは、平成20年代に入りそれぞれリニューアルを実施している。両園は、開園から30年弱の年月が経過し、施設は老朽化、展示も陳腐化していた。そこで、前者は動物商で爬虫類の専門家である白輪剛史氏に、後者は「のぼりべつくま牧場」などを経営する加森観光株式会社に施設及び経営権が移管され、コンセプト変更や施設の刷新を図り、新たな動物園として生まれ変わったのである。特に伊豆バイオパークをリニューアルした伊豆アニマルキングダムは、平成22年（2010）4月29日から5月5日の入場者実績が、リニューアル前の同時期の入場者数に対して2倍を記録したとされており[15]、現在までも良好に運営されていることから、効果的なリニューアルであったと看取される。

静岡県下の動物園の設置傾向　また本県の動物園は、植物園と融合した施設として設立される傾向が強い点も特徴である。具体的には、狐ヶ崎遊園地、熱海鰐園、加茂荘花鳥園、熱川バナナ・ワニ園、伊豆シャボテン公園、富士高原自

然科学苑、西富士小田急花鳥山脈、伊豆コスモランド（伊豆サファリ公園を含む）[16]、富士花鳥園、掛川花鳥園が動植物園タイプの博物館に比定できる。加えて、静岡県内の動植物園の傾向としては、熱帯地域・亜熱帯地域の植物と動物飼育を組み合わせる施設が目立つ。この傾向は、伊豆地域に顕著であるが、この範疇には熱海鰐園、熱川バナナ・ワニ園、伊豆シャボテン公園、石廊崎ジャングルパークが含まれる。また、熱帯地域・亜熱帯地域の植物を栽培する施設としては、伊豆薬用植物栽培試験場、下賀茂熱帯植物園、伊豆グリーンパークなどが設立され、伊豆地域には総じて熱帯植物に関連する施設が多かったのである。

　原因としては、伊豆半島は半島域に数多くの火山を有しており、その影響により半島全域で温泉が湧出している。この温泉資源は、近代以前は主に入浴に用いられてきたが、明治末期頃には伊東で椎茸の促成栽培を行うために温泉熱が利用され[17]、入浴以外の活用方法が模索され始めた。温泉の作物栽培への利用は、同じく温泉地である大分県別府市で盛んに実践されており、大正期にはすでに安定した栽培が行われていたようである[18]。伊豆半島においても戦前〜戦後にかけて温泉利用の栽培が開始され、写真技師で絵はがき用写真を多く撮影した上田彦次郎の写真の中にも温泉利用の温室を確認することができる[19]。そして、この技術を援用して、高温地域である熱帯・亜熱帯の植物栽培を実現させたのである。一方で温泉熱は、動物飼育にも活用された。伊豆半島では、特にワニやカピバラなどの飼育に導入され、高温地域の生物の飼育と繁殖に寄与している。豊富に得られる温泉水は、温室や飼育プールなどを温めるのに使用され、高温地域に生息する動物の飼育環境を維持するために効果的だったのである。このように、特定の動植物の飼育に温泉が効果的であることから、伊豆半島に熱帯・亜熱帯をテーマとした動植物園が林立したのである。

　また、伊豆半島は冬でも温暖な気候に恵まれた地域であり、首都圏に近い"南国"的な避寒地・観光地として位置付けられていた。この傾向については、第8章で述べるので本章では割愛するが、熱帯植物園は、本物の南国地域に繁茂している植物を栽培・展示することで、観光客に南国の疑似体験を目的とし、さらに植生だけでなく生物を組み込むことで、さらなる印象付けを目論んだと推定される。また、他の動物園で見られない熱帯・亜熱帯の動植物の飼育・栽培を宣伝し、非日常的な観光地としての印象付けのために、このような動植物園が多数設立されたものと看取される。

第2節　代表的な動物園設置と運営

1　狐ヶ崎遊園地の動物園

　静岡県で初めて常設の展示場を持った動物園は、清水市（現、静岡市清水区）に所在した狐ヶ崎遊園地内の動物園である。当該施設は、昭和2年（1927）に静岡電気鉄道（現、静岡鉄道、以下、静鉄）によって建設された遊園地で、戦時の閉園、改修工事などを経て平成5年（1993）まで存在していた施設である[20]。

狐ヶ崎遊園地略史　狐ヶ崎遊園地は、大正12年（1923）頃から拡大した親会社の静鉄の沿線開発の一環として計画された。狐ヶ崎遊園地の沿革は、静鉄の社史である『ポケット社史東海道メガロポリスの中心で活躍する静岡鉄道：創立50周年記念』にその詳細が纏められているので、本書ではその一部を概観するものである[21]。狐ヶ崎遊園地のはじまりは、当時の熊沢一衛専務が、「静清地方に健全な行楽地がないことから、阪急の宝塚に範をとって計画したもの」とされ、一万坪の敷地にボート池、芝生、花壇、遊歩場、小動物園、植物園、各種娯楽施設、運動施設等を有する近代的な娯楽施設として、大正15年10月31日に入園無料で仮開園した。昭和2年には、設備をさらに拡充して本開園となり、当初は一律5銭、のちに大人10銭の入園料を徴収したものの、施設の立派さに対して入園料が安かったことから人気を博し、昭和2年上半期だけで93,000人もの来園者があったとされ、当該地域への娯楽の提供に寄与したのであった。しかし、日中戦争が泥沼化していった昭和14年には、遊園地としての営業が停止させられ、軍用物資の集積地に転用された[22]。戦後の食糧難に時代には、芋畑に転用され、戦中と併せて9年間にわたり営業されることは無かったのである。当時静鉄の社長であった川井健太郎は、この状況を鑑み、人々に安らぎと憩いを与えるために一日も早い遊園地の復興を目指して整備を行い、昭和23年10月に再開園を実現させた。昭和29年には、岐阜の名和昆虫博物館の分館を設け、昆虫教育に活用するなど様々な活動を行ったのである。狐ヶ崎遊園地は、戦後の混乱が残る当該時期に、人々に楽しみや非日常感を思い出させ、慰安に供する役割を担った。

　しかし、戦後の混乱も一定の終息を迎えた昭和26年頃には、遠距離観光バスの発達などが影響し、近距離観光客の減少が始まったとされている。昭和30年代には、モータリゼーションの拡充に伴い、一般市民でも気軽に遠出ができるようになると、多少遠くても最新の観光地、レジャー施設に目が向くようになり、距離は近いが古い狐ヶ崎遊園地は時代に取り残されていった。昭和42年

には、狐ヶ崎遊園地の閉園が決まり、跡地には新しい時代のレジャー施設として「狐ヶ崎ヤングランド」が建設された。同園は、ボウリング場、スケートリンク、プールなどを設けた総合レジャー施設であり、健康的なスポーツ娯楽施設として再出発したのであった。その狐ヶ崎ヤングランドも、平成5年に閉園を迎え、現在その面影を残すのは、跡地に建設されたショッピングセンター内のボウリング場「狐ヶ崎ヤングランドボウル」のみである。

　狐ヶ崎遊園地の動物園は、その詳細について記されている書籍等を現状では確認できていない。静鉄の社史である『ポケット社史東海道メガロポリスの中心で活躍する静岡鉄道：創立50周年記念』や『写真で綴る静岡鉄道70年の歩み』は勿論、昭和10年に刊行された当該地域の観光ガイドである『遊覽の清水』[23]や、住民が清水地域の思い出を語った昭和60年の『まちの思い出』[24]などにも"動物園"が存在したとの記載はあるが、具体的にどのような動物が飼育されていたのかは不明である。狐ヶ崎遊園地の絵葉書には、猿舎や水禽舎が写されており、『まちの思い出』において狐ヶ崎遊園地について述べた堀池慶作も「おさるの電車」が運営されていたと記述していることから、少なくともニホンザルないしは近縁種の猿と水禽が飼育されていたことは判明している。それ以外にも、温室を備えた植物園や、岐阜県の名和昆虫博物館の分館が設けられるなど、娯楽施設でありながらも博物館的な施設をかつて有していたと推定される。

狐ヶ崎遊園地設営の意義　同園の動物園の意義は、それまでの静岡県下では博覧会などのイベントのみでしか動物と接することができなかった時代に、常設施設として動物を飼育・展示したことである。第2章で述べた通り、大正5年の「帝國實業協會主催第十五回全國特產品博覽會」（沼津博覧会）や大正8年の静岡博覧会において動物園・動物展示が実践され、大変な人気を博したが、常設の動物展示施設は県内には存在しなかった。このことから本県では、動物園が求められていたと推測され、実際に狐ヶ崎遊園地が開園した際には、静岡だけでなく遠く浜松からも多くの観光客が動物園を目当て

写真6-1　開園当時の狐ヶ崎遊園地
（『写真で綴る静岡鉄道70年の歩み』P.48より転載）

に来園したとされている[25]。飼育動物の種類等は、現時点では不明瞭であるものの、野生動物以外に動物を熟覧できること自体が当時の静岡県民には新鮮であり、その機会を提供した点に意義ある施設であったと評価できよう。

我が国における電鉄系動物園と狐ヶ崎遊園地　また同園は、「阪急の宝塚に範をとって計画」したものとされているが、狐ヶ崎遊園地の計画時は、日本各地で電鉄資本に基づく遊園地系動物園が増加を始める前段階にあたる時期であり、他の地方都市に先駆けて遊園地系動物園を設けた先進的な施設であったことも確認しておかねばならない。抑々遊園地に動物園を設ける風潮は、明治35年（1902）頃から浅草の花屋敷で動物が飼育された例や、明治42年に玉川遊園地での猿や孔雀の飼育など、明治時代から大都市近郊の遊園地には僅かながら実施例が存在する[26]。これは、江戸時代の花鳥茶屋などの見世物的性格を引き継ぐものであり、珍しい生物を見て楽しむ遊興の一つであったのである。

電鉄資本に基づく遊園地系動物園の嚆矢は、明治40年に兵庫県に設けられた香櫨園遊園地に設けられた動物園である[27]。同園は、明治39年の阪神電鉄本線開業に伴い、その沿線開発の一環として開園・整備されたものである。若生謙二の「近代日本における動物園の発展過程に関する研究」によると、交通機関の拡充に伴って産業が密集する都市部への人口の集中が発生し、都市人口の吸収のために郊外への住宅開発が加速、一方でサラリーマン層が増加することで週休制のリズムが定着し、余暇の過ごし方が検討されるようになり、宅地需要とレクリエーション受容に目を付けた電鉄会社が駅に隣接してデパート、電鉄沿線に住宅地、郊外に遊園地というスタイルの開発を行ったとしている[28]。これは、ライフサイクルの殆どを電鉄沿線で完結させる電鉄会社の戦略であり、家族での行楽の手段として電鉄を利用して行くことのできる遊園地が設営されたのであった。また、若生は電鉄会社が遊園地に動物園を設営した理由として、「動物園が社会階層や年令階層を問わず魅力の高いものであり、誘致力の高い施設であることをそれ以前の公立動物園の実態から学んだ」ことを挙げており、取りも直さず多くの集客を目的に設置されたとも考察している。

明治末から昭和戦前期にかけては、阪神電鉄による香櫨園遊園地動物園や阪神パーク、箕面有馬電気軌道（現、阪急電鉄）による箕面動物園や宝塚の動物園、大阪電気軌道株式会社（現、近畿日本鉄道）のあやめ池遊園地動物園など、関西地域の電鉄会社を中心に遊園地系動物園が設営されたが、上記の沿線計画に基づく遊園地設置であったことから、その分布は大都市圏の郊外に集中していたのである。

一方、狐ヶ崎遊園地は、静岡市から延伸する静鉄の沿線上に所在し、静岡市の郊外にあたる清水市に設営されたことから、大都市圏における電鉄系遊園地の基本を踏襲しつつも地方都市の実態に合わせて計画されたことがわかる。地方都市での電鉄資本の動物園は、昭和4年に熊本市の水前寺公園に設立された熊本動物園や、昭和7年の九州電気軌道株式会社（現、西日本鉄道）による到津動物園の設置など、昭和初期に入ってようやく誕生するのであり、仮開園とはいえ大正期に地方都市へ電鉄資本の動物園が設けられたことは全国に先立つ事例であろう。

2　熱海鰐園と熱川バナナ・ワニ園

熱海鰐園の概況と特徴　熱海鰐園は、戦前期の熱海市内に設立されたワニ園である。同園の記録は、文部省社会教育局の『教育的觀覽施設一覽』に初めて確認することができる[29]。同書には、和田浜海岸に設立されたとの記載が認められるが、和田浜は昭和初期からの埋め立て工事が実施されており、正確な所在地を同定することはできなかった。また同書によると、開園は、昭和13年（1938）9月で職員は4名、前年度観覧人数は25,000人との記載が残っている。博物館の収蔵資料にあたる「陳列品ノ種類並ニ點數」には、「魚類二〇點」と記載されているが、古代日本における鰐＝サメというわけではなく、爬虫類のワニを20頭飼育していたと見做すことができる。この理由として、抑々鰐をサメとして扱う風潮は、明治初期に文部省が発行した『國語讀本』において、古事記の「和邇」を「わにざめ」と表記したことに由来したもので[30]、『出雲国風土記』の「和邇」の記載や『延喜式』で示される「鰐」は、前後の文脈との関係からサメとは考えられないことから[31]、本来「鰐」とは爬虫類のワニを示す語と判断できよう。また、丸山林平が昭和11年に刊行した『國語教材説話文學の新研究』では、鰐をサメの異称として扱うことを言語学・説話学の方面から否定しており、学際的にもワニとサメは異なるものとして扱われていたことも理由として挙げられよう。

熱海の観光地化と熱海鰐園　『教育的觀覽施設一覽』によると、熱海鰐園は純粋な動物園としては県内最多の入園者数を誇っていたとされている。この理由としては、当時より熱海が"温泉観光地"として周知されていたことに起因するのみならず、大正14年（1925）に国府津〜熱海間を走る熱海線が開通し、神奈川方面からの交通の利便性が向上した点が挙げられる。昭和9年には、丹那トンネルが開通したことによって、東海道本線が熱海駅を経由することとな

り、首都圏は勿論、関西方面からもアクセス可能な保養・観光地としての熱海の発展が始まった。大正9年頃の熱海の状況を示した『熱海と五十名家』では、熱海は温泉地として名が売れているものの、来訪者を楽しませるための施設がほとんど無いことを複数の執筆者が嘆いており、特に野田惣八は、鉄道の開通による観光客増加を見越した観光施設の必要性を説いている[32]。時代は下り、丹那トンネル開通後の昭和10年代の熱海市内には、ダンスホールや玉突き場（ビリヤード場）など様々な観光施設が誕生したことが見て取れる[33]。そして、熱海鰐園も観光施設の一つに位置付けられたものと看取される。しかし多くの観光施設は、お酒とともに楽しむ"夜の観光施設"であり、昼間開いている施設は熱海鰐園以外にはカフェが数件あるのみだったのである。実際、古川ロッパの日記には、「熱海養鰐園を見物」したとあるように[34]、熱海鰐園は一般に開放した施設であったようで、熱海を訪れた観光客が気軽に観覧できる施設だったことも集客力を高める要因であったと理解できる。さらには、熱海市内には昭和9年に熱海水族館が開館したものの、同11年にはすでに閉館しており、生き物を観覧する娯楽施設が市内に欠乏していたことから、珍奇なものを求める観光客心理も影響して熱海鰐園の集客力は高かったと推測できる。

戦後の熱海鰐園　戦後の状況としては、ごく少数の書籍ではあるが鰐園経営の様子が確認できる。昭和25年に『採集と飼育』第12巻第1号に寄稿された「熱海のワニ園」では、以下のような記載が見られる[35]。

> 然るに東京から汽車で2時間半程で行ける靜岡縣熱海市内に高野公英氏の經營するワニ園があつて、そこに行けば同じ種類のアメリカアリゲーターの成大者を26頭ほども見られる。私は昭和24年8月18日に見學したが、現在この小動物園の管理はあまり宜しくなく不潔で、動物の發育状態も良好でない。

同論は、動物学者の高島春雄による執筆で、はじめて熱海鰐園の状況について詳細が記載されている。高島の記載によると、上野動物園にも一頭のワニしかいなかった当時、まとまった数のワニを見学できる施設として熱海鰐園を紹介している。また同園の沿革については、「昭和13年11月3日別府市のワニ園から移しもたらした」とし、当初アリゲーター30頭、クロコダイル30頭をもって開園したとしている。その後、上野動物園からシナアリゲーター1頭を、昭和14年には園主が南方へ旅行した際にサイパンからクロコダイル30頭を輸入し、最盛期には91頭のワニを飼育していたと記載されている。

ここで言うところの「別府市のワニ園」とは、大正12年に開業した別府温

泉の鬼山地獄である。鬼山地獄は、温泉地熱を用いてワニの飼育・展示に日本ではじめて成功した園であり、現在までも継続して運営が続けられている歴史の古い動物園である。熱海鰐園を経営していた高野公英なる人物の詳細を把握することはできなかったが、個人で経費の掛かる動物園を運営し、戦前期に海外渡航が可能であったことから、相応の地位と資金を有していた人物と推測される。高野は、何らかの形で別府の鬼山地獄を知り、同じ温泉地である熱海にて同様に温泉地熱によるワニ飼育を試みたのであろう。

　しかしながら、『採集と飼育』に記載された昭和25年時点での熱海鰐園は、動物園としてすでに斜陽化していたことが窺える。同誌の記載では、毎年8月に30～40個の卵を産むとあるが、今まで一度も孵化に成功したことが無いと伝えている。また、記事の掲載された昭和25年に至るまでの3年ほどは温泉が湧出しないとあり、冬になると園内が氷に閉ざされ、耐寒性の高いアリゲーター以外が死滅したとも記載されている。これにより、飼育数は最盛期に比べ1/3程度の数に減少したとしている。開園して10年余りで飼育生物が1/3に減少したことは、気候や社会背景の問題もあるにせよ、やはり動物園としての飼育環境が劣悪であったことが影響したものと推察される。上記引用で「管理はあまり宜しくなく不潔で、動物の發育状態も良好でない」と高島が断じているように、環境の不良から動物へ影響が出ていることが確認できる。開園10年で一度も孵化に成功したことが無いということは、ワニの生育状況が芳しくなかった点と、良好でない飼育環境に影響されたとも考えられ、結果的に飼育数の減少につながったのである。

　この遠因としては、熱海鰐園の専門的職員の不在が挙げられよう。同園は、高野公英による私設動物園であったことは先の記載の通りである。高野は、個人で旅行した際にサイパンよりワニを仕入れているが、それ以外にワニの移入を行った形跡はなく、収集意識は希薄であったことが窺える。また、温泉による人工的な熱帯環境の整備を行い、ワニを飼育したとされているが、戦後温泉の湧出がなくなった際に暖房設備の追加などを怠り、飼育生物を大量に死なせてしまったことは、高野自身ワニの生態を詳しく把握しておらず、またそれを指摘できる知識を有する人材に欠けていたことが要因と考えられる。

　先述の別府温泉鬼山地獄では、ワニの孵化と繁殖を行っていたことは、熱海鰐園開園時にワニを譲渡してもらったことからも伺える。また、後述の熱川バナナ・ワニ園の開園以前に、同園初代園長の木村亘が飼育の参考のために鬼山地獄を訪問しているなど、近似の時期に開園した鬼山地獄では、熱海鰐園と

異なり孵化と繁殖に成功していたことがわかる。そして鬼山地獄は、現在まで継続して経営されており、温泉地熱を利用したワニ園というコンセプトは同様ながらも、孵化と繁殖への成功が園の継続性や経営にも影響していたと推測できる。

『採集と飼育』の記載に基づく熱海鰐園は、珍奇な生物を公開するだけの見世物の域を脱し切れていないものと判断できよう。専門的知識に乏しくワニの大量死を招き、劣悪な環境から新たな出生ができなかったことは、生物飼育に重点を置いていなかった結果であると言えよう。このことから同園は、調査研究に基づく博物館たる動物園ではなく、動物展示によって人々を喜ばせるだけの古い段階の見世物的動物園であったことを如実に示しているのである。

一方、昭和28年に熱海市が刊行した『熱海』には、以下のような記載が遺されている[36]。

> 「ワニ園」小公園の筋向いにある私設小動物園である。アフリカ産クロコダイル、南米産アリゲータなどワニを飼育し、毎年八月に産卵する。その他孔雀インコ鸚鵡から、熊猪猿鹿狐狸などの動物、竜舌蘭、そてて(ママ)、ドラセナなど珍奇な植物がある。

当該記事が掲載された『熱海』だが、昭和30年に熱海ロータリークラブによって全く同じ内容の書籍が刊行されていることが判明した。したがって、ロータリークラブ刊行の『熱海』は、昭和28年当時の記事と換言でき、鰐園に関する内容も信憑性に乏しい。

同書に記されている「小公園」とは、和田川の河口付近に所在した公園で、野外ステージを持ちイベントに活用するとの記載が残る。また、同書の地図に記載があり、現在の熱海市渚町24番地に比定されることがわかった。同図から推察すると、鰐園は現在の熱海市清水町6番地の清水町駐車場の場所に所在したと考えられる。

昭和15年の記録との相違点としては、ワニだけでなく鳥類・哺乳類・各種植物の飼育・栽培を実践している点である。当該記載を見る限りでは、ワニを中心とした熱帯園を目指したものと推定されるが、飼育哺乳類はイノシシ・シカ・タヌキ・キツネなど在地の動物に限られていることから、本格的な熱帯園には成り得なかったのであろう。

熱海鰐園に関する最後の記録は、先の高島が『山階鳥研報』第7号に掲載した「日本のワニ」である。同書には以下のような記載が存在する[37]。

> 大正、昭和となり国内の動物園、水族館、巡回動物園はもとより好事家が

個人で飼養した場合もあり別府市鬼山地獄や熱海市高野鰐園では温泉を利用して皮革生産を目的に養殖が行われたりした。(中略)熱海のは戦後はただ飼育だけしていたが経営困難で2年程前閉鎖されたのは惜しい。

　当該記述では、熱海鰐園は皮革生産を目的にワニの養殖を行ったとしているが、この記載には疑問が残る。そもそも高島自身が昭和25年に述べた『採集と飼育』の記事には、昭和13年開園の際に上野動物園からワニを1頭譲渡されたとしている。皮革を生産するための施設に、わざわざ動物園から動物を譲渡するだろうか。ましてや恩賜動物園から、生物を殺して生産活動に資する施設に譲渡などしないだろう。また、日本博物館協会の会合に博物館の一として参加していたことや、戦前に古川ロッパが見学していたこと、『採集と飼育』に入場料「大人二〇圓、子供一〇圓」を設定していたことなども加味すると、やはり一般公開を目的とした動物園と見做すことができる。設立当初の計画や、ワニの繁殖がスムーズに行われた場合には、飼育したワニの一部を皮革生産に用いることを考慮した可能性はあるが、現実的にワニの大量繁殖には失敗し、あくまでワニを見せる観光型動物園として運営されたのではなかろうか。

　戦後の熱海鰐園は、経営困難により同書記述の2年程前に閉鎖されたとの記載がある。同書の刊行は昭和30年12月であり、記事から判断すると鰐園閉鎖は昭和28年中である。また、熱海市版『熱海』は昭和28年刊行であり、またその時点で活動が続けられていた様子が見られるところから、同園の閉鎖は昭和28年頃であると推定できる。

　このように、熱海鰐園の記録は断片的に残されているのみである。同園跡地は、閉園後どのような用途で用いられたかは不明であるが、現在は駐車場とビルに転換されている。今回、閉園時期については把握できたものの、生体資料であるワニや諸動植物の処遇については確認することできなかった。閉園当時、まだワニは希少な生物の一つであり、どこかの動物園に移管されたのか、それともベルトやバッグなどの鰐革製品になってしまったのかは定かではない。

　また、『教育的觀覽施設一覽』と『採集と飼育』で開園時期が二ヶ月ずれることや、『教育的觀覽施設一覽』『博物館研究』『採集と飼育』で園長名が異なっていることなど、いくつか解決しきれない疑問がある。これらの問題については、今後の課題としたい。

熱川バナナ・ワニ園の略史と特徴　次いで、昭和33年に開園した東伊豆町の「熱川バナナ・ワニ園」との関係についても言及したい。同園は、「温泉の地熱を利用して温帯性植物を育て、そこにワニをはじめとした爬虫類を飼育展示す

る」というコンセプトを持ち、一方東京農業大学と協力した研究体制を持っていることから、観光と研究を上手く両立した施設である。熱海鰐園と熱川バナナ・ワニ園は、温泉地熱利用・ワニ・熱帯植物といったキーワードが共通し、熱海鰐園が閉鎖されたとされる昭和28年から5年後にバナナ・ワニ園が開園しており、この時期の一致や伊豆東海岸という比較的近接した地理関係など、両者に関連があると推測した。

　しかし、熱川バナナ・ワニ園が発行した『熱川バナナ・ワニ園30年の歩み』によると、同園の始まりは、初代園長の木村亘が観光地熱川の宣伝のために各地を飛び回っている中で、懇意にしていた動物商からメガネカイマンの子を購入し、それを自宅で飼い始めたこととされている[38]。木村は、温かく風光明媚で太陽の豊かな恵みを受けた土地柄の熱川のイメージを具現させる方法を考えており、その南洋的な風土を表現するためにバナナ園の設立を企図した。また、動物商から購入したワニを飼育している最中に、別府温泉の鬼山地獄を見学する機会があり、そこに記された「日本一のワニ」の文字に反骨心を覚え、それを超えるワニ園を作るという意思を持ったのである。そして、バナナとワニを組み合わせた、南国的な雰囲気を出せるユニークな植物園としてバナナ・ワニ園が完成したのであった。

　熱海鰐園と熱川バナナ・ワニ園は、共に別府温泉の鬼山地獄に影響を受けて設立された組織であり、近似の要素を持ち合わせているものの、直截な関係性を持たない別組織であることがわかった。バナナ・ワニ園の記録を調べても、20頭を超える成熟したワニを導入したとの記事は確認できず、熱海鰐園からはワニが引き継がれなかったのである。そして、熱川バナナ・ワニ園の成功に伴い、熱海鰐園の存在は忘れ去られ、現在では殆ど知る者はいないのである。

本県動物園史における熱海鰐園　本県動物園史における熱海鰐園は、動物園発展の第二段階である「観光地からアクセスの良い一観光資源としての施設」に比定できよう。熱海鰐園は、観光地の構成資源としての性格を有する施設として、県内の動物園としては最も早い設立である。静岡県内では、昭和30年代後半の経済成長と新幹線開通に前後して、第二段階の動物園の増加が始まる傾向にある。これに対し熱海鰐園は、その20年近く前に同様の性格をもって設立されたのである。この理由としては、観光地としての熱海の発展が、他の地域と比較して早い段階からなされてきたことに起因するだろう。抑々熱海線の開通以前は、政治家や軍人など限られた層が訪れる別荘地・保養地として活用され、その利用者数も限定的であった。その後、大正14年に熱海線が開通し、

また昭和9年の丹那トンネル開通によって東海道本線が熱海駅に停車するようになると、関東圏は勿論、関西からもアクセスが容易となった。このことが影響し、熱海は限られた人々の訪れる別荘地から、多くの人々の訪問が可能な観光地へ転換していったのである。熱海鰐園は、この熱海の観光資源の一つとして運営されてきたのである。

抑々戦前期には、一般庶民が旅行を楽しむことは経済的に困難であり、観光地そのものが希少であったことから、とりもなおさず観光資源としての施設も少なかった。昭和30年代以降、景気の上向きによって庶民にも経済的な余裕が生まれたことから、庶民にも旅行が浸透し、それに伴い全国で観光地の開発が始まったといっても過言ではない。一方熱海は、丹那トンネルの開通に伴い、首都圏に近い気軽な保養地として、富裕層は勿論庶民に至るまで多くの人々が訪れるようになったのである[39]。実際、丹那トンネル開通前には一日平均5,720人の乗降客数であった熱海駅は、開通後には平均11,100人と2倍近くの乗客数に増加し、昭和11年には年間の訪問客数が123万人を数えたとのデータが遺されている[40]。熱海では、観光客の増加に対応して様々な娯楽施設が企画され、昭和12年の熱海宝塚劇場開設をはじめ、多くの娯楽施設が誕生した。そして熱海鰐園は、観光客に驚きと発見を提供する施設として運営されたのである。同園は、本県初の本格的な観光都市である熱海の発展と共に生まれた、県内初の観光型博物館に位置付けられるのである。

熱海鰐園の持つ意義としては、ワニという単独テーマの展示を行う最初期の動物園だったことである。日本列島には、更新世にはワニが生息していたものの、原生種のワニは元々生息していない。また、第二次世界大戦中に南洋諸島を占領した際に、一時期国内にもワニが生息する状況があったものの、相対的にワニは珍しい存在であった。日本国内での生きたワニの展示は、明治36年（1903）の第五回内国勧業博覧会に設けられた余興動物園が確実な事例であり[41]、またワニを常設展示する施設は大正7年に開業した愛知県の鶴舞公園付属動物園であった[42]。このほかに、別府温泉の鬼山地獄など日本国内でわずかに飼育・展示事例は確認できるものの、首都圏近縁の一般市民が気軽にワニを観覧できる施設は僅少だったのである。このような時代背景に基づいて鰐園は設立され、実物のワニを見慣れずテレビの普及もない時代において、鰐園は非常に珍奇かつ驚きと発見を提供する場になり得たのである。

また、"鰐園"と特定の生物を名称に冠する動物園としては、管見の限り全国初の施設と推定できる。水族館では、明治41年（1908）に兵庫県に開館し

た舞子介類館が特定名称を用いた端緒である[43]。また宮城県に昭和5年に開館した鯨館は、実態としては捕鯨資料と標本を展示する自然史・民俗混交の博物館であり、生体展示はなされていなかった[44]。また先述の鬼山地獄は、温泉熱を利用して飼育動物をワニに限定した、単一展示型動物園の嚆矢と考えられるのだが、具体的な名称として"ワニ園"の語を用いておらず、あくまで別府温泉の名所である"地獄"の一つに位置付けられている。このように熱海鰐園は、単一動物の飼育・展示を謳った初めての動物園であり、戦後一定の増加が見られる特定生物のみを飼育する動物園の先駆けとなった存在であったといえる。

3　浜松こども博覧会と浜松市動物園

静岡県内に於いて、常設且つ「動物園」の名称を用いる施設としては、昭和25年（1950）の浜松市動物園がその嚆矢である。当園は、「浜松こども博覧会」の象徴的なパビリオンであり、博覧会の閉会後に会場跡地で開園された動物園である。

浜松こども博覧会と動物園　抑々開館のきっかけとなった浜松こども博覧会（以下、こども博）は、昭和25年9月10日～10月20日に、浜松城公園を会場に開催された。こども博開催の背景等については、『浜松こども博案内』にその詳細が記載されている[45]。

> 戦前、織物、楽器、帽子、木製品などの生産地としてその名を知られていたわが浜松市は、昭和二十年に二十有七回に亙る戦禍をうけて、全戸口の八割以上と、あらゆる産業的資源を失つてしまいましたが、この全国稀にみる壊滅の焼土に起ち上った市民は、在来の進取の気象に鞭打つて、あらゆる困難に打ち勝つ気魄と、たゆまぬ不断の努力とで着々復興再建に努め、五年後の今日やうやく戦前の面目を取り戻しつゝあります。
>
> このときに当つて市制を施行して本年が四十年となりますので、このたび記念事業の一として、国際水泳プール、動物園、浜松城公園などの新設を機に、科学、文化、体育、産業の生きた社会科研究を兼ねて、戦後久しく忘れられていたこどもの世界に楽しい一日の夢を結ばせようとして『浜松こども博覧会』を開催いたしました。

上記のように、当該博覧会は、戦後の復興と市制施行40年を記念して計画されたものである。『浜松市史』によると、この博覧会は、隣県の愛知県名古屋市東山公園で開催されていた「子どもの天国名古屋博覧会」を、当時の助役であった白井信一を含む数名が昭和25年4月に視察し、浜松での開催を検討

した結果、同年6月に開催
が決定し、それからは突貫
工事で開催に間に合わせた
旨が記載されている(46)。『浜
松こども博案内』によると、
動物園を核として、天体観
測所、こども物産館、科学
博物館、電気通信館、郷土
館、テレビ・ラジヲ館、発
明館、水産館などの博物館

写真6-2　浜松こども博覧会の動物園
(『動物園半世紀のあゆみ』P.26より転載)

的な施設と、こども遊園地、フェアリーランド、ビックリ（ママ）、ハウスなど
の娯楽施設が合計20ヶ所設けられたとされている(47)。中でも動物園の案内は、
以下のように記されている。

　　一、動物園　わに、ひぐま、日本ぐま、鹿、狸、いのしし、猿などのけも
　　の、くじゃく、鶴、たか、さぎ、おおむなどの鳥類を集めて、東京、名古
　　屋の間で象のいる動物園がはじめて浜松に出来ました。

　　　タイから来た五歳のメスの象は皆さんからよい名前をつけてもらって喜
　　んでおります。遠い異郷からはゞ来た可愛い象さんを皆さんのお友達と
　　していつまでも可愛がってください。

　このように、当該動物園の飼育動物は、何を差し置いてもゾウが花形であり、
それ以外の動物は国内産のものが多かった。戦後日本では、戦後復興・平和日
本の建築を示す象徴としてゾウを動物園の花形とする風潮が発生し、日本各地
の動物園で盛んにゾウが導入された。神奈川県小田原市では、昭和25年秋に
小田原こども文化博覧会が開催され、そこに設けられた動物園でゾウが展示さ
れた(48)。また兵庫県姫路市では、昭和26年に移動動物園（所謂ゾウ列車）が
来訪したことをきっかけに動物園設立の機運が高まり、日米講和条約締結記念
としてゾウを飼育する姫路市立動物園が設けられた(49)。これらの事例は、木
下直之の「戦後史のなかのゾウ」によると、「戦時中の猛獣処分の名の下に、
上野動物園でゾウを餓死させたという忌まわしい出来事があるだけに、戦後、
ゾウは平和の使者として迎えられた」とされ(50)、敗戦から立ち直って新たな
平和日本が始まった象徴として、ゾウのいる動物園が設けられたのである。

　こども博は、浜松市の戦後復興と新たな出発を記念して計画され、次世代を
担う子供にターゲットを設定した博覧会であった。その中で、子供達の興味関

心を引き、なおかつ平和の象徴としてアピールするために、ゾウがいる動物園が計画され、当該博覧会の核に位置付けられたのであった。旧来、博覧会の動物園は、あくまで博覧会の一パビリオンであり、寄せ物として多くの集客数を集めたものもあったと想定されるが、博覧会の核になり得る存在ではなかった。しかし、こども博や小田原こども文化博覧会では、明確な意図を持って動物園を核とした博覧会計画が成されたことが、従来の博覧会内の動物園と異なる点である。

浜松市動物園の誕生　同博覧会が成功裡に終わったのち、同年11月に動物約30種を常設展示する浜松市動物園が開館した。現在の浜松市動物園のホームページ「浜松市動物園沿革」には、「同年9月～10月に開催された「浜松こども博覧会」の動物コーナーをもとに、同跡地である浜松城公園内に静岡県内初となる浜松市動物園開園」との記述があり[51]、また『浜松市史』には、「浜松こども博覧会の会期の終了後、会場のほとんどは動物園となり」と記され、博覧会終了後に会場跡地を動物園へ改修・転用したとされている[52]。開園当初の浜松市動物園は、新しい動物を次々に導入する一方で、希少動物の死去が相次いでいた[53]。これは、多くの来園者を呼び込むことと動物園としての体裁を整えるために、様々な動物を入手しようとしたものの、当時はまだ十分な生態研究が進んでいなかった時代であり、また開園したての動物園では飼育のノウハウも確立されておらず、病死や急死が相次いだものと推測される。

　昭和28年には、浜松城址と動物園猿ヶ島を結ぶ空中ケーブルカーが民営にて開通し、3年後の昭和31年には浜松城址を含めた一帯を浜松市が購入することで、浜松城址との一体的な運営が行われてきた。園内には、ケーブルカーだけでなく、様々な遊戯施設が設けられた。これは、開館当初から存在していたことから、こども博に設けられた遊戯施設を一部引き続いて運営されていたと観られる。昭和31年7月には、回転ボートや飛行塔、昭和41年には大観覧車が設けられ、さながら遊園地のようであった。戦前期には、遊園地を基礎として動物園が設けられる例が多かったものの、戦後の動物園では逆に動物園内に遊園地的な遊戯施設が設けられた例が多数存在する。静岡県下では、静岡市の日本平動物園や三島市の楽寿園、東伊豆町の伊豆アニマルキングダムなど、園の大小や経営形態の差異にも拘らず、遊戯施設が多々認められるのである。この理由としては、やはり動物園の主たる入園者は子供層であり、動物を見て楽しませるだけでなく、遊具で遊ばせるなど様々な楽しみを提供する意図があったものと考えられる。動物園に飼育された生物は、夜行性であったり動きの少ないものもおったり、動もすれば開園中全く動かない生物もいるだろう。

これでは、動物園に来場した子供たちに失望感を与えてしまう可能性も多分にある。せっかく来園した子供たちを満足させるため、或は遊戯施設による副収入を得るために動物園内の遊園地は設けられたのである。

　昭和29年には、猛獣舎や昆虫館が建設され、昭和35年のペンギン舎、36年のレッサーパンダ舎、37年の新ゾウ舎と小動物舎など、ほぼ一年に1舎のペースで新しい動物舎が建設されていった。しかし、同園はこども博の跡地を利用した関係上、幅広いスペースが確保されていたわけではなく、また浜松市の中心部に所在したことから駐車場にも事欠くなど、様々な面で問題があった。例えば、動物の発する匂いの問題や、動物園に入るための交通渋滞など、街の中心地という立地ゆえの問題点が山積していたのである。この問題に対し、昭和45年頃から動物園の移転が検討されることとなった。同年には、新動物園の施設計画に関する予算が計上され、移転のための調査が実施されたが、9月に移転先決定は見送られたとされている[54]。その後、昭和51年には、補正予算に動物園移転調査費200万円が計上され、移転計画が本格化した。翌52年には、3月に新動物園構想が発表され、浜松市フラワーパーク隣接地への移転が決定された。同年11月に基本計画が、翌年6月に実施計画が策定され、昭和57年11月には動物園を一旦休園して移転作業が行われた。そして、昭和58年3月に建設工事が終了、4月2日に現在の舘山寺総合公園に新動物園が開園され、現在に至っている。

　現在の浜松市動物園は、希少動物の繁殖に積極的であり、日本国内は勿論世界各国の動物園に繁殖した動物を提供している。特に、ゴールデンライオンタマリンやシシオザルなどのサル類の飼育・繁殖に長けており、国際的な繁殖基地としての性格も有している。浜松市動物園は、設立当初の動物を見せて人々を楽しませる見世物的な動物園を脱却し、動物研究と生物保護を中心とする研究機関としての動物園にシフトしてきた。いまだに見世物的な動物園が多い我が国に於いて、単なる観光施設に留まらない一歩進んだ動物園経営を実践していることが、博物館学上での意義であると考えられる。

まとめ

　静岡県の動物園は、博覧会や遊園地などの付属施設からスタートし、観光地からアクセスの良い一観光資源としての施設を経て、郊外に設立される大型独立館タイプの動物園へと推移してきた。また伊豆半島では、固有の自然環境と

天然資源をうまく活用した動植物園が広く普及し、現在に至るまで運営され続けてきたことがわかる。本県の動物園は、観光に資する施設として発展してきたことから、営利的かつ娯楽的な要素が強く、とりもなおさず研究機関である博物館としての認識は希薄であることが歴史的にも理解できよう。

　表6-1の通り、本県に現存する動物園施設は、開園から多くの時間が経過し、おしなべて老朽化が進んでおり、動物の入れ替えや配置換えだけでなく根本的なリニューアルが必要な時期を向かえている。また、熱川バナナ・ワニ園のように、飼育・研究の面で良好な成果を残している園も少なくはない。今後の展望としては、より魅力的で集客力の高い動物園を目指すために、展示や活動が陳腐化しないよう更新性を持たせることが肝要である。これは、従来不十分であった研究成果のフィードバックを徹底し、誰にでも解りやすく伝わるような工夫を行い、単なる観光施設に留まらない"博物館"としての動物園運営が必要であると断じ得よう。

註
(1) 靜岡民友新聞社　1919年8月1日付「靜岡博覽會案内」『靜岡民友新聞 旬刊附録』
(2) 靜岡鐵道株式會社　1989『写真で綴る静岡鉄道70年の歩み』P.83
(3) 日本博物館協会　2016「平成26年度 博物館館園数関連統計」『博物館研究』Vol.51No.4
(4) 表6-1では12園の動物園が現存と記載したが、日本博物館協会の統計では動物園に含んでいない施設であっても、実際の活動は動物園の要素を含む施設もあるので、総数に齟齬が出ている。
(5) 但し、昭和48年の伊豆サファリ公園は昭和40年開園の伊豆コスモランドを改修した施設であり、伊豆平成22年の伊豆アニマルキングダムは昭和52年開園の伊豆バイオパークを改修した施設、また平成24年の体感型動物園iZooは伊豆アンディランドをリニューアルした施設であることから、実質的な新規設立数は21園である。
(6) 静岡県博物館協会 編　1999『しずおかけんの博物館』静岡新聞社　P.44
(7) 石田 戢　2010『日本の動物園』東京大学出版会　PP.90-93
(8) 註7と同じ　PP.12-15
(9) 朝倉無聲　1928『見世物研究』春陽堂（1977年の思文閣出版復刻版より）P.1
(10) 註7と同じ　PP.30-32
(11) 福沢諭吉　1866『西洋事情』初編巻之一
(12) 東京都恩賜上野動物園 編　1982『上野動物園百年史』
(13) 註7と同じ
(14) 若生謙二　1993『日米における動物園の発展過程に関する研究』（博士論文、国立国会図書館デジタルコレクションより）
(15)「平成22年第3回（5月）臨時会東伊豆町議会会議録」の町長挨拶より抜粋
(16) ただし、現在の伊豆ぐらんぱる公園には動植物展示が無いことから、現存施設はこの範疇に含まない。
(17) 日本温泉協會　1941「第十一章 温泉の産業的利用」『日本温泉大鑑』博文館　P.593
(18) 別府温泉地球博物館　2015『別府温泉産業・文化遺産温泉熱利用促成栽培に挑んだ人々』
(19) 日本大学国際関係学部図書館所蔵上田彦次郎ガラス乾板デジタルアーカイブ「下賀茂温泉の湯煙」より　https://www.ir.nihon-u.ac.jp/lib/glassplate/south_01.html
(20) 註2と同じ P.83

(21) ダイヤモンド社 編　1969『ポケット社史東海道メガロポリスの中心で活躍する静岡鉄道：創立 50 周年記念』PP.50-51、136-146
(22) 天野景太　2010「静岡市における人々の娯楽活動と娯楽施設の歴史社会学」『静岡英和学院大学紀要』8 号　静岡英和学院大学　PP.77-84
(23) 清水市保勝會　1935「狐ヶ崎遊園」『遊覽の清水 日本平觀光道路開通記念』P.30
(24) 清水市　1985「狐が崎遊園地」『まちの思い出』P.18
(25) 註 24 と同じ　P.18
(26) 安野 彰　2000『明治・大正・昭和初期の日本における遊園地の概念と実態：近代都市における娯楽施設の成立に関する研究』東京工業大学博士論文　PP.105-107
(27) 註 26 と同じ　P.84
(28) 若生謙二　1982「近代日本における動物園の発展過程に関する研究」『造園雑誌』46 巻 1 号　PP.1-12
(29) 文部省社會教育局　1940『昭和十五年四月一日現在 教育的觀覽施設一覽』P.11
(30) 丸山林平　1936「和邇傳説」『國語教材説話文學の新研究』藤井書店　PP.79-119
(31) 榎村寛之「斎宮百話第 28 話 わになって踊るか??」斎宮歴史博物館 HP：http://www.bunka.pref.mie.lg.jp/saiku/hyakuwa/journal.asp?record=28
(32) 野田惣八　1920「住民としての望み」『熱海と五十名家』精和堂　PP.139-146
(33) 熱海市史編纂委員会 編　1968「第三章　温泉観光都市への展開」『熱海市史』下巻　PP.160-181
(34) 古川ロッパ 著、滝 大作 監修　1987『古川ロッパ昭和日記・戦前篇』晶文社　P.658
(35) 高島春雄　1950「熱海のワニ園」『採集と飼育』第 12 巻第 1 号　P.17
(36) 熱海市　1953『熱海』PP.166-167
(37) 高島春雄　1955「日本のワニ」『山階鳥研報』第 7 号 山階鳥類研究所　PP.300-302
(38) 熱川バナナ・ワニ園　1989「バナナ・ワニ園の設立」『熱川バナナ・ワニ園 30 年の歩み』PP.94-97
(39) 竹田尚子、文貞 實　2010「第七章 エンターテイナーの演出―芸妓さんと見番」『温泉リゾート・スタディーズ 箱根・熱海の癒し空間とサービスワーク』青弓社　P.140
(40) 註 33 と同じ　P.169
(41) 註 7 と同じ　P.53、第五回内國勸業博覽會協贊會　1902『大阪と博覽會』
なお、日本の動物園成立史を編纂した佐々木時雄の『動物園の歴史日本における動物園の成立』では、明治 31 年 11 月 4 日に榎本武揚が上野動物園へクロコダイルを寄贈したとの記載があるが、明確に上野動物園で展示されたかは確認できなかった。（佐々木時雄 1975『動物園の歴史 日本における動物園の成立』P.169）
(42) 註 7 と同じ　P.54
(43) 文部省社會教育局　1929『昭和四年四月一日現在 教育的觀覽施設一覽』P.5
(44) 文部省社會教育局　1936『昭和十一年四月一日現在 教育的觀覽施設一覽』P.2、運輸省観光局　1957『観光資源要覧第四編 陳列施設』P.31
(45) 浜松市　1950「浜松こども博案内」（『浜松市史』新資料編 5　PP.825-830 より）
(46) 浜松市　2016「浜松こども博覧会と浜松市動物園」『浜松市史』四　PP.378-381
(47) 註 45 と同じ
(48) 小田原市　1950「小田原こども文化博覧会開催さる」『小田原市報こども博特集號』
(49) 姫路市立動物園 HP「姫路市立動物園の「あゆみ」：http://www.city.himeji.lg.jp/s60/dobutuen/_22666/_22722.html
(50) 木下直之　2008「戦後史のなかのゾウ」『有鄰 Web 版』第 483 号　P.4
(51) 浜松市動物園 HP「浜松市動物園沿革」：http://www.hamazoo.net/history.php
(52) 註 46 と同じ　P.379
(53) 浜松市動物園　2000「50 年の歩み」『動物園半世紀の歩み浜松市動物園開園 50 周年記念誌』PP.6-21
(54) 註 53 と同じ　P.11

第7章　水族館展開の推移と傾向

　静岡県下には、昭和5年（1930）開館の中之島水族館を嚆矢に[1]、これまで15館が開館・運営されてきた。また、昭和6年に開催された全国産業博覧会には、有志の手によって水族館が設営されたとの記録があり[2]、単独館や博覧会併設、複合施設としての水族館など多種多様な様相を呈しているのである。本章では、静岡県に設営された水族館の歴史を記述し、その傾向について考察するものである。

　なお、静岡県の水族館史については、東海大学海洋科学博物館の館長であった鈴木克美が「静岡県における水族館の歴史と将来的展望」を執筆しており[3]、個々の水族館については同論に詳細が示されていることから、本章では本県の代表的な水族館についてのみ概観し、むしろ静岡県下の水族館の全体的な傾向を見出し、それを分析することで水族館設営の意義を探ることに重点を置くものである。

第1節　静岡県水族館史の概要

水族館の占地　本県に開館した常設の水族館は、表7-1のとおりである[4]。静岡県下に設立された水族館は、その8割が静岡県東部地域に集中し、その中でも沼津市域に設立された館が全体の半数を占めるという占地的特徴がある。静岡県の水族館は、基本的に海水生物を展示しているところから、設置場所も沿岸部に集中している。この傾向は、入江の発達に伴う海産資料の収集と保守点検の容易さから伊豆沿岸部が選択されたこと、また昭和初期にはすでに観光地として著名であった伊豆地域の更なる観光施設として企図されたことに起因する。

　抑々本県の沿岸部は、浜名湖を起点に県南部全体を占め、伊豆半島を経由して真鶴付近で神奈川県に接続する非常に広大な沿岸線を誇っている。その中で、浜名湖から御前崎に至る遠州灘の一帯は、風が強く浪も荒いため、海洋開発があまり推進されてこなかった。また、沿岸部に砂丘が発達しており、地盤の問題や用水不足の問題、交通手段の関係から、当該沿岸部での工業は未発展であり、同様に水族館も設置されなかったと推測される。このことから、遠州灘地

域を除き水族館建設が可能であったのは、浜名湖周辺と御前崎から伊豆半島にかけての駿河湾沿岸に限定され、その結果が表7-1に示す水族館の分布に合致するのである。

　水族館設置件数の多い伊豆半島の内、最多の設営数を誇る沼津市は、伊豆半島の付け根にあたり、とりもなおさず駿河湾の最奥部に位置している。当該地域は、非常に波が穏やかで、内浦湾を中心として養殖漁業も盛んとなっている。また、伊豆半島の沿岸部は、非常に入り組んだ地形を呈しており、大型船の航行・接岸が困難という地理的条件を備えている。

　この地理的条件は、大規模な水族館建設には向かないものの、取水や魚介類の採取などの面では好条件であり、中之島水族館のような自然地形をそのまま活かした水族館も誕生した。さらに、駿河湾は浅瀬から深海まで広がる日本有数の多用な生態系を持つ海域であり、魚介類の採取に適していたことも、当該地域に水族館が多く設営された理由と考えられる。中部地域ではあるが、静岡

開園年	設立地	名　称	現　状
昭和5年	沼津市	中之島水族館	三津天然水族館に改修
昭和8年	下田市	東京文理科大学臨海実験所付属水族館	東京教育大学臨海実験所水族館へ改称、昭和43年閉館
昭和9年	沼津市	沼津市千本浜に私立水族館建設の報あり	開館不明
昭和9年頃	熱海市	熱海水族館（第1期）	昭和11年頃閉館
昭和10年	沼津市	三津淡島水族館	昭和14年頃閉館
昭和12年	静岡市	袖師水族館	昭和35年閉館
昭和16年	沼津市	三津天然水族館	伊豆三津シーパラダイスに改修、現存
昭和25年	沼津市	沼津市営水族館	昭和38年閉館
昭和26年	熱海市	熱海水族館（第2期）	昭和37年閉館
昭和29年	浜松市	静岡県営弁天島水族館	昭和44年閉館
昭和33年	伊東市	伊東水族館	昭和54年閉館
昭和38年	沼津市	淡島海洋交園	あわしまマリンパークに改称、現存
昭和42年	下田市	下田海中水族館	現存
平成12年	浜松市	浜名湖体験学習施設ウオット	現存
平成23年	沼津市	沼津港深海水族館	現存

表7-1　静岡県内に設立された常設水族館（2016 中島作成）

市（当時は袖師村）に建設された袖師水族館も、駿河湾に面した袖師海水浴場への設営であったことから、同様に駿河湾の恩恵を目的とした立地であった。伊豆半島東海岸の熱海市や伊東市の水族館は、静岡県の東に位置する相模湾の豊富な海洋資源を背景としたものであり、また下田市は、黒潮の洗う伊豆半島南端に立地しながらも、近世期には風待ち港として利用された穏やかな下田港を有し、此方も海洋資源豊富な地理的環境から水族館用地として選択されたと推測される。このように、本県の水族館は、豊富な海洋資源とその採取・管理に適した地理的環境を背景に設営された傾向にあり、海洋生物を対象とする以上、現代においてもそのコンセプトはほとんど変わっていないように見受けられる。

我が国の水族館略史と研究型水族館　静岡県には、これまで殆ど研究型の水族館は設営されてこなかった。県内全域では、東京文理科大学臨海実験所付属水族館および浜名湖体験学習施設ウオットの二例を除き、これまでに研究型水族館の設置は無かった。換言すれば、静岡県下の水族館は、その殆どが観光資源として認識・運営されてきたのである。

　抑々、我が国の水族館は、上野動物園に設けられた観魚室（うをのぞき）を嚆矢とし、魚介類を見せて楽しませる見世物的な要素が強い施設として始まった。近世期には、現在の兵庫県神戸市に「兵庫生洲」と称される長さ十三間、幅四間の屋根を持った生簀が設けられ、その中で鯛や鱧などが飼育されていた。兵庫生洲では、普段は魚類を飼育し、不漁の際には活魚を市場に出したり皇室へ献上したりする役割を持っていた他、『摂津名所圖會』にもその姿が描かれるなど[5]、魚類を観覧する一種の娯楽施設としても機能していたことがわかる。

　このような見世物的な水族展示は、その後各地の博覧会に設置された非常設の水族館を経て、それを固定化・常設化する形で設けられた観光型水族館へと変化していった。例えば、明治30年（1897）に兵庫県で開催された第二回水産博覧会には、和田岬に遊園地が建設され、その中に水族館が設けられた。当該水族館は、博覧会終了後に湊川神社へ移築され、明治43年まで継続したとされている[6]。

　その後、博覧会を端緒としない水族館が全国各地に開館したものの、その主流はやはり海洋生物を見せる娯楽施設であった。我が国の水族館は、全国各地で開催された博覧会の出し物としての水族館の影響を受け、普段見ることのできない水中生物の生態を観覧することで驚きと発見を得る施設との認識が定着し、それが現在にまで至っているのである。昭和32年（1957）に内田恵

太郎が自著の中で述べた、水族館の在り方には、①見世物的娯楽観覧、②一般社会教育、③生物学ないし水産学上の研究の三段階があるとしている[7]。また、「さらに進めば、水族館は、娯楽施設、教育施設であると共に、生物学ないし水産学上の研究施設での性格をもたねばならぬ」とも論じているが、現在に至っても①見世物的娯楽観覧から脱却し切れていない水族館が多く存在するといっても過言ではなかろう。

　一方、E. S. モースが江の島に設立した臨海実験所に端を発する全国各地の臨海実験所では、研究機関に付属する形で水族館が設営された。明治19年創設の帝国大学臨海実験所の水族飼養設備から数え、戦前期には8ヶ所の臨海実験所に水族館が設営され[8]、戦前期に設立された大学付属博物館の中でも最も多くの数が存在したのである。これらの水族館は、研究機関たる臨海実験所に設置されたが、各々が独自の目的をもって運営していた。例えば、最初に設けられた帝国大学臨海実験所では、実験用海産物の飼養に供するための設備として「アクワリアム」が設けられていたとされる[9]。その後、明治30年に実験所が小網代に移転したのち、明治44年頃から一般公開が始まったが、その本懐は実験所の研究に際して生物の採取・保養をする施設であり、水族館を開放することで研究の成果を市民へ公開、動物学の普及を狙ったものとされている[10]。一方、東北帝国大学理学部付属臨海実験所水族館は、大学の研究施設と分けて一般への公開を意図したものであり、臨海実験所としての研究活動とは別に、観光地であった浅虫温泉の産業振興にも寄与する目的をもって設営されていた。同様に、北海道帝国大学厚岸臨海実験所や東京文理科大学臨海実験所など、当初より研究と公開の両立を意識して設立されたものが複数存在し、また一般公開に際し入館料を徴収することも通常に行われていたのである。これらの水族館は、研究機関に付属はしていたものの、必ずしも研究に専従した施設ではなく、むしろ地域振興を意図した観光的・営利的要素を含んでいたとも言える。臨海実験所の付属水族館は、大学の研究利用を背景とした研究型水族館のはじまりである一方、完全には「教育」「研究」機能に徹しきれず、従来の観光型水族館としても機能していたのである。

観光資源としての静岡県下の水族館　このような背景より、本県の水族館が観光資源として設営されたことは、必然と言えよう。本県に設営された水族館の設立母体は、国立大学が1、県が2、市が1、残りは全て民間である。民間による水族館設立は、水生生物の展示による集客を目論んだものであり、また唯一の市立館であった沼津市営水族館も、商工観光予算として水族館費が計上さ

れるなど、観光・行楽を対象とした施設であった。最初の県営水族館であった県営弁天島水族館も、観光業を戦後復興の重要な産業として位置づけた舞阪町によって水族館の誘致活動が展開されたもので、夏季の海水浴シーズンに来客が集中する弁天島の新たな観光資源として水族館が位置付けられていたことが窺える[11]。

　静岡県下に設立された水族館が、直截に観光を意図した施設であったことは、立地の面からも裏付けられよう。これらの水族館は、すべてが沿岸部に設けられたことは先述のとおりであるが、さらに言えば観光的な意図を持って占地されたことがわかる。例えば、二つの県営の水族館が設けられた弁天島は、明治期以降海水浴場や旅館が設けられて発展した観光地・保養地であり、また二度にわたり水族館が設けられた熱海についても、戦前からの観光地であったことは第6章において述べたとおりである。また、袖師水族館が設置された袖師海岸は、夏の間臨時の駅が設けられて海水浴場として機能していたほか、温泉観光地として発展した伊東や、街の主要産業を観光業に依存する下田など、本県の水族館は観光地としてすでに著名であった地域に設営されたのである。

　このように、静岡県下各地の水族館は、観光地を選択して設営され、その殆どが観光地における娯楽・慰安を提供する場として機能したのであった。静岡県下の水族館は、近海の豊富な海洋資源を背景に、それらを展示することで観覧者に驚きと発見を提供した。また一方で、ビジター利用だけを志向するのではなく、地域住民の取り込みも積極的に図っていた。古くは、東京文理科大学臨海実験所付属水族館の運営を地元団体と共同で行ったことや、最近では「地元の人が自慢できる施設」を目指し、沼津の観光業発展に寄与することを意図した沼津港深海水族館の活動など[12]、営利追及を本義としながらも地元志向の強い経営をしてきたことが、本県の水族館の特徴であるといえる。

水族館設立の時代的特徴　また、設立年代の特徴として、その半数が昭和戦前期に設立されたことが挙げられる。近代の静岡県内には、7館の常設水族館と全国産業博覧会のパビリオンとしての水族館が確認されており、地方の水族館建設傾向としては決して少なくない数の開館が見られる。昭和初期には、水族館だけでなく全国的に多くの博物館等が設立されたが、これは昭和3年の昭和天皇即位の大礼に伴い、永久に記念するために博物館や図書館がふさわしいものとして設置の機運が高まったことに起因し[13]、沼津の千本浜の水族館も取りも直さず大礼記念として計画された。しかし、沼津の私立水族館は計画以降の展開が確認できず、また7館中2館は4年以内に閉館しており、水族館経営

の難しさがあったことがわかる。このうち、戦前期開館の熱海水族館は、昭和10年に開催された復興記念横浜大博覧会に使用するため、僅かな期間のみ運営された後、廃館となった[14]。三津淡島水族館に関しては、後に設立される淡島海洋交園（あわしまマリンパーク）とは別組織であるものの、情報が非常に少なく、閉館年も正確な年号が不明である。文部省社会教育局の『昭和十二年四月一日現在　教育的観覽施設一覽』によると、昭和10年8月開館とされているが[15]、昭和14年以降は記録されなくなった。昭和14年に黒田長禮が執筆した「駿河湾靜浦附近產魚類目錄追加」によると、同年に淡島水族館にて「オホセ（一名キリノトブカ）」を目撃したとあり、その文中で「目下廃館」とも記されていることから[16]、少なくとも昭和14年内に閉館したと考えられる。昭和12年開館の袖師水族館は、太平洋戦争の影響によって昭和17年以降閉鎖に追い込まれ、13年後の昭和30年に活動を再開するまで停滞期間が多く存在した。さらに、昭和35年に発生したチリ沖地震の津波を受け、ついに廃館になったとされている[17]。このことから、袖師水族館の実質的な運営期間は、10年程であったとされる。これ以降に設営された水族館も、殆どが10年程度で廃館となっており、長期の水族館運営は難しい課題であったことが窺える。

　一方で、昭和42年の下田海中水族館の設立以来、平成12年（2000）の浜名湖体験学習施設ウオットの開館まで33年もの間水族館が新設されなかったことも特徴的である。一般的に本県の博物館は、戦前期から昭和20年代までは設立数が少なく、30年代から徐々に増加を始め、50年代から平成10年代の間に爆発的に増加するという傾向がみられる。しかし、水族館に限っては、一般的に最も増加する時期に設立されないのである。この理由としては、水族館の維持管理の問題と、観光資源としての水族館の集客力の問題、さらには静岡県下の海洋汚染の問題が挙げられよう。

水族館維持管理上の問題　維持管理の問題としては、水族館は他の施設に比べ相対的に運営管理費がかかる施設であることが窺える。水族館は、生物を扱う施設であるため、その飼育にコストがかかる。同じく生物を扱う一般的な動物園も飼育コストはかかるが、水族館展示の殆どは常時水中で生活する魚類であり、餌代に加え水槽の維持管理費や水の濾過にかかる費用、展示に際しての照明・冷暖房などの電気代が発生することから、陸上生物主体の動物園と同等以上の費用がかかるといっても過言ではない。また最近では、繁殖に力を入れる水族館も多いが、ワシントン条約の対象外の生物の場合、基本的には捕獲・採取した生物を展示に供している。種にもよるが、海洋生物の中には、寿命が

短いものも多々存在し、その補充・更新が常に必要である。イワシなどの脆弱な生物を移動する場合、長い時間をかけて移送することが不具合なのは言うまでもなく、生物や海水の補充を考えると海から近い場所に水族館があることが好ましい。このような立地上の制約もあり、既存館の更新はまだしも、水族館の新設は難しいのである。伊豆半島をはじめとする東部地域では、戦前期より水族館の設営がなされてきた歴史を有しており、既存館が安定して運営されている状況を鑑み、新たな水族館建設に積極的な取り組みがなされなかったものと理解できる。

　また、コストに見合うだけの集客効果を挙げられるかという問題もある。水族館は、動物園の中でも海洋生物に特化した施設であり、一般市民の中でも興味関心の有無が分かれると言えよう。一般的な動物園では、ゾウやキリン、ライオンなど来館者の興味関心の高い動物が複数存在するが、水族館ではイルカやペンギン、アシカなど一部花形となる生物以外、来館者の興味を引きづらい感が否めない。海洋生物の中には、グロテスクな外観や珍奇な習性・器官を持つものも多く、また生物保護のために館内照明が暗いことから、来館者が受け入れにくい部分があることも事実である。これゆえに、水族館が安定的な集客を得るためには、一般的な動物園以上の困難があると看取される。ましてや本県の水族館は、来館者に楽しんでもらうことを目的の一つに据えた観光施設として位置づけであり、集客が館の運営に影響する施設であった。そのため、安定した集客を見込むためには、より手堅い内容の施設が好まれたことから、不確定要素の強い水族館は建設されなかったと推察される。同じ時期の県内には、郊外型の動物園やゴルフ場などの娯楽施設が誕生し、全県的に観光開発が進んだ時期であった。しかし水族館は、観光要素が強いにも拘らず、コストの割に集客性が見込まれないことから、本県では新設されなかったのである。

海洋汚染の問題　更なる問題として、当該時期の静岡県下の海洋汚染の問題が挙げられる。本県の駿河湾沿岸部は、昭和30年代後半から急激な工業化が始まり、富士市の製紙業をはじめとし、清水市、焼津市、沼津市などに工場地帯が設けられた。工業化に伴い、工場から多量の工業排水が排出されたが、環境に対する意識が希薄であった当時は、排水をそのまま海に排出し、それによって水質汚濁、魚類の奇形化、ヘドロ問題など深刻な海洋汚染を引き起こしたのである。最も影響が大きかったのは、富士市の田子の浦付近である。当該地域では、市内に所在した4つの製紙会社の工場より出された排水により、田子の浦の水質が汚染された「田子の浦港ヘドロ公害」が社会問題となった。「駿河

湾の水質汚染調査とその問題点」によると、昭和46年時点で駿河湾汚染の約7割が田子の浦港より排出された汚染物質によるものとされ[18]、その被害は接続する沼津や清水の海域にまで影響を及ぼしたとされている。沼津市の海洋汚染は、戦時中に海軍工廠などに用いられた土地を、市の戦後復興策として民間工場の誘致と工場用地への転用がなされたことに由来する。戦後沼津市には、倉敷レーヨン、大昭和製紙のパルプ工場、日本特殊鋼、矢崎電線、明電舎、リコーなどが進出し、大規模な工場操業を行った。これらの工場は、内陸部に集中していたものの、工業排水による海洋汚染が深刻となっていたのである。昭和45年8月7日の『静岡新聞』には、田子の浦のヘドロ公害について報じられ、接続する沼津側にも奇形魚が発生している状況を伝えたほか、内浦湾の養殖漁場が茶褐色に汚染されたと報じている[19]。これ以外にも、焼津地域での水産加工排水による汚染や、大型船舶の入港する清水港の汚染など、昭和40年代付近の駿河湾北部は深刻な海洋汚染地帯であったのである。

このような環境下で、水族館を新規に開館させることは、現実的に不可能であったと考察できる。本県の中で、水族館が建設可能であった沿岸部は、浜名湖周辺と御前崎以東の地域に限定されることは先述のとおりである。浜名湖周辺では、昭和29年に県営弁天島水族館が開館したものの、昭和44年には閉館しており、水族館が無くなった地域に間髪入れず新たな水族館を設けることは、ほぼあり得ないだろう。浜名湖周辺を除外すると、水族館設置が可能なのは、御前崎から清水、富士を抜けて伊豆半島へ至る範囲であるが、先述のとおり当時の駿河湾沿岸地域は深刻な海洋汚染にさらされており、水族館で展示できる海洋生物の採取や海水の取水は不可能であったのである。また、田子の浦のヘドロ公害において、ヘドロの富士川左岸への投棄・埋め立てが昭和46年に地元住民との合意に至ったのち、作業完了まで11年の歳月を要したことからも窺えるように、海洋汚染からの回復には非常に長い年月を要し、当該地域では水族館を建設する事が長らく不可能であったと推定できる。

静岡県の水族館の展望　このような問題が影響し、本県では30年以上の長い期間、水族館が新設されない状況が発生したのである。2000年代に入り、本県にも新たな水族館が2館誕生したほか、平成28年7月には伊豆三津シーパラダイスが一部リニューアルするなど、停滞期を打破し様々な動きが見られる。また、伊豆半島域に所在する動物園・水族館7館による連携組織「伊豆半島動物園水族館協議会（通称、IZA7）」が平成25年に発足した。当該組織は、定款に定めるように「公益社団法人日本動物園水族館協会に加盟している地区7園館が

長期にわたり継続的に伊豆地区全体の活性化・発展に貢献するため手を取り合い活動する事を目的」とするもので、以下の意義を持って活動を始めている[20]。

　伊豆地区の観光業衰退に歯止めをかけるためには、これまで個々に活動していた各施設が連携する必要がある。その先鞭となるべく地区7園館が手を取り合って活動することにより、伊豆半島がより魅力的な地域となる可能性がある。我々の活動が活発化することにより、他業種、地方自治体等も巻き込み大きな動きとなり得る。

　当協議会は、熱川バナナ・ワニ園、あわしまマリンパーク、伊豆アニマルキングダム、伊豆シャボテン公園、伊豆三津シーパラダイス、下田海中水族館、三島市立公園楽寿園が加盟し、官民の垣根無く伊豆観光の更なる発展を目指して設立された。この背景には、伊豆半島域の急速な観光業の衰退が影響している。静岡県文化・観光部観光交流局観光政策課の『平成26年度 静岡県観光交流の動向』によると、伊豆地域では昭和63年度に7,344万1千人の観光交流人口を記録したものの、それ以降平成23年まで断続して減少傾向にあり、現在多少の増加が見込まれるがピーク時にははるかに及ばないとの統計結果が見て取れる[21]。観光人口の推移については、第8章で述べるため割愛するが、その原因の一端は、観光形態の変化に当該地域の諸施設が対応しきれなかったことが影響しているのである。IZA7は、旧来各観光地を構成する資源として、独立した運営を続けていた動物園・水族館が、お互いに歩み寄り、相互に協力するために発足したのであった。これらの館園が協働することで、各自の問題点をお互いに確認しあい、不足している点を補うことが可能となる。さらに、加盟館園をつないだ観光コースの構築や、近隣の企業等を巻き込んでの観光PRなど、様々な展開が考えられよう。しかし、伊豆三津シーパラダイスとあわしまマリンパークのような、近接して所在する言わばライバル館ともいえる施設同士の連携が、果たしてどのような効果を上げるかなど、不確定な要素は多分に存在する。IZA7は、発足してまだ数年であり、伊豆地域の観光振興のためにどのようなアクションを起こすのか、今後もその動向に注目していきたい。

第2節　代表的な水族館設置と運営

1　中之島水族館とその後継機関

　県内の水族館の嚆矢である中之島水族館は、昭和5年（1930）に田方郡内浦

村（現、沼津市）に開業した私立水族館で、昭和16年に三津天然水族館、昭和52年に伊豆・三津シーパラダイスと名称及び運営企業を変更しつつ現在まで営業を続けており、新潟県の魚津水族館に続く日本国内で2番目に長く営業されている水族館である。同館は、駿河湾の入り江の一部を網で仕切り、自然地形を水槽としてそのまま利用する展示を基本としている。自然地形を活かした水槽は、現在でも同水族館の基本となっており、ここでのイルカ・海獣ショーを中心に、魚類の展示を行う部門、海獣飼育を行う海獣動物園部門などが設置されている。

　同館の特徴は、海洋哺乳類の飼育・繁殖活動に極めて積極的なことである。中之島水族館時代の昭和5年には、日本で初めてバンドウイルカの飼育に成功し、またセイウチやラッコの飼育を日本で初めて手掛けるなど、当初より飼育・展示活動に対して積極的な取り組みが見られる。この理由としては、海洋生物の入手・飼育に適した環境が影響していると観られる。まず、初期の中之島水族館は、入江に網を張って生簀を作り、漁師の捕獲した魚類を生簀へ放流し、それを見せるだけでなく客に釣らせて楽しませる釣り堀を兼ねたようなスタイルであった[22]。同館の近隣には、大型の定置網が存在し、また水族館とした入江には漁師の網干場が所在したことから、漁師との結びつきが強く魚類を入手することが非常に容易であった。当初は、新鮮な魚を常に生簀へ放流し、釣り上げた後に代金を支払うという釣り堀的な要素が強かった。この釣り堀は、カツオが釣れることを目玉としていたが、代金が高額なことがたたり、釣り上げた後に海へ放す客が増加し、採算が取れなくなったことから衰退したようである[23]。そして、その空きスペースの有効活用の方法として、イルカを含む大型魚類の飼育が試みられたのであった。伊豆半島には、安良里や富戸、川奈といったイルカ漁が盛んな地域が複数存在した。伊豆半島では、現在イルカ漁は行われていないものの、スーパーでイルカ肉が販売されるなど食習慣としては残っており、歴史的にもイルカとの結びつきが強い。ここでのイルカ漁は、湾内にイルカを追い込んで生け捕りにする追い込み漁が主流であり、伊豆半島内などごく近い距離であれば生きたまま曳航することが可能であったのである。これに着目した中之島水族館は、安良里からイルカを曳航し、釣り堀を改修した生簀へ入れて飼育を開始した。これが、食用ではなく生態を知るためのイルカ飼育の嚆矢となったとされている。

　また、同館に近接する大型定置網には、そこにかかる魚類の捕食を目的に、しばしばクジラやサメ類が捕獲されたと言われている。網にかかった大型魚類

は、中之島水族館へ送られ、そこで飼育展示が試みられた例が複数存在している。例えば、昭和9年には日本初のジンベエザメの飼育に成功し、昭和年間には複数回のミンククジラの飼育[24]にも成功したとされている。「伊豆・三津シーパラダイス日本初展示80年の歴史」には、昭和9年飼育のジン

写真7-1　初期の中之島水族館の生簀
(『伊豆・三津シーパラダイス 日本初展示80年の歴史』
P.78より転載)

ベエザメは、8月12日に捕獲された後、12月11日にわたる122日間生存したとの記載がある。そして、死後ジンベエザメのための墓を建立したとされている。ジンベエザメは、カツオの群れを引き連れて回遊することがあり、漁師にとって群れを見つける目標となっていた。即ち、ジンベエザメを見つけることが大漁につながったのである。このことから、漁師にとってジンベエザメは吉兆であり、それを捕獲、飼育し、致死させてしまったことへの贖罪として墓を建立したのではないかと記されており、とりもなおさず他の水族館には見られない特徴であると言えよう。一方、ミンククジラの飼育は、いずれもが短期間の飼育に留まり、その飼育が困難であったことが窺える。これらの大型魚類の飼育が可能であったのは、やはり捕獲の場から近接していたこと、また湾を区切って飼育場にしていることから飼育範囲が広く確保でき、水槽と異なり海洋環境下で飼育できたことが影響していたのである。

　中之島水族館は、改称・改修を繰り返しながらも、天然の湾を用いるというコンセプトを現在まで踏襲し、飼育に関する様々な試行錯誤を繰り替えして継続的に活動していることが特徴と言えよう。同館は、本県初の水族館として先進的な存在であっただけでなく、数々の日本初飼育を達成するなど他の水族館をリードする存在でもある。平成28年（2016）7月には、施設の一部がリニューアルを実施し、日本一の深海である駿河湾をテーマとする展示が強化され、より地域に根差した展示が行われているのである。同館は、更新性を持って運営が続けられている地域水族館として、今後の展開が期待されるものである。

2　東京文理科大学臨海実験所付属水族館

　昭和8年（1933）には、東京文理科大学臨海実験所に付属水族館が開館している。当館は、賀茂郡下田町（現、下田市）に設立された水族館で、現在まで本県唯一の国立大学付属水族館であった。その詳細については、鏑木外岐雄の「國内臨海臨湖實驗所便り」[25]や西村公宏の『大学附属臨海実験所水族館近代日本大学附属博物館の一潮流』[26]に詳しい。本項では、この両論の情報を基に機能・活動を復元するものとする。

　同館の開館の様子は、昭和8年6月10日付『東京日日新聞靜岡版』に以下のように記載されている[27]。

> 下田町鍋田海岸の文理大臨海實驗所は着工一年この程完成、十一日午前十一時文相代理粟屋次官をはじめ教育界學會の權威名士等約二百五十名を招待盛大な落成式を擧げる。（中略）下田保勝會が經營、七月一日から開館する、人氣物の水族館は水槽十六標本室六である、所長は生物學の權威福井博士に決定する筈伊豆半島に新名所が出現したわけである。象牙の塔を出て漁勞方面に進出しわが國唯一の特徴を發揮すると、なほ十二、三兩日は下田町民のために公開觀覽させる

　このように、水族館の運営は、地元下田の下田保勝会に任せるとして、大学と地元の連携の下で設立されたことがわかる。また当時は、一般市民への平常公開はされておらず、日にちを限定して観覧させていたことが窺える。その後同館は、時期はわからないものの一般市民への通常公開を始め、一方で下田の名所として絵はがきに採用されるなど、大学の研究機関だけでなく一般への公開活用にも取り組んでいたことが確認できる。

　同館は、木造2階建て一部平屋建てで、寄棟屋根に下見板張りの外観を持ち、平屋建ての建物の屋根に設けられた塔が外観上のアクセントとなっていた。館内は、1階に16個の水槽とプール2槽、小型水槽7個を設え、近海産の魚類や海産無脊椎動物が展示された。同館の水槽は、設立当初は木造であったが、昭和22年にこれをコンクリート造の水槽に改造したとされている[28]。2つ設営されたプールは、片方に大形魚が飼育され、もう片方は俯瞰式の養魚池として活用された。また1階奥の平屋建て部分には、研究室と実験室が設えられていたが、実験室は実際には2階と共に標本室として活用されていたようである[29]。2階には、標本陳列室が設けられ、近海産の魚類やカニ類の標本資料を展示していた。当時の写真を見る限りでは、木製ガラス張りの展示ケースを複数設置し、その中に海洋生物の液浸標本を展示していた。

文理大付属水族館は、戦後東京教育大学付属臨海実験所水族館に組織転換されたものの、開館以来海洋生物の研究に邁進し、下田地域唯一の水族館として地域にも親しまれた。しかし、昭和43年頃に実施された実験所の改修にあたって閉館することとなった。この推移について横浜康継は、「1968年にそれまで木造だった研究棟と寄宿舎は鉄筋コンクリートの研究棟、実習棟、宿泊棟に改築されたが、水族館は付近に民間の水族館が開設されたこともあり、使命を果たし終えたものとして、その35年にわたる歴史を閉じた」としている[30]。民間の水族館とは、昭和42年開業のフジタ下田海中水族館であると観られる。同館の開館は、臨海実験所の改修される一年前であり、天然の入江を利用して海上に浮かぶ水族館という斬新なアイデアから、下田の新たな観光名所となっていた。付属水族館は、開館から35年が経過し、建物・設備ともに様々な不具合が出ていたものと想定できる。新たな水族館が設置され、付属水族館が当該地域での水族館としての役目をある程度果たしたことと、施設の老朽化による改修費用軽減のために、水族館は閉鎖されたのであった。

　同館は、大学の研究施設の付属との立場からもわかる通り学術的視座に立った博物館である。名称こそ水族館であるが、実態は近海の魚介類を中心に調査研究・収集・保管・展示を行う海洋博物館であり、本県の海洋研究を意図する博物館の濫觴に位置づけることができる。

3　浜松市周辺域の水族館

　水族館設立が希薄な西部地域でも、現在の浜松市にあたる地域には、これまで複数の館が設営されてきた。浜松市内の水族館は、昭和6年（1931）の全国産業博覧会に設けられた水族館を嚆矢とし、その後静岡県営弁天島水族館と浜名湖体験学習施設ウオットの県営水族館が2館設立された。産業博覧会の水族館は、第2章にて詳しく解説したため本章では割愛する。

静岡県営弁天島水族館　静岡県営弁天島水族館は、その名称の通り浜名湖に浮かぶ弁天島の周囲に所在する人工島に設置された水族館である。抑々弁天島とは、舞阪地区から西に張り出した半島であったが、明応7年（1498）の明応地震によって切断されて現在のような島になったとされている[31]。宝永6年（1709）に、弁天神社が勧請されたことによって「弁天島」の名称が用いられるようになり、明治22年（1889）に海水浴場と旅館が開かれたことによって、これ以降浜名湖の観光地・保養地として発展してきた。昭和初期からは、弁天島北側を埋め立てて人工島を作る計画が立てられ、昭和7年に西野島浦の

写真 7-2　弁天島水族館
(『ケンペルの見た大蟹　静岡県の海と生きもの』P.29 より転載)

一部・蓬来園・乙女園などが完成した。

　県営弁天島水族館は、昭和 13 年に乙女園に建設された浜名湖ホテルが箱根芦ノ湖畔へ移転したのち、その跡地を利用して建設された。これは、昭和 25 年に浜名湖とその周辺市町村が県立公園に指定されたこと、また同年に毎日新聞社が主催・選定した「新日本観光地百選」に舞阪町が選定され、それに伴い県下観光三十景勝地に推薦されたことを背景とし、観光業を戦後復興の重要な産業として位置づけた舞阪町によって水族館が誘致され、昭和 29 年に開館したのであった[32]。昭和 37 年 7 月 28 日付の朝日新聞には、弁天島水族館の概況と、同年に増改築した後の設備状況についての記録が残されている[33]。同館は、竜宮城を意識した外観を有する木造二階建ての建物に、ハモ、カブトガニ、アカエイ、アカウミガメなど海水魚 46 種、淡水魚 23 種が飼育されていた。しかし、屋外施設で飼育されたアシカ、サル、アヒル、小鳥などは子供たちに人気であったものの、肝心の魚介類が貧弱であった。また、暖房設備が十分ではなく、越冬できない魚類は 11 月に放流して冬季は閉館していたとされる。昭和 37 年の増改築では、この問題を解決するため、「回遊式円形水族館」を増築し、展示魚類に関しても増補したとの記載があった。回遊式円形水族館は、鉄筋コンクリート造三階建ての建物に、高さ 8m、直径 13m のドーナツ型水槽を備え、一階からは天井越しに見上げ、三階からは見下ろせるような設備であったとされる。ドーナツ型水槽に用いた水は、濾過循環装置を備えたものではなく、電気モーターで外部の海水を絶えず取り込むことで賄っていた。一階には、標本の陳列や映画上映に用いることのできるホールが備えられ、同館の増築によって社会教育施設としての水族館の体裁がようやく整ったことがわかる。

　昭和 37 年の増改築によって、一時年間 75,000 人が訪れるようになり、浜松駅からの定期路線バスが開設されるほどの賑わいを見せたものの、昭和 44 年には一転して閉館となったとされている。鈴木克美の『ケンペルの見た大蟹　静岡県の海と生きもの』によると、本来浜名湖は全体が感潮域の汽水湖であり、

第2節 代表的な水族館設置と運営

当該時期は一定の平衡期に差し掛かっていたとされた[34]。昭和28年に台風によって今切口が決壊し、その翌年から始まった湖口固定工事および度重なる浚渫工事によって、現在では湖全域が海に近い環境を呈しているが、弁天島水族館が運営された時期にはまだ塩分濃度の低い湖水（鈴木の言葉では「海水があまい」）であったとされている。このような環境下で、使用する海水を外部からの供給に頼る開放型水族館の同館は、濃い塩分濃度の海水を必要とする遠洋やサンゴ礁の生物飼育に無理があった。

また、同館を観光資源として活用しようとした舞阪町と地元、町と県の間で認識に齟齬があったことも同館の不具合の理由であろう。昭和29年度の舞阪町観光協会の決算書には、「4.負担金」として「水族館地本建設負担金」158,720円が計上されているが、これは元々水族館建設負担金1,750,000円を寄付によって賄う計画であったが、結果的に十分の一しか集まらなかったことを示している[35]。この結果は、水族館を一大観光地として計画した町側に対し、地域住民にはその意識が希薄であったことを示しているだろう。また同館は、観光地として多くの客を集めるには極めて貧弱な内容であった。上記の通り、同館で飼育されていた生物は、哺乳類などを含めても100種程度であり、さらに肝心の海水魚に至っては40種程度であったことから、その数は他の水族館と比較しても少ないといえる。加えて、昭和37年の改修が行われる以前は、ウミガメやカブトガニはともかく、コノシロ、クロダイ、エイなど比較的身近な魚類が多く、水族展示による驚きと発見は希薄であったと推測される。

さらに同館は、県の所管であったにも拘らず、その運営は独立採算制を採っていたとされている。これでは、県営と名称が付きながらも、実質的には入館料による経営を志向する民営水族館と運営形態は同様である。また、県営であるが故に物品や生物の購入に県の意思が介入する分運営の自由度が少なく、このような諸条件が重なった上で、千数百万円の累積赤字がたたり、また県内に民間資本の様々なレジャー施設が誕生したことから、昭和44年4月をもって閉館したのである[36]。なお、弁天島水族館の跡地は、東京大学農学部付属水産実験場が愛知県渥美町より移転・開設された。同所は、戦前期より付属水族館を有していたものの、移転に伴い閉鎖され、移転先の弁天島には新たな水族館が建てられることは無かった。これ以降、静岡県西部地域には、30余年にわたって水族館空白の時代が続いたのである。

ウオットの誕生　しばらくして、弁天島周辺に建てられた静岡県水産技術研究所浜名湖体験学習施設「ウオット」は、本県の水族館の中でも教育的意図を

持って運営される施設に位置付けられる。当館は、平成12年（2000）に浜名郡舞阪町（現、浜松市西区舞阪町）に建設された県立の水族館であり、「ウオット」とは「ウォータースポット」と「魚（うお）」を掛けた公募愛称である[37]。当該施設は、静岡県水産技術研究所浜名湖分場の付属施設として、同施設に隣接する形で所在している。同館の特徴としては、リーフレット・ポスター等でも「水族館」の名称を用いておらず、「体験学習施設」の名の通り、水族を用いた展示及び水・漁業・魚介類に関する体験学習を意図する施設として建設されていることが挙げられる。本県内に現存する水族館は、当該施設を除き全てが私立館であり、大学付属館である東海大学海洋科学博物館を除き営利意識を持った観光施設であるといえる。しかしながら、「ウオット」は体験学習を主たるテーマとしており、また水産技術研究所付属でありながらもそのPRは最小限にとどめ、あくまで資料を用いた学習・教育を意図する点が他の私立館とは異なる。さらに、水族館施設でありながらも、内部に浜名湖の漁業及び漁具に関する展示を設け、浜名湖の自然環境や浜名湖域の生業に関する映像展示がなされるなど、環浜名湖を対象とした水産博物館とも換言できることが特筆できるのである。同館は、県が設置する他の付属館と比較しても教育機能に重点が置かれており、水産技術研究所の収集、調査・研究機能と組み合わさることで、博物館学的な意識を持った県立水族博物館に比定することができる施設である。

4　深海生物を展示する水族館・博物館

　日本有数の深さを持つ駿河湾には、様々な深海生物が生息しており、従来研究者等には知られた存在であった。しかし、昨今「深海ブーム」とも称される世間の深海への興味関心の高まりによって、駿河湾がにわかに脚光を浴びているのである。本県には、この深海ブームに後押しされて、様々な水族館や博物館で深海生物の展示が試みられている。例えば、先述の伊豆・三津シーパラダイスでは、平成27年（2015）に深海生物を飼育する大型水槽「DON底」を設置し、また平成23年には世界で初めて深海生物をテーマとする「沼津港深海水族館」が開館するなど、沼津市域を中心に一大潮流が起こっているといっても過言ではない。本項では、深海ブームを牽引する役割を担っている沼津港深海水族館と、従来沼津市に所在していた深海生物を展示する博物館である駿河湾深海生物館について概観し、それらの現状と今後について考察を試みるものである。

第 2 節　代表的な水族館設置と運営

沼津港深海水族館　沼津港深海水族館は、平成 23 年に開館した静岡県で最も新しい水族館である。同館は、水族館へ魚介類を販売する有限会社ブルーコーナーの代表である石垣幸二によって設立された私立水族館であり、また日本国内で唯一"深海生物"を飼育・展示の対象とした水族館である。深海水族館は、沼津港の観光・商業地域である「港八十三番地」内に設けられた二階建ての水族館であり、アクアマリンふくしまや美ら海水族館などの特大規模の水族館と比べると、あまりにも規模は小さい。しかし同館は、小規模館であるが故の独創的でフットワークの軽い展示を実践していることが特徴である。

　筆者は、平成 28 年 9 月に同館を見学したが、同館では細かく展示替えを行い、常に変化する展示を心掛けているようである。筆者見学の際には、入り口付近において、近似の種でありながらも浅瀬に生息するものと深海に生息するものの姿や生態の違いを比較展示するコーナーがあり、その奥にはオーストラリア産の生物展示がなされていた。浅瀬と深海の比較展示は、一例として浅瀬に生息するチンアナゴ（ガーデンイール）に隣接して深海性のヌタウナギを展示してあり、また一方では海面付近に生息するアミメハギと深海に生息するベニカワムキというカワハギの仲間の比較展示がなされており、観覧者が浅瀬と深海の生物の違いを一目でわかるようにした点が面白い。一階奥は、駿河湾に生息するタカアシガニやヒカリキンメダイが展示され、階段を上った二階は「シーラカンスミュージアム」と着色骨格標本、深海開発と深海生物の生体展示がなされていた。

　同館の肝は、二階シーラカンスミュージアムに展示された 5 体のシーラカンスの標本で、日本で唯一冷凍保存された標本 2 体を収蔵・展示している。当該展示では、シーラカンスに関する詳細な生物的解説や、原生種シーラカンスの発見に関する歴史展示とジオラマ展示、初めて遊泳している姿を捉えた映像の展示など、シーラカンスに関する知識全般を入手することができる。さらに、生きている化石としてハリモグラやサメ類が比較展示の対象とされ、シーラカンスだけでなく現代まで姿をほとんど変えることなく生き残っている生物について知識を深めることができるのが特徴であると言えよう。

　水族館設立の経緯等に関しては、石垣氏が著した『「水族館」革命 世界初！深海水族館のつくり方』に詳細が記されているので、本書ではその経緯を一部抜粋したい。同館の始まりは、沼津の水産業者である佐政水産の佐藤専務より現館長の石垣氏へ、水族館建設の打診があったことに起因する。佐政水産では、平成 22 年秋頃より、沼津港域に飲食店街を設けてその中にアミューズメント

施設としての水族館を計画していた。これは、当時の沼津港が、そこから水揚げされた海産物だけでなく、他の港から揚がったものも加工して観光客へ販売しており、地元の人に活用されていないという背景が存在した。そして、地元の人が自慢し、誇りを持てる飲食店街と水族館を建設したいとの意図を汲んで、石垣氏が建設・整備を引き受けたとされている[38]。その後、日本国内で商業取引が可能なシーラカンス5体を核とする水族館構想が練られ、それを活かすために更なる大テーマとして「深海」をテーマとすることが決まった。シーラカンスを核とした背景には、元々商業取引可能なシーラカンスは個人の所有であり、その展示・販売権を石垣氏が有していた。シーラカンスは、国内法による採取の禁止と、国際法であるワシントン条約によって商業取引が事実上不可能な生物である。その希少性の高い生物を、独占的に取り扱うことのできる石垣氏だったからこそ、当該水族館のテーマになり得たのである。また、沼津港の面する駿河湾は、世界的にも有名な深海生物の生息地であることは周知のとおりである。核となるシーラカンスも、原生種は深海に生息しており、館のテーマと地理的環境が相互に合致することから、「深海」をテーマとする水族館が計画されたのであった。

　沼津港深海水族館の独創性は、これまで無かった「深海」をテーマとし、深海について一般の人々へもわかり易く伝達している点であろう。昨今巷では、平成25年に国立科学博物館で特別展「深海―挑戦の歩みと驚異の生きものたち―」が開催されたり、深海に生息する大型のダンゴムシの仲間であるダイオウグソクムシの一年間にわたる絶食が話題になったりと俄かに深海ブームが起こっている。2000年代以降、科学技術の発展と科学者の努力によって、深海に関する様々な発見がなされている。平成25年には、小笠原諸島父島近海で生きたダイオウイカが撮影され、NHKスペシャルにて放送されたことは記憶に新しい。このような相次ぐ発見が、ニュースなどで報道されるようになった背景には、やはり深海を身近なものに感じさせた沼津港深海水族館の影響が少なからず存在していると思われる。同館館長の石垣氏は、魚を取り扱う有限会社ブルーコーナーの社長として、テレビなどのメディア露出が多く、また深海水族館のオープン時には様々なマスコミが日本初の施設として報道した。このようなメディア戦略が成功し、世間一般の深海生物に対するイメージは、「気持ち悪い、よく分からない」などのネガティブなイメージから、「奇妙で不思議、よく見れば可愛らしい」といったポジティブなイメージへ転換されていったように感じられる。さらに、沼津港深海水族館では、頻繁に展示替え

をし、常に来館者目線で展示を進化させていったことから、小規模ながらも満足感の高い施設という認識が浸透し、それが拡散されることで来館者数が増加、さらには多くのリピーターを生み出すに至ったのである。同館の設立をきっかけに、我が国に於ける深海への認識が少なからず変化し、また度重なるセンセーショナルな発見によって深海が注目を浴び、現在の深海ブームが生み出されたのである。沼津港深海水族館は、人々の目を深海に向けさせた先進的な役割を果たした点、さらには展示の工夫によって観覧者に深海を身近なものと印象付けるきっかけを与えた点が評価に値しよう。

駿河湾深海生物館　一方で、同じ沼津市内には、深海生物をテーマとする博物館施設がもう一館存在する。これは、旧戸田村立の駿河湾深海生物館である。当該施設は、駿河湾で産出された深海魚や深海性の甲殻類の標本300種を保存・展示する博物館として、村立造船郷土資料博物館に隣接して開館した。昨今の深海魚ブームによって、沼津などの駿河湾沿岸地域がにわかに活気づいているが、抑々駿河湾沿岸域に於いて、深海魚漁が盛んであったのは旧戸田村であり、深海生物はつい数年前まで見向きもされなかった存在であった。

　戸田村では、かつてより底引き網漁が行われ、駿河湾の深海生物を漁獲してきた。ここで漁獲された珍しい深海生物は、博物館や研究所、標本業者がこぞって購入する以外は、地元でもほとんど消費されなかった。これに着目した安原健允氏（現、日本大学名誉教授）は、深海生物を村の活性化・地域おこしに活用するべきであると提案し、県東部振興センター、戸田村、伊豆・三津シーパラダイス、NHK沼津通信部などによる深海生物調査が実現した[39]。昭和56年（1981）3月に実施された第一回調査を経て、当時の野田英二村長から安原氏へ、造船郷土資料博物館2階の会議室を転用し深海生物の展示室にする提案がなされた。深海生物調査で得られた漁獲物は、日本大学文理学部三島校舎の生物学の教員や学生、村役場の職員によって仕分け作業と標本化作業が行われた。これらの標本の展示場として、安原氏と村職員が中心となって造船郷土資料博物館2階の会議室を改修し、昭和56年7月に駿河湾深海生物博物館として一般公開された。その後、同館は駿河湾深海生物館と改称し、かつて戸田の漁師祭りが行われていた舞台を全面改装することで、戸田の漁業資料と深海生物の乾燥標本と液浸標本を展示する博物館として昭和62年に新装開館した。以降、造船郷土資料博物館の分館として運営され、平成17年の沼津市と戸田村の合併以後、沼津市の博物館として現在に至っている。

　同館には、戸田特産のタカアシガニの標本や、戸田村で初めて確認された

フジクジラと称するサメの剥製標本など、学術上優秀な資料が存在している。しかし、年間43万人もの来館者を記録する沼津港深海水族館と異なり[40]、駿河湾深海生物館は年間8,839人と大幅に来館者数が少ない[41]。この理由としては、駿河湾深海生物館の立地と展示している資料の性格が影響しているだろう。同館の所在する旧戸田村は、一方を海、三方を急峻な山に囲まれ、陸路では大瀬崎方面、達磨山方面、舟山方面の3つの道路で村外に接続している。この3ルートだが、倒木や積雪、土砂災害などでしばしば通行止めになり、地域住民からは皮肉を込めて陸の孤島とも呼ばれている。また、各ルートで隣接する自治体へ行くにしても、片道30km弱の距離があるだけでなく、非常に険しい山を越えなくてはならない。一方の海上交通であるが、それまで沼津港との定期輸送便が往復していたものの、運営企業の業績悪化と沼津市との補助金交渉の決裂に伴い平成26年に廃止された。このように、他府県だけでなく静岡県下の市町村からもアクセスが困難であり、また公共交通も貧弱で、発着数の多い路線でも1～2時間に1本のバスしか存在しない。それに加えて同館は、湾に突き出た御浜岬の突端に占地していることから、立地の面で非常に問題がある。勿論、博物館へ向かうためのバス等も存在していない。

　駿河湾深海生物館の展示資料については、先に述べたように深海生物の乾燥標本と液浸標本を主体としている。当該資料は、深海生物調査によって得られた漁獲物を資料化したものであり、古いものですでに35年が経過している。現在までの間に、液浸標本は退色し、乾燥標本は過度に乾燥が進んで破損しているものが多数確認できる。資料的価値の高い標本であっても、保存状態が良好でなく、見栄えがしないのであっては、態々博物館を訪れて見学する者は非常に限られるのである。同館は、御浜岬の海水浴場に近接して所在しており、駐車場を開放しているので一定の入館者数はあるものの、有料館であり、ましてや資料に魅力が感じられないのであればリピーターは期待できないだろう。最近では、展示資料の補完を行うために、廊下にトレーディングカード状の深海生物カードを展示し、来館した子供の興味を喚起していた。しかしながら、あく

写真7-3　駿河湾深海生物館の深海生物カードの展示（筆者撮影）

まで展示室とは別に配置されているところから、実物標本との比較・対照が不可能であり、また一般販売もなされていない。筆者の所見ではあるが、来館していた子供たちに人気があったことからも、深海生物カードをミュージアムグッズとして売り出せば、話題性の創出と現金収入につながるのではないかと思われる。

深海魚水族館と深海生物館の協働　このような現状に対し筆者は、沼津港深海水族館と駿河湾深海生物館の連携を提案したい。上記2館は、沼津市立と地元企業の設立と、運営母体や経営も異なる。しかし、共に深海生物をテーマとする以上、何かしらの連携は可能ではなかろうか。例えば、双方の資料の交換展示を行い、お互いの館を紹介しあうことで、来館者に更なる興味を持ってもらう。駿河湾深海生物館は、知名度があまり高くなく、その立地からビジターに二の足を踏ませていると推察されるが、比較的アクセスの良い沼津港深海水族館にサテライト展示を設けることで、近似のコンセプトの博物館が同じ市内にもう一つ存在することを知ってもらえる。そして、興味を持った人々を誘引することで、双方の入館者数の拡大が期待できる。

　また生き物は、その時々で見え方が変わってしまい、場合によっては展示ができないこともある。これを補完するために、標本を活用できるのである。標本であれば、体の外観などを熟覧することが出来、併せて生物を展示すれば、泳ぎ方などの実際の動きを観察することができる。この手法は、福島県いわき市に所在するアクアマリンふくしまの「海・生命の進化」展示において実践されている展示方法であるが、この方法を博物館同士の連携によって実現するのである。仮に飼育生物が死んだ場合、標本化して再度展示に活用することもできる。駿河湾深海生物館の収蔵標本は、退色・劣化が進んでおり、自力で新たな標本を入手することが難しいのであれば、沼津港深海水族館で死んだ生物を標本化・導入することで新陳代謝を測れる。

　さらに、駿河湾深海生物館で作成した深海魚カードを商品化、沼津港深海水族館でも展示し、駿河湾深海生物館に行けば購入できるとの誘因を行うことで、それが欲しい子供によって親を巻き込み、同館の来館者を増加させることも期待できよう。

　ただし、先に述べた通り、両館は運営母体が異なっており、官・民の垣根を取り払った協働ができるかが大きな問題である。沼津港深海水族館は、設立段階では沼津市の援助を受けることも視野に入れて計画を進めていたが、深海魚を飼育する水族館というコンセプトへの不理解やシーラカンスの取り扱い

などで意見が集約できず、結果的に純民間施設として開館した経緯がある[42]。この経緯から、両者が協働できるかどうかは、不確定な点が多い。また、水族館で標本を展示することは可能であるが、博物館の館内で深海生物を飼育するのは困難が生じ得よう。深海生物は、通常の魚介類と生活環境が異なり、それを専門に飼育する沼津港深海水族館でも試行錯誤の上で飼育を行っている。その飼育の難しさに加え、不十分な設備や専門的知識を持った職員の不在など、困難な点は少なくない。しかし、この条件をクリアし、協働を実現することが出来れば、両者にとって少なからず好影響を与えることができると考えられる。駿河湾の深海生物という当該地域固有の資源を有効に活用するためには、規定の枠にとらわれない柔軟な運営と、多方面との連携協力が必要不可欠であると断言できるのである。

まとめ

　静岡県下に設けられた水族館は、昭和5年（1930）の中之島水族館を嚆矢として、主に東部地域を中心にその発展がみられた。これらの水族館は、魚介類の収集や海水の入手が容易な沿岸地域に占地し、また古くからの観光地における観光資源として設営された歴史を有している。特に沼津市域では、良好で豊富な海洋資源と波が少なく魚介類の生育に適した地理的環境を備えており、伊豆半島の付け根で東海道本線が停車することや、淡島、千本松原などの景勝地が所在していたことも影響し、現在までに複数の水族館が建設されたのである。

　しかしながら、昭和中頃から始まる急速な工業化と港湾整備等の影響を受け、田子の浦を中心とした海洋汚染が発生し、これに加えて昭和35年に発生したチリ沖地震の津波によって、静岡県下の水族館も大きな打撃を受けた。その後、昭和42年に下田海中水族館が開館したものの、以降30余年にわたって水族館の新設は無かった。これは、海洋汚染の影響が遺存していただけでなく、交通網の拡充に伴って県内各地に様々なアミューズメント施設が開設され、費用対効果の低い水族館の建設が忌避されたことも原因であると指摘できよう。

　平成年間に入ると、弁天島に歴代2館目となる県立の水族館が誕生し、また平成23年（2011）には沼津市にも新たな水族館が開館した。これらの水族館は、千葉や神奈川などに所在する大規模水族館とは異なり、小規模ながらも各々が特色を出した施設として誕生したのである。これらの施設が良好に運営されている一方、旧来から存在する伊豆・三津シーパラダイスやあわしまマリンパー

クなどは、現況の打破と更なる飛躍を求めて水族館同士の連携を開始し、新たな運営を模索している最中である。このように、本県の水族館は、平成に入って以来より活発な動きを呈しており、他の館種を巻き込んだ積極的な活動が見て取れるのである。

註
（1） 鈴木克美　2003「静岡県における水族館の歴史と将来的展望」『東海大学博物館研究報告 海・人・自然』第5号 東海大学社会教育センター
（2） 静岡民友新聞社　1931年2月18日付「博覽會呼物の水族館工事」『静岡民友新聞』
（3） 註1と同じ　PP.11-29
（4） なお、東海大学海洋科学博物館は、海洋生物の生体展示を主としているものの、科学研究を重視するその姿勢から科学博物館の範疇に含めた。また、昭和61年開園の伊豆アンディランドは、日本動物園水族館協会に"水族館"として加盟していたものの、リニューアル後の体感型動物園 iZoo は「動物園」を謳う施設であることから、動物園の範疇にある施設として本表からは除外している。さらに、昭和40年開業の伊豆コスモランドに設置された地球儀大温室は、地下に水族館を設けていたものの、その主体は温室植物園であったことから本表から除外した。
（5） 秋里籬島　1796「兵庫生洲」『摂津名所圖會』八巻八部郡上（武庫川女子大学リポジトリより）
（6） 鈴木克美、西 源二郎　2005『東海大学自然科学叢書1 水族館学　水族館の望ましい発展のために』東海大学出版会　PP.6-8、51-52
（7） 内田恵太郎　1956『さかな日常生活と魚類』慶應通信　PP.182-183
（8） 西村公宏　2008『大学附属臨海実験所水族館 近代日本大学附属博物館の一潮流』東北大学出版会　P.2
（9） 松原新之助　1887「三崎臨海實驗場ノ話」『大日本水産會報告』64号
（10） 註8と同じ　P.37
（11） 舞阪町史編纂委員会　1999『舞阪町史』下巻　PP.583-584
（12） 石垣幸二　2014『『水族館』革命 世界初！深海水族館のつくり方』宝島社新書　PP.194-226
（13） 椎名仙卓　1988『日本博物館発達史』雄山閣　P.229
（14） 註1と同じ　P.15
（15） 文部省社會教育局　1937『昭和十二年四月一日現在 教育的觀覽施設一覧』P.12
（16） 黒田長禮　1939「駿河湾静浦附近産魚類目錄追加」『植物及動物』7巻12號 養賢堂（『黒田長禮博士論文集1魚類』より抜粋）
（17） 註1と同じ　P.17
（18） 奈良正人　1974「駿河湾の水質汚染調査とその問題点」『水産海洋研究会報』PP.122-125
（19） 静岡新聞社　1970年8月7日付「田子の浦ヘドロ公害の影響」『静岡新聞』
（20） 三島市楽寿園HP「伊豆半島施設協議会IZA7」：https://www.city.mishima.shizuoka.jp/rakujyu/shousai013137.html
（21） 静岡県文化・観光部観光交流局観光政策課　2015『平成26年度静岡県観光交流の動向』
（22） 志村 博　2010「伊豆・三津シーパラダイス日本初展示80年の歴史」『勇魚』第52号　PP.73-79
（23） 註22と同じ　P.78
（24） 山本三郎の『公開堂落成記念 三津の覚書』には、昭和10・16・29年の3回との記載があるが、一方で志村博の「伊豆・三津シーパラダイス日本初展示80年の歴史」では昭和13・29・30・56年の4回との記載があり、その飼育年度に齟齬が見られる。志村は、伊豆・三津シーパラダイスの関係者であり、その書庫に蔵された資料より同論を執筆していることから、志村の記述の方が信憑性は高いものと判断される。
（25） 鏑木外岐雄　1935「國内臨海臨湖實驗所便り」『岩波講座生物學』第十一輯　岩波文庫
（26） 註8と同じ　PP.155-164

第 7 章　水族館展開の推移と傾向

(27) 大阪毎日新聞社東京支店　1932 年 6 月 10 日付「伊豆半島の竜宮城」『東京日日新聞静岡版』
(28) 東京文理科大学　1955『東京文理科大学閉学記念誌』
(29) 註 8 と同じ　PP.159-160
(30) 横浜康継　2000『東京教育大学理学部附属臨海実験所筑波大学下田臨海実験センター　植田技官と歩んだ 42 年』植田一二三氏退官記念事業実行委員会　P.162
（原本不詳、鈴木克美 2003「静岡県における水族館の歴史と将来的展望」『東海大学博物館研究報告 海・人・自然』第 5 号東海大学社会教育センターより抜粋）
(31) 註 11 と同じ　P.875
(32) 註 11 と同じ　PP.577-580
(33) 朝日新聞社　1962 年 7 月 28 日付『朝日新聞』（『舞阪町史』下巻 PP.583-584 より抜粋）
(34) 鈴木克美　1979『ケンペルの見た大蟹 静岡県の海と生きもの』静岡新聞社　P.29
(35) 註 11 と同じ　PP.577-580
(36) 註 34 と同じ　P.65
(37) 註 1 と同じ　PP.22-23
(38) 註 12 と同じ　PP.25-28
(39) 安原健允　2014「港湾区域の活性化と海洋・海事博物館、水族館の役割―戸田村発村おこし事始め、造船郷土資料博物館と深海生物―」『港湾経済研究』No.53 日本港湾経済学会　PP.125-136
(40) 石垣幸二監修　2016『世界に一つだけの深海水族館』成山堂書店　P.6
　なお、来館者数 43 万人は、平成 27 年度 1 年間に記録したものである。
(41) 沼津市教育委員会事務局 編　2014『沼津の教育 平成 26 年度版』P.86
　なお、標記した来館者数は、平成 25 年度の数字であり、また造船郷土資料博物館との共通入館となっていることから、駿河湾深海生物館のみの来館者数はさらに減ると思われる。
(42) 註 12 と同じ　PP.36-44

第8章　植物園の誕生と発展の推移

　静岡県の植物園は、その源流にあたる薬園の頃から換算すると300年近くの歴史を有している。本県には、近世の駿河国が位置しており、徳川将軍家との関係から2つの薬園が置かれた。その後、設置数は多くないものの、県内全域に植物園が展開し、時代ごとに特徴的な傾向が確認できる。本章では、植物園の源流である薬園の設立から近代の植物園、戦後の植物園の広がりと多様化について、時系列順に論ずるものである。

第1節　植物園の定義と分類

　抑々植物園とは、植物を対象に収集・保全・育成・調査研究を行い、それを展示して観覧者の学習・遊楽・慰安に資する機関である。日本植物園協会が昭和53年（1978）に定めた「植物園の設置および運営に関する基準」では、その定義を以下のように記している[1]。

　　「植物園」とは、国及び地方公共団体若しくは法人、個人の設置する植物園、又はこれと同等と認められる施設をいい、その設置の目的によって「総合植物園」「専門植物園」とする。

　　「総合植物園」とは、観賞を通じて植物に関する知識をたかめ、自然に親しむ心を養うために、主として多数の植物を収集、育成、保存し、あわせて学術研究等に資する植物園をいう。

　　「専門植物園」とは、特定の目的のために、主として特定の植物を収集、育成、保存して展示する植物園、もしくはこれに類する施設をいう。

　同規定にあるように、収集・保存・研究・展示などの効果は博物館の有する機能と合致しており、植物園とは植物を媒体とする自然系博物館の一系統であると換言できる。

　さらに本邦の植物園は、機能で細分すると研究型植物園と観光型植物園に、栽培・展示形態で分類すると庭園タイプ植物園、温室タイプ植物園、耕作タイプ植物園にそれぞれ分類することができる。機能による分類では、主に以下の分類を提起するものである。

【研究型植物園】（A型）	【観光型植物園】（B型）
大学などの研究機関に付属する。若しくは、設立母体から異なる法人格（財団法人など）を有し、植物研究に重点を置く	株式会社や社団法人による運営の場合が多く、主に来園客への癒しや楽しみの提供を目的とする
営利を目的とせず、入園料などは無料、或は安価	採算を得るために高めの入園料を徴収
研究成果を植物園展示や論文などの形態で世間に公表	単に植物を栽培するだけでなく、集客力拡大を意図した様々な取り組みを行う傾向
例：北海道大学北方生物圏フィールド科学センター耕地圏ステーション植物園、森林総合研究所多摩森林科学園ほか	例：京成バラ園、伊豆シャボテン公園、掛川花鳥園ほか

表8-1　植物園の機能別分類（2017 中島作成）

【庭園タイプ植物園】（Ⅰタイプ）	【温室タイプ植物園】（Ⅱタイプ）	【耕作タイプ植物園】（Ⅲタイプ）
植物を露地栽培し、それによって庭園を形成する植物園	熱帯植物など、当該地域での栽培に向かない、或は栽培が難しい植物を栽培するために、温室・冷室を用いる植物園	特定の範囲に農業的に植物を栽培する植物園
庭園内を来園者が自由に歩いて見学するウォーク・インタイプのスタイルを取る	ある程度の大きさの温室を複数組み合わせて植物園を形成することが多い	博物館の一角に設けられるなど、比較的小規模であることが多い
多くの植物を栽培し、比較的広大な敷地を有する	日本国内に本来生息できない植物を栽培・見学できる	地面に栽培するだけでなく、鉢植えや盆栽で構成される植物園もこの範疇に入る
自然公園や文化財庭園などとは異なり、あくまで栽培された植物を観覧することを主たる目的とする	常に冷暖房を必要とすることから、経済的な面に鑑みて温室暖房に温泉地熱や火力発電所の余剰熱を利用する施設も存在	同一種類の植物を複数まとめて栽培することが多い
例：アカオハーブ＆ローズガーデン、あしかがフラワーパーク	例：咲くやこの花館、熱川バナナ・ワニ園	例：アイヌ民俗博物館野草園、秋田県立農業科学館果樹園

表8-2　植物園の栽培・展示形態別分類（2017 中島作成）

　さらに、栽培・展示形態で分類では、表8-2のような特徴を以て細分できる。
　このほかに、奈良時代の歌集である万葉集に歌われた植物を栽培展示する「万葉植物園」と称される植物園が全国的に分布している。当該植物園は、万葉集に詠まれた約150種の植物を収集・育成し、万葉集の句を添えて展示していることが一般的である。設立母体は、地方自治体や神社仏閣であることが殆どで、神社境内のごく小規模なものから、宮城県大衡村の昭和万葉の森（23ha）のような広大なものまで[2]、日本全国で様々な形態が見られる。

第1節　植物園の定義と分類

　我が国の植物園は、先述の機能分類と栽培・展示形態分類をそれぞれ組み合わせて成立している。例えば、北海道大学の植物園は「研究型庭園タイプ（A-Ⅰ）」、伊豆シャボテン公園は「観光型温室タイプ（B-Ⅱ）」といった分類である。一方で、大型の植物園において庭園タイプを基本としながらも一部温室を設けるものや、観光型を基本としながらも植物研究に力を入れている園が存在し、必ずしも明確な分類区別を行うことはできない。しかしながら、これらの要素が拮抗している植物園は存在せず、必ずいずれかの性格が強く発揮されることから、本書ではこの分類を基準に論考するものである。

写真 8-1　庭園タイプの例
北海道大学植物園（筆者撮影）

写真 8-2　温室タイプの例
熱川バナナ・ワニ園（筆者撮影）

　また、植物園と公園の区別が明確でない施設が多数存在していることも、我が国の植物園の問題の一つである。植物園は、博物館法（文部科学省所管）に則った社会教育施設である。また公園は、都市公園法（国土交通省所管）や自然公園法（環境省所管）に則った公共機関であ

写真 8-3　耕作タイプの例
アイヌ民俗博物館野草園（筆者撮影）

り、本来の位置づけは明確に異なっている。しかし、都市公園の中に広域な花壇や温室を設けているものや、植物園でありながら"○○公園"や"○○ガーデン"の名称を用いる例が存在し、特に後者の問題が混乱を招く原因となっている。前者の都市公園では、都市公園法第2条2項に公園に設けることのでき

る公園施設の一つとして植物園が挙がっており、例えば浜名湖ガーデンパークのように広域公園の中に植物園を設けることで、名前は公園的でありながらも植物園を兼ねるという構造を呈している。一方後者では、伊豆シャボテン公園を例示できるように、実態は動植物園であっても公共に開かれた広域空間との意味で"公園"の語を用いているのである。本書では、都市公園内に植物園を設置しているものは勿論、実態が植物園である諸施設について対象とするが、自然公園や公園緑化のために草木を植えた都市公園など、単に植物が広域的に繁茂している施設・機関に関しては、植物園の範疇に含まないものとする。

第2節　静岡県の植物園発達史

1　植物園の源流たる薬園の設置

　静岡県の植物園は、前述の通り江戸時代に設立された薬園にその源流を求めることができる。薬園とは、本草学を基盤とする薬用・有用植物を栽培・試験するための植物園であり、江戸の小石川薬園をはじめとして、日本全国にその設置例を確認することができる。その端緒は、奈良時代に製薬を目的として設立されたものとされ、その後近世に入り、幕府の政策の一として薬園設置が推奨されるようになる[3]。江戸期の薬園は、上田三平の『日本薬園史の研究』によると「容易に薬品を得ること、薬種の真偽を判断して薬効を考究すること」を目的にしたものとされ、奈良期の制度や職掌を研究し、江戸期までに発達を見せた本草、医草の知識を組み合わせて設立されたとしている。設置・運営された薬園は、幕府直轄や藩営のものが大半であったが、須賀川の薬商伊藤忠兵衛の設立した「須賀川牡丹園」や、本草家の岩崎源蔵なる人物が経営していた「冨坂薬園」など個人で開設したものも存在し、薬園は当該時期には比較的一般になじみのある存在だったことが窺える。

　静岡県内に設けられた薬園は、どちらも現在の静岡市内に設立された駿府御薬園と久能山御薬園である。駿府御薬園は、現在の静岡市葵区長谷町付近に設置された薬園である[4]。具体的な開園年は不明であるが、『駿國雜志』には以下のような記載が残る[5]。

　　此御藥園は神祇御在城の頃、御持木林と唱へて、種々の草木を植ゑさせ玉ひし處也

　意訳すると、徳川家康が駿府城に在城していた時期（1610～1615）に、駿府城北東に御持木林を設けて各地の植物を栽培したことを駿府御薬園の始まりと

している[6]。また、家康の死後一時衰退したのち享保11年（1726）に再興し、旧樹木畑を拡張して御薬園預を置いて管理させたとしている。同園は幕府直轄の薬園であったため、度々採薬使が訪れて植物を採取し、各地の薬園へ移送していることが当時の御用日記などに記録されている。しかしながら、元治元年（1864）に廃止され、植物の多くは処分、跡地は杉と檜の苗を育成するために用いられたものの、明治維新を受けて紺屋町代官所に引き渡されたのち廃絶されたようである。

　久能山御薬園は、久能山東照宮の参道右側に所在したとされる薬園である[7]。その始まりは享保5年に遡り、家康の側近榊原越中守によって久能山麓の根古谷と称する地に人参植場を設けたことに由来する[8]。人参植場には、人参のほかに薬用植物が栽培されたとも記載が残り、その後享保10年に久能山御薬園が設立されたとしている。元文3年（1738）には、御薬園預であった星与左衛門が追放されたことを受け一度廃絶されたが、寛政8年（1798）に同一地に再興され、駿府御薬園より多くの薬用植物を移植したとしている。同園は、駿河湾に面した暖地であり、使君子や貝母、烏薬など南中国産の植物が盛んに生育されていたことが確認できる[9]。久能山御薬園は、駿府御薬園と同一の組織として管理・運営されていたため、明治期になると同時に廃絶したとされている。

　両薬園では、様々な植物を植えており、大黄・棗・竜胆といった漢方薬の原料だけでなく、桑のような薬の用途以外で使用される植物も栽培されていた。また、舶来植物の栽培にも挑戦しており、オリーブやヘンルーダ（芸香：葉に含まれるシネオールという精油成分が通経剤・鎮痙剤・駆虫剤として使用される）等の植物が栽培・活用された[10]。

　当該薬園は、試験栽培と研究を目的としたもので、現在の研究型植物園の源流の一つであると考えられる。両薬園は、駿府に設けられた幕府直営の薬園であったことから、御薬園預と称される管理職が据えられ、薬園への一般人の立ち入りは固く制限されたのであった[11]。一般公開機能は持たないものの、静岡の土地に合致した舶来植物の生育を試み、栽培に成功した植物を他の薬園へ移植して生産拡大を意図するなど、現在の農業試験場に近い性質を持ち合わせた存在と換言することができる。いずれにせよ、特定地域で植物を育成する機能は、とりもなおさず現在の植物園に通ずるものであった。明治時代に入り、政権の転換から幕府直轄や藩営の薬園は廃止される傾向にあり、また欧米式の植物園が伝えられると、小石川御薬園のような存続していた薬園も近代的な植物園へ転換され、薬園は姿を消した。静岡の薬園も、明治維新と前後して廃絶

されており、現在その痕跡は確認することができない。駿府・久能山両御薬園は、徳川家康にゆかりのあった静岡に誕生し、江戸幕府の盛衰に影響を受けた政治色の強い植物園だったのである。

2 戦前期の植物園の展開

　明治維新後に設置された機関として、広域的に植物を栽培するものは、熱海市に現存する熱海梅園が最も古い。熱海梅園は、温泉療養に付帯する施設として明治19年（1886）に開設されたものであり[12]、御料地、国有地を経て現在は熱海市の管理下に置かれている。現在の同園は、日本一早咲きの梅をはじめとして58品種473本の植物が栽培されており、園内に中山晋平記念館、園に隣接して澤田政廣記念美術館が所在する植物園と博物館の複合施設として運営されている。同園は、開園当時は温泉療養時の適度な運動の場として造園されたものであり、学術的な性格を持つものでは無い。しかし、広域的な植物栽培を行い、大衆に公開する本県初の存在ではあることから、庭園タイプの植物園の源流に位置付けることができよう。

須走村の高山植物園　本県の施設として初めて"植物園"の語を用いたものは、富士山の高山植物に関する植物園である。大正2年（1913）8月28日付『静岡民友新聞』には、須走村に高山植物園の建設計画があるとの記事を見ることができる[13]。

> 御殿場農學校長山出半次郎氏は一昨年富士山上に於いて新樹を發見したるを以て有名なる高山植物研究家なるが帝大の日光に於ける植物園の例にならひ今回山麓須走村に高山植物園を設立し登山客の眼を喜ばしむると共に一面斯學研究者の實地資料に供せん計畫にて同村有志の贊助を得愈々同所淺間神社境内に地をトし近日工事に着手する由なるが富士山上に散在繁茂せる高山植物は全部蒐集移植する筈なりと

　当該記事には、「山麓須走村」に高山植物園を設けるとあるが、これは現在の駿東郡小山町にあたり、そこから類推するに「同所淺間神社」とは東口本宮冨士淺間神社である。ただし、現在の同社境内地には高山植物園は存在しておらず、抑々これ以外の記事が存在しないことから、実際に開園したのかさえも疑わしいと言わざるを得ない。浅間神社の社史には、高山植物園に関する記述はなく、氏子に確認したところそのような事実はないという[14]。現在の境内地西側には、「浅間の森」と称される社叢が広がり、数多くの野鳥・草花が生息するとあるが、高山植物園としての痕跡は確認できず、抑々高山植物園に用

地できそうな土地は存在しない。静岡民友新聞の記事では、高山植物園との名称を用いてはいるものの、境内地に高山植物を移植する以外の詳細を窺い知ることはできない。このことから、須走村の高山植物園は、計画段階で頓挫した、或は富士山の高山植物を採取し、それらを鎮守の森に移植しただけの施設であり、植物園としての区画整理や題箋等を設置しなかったために、現在では野生に戻りつつ浅間の森の一部となっていると推測できよう。いずれにせよ、須走村の高山植物園計画は、様々な面で不祥なことが多いことから、今後も調査を継続していきたい。

玉穂村の富士山植物園　時期を同じく、隣接する玉穂村（現、御殿場市）では、大正4年に富士山植物園が開園している。富士山植物園の概要に関しては、文部省が大正5年に刊行した『常置教育的觀覽施設状況』に確認することができる[15]。同園は、大正天皇の大典記念事業として玉穂村青年会が企画したもので、大正3年度から7年度に活動する期間を区切って設立運営したとされている。設立範囲は、富士登山道北側の1,496坪を充て、富士山に繁茂する高山植物のうち著名なもの数百点を採取・移植した。そして、「富士高山植物の研究に資するを以て目的」とし、富士登山者、裾野陸軍軍人、一般旅行者、近隣住民を含めたあらゆる人々を観覧の対象としていた。

　富士山植物園の特徴としては、一度に植物園を完成させるのではなく、植物の栽培・入れ替えを意図して段階的に整備された点である。これは、栽培した植物が富士山の高山植物であったことと、植物園の経営形態に起因すると考えられる。

　前者の理由として、言うまでもなく富士山は日本の最高峰であり、そこには山麓とは異なる植生が存在している。富士山植物園は、山域に分布する植物を1ヶ所に集め、さらに登山をしなくても研究・観覧できるようにしたことに意義があろう。そして当該植物園では、高山植物の長期間の生育を意図していなかったものと推測される。玉穂村の高山植物園の園規則の第五條には、「本村青年會員をして春秋二季に高山植物を採取し之を移植植栽し大正七年の秋季を以て第一期を終了するものとす」とあり、順次植物の入れ替えを行っていたことがわかる。

　高山植物には、一年草、多年草、宿根草が存在することは周知のとおりである。富士山の山梨県側では、五合目の整備の際に八ヶ嶽から高山植物を移植したが、その殆どが生育せずに絶滅してしまったとされている[16]。山梨県側では、植物の移植と育成を計画していたことから、その対象は多年草や宿根草で

あったと想定される。長期間の植物育成は、当時の栽培技術や植物の生態研究の未進捗から、元々の生育状況を再現することは困難であったと考えられる。

一方、玉穂村の高山植物園では、年2回の植物入れ替えをし、植物の継続的な育成を意図していなかった。これは、玉穂村が富士山麓に所在し、富士山への登山が比較的容易であったことが挙げられる。玉穂村は、富士山の須走口にもほど近く、植物を持ち帰るには格好の土地柄であった。また、植物園の管理運営は、地元の青年会が行っていることから、富士登山について、経験と知識を有していたと推定できる。登山知識を有する人々が多数存在すること、及び玉穂村の地理的関係から、植物の断続的な移植・入れ替えが可能であったのである。頻繁な移植が可能であったことから、植物を長く育成するとの考えには至らなかったものと考えられ、とりもなおさず当該植物園のような収集形態をとったものと推測できる。このように、複数回植物の採取・育成を繰り返し、試行錯誤の上で段階的に植物園の体を整えていったのであろう。

一方後者の理由としては、運営を地元青年会が担っているとあり、一括整備が困難であったことが挙げられよう。富士山植物園の運営経費は、青年会員の労働作業で得た賃金を充てるとあり、その金額は30円であったと記載されている。しかしながら、青年会員は植物園のプロではなく、ましてや潤沢な資金はなかったことから、少しずつ整備せざるを得なかったものと理解できる。玉穂村青年会誌の『富士颪』には、富士山植物園の運営についての記事が遺されている。同書によると、青年会事業部の活動の一つに高山植物園の運営が掲げられ、年に一度園の手入れをし、1～2年に1回程度高山植物の移植・植え付けを行ったことが記載されている[17]。しかし同書は、青年会が独自に発行していた広報誌であったが故に、記事の殆どが手書きで判読できないものが多く、合併後の御殿場市立図書館においてもすべての巻号を蔵書できていないなど、資料の遺存状態は極めて悪い。『富士颪』は、大正2年に第一巻一号が刊行された後、昭和13年(1938)までの巻が現存しているものの、それ以降は確認することができなかった。昭和13年の第三四巻にも、高山植物園の手入れを行ったとの記事が残るため、断続的に運営が続けられていたことがわかる。

このようにして整備された富士山植物園ではあるが、昭和13年以降の消息は不明である。『日本博物館沿革要覧』には、大正6年以降閉園との記載があるが、これは先述の『常置教育的觀覽施設狀況』の記載内容を援用したものと看取されよう。同書では、第四條の「本園の第一期を大正三年度より同七年度までとす」や第五條などで期限を区切るような記載がなされており、また第二

期以降の記述が見受けられないことから"閉園"としたのであろう。実際に『富士嵐』には、昭和13年の時点で運営が続けられていた記載があり、少なくとも20年以上は継続した施設だったのである。

昭和13年は、前年に開戦した日中戦争の影響を受けて国家総動員法が施行されるなど、国民生活にも軍事色が色濃く出始めた時代であった。『富士嵐』でも、昭和10年以降軍事関係の記事が増え、地方の一寒村にも戦争の影響が出始めたのであった。高山植物園については、記事が遺されていないが、近隣の御殿場実業学校では戦時体制に移行する中で、敷地を食糧増産のために活用していたことが記

写真8-4 『富士嵐』

されており[18]、高山植物園も戦争の激化とともに田畑に転用されたとも推察される。『常置教育的觀覽施設狀況』に記載された所在地は、現在山林と陸上自衛隊滝ケ原駐屯地の位置と推測され、そこに富士山植物園は存在していない。また、玉穂村の村史を編纂した『玉穂の歴史』にも、戦前期の青年会活動として僅か一行しか記載が見られないことから[19]、限られた時期にのみ活動した植物園であったのである。

富士高山植物博物館　さらに、昭和9年の『博物館研究』によると、大宮町の浅間神社（現、富士宮市の富士山本宮浅間大社）の境内に富士高山植物博物館の建設計画があるとの記載を確認できる[20]。

> 富士山の高山植物は五百餘種にのぼり植物學上貴重な參考資料を提供してゐるが、今回田中靜岡縣知事は觀光客誘致政策として大宮町淺間神社境内に町營の富士高山植物博物館を建設せしめ富士山中心の高山植物その他資料を陳列する計畫を立て近く大宮町當局に交渉する筈である。

当該博物館は、町営の博物館として静岡県知事より設置交渉があったもので、富士山周辺の高山植物に関する資料を展示する施設として計画された。また同文中には、「觀光客誘致政策」として博物館を建設するとあり、これによると同館は学術的な博物館ではなく、観光を意図した博物館だったと理解できる。この理由としては、その立地が富士山本宮浅間大社の境内地であったこと

が挙げられる。富士山本宮浅間大社は、全国に所在する浅間神社の総本社であり、また駿河国一宮として古くから深い崇敬をうけた。富士講が盛んになると、富士登山の前に身を清めるために境内地の湧玉池が利用されたほか、一般にも多くの参拝者が訪れる信仰の地として著名であった。富士山本宮浅間大社の集客力に着目し、そこへ訪れる多くの参拝者を対象とし、参拝時の娯楽・観光のための施設として、富士高山植物博物館は計画されたのである。また、当該神社の境内地は非常に広大であり、博物館を設営するだけの十分な土地が確保されていたこと、さらに同社が大宮・村山口登山道の起点であって高山植物の移送に都合の良い地点であったことも、富士高山植物博物館計画の遠因となったと推察される。

　しかしながら、当該博物館が実際に開館したという記録は確認できなかった。現在の富士山本宮浅間大社の境内は勿論、富士宮市史など主要な文献にも富士高山植物博物館は存在せず、計画段階で頓挫したものと判断できる。想定される理由としては、この計画が県から町に向けての提案でありながらも、その運営を町に一任するという無責任な計画であったこと、さらには公立施設を神社の境内地に設営しようとしたことが考えられる。

　前者の理由としては、災害などへの対応から、大宮町が博物館設置を行う体力が無かったことが挙げられる。当該記事の掲載される2年前の昭和7年には、1,200戸を延焼するいわゆる大宮町大火が発生し、町域の多くが被災した。当該記事の掲載された昭和9年には、大火からの復興記念式典が開催されるなど人的・財政的に余裕がなかったと推測できる。さらに昭和10年には大雨災害が発生し、翌11年には大雪が降るなど[21]、町は多大な労力と多額の復興費用を必要としていたのである。この疲弊した状況に加え、県の計画では町営で博物館を設置・運営することを求めていた。植物をテーマとする博物館では、とりもなおさず植物の生体展示が意図される傾向にあり、植物の維持・管理には多大なランニングコストと人的労力が必要である。それを町に任せて運営させる計画は、当時の大宮町には大変な負担となったことから、現実的に博物館の設置は不可能であったのである。また当計画は、県知事からトップダウン式に依頼されたものであり、財政面だけでなく町民心理的にも承服し難かったと思われる。

　後者の理由として、富士山本宮浅間大社は参詣者が多く訪れる観光地としての側面を有していたものの、やはり本質的には神事を行う霊地・聖地であり、浅間大社とあまり関わりの無い観光本位の施設を設置することに抵抗があった

ものの推察される。同館は、富士山の高山植物を対象とした施設であり、富士山・富士登山と浅間大社は密接に結びついていたものの、高山植物と浅間大社は直截に関与するものではなかった。県の考案した施設は、観光客誘致を目的としたものであり、浅間大社を参拝した人々を誘引して集客しようとした意図が垣間見える。しかし、場所の提供や増加する観光客への対応、植物の維持を行う労働力の提供などを考慮すると、浅間大社側にはあまりメリットが無かったのであろう。先述した須走村の高山植物園も浅間神社境内に設立を意図していたが、やはり計画段階で頓挫したと思われ、神社境内地に神社と関わりの薄い施設を設置・運営させることは、神社側の理解も得られなかったとも推測できる。

小　結

　本県における初期の植物園は、富士山の高山植物の栽培・展示を主たる目的としていたことが指摘できよう。矢部吉禎が「富士の植物」にまとめているように、明治時代から富士山に繁茂する高山植物は良好な研究対象であった[22]。富士山には、様々な気候帯が存在し、それぞれに顕著な植生を持っていたことから、多くの植物研究者が富士山を訪問し、採取・研究を行っていたのである。当該時期には、多様な植生とそれを求める研究者がいたことを背景に、富士山の高山植物園の設立が企図されたのである。しかしながら、植物栽培技術の未熟さや、神社境内地への選地などが影響し、計画段階で頓挫あるいは僅かな期間しか活動できなかったのであろう。これ以後、富士山の高山植物を対象とした植物園は計画されなくなる。これは、昭和11年に富士山を含む一帯が「富士箱根国立公園」に指定され、植物採取が規制されたことが影響していると推測される。先述のとおり、高山地帯に生息する植物は、気候の違いから山麓では長く生育することができず、植物園では定期的な補充が必要だった。それが規制されたことで、植物を観覧に供することが困難となり、採取ができないことで新規開園も不可能となったのである。このように、富士山の高山植物の栽培・展示を目的とした植物園は、植物研究の隆盛と共に設立が意図され、富士山が保護の対象となったことでその姿を消したのである。

3　研究・実験施設としての植物園

　戦中期から戦後すぐにかけて、研究型植物園が立て続けに開園された。当該時期に開園した植物園は、昭和18年（1943）開所の東京帝国大学付属芸樹研究所（現、東京大学付属芸樹研究所）、昭和23年開場の東京衛生試験所伊豆薬用

植物栽培試験場（後の国立医薬品食品衛生研究所伊豆薬用植物栽培試験場）、昭和25年開園の静岡県有用植物園、昭和26年開園の富士竹類植物園の4園である。中でも富士竹類植物園以外の3園は、国公立の研究施設として共通点を見出すことができる。

東京帝国大学付属芸樹研究所　東京帝国大学付属芸樹研究所は、昭和18年に南伊豆町に設立された大学付属機関である。同所は、元々熱帯・亜熱帯産の特用樹木の栽培・研究を目的とした施設である。昭和23年には作業所と事務所を分化し、昭和30年・38年には敷地・設備を拡充し、現在246.1haの敷地を有している[23]。同研究所は、特用樹木の育成と熱帯林再生に関する研究を主たる目的としているが、その一方で温室などを一般公開し、研究を主体とした植物園として機能しているのが特徴である。

東京衛生試験所伊豆薬用植物栽培試験場　東京衛生試験所伊豆薬用植物栽培試験場は、医薬品の試験・生産を行う東京衛生試験所付属の薬用植物園として昭和23年に開場した機関である。東京衛生試験所の薬用植物栽培試験部は、第一次世界大戦によって輸入が途絶えた医薬品の国内生産を目的として発足し、大正11年（1922）には春日部に薬用植物栽培試験場を設け、医薬品の試験・研究を実践していた[24]。その後東京衛生試験場では、北海道・伊豆・和歌山・種子島の4ヶ所に薬用植物栽培試験場を設け、それぞれの風土に適した薬用植物栽培を試みた。伊豆薬用植物栽培試験場は、熱帯・亜熱帯系薬用植物の研究を目的に設置されたもので、これらの植物を広く収集し、温室内で育成保存するとともに、種苗の配布や栽培指導を行っていたとの記録が『国立衛生試験所百年史』に残されている[25]。同場は、社会教育施設としての植物園ではないものの、植物の収集、温室での育成保存と栽培研究、栽培指導などの普及活動の要素を有し、これらはとりもなおさず博物館の機能に合致することから、研究型植物園の一形態に位置付けられる。

静岡県有用植物園　静岡県有用植物園は、昭和25年に設立された県立の植物園である。設立の目的は、①伊豆半島および県下沿岸の高温地帯の産業開発、②温暖な気候を利用した南伊豆地域の暖地園芸植物栽培の振興、③有用植物の啓蒙と文化観光施設、④農業指導者養成の4点に集約される[26]。同園は、③として文化観光施設を謳っているものの、植物園としての軸足は産業と人材の開発に置いており、外部に開かれた研究型植物園の一例であるといえる。

伊豆の地理的環境と植物園設置　これら3園に共通する特徴は、近似の時期に南伊豆町に設立された点である。伊豆地域は、一年を通じて温暖な気候を有し、

冬場でも降雪量は極めて少ない。また、半島全域で温泉が湧出するという地質条件を備えていた。温暖な気候は、みかんなどの果樹栽培に有効であり、豊富な温泉は、戦前期からの植物栽培への応用研究が進められており[27]、熱帯・亜熱帯植物の栽培に好条件であった。本県最初の大学付属植物園である東京大学樹芸研究所は、昭和38年に温泉の寄贈を受けて実験林と温室を用いた調査・研究を実践している[28]。

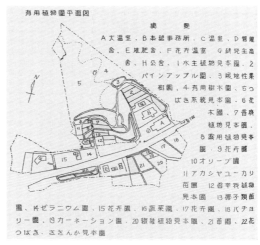

図8-1　静岡県有用植物園 平面図
(『博物館研究』Vol.29 No.8 P.281 より転載)

また、昭和25年開設の静岡県有用植物園では、パインアップルなどの熱帯植物の栽培研究を行っており[29]、熱川バナナ・ワニ園や伊豆シャボテン公園では、温泉地熱を用いた植物栽培を実践していることから、伊豆の気候と環境が植物園設立要因の一端となったことは間違いなかろう。

また伊豆半島は、険しい山々が全域に展開していることから、稲作を中心とした平地農業が難しく、その代策としての植物栽培に取り組んだものと想定される。昭和31年に発行された『博物館研究』第29巻第8号によると、特に南伊豆地域では傾斜地を利用した小規模農業が主体であったとし、その状況に対して伊豆半島の高温地帯を産業開発するために、静岡県有用植物園を設けて新産業の誘発を図ったとしている[30]。現在でも、伊豆半島沿岸部には耕作地は少なく、みかんを中心とした果樹栽培や温暖な気候を活用した花卉類が栽培されている。それらの栽培方法を模索し、直截に農家の指導を行う施設として、研究型植物園が複数設置・運営されたのである。さらに当該地域は、天城山をはじめとする険しい山岳地帯が多くを占め、リアス式海岸の沿岸部から陸路でのアクセスが非常に困難であった。このことから、多くの土地が活用されずに残っており、広域的な農場・植物園の設置に非常に有効であったのである。

研究型植物園の終焉　このような諸条件があった故に、南伊豆には研究型植物園が多く設立されたのであった。しかし、静岡県有用植物園は昭和52年に農業試験場伊豆分場に改組され、その後様々な名称に変更、場所の移転を繰り返

して熱帯植物園としての機能を喪失し、平成21年（2009）には後継機関の農林技術研究所伊豆農業研究センター南伊豆圃場の業務も停止され完全閉鎖となった。また伊豆薬用植物栽培試験場は、平成14年に閉鎖されており、現在伊豆半島に残るのは東京大学芸樹研究所のみである。

　施設の改組・閉鎖の背景には、伊豆という風土が重要視されなくなったことが挙げられる。元々これらの施設は、温暖な伊豆半島の気候を利用し、熱帯・亜熱帯の植物の試験栽培と研究を目的としてきた。これらの施設が開設された戦中から戦後にかけては、戦局の悪化とそれに伴う敗戦によって、日本は南方の権益を失った状態にあった。これに伴い、熱帯・亜熱帯性植物の導入も難しくなり、それらの国内栽培を計画したのであった。そして、気候条件が良好な南伊豆の地に、研究型植物園が多数開設されたのである。

　しかし、戦後復興を果たし、日本が国際社会へ復帰するとともに、南方諸国を含めた様々な地域とのやりとりが可能となった。他方では、航空機や船舶の高性能化に伴い、物流速度は飛躍的に向上した。これらの条件が整うことで、多額の資金を費やして国内生産せずとも簡単に熱帯・亜熱帯性植物が導入できるようになったのである。また、昭和47年に沖縄が復帰し、国土内に熱帯・亜熱帯気候地域を有することになったことから、伊豆半島で温室を用いて栽培をせずとも、熱帯・亜熱帯性植物を栽培できるようになったことも大きな変化であった。

　一方で、昭和前期の開園から50年以上の歳月が経過することで、植物栽培に関する一定の成果を挙げることができたほか、施設・設備の老朽化などハード面の劣化が考えられ、研究型植物園としての役目を十分に果たしたことから廃止に至ったものと考察できる。

4　観光型植物園の林立

　昭和30年（1955）を境に、静岡県下には、観光型植物園が数多く設立された。静岡県下に誕生した植物園は、一部不明瞭なものも存在するが、概ね表8-3の園に集約される。但し、三島市楽寿園のような元々庭園として設立されたものや、梅林などの観光農園的な植物園は、先の定義の植物園には含まれないものとして本表では除外している。また、小・中学校や高等学校に設置された所謂「学校園」については、その活動時期や内容が曖昧であり、社会教育施設としての植物園とは趣を異とすることから、同様に除外している。

　表8-3から確認できるように、本県には圧倒的に観光型植物園が多く所在

している。全42園の中で研究型が9園、観光型が33園設立され、庭園タイプが19、温室タイプが19、耕作タイプが4園設けられた。この内容を見る限り、庭園タイプと温室タイプの総数は拮抗しているように観えるが、所在地域で考えると伊豆地域では温室タイプが大半であり、それ以外の地域では庭園タイプが主流である。

　抑々最も植物園が多いのは伊豆地域で、全体の半数にあたる23園が設立・運営されてきた。次いで多いのが富士の9園、西部の7園、中部の3園と続く。伊豆地域に植物園が集中している理由としては、当該地域は気候と風土に恵まれて植物の生育条件が整っていたこと、首都圏に近く手軽に訪れることができる観光地であったことの2点が挙げられよう。

　前者の理由は前項で、後者の理由は第4章および第5章にてそれぞれ述べたとおりである。伊豆半島は、大正14年（1925）の熱海線開通を皮切りに、昭和39年の東海道新幹線開通や昭和44年の東名高速道路全面開通などが影響して、伊豆半島は首都圏から容易にアクセス可能な観光地として整備された。現在に至るまで、伊豆地域への主要な観光客は県外者、特に関東在住者が大半を占めており[31]、観光地としての伊豆は県外者の訪問・逗留を目論んで発展したのである。これらの交通網の拡充を背景に、伊豆半島では昭和30～40年代にかけて観光型植物園が9園開園しており、伊豆観光を構成する施設として運営されたのであった。

"南国"伊豆と熱帯植物園　また伊豆半島は、首都圏近辺の"南国"的な観光地の位置付けを持たされていた。特に東海岸は、ヤシやソテツなどが街路樹として植樹され、また昭和30年代に新婚旅行のメッカであった熱海は、海岸線がハワイに似ているとのことから"東洋のハワイ"とも呼ばれるなど、南国のイメージ付けがなされていた。熱帯植物園は、本物の南国地域に繁茂している植物を栽培・展示することで、観光客に南国を疑似的に体験させることを目的に多数設けられたと考えられる。

　観光に訪れる人々は、旅行の僅かな期間だけでも現実の生活から解放されたいと思うだろう。その非現実感の創出のため、当該地域では街の修景を行い、関連した施設を整備したのである。伊豆地域は、冬でも温暖な気候を呈し、伊豆白濱など遊泳可能な海水浴場を豊富に有していたことなども相まって、ハワイなどの南国リゾートと共通の要素を持つ存在と認識されたのである。実際に、川端康成の小説『伊豆の踊子』では、伊豆半島は南国と似た気候・自然環境を持つ地域であると表現されている[32]。

表8-3 静岡県下に開園した主要な植物園 (2015 中島作成)

開園年	地域	所在地	植物園名	分類	現状
明治19年	伊豆	熱海市	熱海梅園	B-Ⅰ	現存
大正4年	富士	御殿場市	富士山植物園	A-Ⅰ	閉園
昭和2年	中部	静岡市	狐ヶ崎遊園地植物園	B-Ⅰ	閉園
昭和18年	伊豆	南伊豆町	東京帝国大学樹芸研究所 (現、東京大学芸樹研究所)	A-Ⅱ	現存
昭和23年	伊豆	南伊豆町	東京衛生試験所伊豆薬用植物栽培試験場	A-Ⅱ	閉園
昭和25年	伊豆	南伊豆町	静岡県有用植物園	A-Ⅱ	閉園 公開なし
昭和26年	富士	長泉町	富士竹類植物園	A-Ⅰ	現存
昭和30年	西部	掛川市	加茂花菖蒲園(現、加茂荘花鳥園)	B-Ⅰ	現存
昭和33年	伊豆	東伊豆町	熱川バナナ・ワニ園	B-Ⅱ	現存
昭和34年	伊豆	伊東市	伊豆シャボテン公園	B-Ⅱ	現存
昭和34年	富士	御殿場市	富士御胎内清宏園	B-Ⅰ	現存
昭和37年	伊豆	南伊豆町	下賀茂熱帯植物園	B-Ⅱ	現存
昭和37年	富士	小山町	富士高原レジャーランド 自然科学苑	B-Ⅰ	閉園
昭和39年	富士	富士宮市	西富士小田急花鳥山脈	B-Ⅰ	改組現存 公開なし
昭和40年	伊豆	伊東市	伊豆コスモランド	B-Ⅱ	改組
昭和43年	伊豆	熱海市	熱海サボテン公園(上ノ山植物公園)	B-Ⅱ	閉園
昭和44年	伊豆	南伊豆町	石廊崎ジャングルパーク	B-Ⅱ	閉園
昭和44年	伊豆	伊豆市	天城高原ベゴニアガーデン	B-Ⅱ	閉園
昭和45年	伊豆	西伊豆町	堂ヶ島洋ランセンター	B-Ⅱ	改組
昭和44年	西部	浜松市	浜松市フラワーパーク	B-Ⅰ	現存
昭和44年	富士	御殿場市	倫理研究所富士教育センター富士万葉植物園	A-Ⅲ	現存

第2節　静岡県の植物園発達史

開園年	地域	所在地	植物園名	分類	現状
昭和48年	伊豆	伊東市	伊豆サファリ公園	B-Ⅱ	改組現存展示なし
昭和50年	西部	磐田市	豊岡総合センター薬草公苑	A-Ⅲ	閉園
昭和57年	伊豆	南伊豆町	南伊豆アロエセンター	B-Ⅲ	現存
昭和60年	伊豆	伊豆市	昭和の森天城グリーンガーデン	B-Ⅰ	現存
昭和63年	伊豆	熱海市	曽我森林自然園 （現、アカオハーブ＆ローズガーデン）	B-Ⅰ	現存
平成元年	西部	浜松市	浜松市万葉の森公園	B-Ⅰ	現存
平成元年	中部	静岡市	静岡県立大学薬草園	A-Ⅰ	現存
平成2年	富士	富士宮市	富士国際花園（現、富士花鳥園）	B-Ⅱ	現存
平成4年	伊豆	西伊豆町	らんの里堂ヶ島	B-Ⅱ	閉園
平成7年	伊豆	伊豆の国市	伊豆洋らんパーク	B-Ⅱ	改組現存
平成8年	西部	浜松市	浜松市フルーツパーク （現、はままつフルーツパーク時之栖）	B-Ⅰ	現存
平成13年	伊豆	河津町	河津バガテル公園	B-Ⅰ	現存
平成15年	西部	掛川市	掛川花鳥園	B-Ⅱ	現存
平成17年	西部	浜松市	浜名湖ガーデンパーク花の美術館	B-Ⅰ	現存
平成23年	富士	御殿場市	富士山樹空の森	B-Ⅰ	現存
平成24年	伊豆	伊豆の国市	IZU・WORLD みんなの Hawaiians	B-Ⅱ	現存
戦前期	富士	御殿場市	静岡県立御殿場実業学校薬用植物園	A-Ⅰ	閉園
不明	伊豆	熱海市	熱海熱帯園	B-Ⅱ	閉園
不明	伊豆	伊豆市	天城万籟植物園	B-Ⅰ	閉園
不明	中部	吉田町	片岡神社万葉植物園	B-Ⅲ	現存
不明	伊豆	伊東市	伊豆グリーンパーク	B-Ⅱ	閉園

戦後日本では、高度経済成長が進むと同時に庶民の旅行が一般的になっていく傾向にあったものの、昭和39年まで海外渡航が制限されていたこと、また渡航費用が非常に高額だったことも影響し、長らく海外旅行自体が"憧れ"の存在であった。中でもハワイは、歌謡曲や映画・テレビなどによって"南国の楽園"として伝えられており、当時の日本人が最も憧れた観光地であったといっても過言ではない。

海外渡航が困難な時代に、少しでも南国の雰囲気を味わうため、日本国内では疑似ハワイとも称すことができる南国観光が志向された。昭和30年代末から50年代にかけて新婚旅行先として多くの人々が訪れた宮崎県も、同様に南国としてのイメージが付与されていたことからも、日本国民が南国旅行を志向していたことが窺える。伊豆半島は、首都圏近郊で環境が比較的類似していたところから、南国として白羽の矢が立ったのであろう。植樹時期は不明であるが、熱海や伊東などの海岸線にはヤシやソテツなどが植樹され、日本の植物とは様相が異なる熱帯・亜熱帯植物の街路樹は、伊豆半島の"南国"的なイメージを助長させる効果があった。そして、伊豆への観光客が、滞在中に訪問する観光地として、南国をイメージさせる施設が設けられたのである。

中でも植物園は、個々の動物を観覧する動物園・水族館とは異なり、栽培する温室の熱気や室内に面的に繁茂した熱帯植物を空間的に感じられるところから、臨場感のある南国体験ができる施設として珍重されたのである。これは、伊豆地域に設けられた23の植物園のうち、実に16もの植物園が熱帯・亜熱帯の植物栽培を実践していたことからも裏付けられよう（表8-3トーン部分）。このような社会背景の基に、伊豆半島へ多くの植物園が設立されたのである。

花鳥園タイプの動植物園　さらに、本県の植物園の傾向としては、動物園としての鳥類展示と植物園としての花卉展示を組み合わせた"花鳥園"タイプの園が多い点を挙げられる。加茂荘・富士・掛川の花鳥園グループはその代表であるが、このほかに富士高原自然科学苑、西富士小田急花鳥山脈、伊豆コスモランド（伊豆サファリ公園を含む）、石廊崎ジャングルパーク、IZU・WORLDみんなのHawaiians動植物園がこのタイプに該当し、また伊豆シャボテン公園においても植物園内に鳥類を放し飼いするゾーン（バードパラダイス）を有していることから、一部花鳥園的な性格を有しているといえるだろう。

抑々江戸時代の我が国では、見世物の延長として「孔雀茶屋」や「花鳥茶屋」と称される施設が誕生し、江戸・大阪・京都などの大都市圏において隆盛した歴史を有している[33]。これらの施設では、屋根のある特定の場所にお

いて孔雀や南洋由来の鳥類と、牡丹・菊などの花卉類を展示し、それらを鑑賞しながら茶を楽しめたことから、我が国の動植物園の源流に比定できる。このような施設は、近世期の日本では一般に楽しまれていたものの、明治維新を機に欧米から動物園・植物園の概念が輸入され、一方で明治5年（1872）の「違式詿違条例」

写真8-7　伊豆コスモランド地球儀大温室
（『近藤典生の環境共生思想と方法』P.135より転載）

の布達などによって見世物が規制されると次第にその姿を消した。しかし、動物園と植物園は、その後それぞれ独立した機関として発展を遂げたものの、その意識の根底には近世期の見世物が存在していると看取され、花鳥を併せて展示する施設はその後も複数開館したのである。

　本県においてこのような傾向が生まれた理由としては、植物の生息環境復元のために、当該地域の植物とそこに生息する鳥類を併せて展示した点が挙げられる。植物の展示は、基本的に静態展示であり、とりもなおさず目から入る印象と独特の芳香という視覚と嗅覚に訴える展示である。ほとんどの場合、植物自身は可動性を持っておらず、栽培されている植物を観覧者が見て回るウォーク・インタイプであることから、展示が単調になりがちである。例えば南国を意図した植物園では、入園当初は日本には自生しない珍奇な植物を見ることによる驚きと発見があるが、植えられている植物を唯々見るだけでは、次第に飽きと疲労を誘発するのである。この植物展示に、植物が実際に繁茂する地域の生物を組み合わせることで、展示に動きを持たせることができる。特に鳥類は、飛行することによる三次元的な動きを見せ、鳴き声によって聴覚に訴えることもできる。また、小型な種が多いことから飼育コストを節約することができ、多様な体色が観覧者の目を楽しませる効果を有しているのである。このような効果から、植物園に鳥類展示を組み合わせていると考えられ、特に南国をイメージさせる植物園では、園内の南国的な雰囲気づくりにも効果を発揮していることから、その設立例が増加したと推察できる。また、一般的に花や鳥類を扱う観光地への集客力は大きく、それを組み合わせて集客効果の向上を狙ったことも、花鳥園タイプの植物園の林立に影響したと考えられる。

第3節　静岡県下の植物園の課題とこれから

1　観光型植物園の課題

　これらの歴史を踏まえ、静岡県下の植物園の現状には、様々な課題が見て取れる。特に観光型植物園において、観光地の陳腐化とそれに並行する施設の老朽化が挙げられる。この課題は、特に観光型植物園の多く所在する伊豆半島において顕著である。静岡県文化・観光部観光交流局観光政策課が実施した調査報告である『平成26年度 静岡県観光交流の動向』によると、静岡県内の観光交流人数は、平成26年度の段階で前年比2％（約297万人）増加しており、東日本大震災のあった平成23年（2011）には減少したものの、いまだ増加傾向にある[34]。県内を西北遠、中東遠、西駿河・奥大井、駿河、富士、伊豆の6区分とした際の観光交流客数は、伊豆地域が4,230万7千人と県内の中で最も多く、次ぐ富士地域（3,274万1千人）と比べ1,000万人も多くの観光客が訪れていることがわかる。しかし、伊豆地域は昭和63年度統計に7,344万1千人の観光交流人口を記録して以来、平成23年まで断続して減少傾向にあり、現在多少の増加が見込まれるがピーク時にははるかに及ばないのが現状である。また、旅行形態としては、団体旅行に比べ個人旅行の比率が特に多くなっていることが、『平成24年度 静岡県における観光の流動実態と満足度調査報告書』より見て取れる[35]。同報告書では、個人旅行が88.8％、旅行会社のパック旅行（観光案内付き、自由行動型の合算）が8.8％、団体旅行が2.4％となっており、同調査の3年前に実施した調査結果に比べ個人旅行の割合は増加傾向にある[36]。

　かつての伊豆地域は、会社の慰安旅行など団体旅行で訪れるマス・ツーリズムが主体であった。首都圏近郊の温泉地ということで、バスを借り切って伊豆を訪れ、温泉に浸かるだけでなく周辺の植物園などの観光施設を巡る周遊観光が一般的であった。しかし、バブル経済崩壊後には、旅行形態が大きく変容したといわれている。野方宏によると、「日本経済の長期的停滞や少子高齢化と共に進行する人口減少社会への突入といったこれまでにはない社会・経済的な構造変化を背景に、観光の形態・ニーズは大きく変化した」とし、団体旅行に代表されるマス・ツーリズムから「個客」のニーズに応えるニュー・ツーリズムへと観光客のニーズが移ったとしている[37]。旅行形態の変容を背景に、本来は観光地側も様々な策を講じなくてはならない。それまでの団体行動中心の規制的な旅行形態では、作られた施設をただ回るだけでも良かったが、個人旅行が中心となると旅行者が望む各々のプランで旅行を楽しむことから、観光地

側は旅行者を呼び込むための努力をしなければならない。しかし伊豆地域では、その努力を怠り、廃業した旅館や施設の建物だけが残る寂れた街となっている箇所が複数存在している。バブル前と同じ経営を続けた結果、経営が立ち行かなくなった老舗の大型ホテルや、目新しい要素が無く惰性で運営が続けられているような観光施設など、伊豆半島には昭和の遺産とも表現できる施設・機関とこれらに伴う建築物が全域的に存在するのである。

　博物館施設も陳腐化したものの一種であり、伊豆半島は一時期同時多発的に観光型博物館が開館したが、その多くが軽佻浮薄なテーマ設定であったことから、10年経たずして閉館している館が多数存在する。植物園は、比較的観光客人気が高く、継続しているものも存在するが、「石廊崎ジャングルパーク」や「らんの里堂ヶ島」など閉園した園もある。現在継続運営されている園であっても、設備の老朽化が甚だしいものも少なくないことが実態である。

　また現在では、伊豆＝南国とのイメージは持たれていないように観察される。駅や旅行代理店に掲示された伊豆旅行に関する案内を見ても、「世界遺産韮山反射炉といちご狩り」や「熱海温泉」など、伊豆半島に所在するそれぞれの地域の魅力的な分野を前面に推し出してPRしている。しかし、統一的な伊豆のイメージを創出するような紹介は無く、ましてや"南国伊豆"をアピールするような広報は見受けられなかった。現在の伊豆旅行は、点在する観光地へピンポイントで訪れ、そこのみを楽しんで帰る「一点豪華主義」的な観光が多いのである。この傾向に伴い、熱帯植物園の存在意義が曖昧になっていることが課題といえよう。都心から近い南国が伊豆であって、その印象付けに備えられたのが熱帯植物園であった。しかし、伊豆を南国と思わない風潮から、何故伊豆半島に熱帯植物園があるのか理解できないのである。結果的に熱帯植物園は、伊豆にある珍奇な施設との認識しか持たれず、また施設維持のために比較的入場料が高額であることも相まって集客数が減少し、維持管理が不可能になり閉園してしまうのである。

2　これから望まれる植物園とは

　今後植物園に望まれることは、上記したような館園を見直し、時代に即した形にリニューアルすることである。ここでのリニューアルとは、建物などのハード面での改善だけでなく、ソフト面の改善を含むものである。施設の建て替えや新規機材の投入など、ハード面のリニューアルは、栽培植物の生育環境維持と資金の問題があり、現実的に不可能である場合が多い。可能な限り資金

をかけずに施設の印象を変えるためには、普段の環境管理を徹底することと的確な広報が有効である。

　環境管理で重要なのは、古い植物園であっても"古臭さ"を感じさせないようにすることである。実際に、開園してから40年を超える熱川バナナ・ワニ園は、徹底した維持管理によって清潔且つ良好な展示環境を呈している。やはり、所々老朽化が感じられる部分もあるが、汚い植物園という印象は持たせないような努力が見て取れるのである。このように、清掃や土・水の管理、虫への対応などを徹底することで、初めて訪れた来園者に好印象を与え、リピーターになるきっかけとすることができる。リピーターには、植物は勿論、園内の環境が優れていることが再来園の要因となるよう、環境管理を徹底する必要があるだろう。

　広報面では、フラワー・ツーリズムやグリーン・ツーリズムの実施とPRが有効であろう。平成19年（2007）に発表された「伊豆地域の観光と観光振興：ヒアリング調査からみえてくるもの」では、花をテーマとした広域観光が提言された。これは、伊豆の温暖な気候で栽培される季節に富んだ花々の鑑賞を大きな目的とし、それに周辺の自然や文化などを体感できるような観光要素を加えることで、一年を通じて伊豆地域に旅行者を呼び込む取り組みである。伊豆地域には、熱海の梅園や河津桜など全国的にも知られた花の名所が存在する。さらに、『平成24年度 静岡県における観光の流動実態と満足度調査報告書』によると、旅行者が伊豆に求めるものの第2位に「自然が美しい」ことが挙げられており、花を含めた自然環境の体感を観光の目的としていることがわかる。同報告書では、観光地を選んだ理由を14項目に分けて提示しており（複数回答可）、その中で40.7%の旅行者が「自然が美しい」ことを理由に伊豆地域を選んでいるのである。一方、「動植物園・遊園地がある」ことを理由にした旅行者は全体の11%しかおらず、植物園等の訪問が旅行の目的には成り得ていないことが窺える[38]。

　また、富士地域と中部地域では、「動植物園・遊園地がある」ことを理由にした旅行者はそれぞれ4%と2.9%であった。この傾向は、両地域とも植物園の絶対数が少なく、また見学の難しい研究型植物園の割合が大きいことが影響していると推測される。なお富士地域では、最も多い回答が「買い物ができる」44.3%であり、そのあとに「自然が美しい」41.5%が続く。富士地域には、御殿場プレミアムアウトレットなど大型商業施設を有し、また富士山とその周辺の豊かな自然環境があることからこのような結果となったと推定できる。中部

地域は、温泉と買い物を求める傾向にあり、また歴史豊かな土地柄故に「名所旧跡めぐり」の回答が他に比べて多いことが特徴である。

　一方で、県西部地域では「自然が美しい」が18.8%なのに対し、「動植物園・遊園地がある」ことを理由にした旅行者が28.3%存在しており、観光の核として動物園・植物園等が位置していることが理解できる。西部地域には、浜松市フラワーパークやはままつフルーツパーク時之栖、掛川花鳥園等大規模で高い集客数を誇る施設が複数存在し、また浜名湖花博に代表される植物に関するイベントが多数開催されていることなど、植物を用いた観光に成功した地域といえるだろう。

　このような本県の現状に対し筆者は、広域観光としてのフラワー・ツーリズムやグリーン・ツーリズムの核として植物園を位置づけることを提案したい。先述のとおり、伊豆地域には熱海の梅園や河津桜など全国的にも知られた花の名所が存在し、花の時期には多くの観光客が訪れる。また、多くの旅行者の関心が「自然の美しさ」に向いていることもデータで裏付けられており、花や自然環境をテーマにした旅行は現在求められているコンテンツなのである。しかしながら、それに植物園が関与している例はほとんど無い。アカオローズ＆ハーブガーデンや河津バガテル公園など、花の時期に多くの観光客が訪れる施設はあるものの、単体の施設で完結してしまっており、面としての広域観光とは成り得ないのである。

　旅行者の趣向が多様化し、個人旅行が主流化している現状では、個々の希望を満たす箇所を選択できるような体系づくりが必要である。そのためには、点としての施設ではなく地域全体を包括した観光＝広域観光の要素が必要であり、この核として植物園を位置づけるのである。やはり、フラワー・ツーリズムやグリーン・ツーリズムのコアに据える施設は、植物に関する詳しい情報の提供が可能であり、自身も観光の一要素になり得ることから、植物園であることが望ましい。ちょうど、エコミュージアムの要素として中核たるコアミュージアムを置き、構成範囲の各地にサテライトを配置するのと同様に、中核に植物園を据えて周囲の自然環境や花の名所などをサテライトとして位置づける。さらに、そのコアとサテライトの構成をユニットとして、複数のユニットが相互に協力することで、広域観光に資するのである。例えば伊豆半島では、東伊豆地域は伊豆シャボテン公園・熱川バナナ・ワニ園を中心に、大室山、一碧湖、城ケ崎などをサテライトとする。河津地域は、河津バガテル公園を中心に河津桜の桜並木や大噴湯公園、河津七滝などをサテライトとしてユニットを構成す

る。各コアは、サテライトの情報についてもある程度扱うこととし、まずコアを訪れてもらいそこからサテライトに回ってもらうような仕組みを作る。そして、伊豆半島全体を一つの観光地域とし、各ユニットにはどのような観光資源があるかを明示することで、旅行者の興味のある箇所を選択して訪問してもらえるようにするのである。

当該計画の実施によって、旅行者の花や自然観察欲求を満たすことができ、旅行者自身が選択して訪問できるという自由度がある。また、複数の資源を組み合わせることで、一年を通じて花や植物を観察できるため、一年中の集客を見込むことができる。さらに、植物園をコアにすることで、植物知識の涵養や栽培成果の提示が可能であり、集客の増加に伴い資金面も潤う利点がある。そして、フラワー・ツーリズムやグリーン・ツーリズムの実施によって交流人口が増加し、地域の活性化にも効果が見込めるのである。この実現のためには、点在する施設・観光資源間の相互連携を強化し、地域が一丸となって取り組むことが肝要である。

まとめ

静岡県に設立された植物園は、博物館相当施設に指定される植物園に於いても観光施設としての意味合いが強い点が指摘できる。本県の植物園が大衆の触れることのできない薬園から始まり、近代植物園の揺籃期には研究型植物園が複数設置されたものの、やはり広く大衆に開かれたものではなかった。その後、狐ヶ崎遊園地の植物園を嚆矢に、大衆に開かれた植物園が多数開園した。そして、大衆の目に触れた植物園が観光的要素を多分に含むものであったため、植物園＝娯楽・観光施設と認識されたと考えられる。当該思潮は、静岡県下の植物園に限ったものではなく、大学や研究機関付属の植物園を除き、我が国の植物園全体に共通する。つまり、我が国の一般的な植物園は、他の専門領域の博物館と比較して研究・教育に対する姿勢が脆弱であると言えよう。

本章では、静岡県に設立された植物園の歴史を概観し、その存在意義の考察と傾向分析を行った。現状、時代の流れに伴って研究型植物園の廃止がなされ、また観光形態の転換から、観光型植物園もその運営を再考しなければならない状況となっている。これからの植物園は、単に植物の栽培・育成と公開を行うのではなく、社会背景や観光学的な要素にも着目・運営をする必要があろう。また本県には、富士山をはじめとする良好な自然環境を有していることか

ら、植物園の園内だけでなく外部にも目を向け、様々な連携からより地域に即した植物園を創造していくことが肝要なのである。

註
(1) 日本植物園協会　1978「植物園の設置および運営に関する基準」
(2) 万葉まちづくりセンター HP：http://ohira-manyo.co.jp/mori.html
(3) 上田三平　1972『改訂増補 日本薬園史の研究』渡辺書店　PP.4-13
(4) 柘植 清　1939「駿府薬園と久能薬園」『静岡縣郷土研究』第十三輯　静岡縣郷土研究協會　P.125
(5) 阿部正信 編　1841-1843『駿國雑志』(『江戸後期諸国産物帳集成』第 7 巻より)
(6) 斎藤幸男　1972「第九章 駿府御薬園と久能山御薬園」『改訂増補 日本薬園史の研究』渡辺書店　PP.248-263
(7) 註 6 と同じ　P.129
(9) 註 6 と同じ　P.129
(10) 山出半次郎　1939「駿府・久能薬園栽培薬草解説」『静岡縣郷土研究』第十三輯　静岡縣郷土研究協會　PP.130-152
(11) 吉田 弘　2009「植村左平次政勝採薬行—植村家関係資料をひもとく—」『東京家政大学博物館紀要』第 14 集　PP.123-131
(12) 熱海梅園リーフレットより
(13) 静岡民友新聞社　1913 年 8 月 28 日付「須走村に高山植物園計畫」『静岡民友新聞』
(14) 平成 28 年 5 月に実施した、小山町教育委員会金子節郎氏への質問回答より。
(15) 文部省　1916『常置教育的觀覽施設状況』PP.182-184
(16) 矢部吉禎　1929「富士の植物」『富士の研究總書Ⅵ』PP.69-70（昭和 48 年復刻版）
(17) 玉穂村青年會　1913-1938『富士嵐』第一巻一號～第三四巻三號（御殿場市立図書館合本）
(18) 御殿場高等学校記念誌編纂委員会 編　2001『御殿場高校百年史通史編』静岡県立御殿場高等学校
(19) 玉穂の歴史編集委員会 編　2006『玉穂の歴史』玉穂穀徳会　P.528
(20) 日本博物館協會　1934「富士高山植物博物館を建設計畫」『博物館研究』第七巻第九號　P.17
(21) 富士宮市郷土資料館 HP「「昔日のふじのみや」写真展」：http://www.city.fujinomiya.shizuoka.jp/citizen/iiosmo0000000b99.html
(22) 註 16 と同じ
(23) 東京大学大学院農学生命科学研究科付属科学の森教育研究センター樹芸研究所 HP「概要」：http://www.uf.a.u-tokyo.ac.jp/jyugei/gaiyo.htm
(24) 国立衛生試験所　1975『国立衛生試験所百年史』PP.85-87
(25) 註 24 と同じ　PP.312-314
(26) 日本博物館協会　1956「静岡県有用植物園の概要」『博物館研究』第 29 巻第 8 号　PP.20-27
(27) 日本温泉協會　1941「第十一章 温泉の産業的利用」『日本温泉大鑑』博文館　P.593
(28) 註 23 と同じ
(29) 註 26 と同じ
(30) 註 26 と同じ
(31) 静岡県産業部観光局観光政策室　2010『平成 21 年度 静岡県における観光の流動実態と満足度調査報告書』
(32) 川端康成　2007『伊豆の踊子』集英社文庫
(33) 朝倉無聲　1928『見世物研究』春陽堂（1977 年の思文閣出版復刻版より）
(34) 静岡県文化・観光部観光交流局観光政策課　2015『平成 26 年度 静岡県観光交流の動向』
(35) 静岡県文化・観光部観光交流局観光政策課　2013『平成 24 年度 静岡県における観光の流動実態と満足度調査報告書』
(36) 平成 21 年度調査では、個人旅行 86.3％、パック旅行 9.9％、団体旅行 3.9％となっており、個人旅行が約 2％増加している。（静岡県文化・観光部観光交流局観光政策課 2010『平成 21 年度 静岡県における観光の流動実態と満足度調査報告書』）

(37) 野方 宏 2016「伊豆地域の観光の現状と可能性」『静岡大学経済研究』第15巻第4号 PP.133-153
(38) 註35と同じ

第9章　学校における博物館の設置と推移

　静岡県の博物館の濫觴は、明治11年（1878）の静岡師範学校器械室に求めることができ、小学校から大学に至るまでの様々な館種・形態を持って今日まで継続している。いうなれば、今日の静岡県の博物館発展は学校博物館無くして存在し得ないのである。しかし、一口に学校博物館と称しても、小・中学校や高等学校、大学など設立母体は多岐に亘り、また設置された博物館のテーマも多種多様である。本章では、高校・大学などの学校の区分に関わらず、"学校"および学校法人が設置・運営する博物館を学校博物館と定義し、静岡県における学校博物館の発達と学校博物館論を再検討し、その意義について考察を加えるものである。

第1節　静岡県内学校博物館の誕生

1　静岡県下の学校博物館の濫觴

　本県初期の博物館は、大半が学校博物館であることから、静岡県の博物館発展の基礎には学校博物館が重要な位置を占めていると考えられる。明治期に開館した学校博物館は、当該時期の書籍や新聞記事に記述が見られ、そこから初期学校博物館の傾向を確認することができる。

静岡師範学校の器械室　本県の学校博物館の嚆矢は、明治11年（1878）開館の「静岡師範學校器械室」である。同年発行の『文部省第六年報』には、以下のような記載が見られる[1]。

　　究理器械及諸鑛石等ヲ排列シ加ルニ管下各小中學校生徒ノ作文算術畫學及女兒ノ手藝品等ヲ集聚シ衆庶ヲシテ縦覽セシム則<u>博物館ニ類似セシモノニシテ</u>漸次之ヲ擴張シ以テ本館ヲ興スノ資トス（下線筆者）

　『文部省第六年報』にみられる同室の展示は、理科教育のための教材・参考資料を展示する授業支援の性質と、小中学生の成績品を展示するギャラリー的な性質を併せたものである。前者の性質は、実物教授を実践する典型的な学校博物館の展示といえよう。実物を用いた教育は、器具を用いた科学実験や実物標本の観察など理科の分野から導入された。理科科目では、教科書の素読だけでは物理学の原理や化学反応の推移を理解させることは難しく、試薬や専用器

具を用いた実験を行うことが児童・生徒の理解深化に有効であることから、実物教授の実践が意図された[2]。また、実物教授の実践のために、教材の貸し出しや指導を行う教育博物館が設立され、理科教材を主として取り扱ったことからも[3]、実物教授が理科科目から始まったことを裏付けられるのである。静岡師範学校器械室の資料に於いても、具体的な収蔵資料の記載は無いものの、後年同校の案内や紹介に記載されている教材は、やはり科学実験に関するものが大半を占めていることから、器械室は理科教授のための展示を行っていたと推測できる。

また後者は、優秀な成績を収めた児童・生徒の成果を広く一般へ公開することを意図している。当該展示は、学校教育の場に於いて現在まで断続して実践されているもので、成績品を展示することによる児童・生徒のモチベーション向上、非採用児童の競争心の喚起、学校生活での児童・生徒の活動を保護者に周知するといった様々な効果がある。しかしながら静岡師範学校の成績品展示は、師範学校の付属校に在籍する児童・生徒の成績品を展示するものであり、一般的な学校においての成績品展示とは様相が異なる。師範学校は教員養成のための機関であることは周知の事実であり、その付属校は師範学校の教育者・学生による教育実践の場としても機能した。同校にも付属小・中学校が存在し、静岡師範の教育者が考案した様々な教育法の実践が行われてきた。同校器械室の成績品展示は、小中学生の授業の成果を展示するだけでなく、師範学校の教育者・学生が実践した教育の経過を間接的に知ることができる存在である。換言すれば、教育者側の成果を展示するという意味合いを包含していたものと考察できる。

静岡師範学校器械室は、明治28年の校舎配置図にはその記載を確認することができない。これは、明治中ごろに同校が駿府城内に移転した際に、理科の実物教材を保管・活用するための専門施設である平屋建ての物理化学室と2階建ての博物室が新設されており、それに際して廃止されたものと推察される。静岡師範学校の校舎は、開学当時より校舎が狭隘であり、設備に関しても関係者から不満が噴出していた[4]。実物教材保管・活用のための部屋に関しても、旧来の校舎ではスペースが限られており、より十分な実物教授を行うためには多彩な教材とそれを保管するための規模の大きい専門室が求められたのである。結果として、実物教材の保管・活用の場としての専門室は増補されたものの、その公開機能が削除されたことは残念なことである。同室は、10年余りの限られた期間しか存在しなかった展示施設であるものの、本県で初めて学

術的意図をもって資料の展示・公開を実施した点が評価に値するのである。

静岡中学校の参考品陳列館　続く明治41年には、静岡中学校に「参考品陳列館」が開館し、同年5月17日付『静岡民友新聞』に以下の記載が確認できる[5]。

　　静岡中學校にては教育の資料に供すべき目的を以て今回新古諸種の参考品
　　（武器、古器、古文書、古衣裝、繪畫、彫刻、切手、茶器、標本等の類）を陳列
　　すべき一室を設け生徒並び來賓の觀覽に供し行々は小博物館となさん

　同校は、静岡市内に設立された県立の中学校であり、且つ静岡師範学校中等科として開校した付属校ともいえる存在である。参考品陳列館は、上記の通り教育に関する実物教材を収集・展示する学校博物館である。館の形態としては、独立した建物を建てない特別教室のようなタイプであり、生徒だけでなく外部からの観覧を意図していた。

　同館の特徴としては、実物教授に用いる教材を理科資料に限定するのではなく、人文・美術といった様々な分野の資料を対象とし、とりわけ歴史資料の収集・活用に尽力している点に注目できる。前述の静岡師範学校器械室では、実物教授に用いる資料は理科関係に限定しており、その資料が優先された理由は先に述べたとおりである。これに対し静岡中学校参考品陳列館では、理科教材だけでなく国史（歴史）教育の参考資料となる武器、古器、古文書、古衣装等の収集と活用を実践しているのである。

　この理由としては、実物教授の浸透と、郷土教育の勃興が挙げられよう。明治10年代のペスタロッチ主義教育思想の導入により推奨された実物教授・直観教授は、教育博物館や師範学校の活動によって全国に普及し、戦前期に亘って教育の一基幹理念となっていった。一方で明治14年には、小学校の教育指針を示した「小學校教則要領」が公布され、地理科学習の前段階として、身近な地域の実地学習を取り入れることが明記された。明治24年には「小學校教則大綱」が制定され、地理・歴史・理科の学習を行う第一段階として、児童の生活環境および学校周辺の身近な題材を導入教材として利用することが定められた。これらの教則が一つの契機となり、教育の分野では、児童・生徒を取り巻く風土・歴史・民俗に立脚した「郷土教育」思潮が発生するのである[6]。

　静岡中学校に於いても、その思潮の影響を少なからず受けたと思われ、郷土の歴史や文化を実物資料の臨場感をもって指導するために、参考品陳列館の設置を意図したものと推定できる。その裏付けとして、同館の資料の収集方法が挙げられる。同館は、自己での収集のほかに、静岡中学校の関係者（保護者を含む）に資料の寄贈を呼び掛けている。ここでの資料とは、先の参考品として

提示されていた種別のものであり、取りも直さず郷土の資料の収集を意図していた。郷土由来の資料を在地の人々と共に収集・活用することは、地域と連携した郷土教育の実践であると見做すことができ、同館は学校博物館であると同時に郷土博物館としても機能していたのである。

浜松中学校の歴史参考館　明治 41 年には、静岡県立浜松中学校にも「濱松中學歷史參考館」と称する博物館が開館している。その落成の様子が、明治 41 年 8 月 1 日付『静岡民友新聞』に確認することができる[7]。

> 先年來同校にては日露戰役紀念の目的を以て歷史參考館の建設を計畫し居りしが此程全部落成したるを以て愈々陳列蒐集に着手せり。同館は主として遠江國に關する古書、古記錄、古地圖、古文書の類を集め遠江國につき研究せんとするものに有力なる史料を供給し且つこれによりて一般に益々郷土史の研究を奨勵せんことを期するにあり。歷史上の參考品は得るに從ひ之を陳列し併せて一般有志者にも隨意觀覽研究を許す由（句点筆者）

浜松中学校歴史参考館は、上記 2 館の学校博物館と異なり、独立した建物を用いることを意図していた。明治 41 年以降の同校を示した図が確認できないので、敷地のどの部分に設立されたかは不明であるが、一般の希望者の公開・活用を意図する開かれた博物館を目指していたことがわかる。

同館は、その資料を郷土の歴史資料に限定するという収集方針を持ち、郷土史研究の発展を目的に設立された特徴がある。従来の学校博物館は、実物教授の思想に立脚し、学校教育に資することを目的に設置され、比較的に理科教材を重視する傾向が認められる。また、静岡中学校参考品陳列館のように、人文科学・自然科学・美術からなる総合博物館的な性格を持つ館も存在してはいるものの、歴史資料に特化した学校博物館は当該時期には確認できていないのである。従来浜松中学校には、「博物標本室」と「理化器械室」が設置されており、明治 35 年刊行の『静岡縣立濱松中學校一覽』の校舎配置図にその記載を確認することができる[8]。同室は、理科教授に用いる自然科学系教材を対象とした特別の部屋であるが、同時期の他の学校に見られる同様の名称の設備から推察するに、その実態は常設公開を行わない教材の保管を目的とした施設であるといえよう。浜松中学校では、実物教授用の教材をあらかじめ有しており、公開機能は無いものの保管のための設備を有していることから、歴史参考館の収集資料は学校教育に用いるための教材とは別の意図に基づき収集したものと推定できる。

また、静岡民友新聞の「遠江國につき研究せんとするものに有力なる史料を

供給し且つこれによりて一般に益々郷土史の研究を奨励せん」との記述にあるように、同館は元来郷土史研究の機関として計画されたものであり、学校に設置されているものの、学校教育の補助機関としての博物館意識は希薄であったものと推察される。

　しかし、何故浜松中学校に郷土史博物館ともいえる歴史参考館を設置したのであろうか。その理由の一つとしては、同校が当該時期の浜松においての最高学府であったことが挙げられよう。明治41年当時、浜松の地には静岡県立浜松中学校、浜松町立浜松高等女学校、浜名郡蚕業学校の中等教育機関と尋常・高等小学校が存在していたものの、師範学校などの高等教育機関は設立されていなかった。後述する静岡県浜松師範学校は、大正3年（1914）に認可・設置がなされたことから[9]、明治末の当該地域では浜松中学校が教育の頂点であったといっても過言ではない。

　師範学校を始めとする当時の高等教育機関では、高度かつ専門的な教育が施されてきた。高等教育機関を有する地域では、地域に関する研究の役目を高等教育機関が担っており、中にはその成果を公開・活用する博物館を持つ学校も中には存在していた。しかしながら、高等教育機関を持たない地域では、それに準ずる機関がその役割を担っており、取りも直さず当該地域では、浜松中学校がその存在に比定できるのである。中等・高等教育が一般化していない当該時期では、中学校以上の教育機関は地域の知識の殿堂であり、所在する地域の文化的・教育的な活動の拠点とされていたことも、浜松中学校歴史参考館設置の背景といえよう。換言すれば、高等教育機関を有していない浜松という地では、郷土の歴史や文化を研究する場が元来存在しておらず、その研究実践のための機関として、当該地域の最高学府であり教育をリードする存在である浜松中学校に博物館の設置が意図されたのである。

　また同館は、日露戦争の戦勝を記念して設立されたという背景がある。日露戦争関連の記念館としては、県内には田方郡三島町（現、三島市）に「日露戦争戦捷紀念館」なる施設が同年7月に開館している[10]。三島のものは、田方郡内の講演会や演劇、各種展覧会を執り行う文化ホール的な存在であったが、当該時期には全国的に日露戦争に基づく様々な施設、記念碑、展覧会などが多く開催される傾向にある。日露戦争記念の事業には、戦勝を祝う若しくは戦没者を悼む純粋な戦争に関する事業と、戦勝（戦捷）を題目として予算・寄付を獲得して実現する事業の二種が存在していたと看取される。浜松中学歴史参考館は、戦役紀念としながらも実態は郷土研究機関であることから、後者の典型

であると考えられる。当該博物館は、学校に付帯する施設でありながらも、地域・一般への公開活用を意図する郷土博物館であり、本県の人文系博物館として初めて調査研究を意図する施設であった点が重要である。

このように浜松中学校歴史参考館は、遠江地域の歴史の考究とそれに用いるための資料の収集を行う研究機関として計画され、当該地域における最高学府である浜松中学校に設置された郷土博物館なのである。また、一般的な学校に設置された博物館と異なり、博物館の目的を学校教育の補助としてではなく、あくまで郷土の歴史研究を目的とした研究機関として成立したことが特徴といえよう。浜松中学校歴史参考館は、学校付属でありながらも郷土研究の推進を目的とした「郷土室・郷土博物館」の濫觴と見做すことができるのである。

なお、上記3館以外に、大岡尋常高等小学校には、明治43年に「通俗博物館」が設けられたとの記載が『駿東教育史』に残されているが[11]、同校の開校100周年を記念した冊子である『おおおか創立100周年記念』等にも記載がなく、現在その詳細について把握することができていない。今後も調査を続けていく予定である。

2 昭和初期における郷土教育の高まりと郷土研究室

昭和前期には、「郷土」という語が博物館史上のキーワードとして挙げることができる。郷土とは、自分の生まれ育った風土や生活環境を包括する用語である。大正期から昭和前期にかけての日本では、郷土を学ぶことによる祖国愛の涵養を目的とした「郷土教育」という用語が頻繁に使用される傾向にある。郷土教育は、ドイツ語の「Heimat Kunde」を邦訳したものであり[12]、武部欽一は「自我の所在を中心として、郷土によって人格價値を向上完成する手段として行ふもの」と説明している[13]。

昭和5年（1930）と翌6年には、郷土教育施設の拡充を目的として、国庫より全国の師範学校に各千円の補助が行われた。この補助に基づき、全国の師範学校に郷土教育・郷土研究を行う「郷土研究室」や「郷土館」、「郷土博物館」が建設され、郷土教育・郷土研究は当該時期の我が国では特徴的な潮流となったのである。

国庫からの師範学校補助金を基に設置された施設としては、『静岡県教育史』通史編下巻の記載によると、静岡師範学校・浜松師範学校・女子師範学校に「郷土資料室または研究室を設け、郷土資料や民俗資料を集めている」とある[14]。このことから本項では、師範学校を中心とした本県の学校施設の事例

を提示し、その実態解明を試みるものである。

静岡師範学校の郷土研究施設　静岡師範学校では、昭和7年に国庫補助に伴った郷土教育施設であるとみられる「郷土研究室」を設けたとの記載が遺されている[15]。その概要は、昭和10年刊行の『靜岡縣靜岡師範學校創立六十周年記念誌』に以下のように記されている[16]。

> **郷土研究**　郷土研究に關する資料を所藏陳列せんため郷土研究室を設け、全體を教育、歴史、地理、社會、産業、水産、動物、植物、鑛物の九部に分類し、各學科の教授材料たるべきものは、適宜課程中に排列教授するものとす。郷土研究資料の蒐集陳列に要したる經費は約六〇〇〇圓なり。

郷土研究室は、『創立六十周年記念誌』の記載によると、人文・自然の両者を収集・保管・展示する総合博物館的な施設として計画されたことが窺える。また、収蔵資料の各種授業での活用が謳われており、郷土教育・郷土研究に資するだけではなく、学校教育との連携を視野に入れて設計されたのである。しかしながら、県内師範学校の沿革や建物配置が記録されている『静岡大学教育学部同窓会記念誌』には、郷土研究室に関する詳細が記されておらず、学校内の配置や規模などについては判別することができなかった。『創立六十周年記念誌』には、部屋の概要と60周年記念式典の際に行われた展覧会の概要が遺されているものの、上記引用以上の情報は確認できず、また同誌に寄稿された卒業生の言葉の中にも「郷土研究室」に関わる記述が確認できなかったことから、それほど大規模に活動していたものではなかった、あるいは郷土研究に携わる者を教員や一部の生徒に限定していたと推測される。

静岡師範学校の博物館に直接関連するものではないが、静岡県師範学校付属小学校が発行した『郷土教育の研究』第一輯の序章「六、郷土調査と郷土教育の諸施設」には、郷土室の活用に関する考えが見て取れる[17]。

> 諸施設は活用せられねばならぬ。活用によつて、郷土教育が刻々と實現されてゐるようでなくてはならぬ。郷土室の如きも、單に諸種の品々を陳列しておくといふ丈では意味をなさない。教育の行はれるそのプロセスの現れてゐる場所たることを要する。（中略）要するに静的固定的の陳列室でなく、動的で、教師兒童と共に絶えず成長し、郷土教育課程の、即ち、兒童の學習課程が、如實に覗はれ、種々のものが、そこにあることによつて、絶えず、兒童の學習心が刺戟され、助長されるといふ性質のものたらしめたい。

当該記述は、棚橋源太郎の学校博物館論を一部引用し、当時の学校博物館のあり方について指摘しているものである。同記述の著者は、学校博物館を児童

の見学だけを目的とするのではなく、教師と児童が双方向に交流できる活きた施設にするべきとの意見を述べている。同書は「静岡縣師範學校附属小學校編」と記されており、当記述に関する著者名が記載されていないため、誰の考えであるかを量ることはできない。しかし当記述の著者は、郷土教育施設としての学校博物館について理解し、そのあるべき姿について一考していることから、学校博物館若しくはその他の博物館施設に関与する人物であると推察される。当該時期の本県に於いて、学校博物館のあり方について述べられた例は皆無であり、当該記述は本県学校博物館論の嚆矢に位置づけられるものである。

静岡女子師範学校の郷土研究施設　静岡女子師範学校に関しては、『静岡大学教育学部同窓会記念誌』において、女子師範学校および付属小学校に「郷土室」が設置されたことが記載されている[18]。両校に設けられた郷土室については、静岡女子師範学校が昭和8年に刊行した『郷土教育概要』にその詳細を確認することができる。まず、女子師範学校の郷土施設の理念については、以下のように記載されている[19]。

　　郷土施設は郷土研究の顯現であると共に、又研究の出發點であり郷土教育の具體相でなければならぬもので、郷土教育の實踐如何はその學校の郷土室その他の施設に遺憾なく表れるものであらう。郷土施設が如何様に行はれてゐるか、その内容が如何に整理され活用されてゐるか、之は學校の郷土教育を如實に物語るものである。

同校は、校内の郷土関連施設を「郷土室」「郷土的學校園」「一般教室廊下」の3種に区分し、中でも郷土室の活動をその根幹に据えていることが窺える。その根本方針は、以下の4点に集約される[20]。

　　(イ) 郷土室は郷土研究會に屬しその活動に依りて經營さるゝこと。
　　(ロ) 郷土室は平素は資料を蒐集し、陳列し、研究に便せしむること。
　　(ハ) 特定の期間を定め順次各部の研究物又その參考品を陳列し、以て郷土教育の實を舉ぐること
　　(ニ) 各教科の郷土的教授に於ける郷土室の利用等

まず、(イ)の方針としては、郷土室の動的・発展的な運用を行うためには、とりもなおさず郷土研究を実践する団体との協力が不可欠との考えに基づくものである。この団体とは、同校の教職員および生徒からなる研究団体で、取りも直さず同校の研究活動の核となっていた。郷土研究は、教科書的な学校教育とは異なり、常に郷土に対する研究が必要で、その動的な活動の中から発展を促すものとされている。そして、その実践をフィードバックし、広く成果を拡

散する場が郷土室であると主張されている。

第二の(ロ)の方針は、郷土室活動の具体を示すもので、「郷土教育は直接的な體験に基くべきであるが、尚資料を直觀し思考推理に依って合理的に郷土を學習」することが肝要であることから、そのために資料の収集・保存・展示が必要とされている。また、郷土室での収集は、単なる貯蔵や商品陳列所のようなモノの羅列であってはならないとし、的確な資料整理と

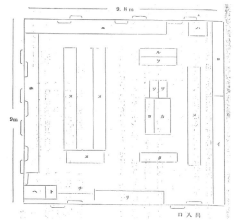

図9-1　静岡女子師範学校　郷土室平面図
（『郷土教育概要』P.69 より抜粋）

「直觀し研究するに便なる」ような展示に苦心しているとの記載が残る。特に展示では、郷土室は郷土の縮図であることを核とし、郷土の自然環境とそこから発生した人間の歴史を有機的に統合した展示を心掛けていたことが窺える。

(ハ)の方針では、研究の進展に伴う展示の更新性について言及している。同室は、9m×9.8m の狭小な空間しか確保されていなかったことから、収集した資料を全て展示することは叶わなかったとされ、その対策として歴史部・地理部・理科部の各部が一定期間毎に展示替えを行うことで更新性を持たせていたと記載されている。各部の展示に併せて、研究発表や懇談の機会を設けるとも記載され、上記の一定期間の展示とは現在の企画展示や特集展示のような位置付けであったと推定される。

4点目の(ニ)は、郷土室の活用についての方針を示したものである。郷土室には、机・黒板・腰掛などの備品と郷土教育に関する書籍が配備されたとの記載が残る。『郷土教育概要』によると、授業に於いて郷土室を利用し、収蔵されている諸資料を用いた郷土的教授を行ったとされている。また、生徒が自由に郷土室を訪れることが可能であり、図書や各種資料は生徒の自主的な学習・研究に活用されていたようである。同方針の文末には、「かくして郷土室は教室であり圖書室であり又郷土博物館である」との記述が確認でき、同室は当初より明確な博物館として計画されたことが理解できる。

このように、女子師範学校の郷土室は、同校の調査・研究の成果をフィードバックし、一方で生徒への郷土知識の教授や学習活動に寄与することを目的と

して設立されたことがわかる。『郷土教育概要』の記載を見る限りでは、同校の郷土室はまごうことなき博物館であり、明確な理念を持つ総合博物館として活動していたのである。しかし、本県の他の師範学校と同様に、展示・普及活動に比べ調査・研究活動に重点が置かれていた感があり、現在の研究所付属博物館のような位置付けであったと看取される。

女子師範学校付属小学校の郷土室　一方で、女子師範学校付属小学校の郷土室は、郷土室を用いた学習、郷土教育のための郷土室活動に重きを置いていた様相を呈している。『郷土教育概要』の「三　附属小學校に於ける郷土施設」では、郷土室の意義について以下のような記載がなされている[21]。

> 郷土の事象は、いとも嚴肅に天輿の體系を確守して、太陽の進行と共に整然たる進展をなしつゝあるものであるが、それは餘りにも複雑多様であり微妙であつて、精神發達の幼稚なる兒童にとつては、その本質乃至は相互の間に存する有機的な關聯を見究めることは、非常に困難であり難題である。そこで教育的見地に立つて本質的なものを選択し、秩序づけて有機的な陳列をなし、理會を容易ならしめることは郷土學習の上に必要欠くべからざるものとなつてくるのである。

この意義に基づき、付属小学校の郷土室では、児童と共に収蔵資料の調査や収集を行い、その資料を児童の協力を得て整理し展示することで、児童へのモノの見方を教え体系的・実践的な郷土知識の教授を目的に活動していたようである。また、同校の郷土室では、"郷土"の語にとらわれて地域のものだけを収集・展示するのではなく、他地域の資料との比較から当該地域のオリジナリティを見出すことを目的とし、比較展示による容易な理解を目指していたことが理解できる。

　同校の郷土室の特徴は、やはり児童と協働した博物館活動の実践にあるだろう。『郷土教育概要』によると、郷土学習のために調査・収集活動を行い、調査の成果や収集した資料をラベリングして台帳に記入、収蔵場所へ保管させるなど、現在も博物館で一般的に行われている資料の収集手法を、教員と児童が一緒になって行うことが謳われている。また、郷土資料の整理作業やその展示に至るまで教員と児童が協働する旨が記載されており、博物館の四大機能である収集、保管、調査・研究、展示・教育のすべてに児童が関与していたのである。

　児童を博物館運営に関与させる論は、昭和7年の棚橋源太郎著『郷土博物館』に確認することができ[22]、また博物館での児童との協働の実践は、大正7年

第 1 節　静岡県内学校博物館の誕生

（1918）に東京女子高等師範学校（以下、女高師）の付属小学校に設けられた児童博物館における作業教育の実践が先行した例として確認できる[23]。棚橋の学校博物館論は、教師が御膳立てした博物館をただ児童が見学するという学校博物館の有り方を非難し、「研究資料の調査蒐集は勿論、陳列品の製作加工の如きも、出來るだけ兒童に關係」させ、博物館づくりの過程と博物館の運営作業によって高い教育効果が得られるとしている[24]。女高師付属小学校の児童博物館は、児童主体による収集・保管・陳列などの諸作業、および博物館委員の選定による児童主体の博物館運営が実践されていた。これは、棚橋の学校博物館論を踏襲するかのように設置・運営がなされたのであり、その活動は児童が関与する博物館の嚆矢に位置付けられるだろう。

　静岡女子師範学校付属小学校の郷土室は、女高師の児童博物館に遅れること10年以上経って設けられた博物館であり、棚橋の学校博物館論や女高師の児童博物館の運営を少なからず参考にしたものと判断できよう。本県の師範学校には、先述の静岡師範学校付属小学校における郷土施設論にも見られるように、棚橋の博物館論が流入あるいは棚橋の著作が蔵書されていたと考えられる。女子師範学校付属小学校の郷土室は、女高師ほどではないにせよ棚橋の論に則った記述が確認でき、とりもなおさず参考にしたと推測される。また、校長をはじめとする当該時期の師範学校教員は、全国各地の師範学校との人材交流がなされていたことが確認でき、様々な地域の元師範学校教員が静岡の地で教鞭をふるっていたことがわかる[25]。このように、他地域の師範学校同士の情報交流は少なからず存在したと看取され、女子師範学校同士なら猶更交流があった可能性は高い。女子師範学校では、郷土室設置に伴い棚橋の学校博物館論を参考にしたと判断され、また女高師との交流の中で、児童博物館に関する情報を得ることで、児童が協働する博物館運営を計画したと推測される。

　現代における児童・生徒・学生が博物館活動に携わる例は、群馬県立自然史博物館の実践する「どんぐり」展示や[26]、國學院大學博物館学研究室の大学院生が主体となって展示製作を行った木島平村ふるさと資料館など[27]、日本全国で少ないながらも実践例が確認できる。しかし、これらの取り組みは、子供の教育に博物館を利用するという戦後の学校教育の方針に基づく実践や、学芸員としてのより実践的な技能取得を目論んだものであり、児童・生徒への博物館を通じた教育を目的としたものではない。静岡女子師範学校付属小学校の郷土室は、児童への学習機会の提供を目的に、児童が博物館活動に取り組んだ初期の例であり、とりもなおさず動的な博物館の実践例として稀有な存在で

あったのである。

浜松師範学校の郷土研究施設　浜松師範学校に設置された施設は、同校長であった長谷川藤太郎の「師範學校の郷土研究施設」にその詳しい状況を見ることができる[28]。同書の記載によれば、浜松師範学校の施設は郷土研究を重視したものと推察され、「濱名湖におけるエネルギー循環」など浜名湖を中心とした研究を実施する様相が見て取れる。資料の展示機能は、文中でわずかに触れられるにとどまり、その記載によると、「濱名湖に於ける榮養循環系統圖」「潮の干滿と湖形との關係」「濱名湖魚類の季節的移動表」といった図表を駆使し、研究成果の発表を行った事例が確認できる。

また、『郷土教育』の第二十二號臨時増刊では、浜松師範学校で開催された郷土研究会について特集号が組まれている[29]。郷土研究会では、浜松師範学校の11名の教員によって、同校に於ける郷土研究についての発表がなされている。同書では、浜名湖を中心とした人文・自然を総合した同校の郷土研究について確認することができる。浜松師範学校の郷土研究には、「郷土研究室（郷土研究実験室）」なる設備があり、『郷土教育』内の図版にその様相を見ることができる。ここで示されている「第三室」の様相は、三方原に生息する蝶に関する研究成果を展示したもので、パネルと実物標本による展示状況が確認できる。

さらに、浜松師範学校第二付属小学校では、「國史教室」と呼称される設備の存在を確認できる。国史教室は、昭和10年の『皇運扶翼の國史教育』にその記載を見ることができる[30]。

國史教材の特質と兒童心理の要求の上に立つて國史教育の目的を達せんとする方法の中我々は説話を中心においてゐる。教師から具体的な統一的な説話が展げられた時、兒童は最も強い感銘を受けるのである。然し説話にも尚表現に限度があり、且時に軽薄な感激や不正な印象を與へることもあり得る。こゝに於てこの説話を補ひ、之をより鮮明的確なものとするこ

写真9-1　浜松師範学校郷土研究室第三室
（『郷土教育』臨時増刊より転載）

とが考へられねばならぬ。即ち國史教授の場として、より良い環境を考へ、國史教授の圓滿にして、適切なる進行をはからねばならぬ。
　　即ち教鞭物が、かゝる目的を含んで、有機的に統一されるところに、國史教室經營の使命が達せられる。

　国史教室は通常の口頭による知識教授だけでなく、より円滑で理解し易い教育を目的として設置されていたことがわかる。同書内では、国史教室の要件として「標本室・研究室」の設置を求め、そこには指導に用いる器具・資料（教鞭物）を置くとしている。また教鞭物は、購入・収集・製作の方法を用いて確保し、分類整理のための便覧を作成することが記載されている。これらの記載より国史教室は、学校教育に資することを目的として資料の収集・保管・展示を行う資料室であり、とりもなおさず小学校における学校博物館の実践例であるといえる。

小　結

　静岡県では、昭和5年時に静岡師範学校・浜松師範学校・女子師範学校の3校に補助金が交付され、それぞれに郷土教育に基づいた機関が開設された。しかし静岡・浜松の2校では、資料の収集や郷土研究に関する施設の設置が主流であり、具体的に「博物館」としてモノを媒体とした教育を実践した例は確認できなかった。当該補助金は、郷土教育施設の建設を意図するものであり、必ずしも郷土博物館建設に充てる必要はなかった。しかしながら、他県師範学校の補助金の使用法として展示施設としての「郷土館」「郷土博物館」が設置されている中、静岡県では「郷土研究」に比重を置いた施設整備が行われたことが特徴であるといえる。一方で、女子師範学校においては、郷土研究を主体としながらも、郷土室を用いた博物館活動を実践していたことが他の2校と異なる。特に付属小学校の郷土室では、棚橋源太郎の学校博物館論を一部援用し、教員と児童が協働した郷土博物館を計画・実践したことが特色であろう。

　戦前期の静岡県では、県下の郷土資産の網羅的な調査・研究を目的とした静岡県郷土研究協会が設立され、県より1,500円の補助金を交付してその資金に充てたほか、県下3校の師範学校に1,800円の郷土関係図書購入予算を付けるなど、県を挙げて郷土研究に取り組んでいた[31]。旧制中学校に於いては、県下16校の中等学校を中心とする郷土研究網の構築を目指して、郷土研究の推進のために郷土研究協会を設立し、個々の学校ではなく大きな枠組みで郷土研究を推し進めようとしていたのである[32]。このように本県の郷土教育運動は、郷土を「調査・研究」することを第一義とし、それを通じて郷土愛・祖国愛の

発揚を目的とするものであった。そしてこれら郷土研究の成果を基に、静岡県の自然・歴史を広く展示・公開する県立の郷土博物館建設を計画していたのである[33]。

　本県師範学校の郷土研究施設は、最終的には中央博物館たる県立郷土博物館の設立を目指し、そのための調査・研究を行う施設であったと考えられる。特に本県では、文部省の交付した郷土教育施設建設補助以外に、郷土研究に係る図書購入費が与えられており、本県師範学校の郷土研究は他県に比べ研究環境が優れていた。これは、県のみ或は市町村のみでは本県郷土研究の完遂が不可能であり、より幅広い人材を研究活動に活用したいとの考えが根底に所在していたこと、また旧制大学を有さない本県では、研究活動を行うことのできる教育機関が師範学校に限られていたことが影響し、郷土研究の核として師範学校を位置づけようとしたことに起因するのである。そして、これらの郷土研究施設では、郷土研究の為に資料の収集を行い、その保管を兼ねて資料の展示を行うといった博物館機能を有していたことから、県立郷土博物館の小型版であると同時に、学校が実施した調査・研究成果を公開する大学博物館に類する施設と見做すことができるのである。

3　戦中期の学校博物館

　戦中期には、日本全国で戦意高揚・精神涵養の目的で博物館が活用された。学校においても、戦争の現状や戦時下の生活のあり方などを指導する目的で展示室が設けられる例があった。これらの施設は、時局に鑑みた情報を提供する「時局室」「時局展示」などと呼称され、学内の壁面へのパネル展示や実際にモノを展示するなど博物館としての活動を一部実践してきたことから、戦時期に限定的な活動を行った学校博物館と見做すことができるのである。

　本県における戦時学校博物館としては、三島西尋常小学校に設置された時局室が例示できる。同室は、「非常時の雰圍氣を學校内に醸成し、その醸成されたる雰圍氣によつて兒童を非常時的に同化せんとする」施設として提案されたものであり、「この室に入らば時局萬般の事を一目瞭然たらしめ度い」としている[34]。三島西尋常小学校が発行した『時局に處する我が校經營の實際』によると、同室の展示は、「時局ニュースの掲示」「事變發展異動圖」「武器の變遷」といった直截に戦争に関わるパネル展示や、鉄・石油・石炭・綿・ゴム・皮革など戦争必需物資の生産額を示したグラフ・図などの壁面展示を中心とし、それらに付属して戦利品などの実物資料を展示していた。

第 1 節　静岡県内学校博物館の誕生

　同校では、この時局室とは別に、昭和 13 年（1938）10 月上旬には廃品更正展覧会、同年第三学期には時局展覧会と称する展示活動の実施が確認できる。前者は、家庭から出た廃物を加工して、再度利用が可能な物品とするアイデアを競う催しで、「菓子の空き箱から塵取りを作つたもの、古レコードのお盆、お父さんの古帽子で子供の戰鬪帽等々」と[35]、資源の少ない我が国において戦時下行うべき様々なリサイクル方法を検討する目的があった。後者は、時局に鑑みた児童の成績品展覧会である。展示品は、絵画・作文・手芸など成績品展示では一般的な種類であるものの、内容に関しては以下のように記載されている[36]。

　　繪畫の作品には、戦争の繪、出征兵見送りの場面、軍艦、タンク、兵隊といつたものを學年なりに書かせる。書方に於ても「ニツポンバンザイ」とか「武運長久」とかいつたものを書かせる。手工は實用品、廢物利用の類とし裁縫の作品にはモンペの類が陳列される。かやうに時局物を會場内に網羅する豫定である。

　このように、学校教育の段階から戦争に関連する思想教育が実施され、その一手段として学校博物館や展覧会が活用されたのである。思想教育に学校博物館が利用された理由としては、新聞・ラジオ等の情報では理解が難しい低年齢層に、モノを用いることで日本を取り巻く世界情勢を解りやすく伝達し、かつ早い段階から思想教育をすることで戦争の存在を肯定的に捉えさせる目論見があったものと理解できる。

　当時は、現代のようにインターネットなどで誰もが手軽に情報を得られず、広域的な情報伝達は専ら新聞・ラジオ・映画などの媒体に限られていた。これらの情報媒体が発信する諸情報は、とりもなおさず成人層への伝達を主たる目的としたものであった。当時の子どもは、新聞・ラジオなどの伝える情報を拾い読みするか、大人からの情報提供によって情報を得ていたのである。しかしこの方法では、個々の情報に偏りがあり、当時の政府が望んだ戦争に対する統一的な思想・見解に導くことは難しかったと看取される。

　時局室は、このような当時の実情を鑑み、情報の乏しい子ども層に対して種々の情報を統一的に提供し、戦争に関する肯定的な見解を持たせ、低年齢の頃からの刷り込みを行う施設として企図されたのである。

4　戦前期静岡県内の学校博物館特性

戦前期県内学校博物館の傾向　戦前期における静岡県内の学校博物館の傾向と

しては、実物による教育機関として学校教育だけでなく、地域との関わりを重視する教育機関（＝郷土博物館）としての位置づけられていたことが挙げられる。この理由として、戦前期の本県では「博物館」が身近な存在でなかったことが挙げられよう。前章でも述べた通り、戦前期の静岡県では、博物館の開館例が非常に少なく、中でも郷土博物館に属する公立博物館は皆無であった。郷土の資料を収集・展示する博物館としては、昭和5年（1930）に下田町（現、下田市）の了仙寺境内地に開館した「下田武山閣」が存在したものの、同館は個人の収集したコレクションの展観を目的とした私立博物館であり[37]、教育的な効果を有する存在ではなかった。さらに旧下田町内には、幕末関係の史跡を利用した歴史博物館が昭和初期に相次いで開館し[38]、久能山東照宮宝物館や三島神社宝物館、臨済寺置物館などの神社・仏閣博物館の勃興が見られるものの、県内全体では郷土博物館は存在していなかったのである[39]。

　このような本県の事情に対応し、モノを用いた教育実践の場である上記の学校博物館に、郷土博物館としての機能を求めたと考えられる。当該期に設立された館の中でも、静岡中学校参考品陳列館や浜松中学校歴史参考館はその傾向が強いと観られる。これらの館は、学校外の人々の見学を意識すると同時に、収蔵資料を地域の人々にも協力を呼び掛けて収集している。後者は、博物館資料を広く郷土から収集するだけでなく、資料収集を媒体として地域住民の博物館への参加を促したものと換言できる。そして、地域の協力により設立された学校博物館を一般に公開することで、郷土博物館の代替としていたのである。

　第二の傾向としては、本県の戦前期に所在した学校博物館は、静岡市と浜松市に集中していたことが挙げられよう。今回挙げた博物館のほかには、旧制静岡高等学校に陳列室が所在したとの記録が残るが、これは昭和5年の昭和天皇行幸の際に設えられた臨時のものであり、また静岡市内の設置であった[40]。また、明治32年（1899）に森町尋常小学校で開催された「周智郡勧業教育展覧會」など[41]、地方の中学校や小学校での教育展覧会の開催は確認できるが、学校博物館の設置例を確認するには至らなかった。本県の学校博物館が静岡・浜松両市にのみ設置されたのは、両市が静岡県の産業・経済の中心であり、また博物館設置の母体となる教育機関が存在していたことに起因するだろう。静岡市は旧駿河国の中心であり、現在に至るまで静岡県の中心である。また浜松市は、旧遠江国および旧浜松県の中心であったと同時に、県内第二の都市として発展してきた。そして静岡市には、明治8年に静岡師範学校、明治12年に静岡中学校、大正11年（1922）に静岡高等学校が設立、浜松市には明

治 27 年に静岡県尋常中学校浜松分校（後の浜松中学校）、大正 3 年には浜松師範学校が設置されるなど、両市は本県最高の教育施設を持った地域であったのである。このような環境を有し、さらに本県には郷土博物館が存在しなかったことも影響し、郷土を取り扱う教育・研究施設が両市に設立されたものと考えられる。

戦前期県内学校博物館の意義　戦前期の静岡県に存在した学校博物館は、比較的限られた時期にのみ存在した博物館である。これらの学校博物館の持つ意義とは、やはり本県に教育と研究の為の具体的な機関を設置したことにあるだろう。昭和 20 年までに、静岡県内には 30 館余りの博物館施設が開館した。しかしながら学校博物館以外の博物館施設において、研究機関に位置づけられたのは東京文理科大学臨海実験所付属水族館と静岡県農事試験場陳列館、教育機関として活用されたのは、県民への美術思想の普及を謳った静岡美術館のみであった。他の館では、資料の公開そのものを目的とすることが一般的であり、また「公開した資料を研究者の一助とする」といった資料の提供を明言する館も多く、モノを用いた教育や博物館側の主体的な研究実践は、当該時期の博物館ではほとんど考えられていなかったのである。この点において、学校博物館の果たした活動には意義がある。

　また本県の学校博物館は、その活動の対象を学校内というミクロな範囲に限定するのではなく、資料の収集や研究上の協力などを通じ所在する地域の人々の参画を意識したことに意義がある。一般的に学校博物館は、学校という閉鎖的な環境に設置されることから、その活動や成果が外部に伝わりづらい。さらに、広報誌や学校の資料に記載されないことも多く、知る人ぞ知る存在となっていたのである。これに対し本県の学校博物館は、新聞への記事の掲載などを行い、地域住民の博物館への参加を広く促していたことが確認できる。これは、博物館の開設・運営にあたり、必要となる資料の収集を学校単体で実践することが困難であったことに由来するだろう。やはり、博物館を作り上げる上で問題となってくるのは、モノの収集とそれに係る費用である。学校単体では資料を収集する資金に限度があり、また郷土資料を収集するにあたっては、採集で手に入る自然資料はともかく人文系資料は所在調査と購入交渉等が必要なのである。これに対し、地域の協力を得ることによって、資料の無償提供や貸与、資料購入の円滑化などを期待することができた。また、地域住民を博物館へ引き込むことによって、当該地域文化の見直しや自分の子孫への知識の伝授が期待でき、お互いのメリットを鑑みて地域の人々の参画を意識したと考えられる

のである。いずれにせよ、郷土博物館が未発達だった本県では、学校博物館活動の実践により、僅かながらも地域への「博物館」の周知ができたという点で意義が見出せるのである。

第2節　戦後の学校博物館

　昭和20年（1945）に終戦を迎え、GHQの指導のもとで新たな教育が開始された。従来とは異なる教育の開始に伴い、それまでの教育は見直され、旧教育内容を展示していた学校博物館などの諸施設も閉鎖された。そして、新しい教育に即した新たな学校博物館が誕生するのである。本節では、戦後期に活動が見られる学校博物館の中から、特に設立数の多い私立の学校（小・中・高）と大学設置の博物館を取り上げ、それぞれの歴史を概観するとともにその意義について考察するものである。

1　戦後の静岡と私立学校の博物館

　本県における戦後期に誕生した学校博物館では、公立校に比べ私立の学校法人が立ち上げた博物館が圧倒的に多く、内容も専門的且つ特徴的である。本県内に所在する私立学校が設立した学校博物館は、現在までに7館が開館している。他の私立学校に於いても、学内での歴史資料や絵画、剥製等の展示は存在すると推測されるが、博物館の体を取って管理運営されている施設は7館のみである。一方公立校では、平成4年（1992）の浜岡北小学校北の子郷土資料館や、平成10年頃に設立された天城湯ヶ島町立湯ヶ島小学校の井上靖資料室など、ごくわずかな例はあるものの、何れもが学校内の一室を展示スペースに改良したものであり、明確な博物館ではないのである。本節では、それぞれの設立母体と博物館について論じ、静岡県の私立学校博物館の傾向について一考するものである。

加藤学園に設立された考古博物館　沼津女子高等学校社会科教室は、その名称の通り静岡県東部の沼津市に所在する私立高校に設置された施設である。沼津女子高等学校は、大正15年（1926）に沼津淑徳女学院として開校し、昭和9年に沼津女子商業学校、昭和23年に沼津女子高等学校、昭和29年に沼津女子商業高等学校と改称したのち、昭和52年に加藤学園高等学校となり現在に至っている。

　社会科教室は、社会科教育に資する為に昭和24年に設置された施設である

が、施設の詳細についてはよくわかっていない。しかしながら、続いて設置された沼津女子高等学校考古館（昭和35年）、加藤学園考古学研究所（昭和44年）などから、駿豆地方の考古資料を中心とした収蔵を行っていたと推定される。

昭和35年に改称された沼津女子高等学校考古館についても、館内の様子などは不明であるものの、昭和38年に刊行された『天城湯ヶ島町町史編纂資料』には、当該地域の考古学的研究の成果を公表しており、考古学の分野において一定の活動を行っていたことがわかる。

昭和44年に設置された加藤学園考古学研究所は、それまで高等学校と一体で経営されていた考古館とは異なり、同一敷地内には所在するものの高等学校から独立した研究機関として創立された。同所の事業内容は、静岡県博物館協会の編纂した『昭和44年度 静岡県博物館要覧』に詳しい[42]。

① 研究者に対する資料公開と遺跡探訪、その他地方の研究上における協力。
② 教職員、学生、生徒、児童及び一般の方々の自由な利用と解説等のサービス。
③ 遺跡分布調査、発掘調査、市町村編纂などの引受け及び協力。
④ 研究所紀要（年一回）報告書等の出版
⑤ 各職場、学校、団体等の研修会、講演会などの会場提供及び講師派遣。
⑥ 出土品の復原、修理その他。

以上の業務内容により、加藤学園考古学研究所の活動は、発掘調査や整理作業を実施する研究機関としての性格と共に、考古学の教育普及を目的とした博物館的な活動が意図されていたことが読み取れる。また同所は、研究所内に展示室（84㎡）を設置し、沼津市文化財の軒通遺跡出土弥生土器をはじめとして、旧石器から歴史時代に至る考古資料を展示している。このことから同所は、研究所と名称を設定しているものの、実態は考古博物館に非常に近似した存在と見做すことができるのである。

加藤学園高等学校とその母体組織に存在した博物館は、私立の高等学校が主体となり、調査・研究および展示・公開を意図する施設を設置していることから、我が国の学校博物館においても特異な存在であると看取される。我が国の学校博物館は、戦前期においては師範学校に設置された郷土博物館や郷土室といった施設が存在し、戦後期は大学に設置される博物館の存在が学校博物館として最も普及している。これに対し、高等学校が設立する博物館の数は極めて少なく、福岡県立糸島高等学校の郷土博物館や、富山県立高岡工芸高等学校付属青井記念館美術館など、ごく一部の設置例が見られるのみである。本県の学

校博物館においても、その大半が大学付属施設であり、純粋な高等学校立の博物館は同系列館しか存在しないのである。

　加藤学園の博物館施設は、高等学校立という特異性を持つとともに、学校の域を超えた調査・研究活動を実施している点が特筆される。特に加藤学園考古学研究所は、直営の発掘調査を実践しているだけでなく、静岡県東部の地方自治体から委託を受けての発掘調査を実施しているなど、豊富な発掘調査歴を有している。また研究報告としては、沼津女子高等学校考古館時代の『天城湯ヶ島町町史編纂資料』を嚆矢とし、昭和中期から現在に至るまで60冊以上の研究書、調査報告を刊行している。このことから同館は、学校組織が設立した機関ではあるものの、より実践的な活動を行う研究機関に位置付けられるのである。

ねむの木学園の博物館群　掛川市に所在するねむの木村（ねむの木学園）には、「ねむの木こども美術館」と称する2つの美術館と、敷地内に吉行淳之介文学館が所在している。ねむの木学園は、女優の宮城まり子が設立した「社会福祉法人ねむの木福祉会」によって、昭和43年に小笠郡浜岡町（現、御前崎市）に建設された肢体不自由児の為の療護施設である。同学園では、昭和51年に宮城が美術クラブを開設し、子どもたちの自由な発想を尊重した芸術活動を実施している。その作品を広く公開することと、子どもの為の美術展覧会の場を提供することを目的として、昭和54年に御前崎市にねむの木こども美術館が開館している。同館は、平成9年の学園の移転に伴い翌10年に掛川市へ移設され（現、ねむの木こども美術館「緑の中」）、平成19年には本館である「どんぐり」が開館した[43]。これ以外にも、日本全国の美術館や百貨店において子どもたちの作品の展覧会を開催するなど、積極的な創作・展示活動が実践されている。

　ねむの木こども美術館「どんぐり」は、ねむの木村の北部、熊野神社のはす向かいに所在する美術館である。同館は、子供たちの絵画約120点を展示するほか、ミュージアムショップや庭園などを設け、憩いの場としても機能している。「どんぐり」は、建物が西洋の伝統的な住宅風のメルヘンな外観・内装を持ち、一般的な美術館とは異なる印象を受けた。また、子供達の自由な発想で描かれた絵画作品と相まって、おとぎの国にいるような不思議な雰囲気を醸し出している美術館である。

　ねむの木こども美術館「緑の中」は、「どんぐり」から細い道を抜けてさらに山中に所在する美術館で、駐車場を含め四方を木々に囲まれたまさに名称通りの立地である。「緑の中」は、平屋建ての館内に宮城まり子作の絵本『ほん

とうにみたんだもん』の原画をはじめ、子供たちの絵画作品や友禅染の作品等を展示している。同館は、「どんぐり」ほどの独特な世界観を呈する建物ではないものの、明るくモダンな外観から対照的な印象を受ける施設である。

　さらに、ねむの木学園内に設けられた博物館施設として、吉行淳之介文学館が所在する。同館は、芥川賞受賞作家でもある吉行淳之介ゆかりの品々を収蔵・展示する人物記念館で、吉行の実質的なパートナーであった宮城まり子によって、同氏の運営するねむの木村に設立された。同館は、上記2館と異なり和風住宅の趣を呈する外観を持ち、内部も木材を多用した温かみのある展示空間を演出している。吉行淳之介文学館は、同氏を顕彰する人物記念館ではあるが、題箋類が極めて少ない代わりに豊富な資料が展示されており、吉行の遺品から同氏の人となりを把握してもらうことを意図していると看取される。

　ねむの木学園の博物館群の特徴としては、学校博物館の枠を超え、独立した博物館施設として運営されている点である。吉行淳之介は、学園そのものにはほとんど関係の無い人物であるから、文学館は独立したものとして扱われるのは当然である。一方、2つのねむの木こども美術館においては、展示する資料については学園に所属する児童・生徒、或はすでに卒業した者の作品を使用しており、学校ゆかりの作家の作品や在学生の作品を展示する女子美術大学美術館や常葉美術館と似たような位置づけであるといえる。しかし、専任の職員を配置し、単館で600円もの入館料を徴収していることから、もはや独立した博物館施設と見做しても大過なかろう。また同館の展示は、学園に関係する子供達の作品を展示しているが、頻繁な展示替えを意図するギャラリー的な位置づけではなく、あくまで子供たちの制作した作品を長く楽しんでもらう常設美術館としてのスタンスを呈しており、学園に属しながらも外郭の団体に近い存在といえるのである。その一方で、新規に制作した作品については、東京銀座のギャラリーや県内のイベントなどで展覧会を開催し、公開普及活動に努めている。そして、美術館でも適宜展示替えを行い、これらの新しい作品を入れることで更新性を持たせているのである。このように、ねむの木学園の博物館群は、学校法人に関連する施設ではあるものの、その活動は独立したものであり、一種独特な学校博物館であるといえるだろう。

常葉美術館　常葉学園は、高等学校と短期大学の所在する菊川市に、昭和52年に「常葉学園美術館（現、常葉美術館）」を開館している。常葉美術館は、常葉短大と菊川高等学校の美術・デザイン科開設5周年を記念した美術館で、美術・デザインを学ぶ学生だけでなく地域の人々の文化の向上を目的としている[44]。

『しずおかけんの博物館』が発行された平成11年時点では、常設展と春秋年二回の特別展を開催するとされているが、平成29年現在常設展を設けておらず、年4回の展覧会期間のみ開館するといった博物館の根源に関わる変更が見られる[45]。

収蔵資料は、常葉学園長の木宮和彦および初代名誉館長の菅沼貞三らが収集した絵画資料が中心で、渡辺崋山、谷文晁などの日本画や曽宮一念などの洋画も保管している。また同館は、菊川市の美術展覧会の会場や、常葉学園の美術・デザイン科学生・生徒の作品を展示する役割を持っており、貸しギャラリーとしての性格を持ち合わせた美術館であると言えよう。

常葉美術館の意義は、菊川市域唯一の美術館として、多様な展覧会活動が実践されていることであろう。常葉美術館では、館蔵品の展示は勿論の事、市の美術展にも供されている。これは、同館を設立した木宮和彦学園長の意思である、一般市民への文化の啓蒙を体現した活動であるといえる。

一方、現在の菊川市には、黒田家代官屋敷資料館やギャラリー画禅庵（佐々木鐵心記念館）などの博物館施設が存在するが、これらの施設は各々が保有している資料の展示を目的とした施設である。隣接する掛川市など異なり、菊川市には市立の美術館は存在しておらず、市民の美術鑑賞および作品公開の場は殆ど存在しなかったのである。常葉美術館では、その美術作品の展示機能を市民へ還元し、多様な美術作品の鑑賞の場を提供すると同時に、作品公開の場を提供しているのである。これは、学校博物館でありながらも、市民に開かれた活動を展開している好例であり、県内で他に類を見ない同館独自の特徴である。

2　大学博物館の展開

戦後になり、静岡県域にも複数の大学が設立された。平成28年（2016）現在、国公立と私立を併せて18の4年制大学、6つの短期大学が存在している。また戦前期の静岡師範学校は、戦後の教育改革に伴い静岡大学に改変されたほか、戦前期から継続して運営されている教育機関が存在しているのである。これらの大学の中には、大学の研究成果を外部に示すことなどを目的とした大学博物館が設置された例がある。本項では、静岡県に設置された大学博物館の展開と動向について概観し、その傾向について考察するものである。

本県に設置された大学博物館は、国立・公立・私立を含め13館が設営された。表9-1は、平成28年までに静岡県下に設営された大学博物館を一覧にしたものである[46]。本県の大学博物館の嚆矢は、昭和8年（1933）開館の東京文

第 2 節　戦後の学校博物館

所在地	設立年	建設母体	博物館名
下田市	昭和 8 年	東京文理科大学	臨海実験所付属水族館
南伊豆町	昭和 18 年	東京帝国大学（現、東京大学）	樹芸研究所
下田市	昭和 24 年	東京教育大学	臨海実験所水族館（改組）
浜松市	昭和 36 年	静岡大学（浜松キャンパス）	高柳記念館
静岡市	昭和 45 年	東海大学	海洋科学博物館
静岡市	昭和 48 年	東海大学	人体科学博物館
静岡市	昭和 48 年	東海大学	三保文化ランド
静岡市	昭和 49 年	東海大学	航空宇宙科学博物館
静岡市	昭和 56 年	東海大学	自然史博物館
静岡市	平成元年	静岡県立大学	薬草園
静岡市	平成 11 年	静岡大学（静岡キャンパス）	キャンパスミュージアム
浜松市	平成 14 年	聖隷クリストファー大学	聖隷歴史資料館
浜松市	平成 19 年	静岡大学（浜松キャンパス）	高柳記念未来技術創造館

表 9-1　静岡県下の大学博物館一覧（2016 中島作成）

理科大学臨海実験所付属水族館である。また昭和 18 年には、南伊豆町に東京大学樹芸研究所が設立され、研究施設としての植物園が設置された。これらの施設については、第 7 章・第 8 章にて取り上げているので割愛するが、大学の有する博物館的な施設であることから、その重点はやはり研究に置かれていることが指摘できよう。また、静岡県立大学薬学部に設置された薬草園や、東海大学の博物館群については、大学博物館である以上にそれぞれの館種の専門的な要素が強いことから、同様に前章の記述を参照していただきたい。

静岡大学の高柳健次郎関係博物館　続いて、静岡大学の浜松キャンパスには、昭和 36 年に高柳記念館が開館している。高柳記念館は、我が国で初めてテレビを完成させた高柳健次郎の偉業を後世に遺すべく、同氏の関係資料を保存・展示するために設けられた記念館である。1 階は、事務室と資料展示室に、2 階は情報処理センターの演習室に充てられ、高柳と共同研究者の遺した研究資料や、第二次世界大戦の影響で開催中止となった東京オリンピックに用いるためのテレビ撮影機などが展示されていたようである[47]。平成 19 年には、静岡大学高柳記念館を改修し、高柳記念未来技術創造館が新たに開館している。同館は、高柳記念館時代の資料を引き継ぎつつも、より市民や学生に開かれた博

物館となることを目的にリニューアルがなされ、放電実験装置やテレビのしくみを学べる実験機などによって体験しながら学べる展示へと転換された。また、建物は昭和36年当時のものであるが、リニューアルに際して工学部の研究成果を積極的に活用し、外面に断熱材、屋上に太陽熱設備を施すなど省エネを意図した改修がなされている。

静岡大学キャンパスミュージアム　また静岡大学静岡キャンパスには、平成7年に文部省が打ち出したユニバーシティ・ミュージアム構想に基づき、静岡大学キャンパスミュージアムが設立された。同館は、学内に所在する諸資料や研究成果を収蔵・展示する中央博物館を拠点とし、学内外の施設と連携することで大学全体を博物館とすることを掲げたものであり、平成11年に暫定公開された。

同館は、大学史、考古、自然史、自然史レファレンス、芸術・音楽の5部門の展示を実践している[48]。大学史ゾーンは、戦前から戦後初期にかけて存在した6つの学校を統合して新制静岡大学が発足した歴史を展示し、考古ゾーンでは縄文〜古代にかけての通史展示と静大考古学の歴史を展示している。自然史ゾーンと自然史レファレンス標本ゾーンは、その名の通り自然科学系展示であり、自然史ゾーンでは「地球の歴史と静岡の地質」「富士山の自然」「静岡キャンパスの自然」「生物の種の多様性」をテーマに展示がなされている。一方、自然史レファレンス標本ゾーンは、鉱物・岩石・化石などの標本類を収蔵展示する区画であり、標本の熟覧に重点を置いている。さらに芸術・音楽ゾーンは、静岡大学が実施してきたアジア地域との交流プロジェクトを取り上げ、その成果や東南アジアで演奏されるガムランに関する資料が展示・公開されている。

静岡大学における博物館構想は、昭和63年に理学部より提出された「科学博物館」構想が最初である。しかし当時は、大学博物館の存在意義と必要性が理解されず、計画は頓挫したとされている[49]。その後、平成11年に静岡大学が創立50周年を迎えるにあたり、記念事業の柱として大学博物館構想が検討され、平成8年の評議会にて「キャンパスミュージアム推進委員会」が発足、「静岡大学キャンパスミュージアム総合博物館の設置」案が文部省へ提出された。キャンパスミュージアムの整備に伴い、学内の樹木への案内板の取り付け、キャンパス内に所在する古墳の発掘調査、復元整備などが実施され、また推進委員会の下部組織であるキャンパスミュージアム設立作業部会によって、学内に所在する諸資料の確認と収集がなされた。平成10年には、理学部B棟ピットを改修して収蔵庫が設置され、整理した標本や資料を保管する設備が完成し

た。そして、後に建設を予定している中央博物館までの暫定的な活動拠点として、現在のキャンパスミュージアムが平成11年7月に開館したのである。

静岡大学の博物館の課題　静岡大学には、このような経緯を経て2ヶ所の博物館が設置・運営されているのであるが、果たして満足な大学博物館と言えるかというとそうではない。特に、静岡キャンパスに設営されているキャンパスミュージアムには、多くの課題があるように思われる。まず大きい課題としては、組織に配置する人員の問題である。同館では、開館以来10数年間にわたり、一人の専任職員も館長も置かず運営がなされてきた。博物館の担当は、各学部より選出された教員が運営委員となり、その下位にあたるワーキンググループが実質的な運営を行ってきた[50]。しかし、平成25年に実施されたキャンパスミュージアムの自己評価および外部評価によって、専任教職員の確保と組織の拡充が必要と判断され、平成27年改正の「静岡大学キャンパスミュージアム規則」において、館長とミュージアム支援研究員を置くとの明文化がなされた。平成28年現在、理学部との兼担で館長が置かれ、博物館組織たる体裁を整えつつある。

だが、未だ専任の教員が置かれず、館長自身も兼担であることから、人材の不足感は否めない。それが如実に表れているのが、博物館の開館日と開館時間である。キャンパスミュージアムは、現状で毎週火・木曜日の12:00〜15:00が開館とされ、平成27年度は一年間に59日しか通常開館しなかった。また、2日間の企画展開催時には、10:00〜16:00の間公開を行ったが、総合的にみてもあまりにも開館期間が短すぎると言わざるを得ない。筆者が勤務する國學院大學には、國學院大學博物館と称する博物館が所在するが、同館には複数名の学芸員をはじめとする専任教職員を有し、大学の定める休日と館内の保守期間以外年間300日近く開館している。また、静岡大学と同じく旧師範学校を基礎とする山形大学の付属博物館は、土・日・祝日以外の基本的に週5日開館しており、専任職員も有しているのである。やは

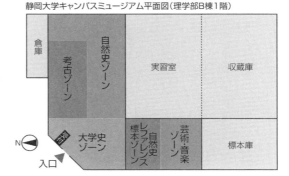

図9-2　静岡大学キャンパスミュージアム平面図（同館リーフレットより転載）

り、博物館に専任の教職員を配置することで、博物館活動の幅を広げることが可能となることから、専従者が必要なのである。直截には、館の管理・運営を担う専任がいることから、開館日時の大幅な拡張による来館者の増加が見込まれ、また企画展などにも時間と労力を割くことができる。さらに、研究機関として科学研究費などの外部資金を取得することで、博物館活動を拡充することができるのである。このことから、やはり専任教職員の確保は喫緊の課題なのである。

　更なる課題は、博物館のハード面である。一般的に博物館の三大要素として、"人""モノ""場"が挙げられるが、同館にはモノは豊富にあるものの、それを展示する"場"が不十分なのである。現状のキャンパスミュージアムは、同大学理学部B棟の1フロアを転用して設けられたものであり、十分な広さがあるとは言い難い。同大学には、多数の収蔵資料が存在するものの、それらを満足に展示できるだけのスペースが無いのである。また、リーフレットに記載された平面図を見ると、収蔵庫・標本庫が建物の南端に設けられており、資料保存上好ましくないことは言うまでもない。

　これらの問題点から、やはり当初計画にあった静岡大学中央博物館は必要といえるだろう。これまでの貧弱な博物館では、研究成果の発表がままならないだけでなく、学生の教育面でも不都合な感が否めない。さらに、専任教職員が配置された際に、それらの人々が活動するためのスペースは現在の館には無いのである。改善策としては、キャンパス内に博物館専用の建物を新設し、そこに博物館機能を集約させることが望ましいが、新築が難しいのであれば使われなくなった建物を博物館専用にリノベーションすることが肝要である。大学に付属する施設の場合、動もすれば様々な機能を複合されかねないが、大学博物館は単体で存在することが重要である。この理由としては、複数の機関が共用する施設であれば、各個が業務に必要なスペースを主張し、結果的に博物館に割くスペースが限定されてしまうことが挙げられる。我が国の博物館は、基本的に資料の廃棄・売却を行わないことから、無限に資料が増加していく傾向にある。地方の博物館を見ても明らかなように、度重なる寄贈・寄託によって資料が増加し、もはや収蔵庫に入りきらないという例は全国的に儘あるのである。また博物館では、収蔵スペース以外にも講演会や体験学習などの教育普及に用いるスペースを要し、職員が活動する研究室や作業スペースなどの管理部門も必要である。博物館の運営には、一般市民が考えている以上に広い規模があることが望ましく、資料の増加などを考えると他の組織と共用する施設は好ま

しくないのである。静岡大学では、大学の研究成果を広く展示・公開し、収集した資料を保存・活用するための新たな展開が必要であると看取される。そのためには、現在のキャンパスミュージアムを再考し、専任教職員の確保を行い、資料の円滑な管理・活用が可能な姿へ転換していくことが肝要であると考えられる。

聖隷クリストファー大学と聖隷歴史資料館　平成14年には、浜松市に所在するミッション系の医療大学である聖隷クリストファー大学に、「聖隷歴史資料館」が開館している。聖隷とは、キリスト教の精神に基づく社会福祉団体で、戦前戦後にかけての結核患者の保養や、日本初の特別養護老人ホーム・ホスピスの開設など、様々な社会福祉活動を実践してきた。聖隷歴史資料館は、聖隷の創設者長谷川保の活動と聖隷グループの事業の歴史について展示する博物館で、団体の歴史顕彰とその理念に基づく大学の教育施設として機能している。同館は、「聖なる神様の奴隷として生涯キリスト者としての道を歩む」との長谷川の理念を広く広める機能をも有しており、「歴史資料館で学んでいただきたいこと」として以下の三点が挙げられている[51]。

　一、聖隷は多くの人に助けられ支えられて厳しい困難を乗り越えることが出来、現在に至ったことを学んでいただきたいと願います。
　二、聖隷の先人たちはキリストの十字架によって罪をあがなわれた者にふさわしい生き方をしたいと願い主に従った。その生き様を学んでいただきたいと願います。
　三、創立者長谷川保は「聖隷の働きが神のみこころに適わないものになった時は直ちに聖隷を滅ぼしてほしい」とたびたび祈っていました。聖隷の歩みの中心には常に神様の導きと、それを求める祈りがあったことを学んでいただきたいと思います。

　同館の館内は、それぞれ①聖隷の精神、②聖隷の歴史ゾーン、③聖隷グループ系統樹、④聖隷のターニングポイント、⑤聖隷グループゾーン、⑥多目的ルームの6つのゾーンに区画されており、特に②の歴史ゾーンに重点を置いた展示構成がなされている。同館の展示は、年表を付したパネル展示を主体とし、パネルの内容に合致する実物資料を併せて展示するという手法が採られている。さらに、「ジェスチャーコントロールモーション映像装置」をはじめとする映像機器を多用し、視覚だけでなく展示に"動き"を持ち込む展示が特徴的である。

　聖隷歴史資料館は、聖隷グループによって設立された聖隷クリストファー大学に設けられた大学博物館であるが、その目的は広く一般に聖隷の活動を知っ

てもらい、活動への理解を促すことにある。同校には、隣接して聖隷三方ヶ原病院が所在し、近接地には聖隷グループの幼稚園・中学校・高等学校が所在することから、この地を訪問する人は少なくない。その人々に対し、聖隷の理念と創立者を顕彰し、活動をPRする目的をもって歴史資料館は建てられたと推察される。これは、ちょうど企業博物館の設立と似ており、大学博物館でありながら聖隷グループの企業博物館としての性格も有しているのである。

　同館の創立者顕彰と活動PRといった展示構成の理由は、やはり「聖隷」について深く知ってもらいたいとの意識の現れと考察できる。聖隷グループは、静岡を中心に関東、関西、四国・九州地域に施設を設置し、またインドやブラジルなど海外でも事業を展開している。しかしながら、漠然と医療・福祉の活動をしていることは把握できるものの、その活動のきっかけや理念などは、県内でもあまり周知されていないことが事実である。それらの周知を行い、活動への理解を促すこと、さらには協力者を募る広報施設としての役割が、聖隷歴史資料館に求められた機能なのである。

静岡県下の大学博物館の特徴　本県に設けられた大学博物館は、総合博物館、歴史博物館、自然史・科学博物館、植物園、水族館と多種多様であり、それぞれが各大学あるいは学部や出先機関の特性を端的に示す性質を有している。その中でも、一般的な大学博物館である「大学の調査・研究の成果を表現する場」としての性格を持つものと、大学や母体となった組織、関係する偉人の広報・顕彰機関としての性格を持つ施設の二者に分類することができる。本県では、大半が前者に属するものの、静岡大学高柳記念館・高柳未来創造館、聖隷クリストファー大学聖隷歴史資料館が後者に属する。また、東海大学航空宇宙科学博物館も、継続的な研究活動に基づく展示ではなかったため、航空宇宙技術を広報する意味で後者に比定できる。これらの博物館は、大学という教育機関に属していながらも、その本懐はモノによる広報・顕彰活動に終始していることから、研究機関である大学博物館よりもむしろ一般的な記念館型博物館に近いといえるだろう。これらの館では、展示する内容に研究成果や革新的な内容を求めてはおらず、あくまで現状維持をし、過去の偉業を風化させないための施設として位置づけられたのである。全国的にみて、私立大学において創設者を顕彰する意味合いで展示を設ける例は多々あるが、大学の偉人である一教員に特化した静岡大学高柳記念館・高柳未来創造館や、創設者とその設立したグループの流れを時系列順に追った聖隷歴史資料館など、他地域の大学博物館にはない独特な展示を有していることが、これらの大学博物館の特徴と指摘できる。

まとめ

　静岡県下に設けられた学校博物館は、明治11年（1878）の静岡師範学校の器械室の開館を嚆矢とする。その後、明治41年に静岡中学校と浜松中学校にそれぞれ博物館が設けられ、これ以降静岡市と浜松市の学校を中心にその設営が進められていく。昭和初期には、全国的な郷土教育運動の勃興に応じて、国からの補助金を基に静岡師範学校、女子師範学校、浜松師範学校に郷土研究施設が設立された。これらの施設は、各々が独自の方針で活動を行っていたものの、最終的には静岡県に県立の郷土博物館を設立させることを目的としたものであり、他県とは異なり確固たるゴールを見据えて研究・教育活動を実践していたことが特徴であろう。また、各師範学校では、各々の付属小学校において郷土教育の実践を試み、その過程において小学校へも郷土室等の博物館施設を設営したのである。しかし、これら戦前期に存在した各種博物館は、戦時中の疎開などによってその機能を停止し、戦後の教育方針の転換によって完全にその姿を消したのであった。

　戦後の本県では、沼津女子高等学校の社会科教室を嚆矢とする一連の考古博物館群を除き、小中学校や高等学校には長らく学校博物館が設けられなかった。ようやく増加を始めるのは、昭和50年代～平成年間にかけてであり、現在もその数は多くない。一方で、昭和40年代より東海大学が大学博物館を相次いで開館させ、平成年間になると静岡市と浜松市に所在する大学に博物館が設けられるようになった。若干の増減はあるものの、東京・大阪・京都などの大学密集地域ではなく、決して大学数も多くはない本県において、これだけ多くの大学博物館が設けられたことも特徴の一つであろう。

　静岡県の学校博物館は、静岡市と浜松市に設けられた高レベルの教育を行う各種学校に附属する施設からはじまり、現在までも同地域を中心に設営が続けられている。昭和後期以降、掛川市や菊川市など浜松市以外の県西部地域でも徐々に学校博物館数が増加する傾向にある。今後、少子化の影響によって空き教室が増加することが見込まれ、その活用法として教室を博物館化することは容易に想像が付く。しかし、児童数の減少によって、学校そのものが廃校となってしまい、学校博物館も閉館せざるを得なくなった天城湯ヶ島町立湯ヶ島小学校の井上靖資料室の例も存在し、動きが読めない感がある。また、廃校になった校舎を博物館に転用する事例も増加するだろう。

　今後の静岡県の学校博物館は、少子化に伴う教育環境の変化によって、小中

高だけでなく大学も巻き込んで多様に変化すると想定される。その中で、これまで収集・保存してきた様々な資料を、如何に次世代へ伝達していくかを考えねばならない。学校が廃校になるので博物館も閉め、その結果資料が散逸するようなことがあってはならないのである。

　学校博物館は、独立して設営される博物館と違い、館そのものに意思決定権がない場合が多い。そのような現状の中で、学校博物館を遺し、資料を後世に伝えるためには、学校博物館に学芸員有資格者を配置するか、郷土の博物館の学芸員との連絡・交流が不可欠である。特に小中高の学校博物館の場合、専門の職員がいない場合が殆どであろう。これでは、博物館の恒常的な存続は難しいのである。博物館学の分野で盛んに叫ばれている「博学連携」の語があるが、何も学校が博物館に出向いたり、学芸員が出前授業をするだけが連携ではない。

　例えば、博物館の学芸員が定期的に学校を訪れ、学校博物館について教員にアドバイスをし、普段の管理を学校が担うものの要所ごとに学芸員が協力するという、学校と博物館の協働による学校博物館運営の姿があってもよいのではなかろうか。急速に変化する現代の情勢に於いては、学校博物館も変化が必要とされる可能性がある。その際に極論に陥らないよう、博物館との連携を強化し、学校博物館を有する学校の教員側にも相応の知識をつけてもらい、より良い姿で運営が続けられるような取り組みが必要ではないかと筆者は考える。

註
(1)　文部省　1879「靜岡年報」『文部省第六年報』(昭和40年復刻版より) P.132
(2)　堀尾實善　1927『體験主義新理科教授法』教育研究會
(3)　国立科学博物館　1977『国立科学博物館百年史』第一法規出版株式会社
(4)　静岡大学教育学部同窓会　1965『静岡大学教育学部同窓会記念誌』P.48
(5)　静岡民友新聞社　1908年5月17日付「参考品陳列館」『静岡民友新聞』
(6)　外池 智　2004『昭和初期における郷土教育の施策と実践に関する研究：『綜合郷土研究』編纂の師範学校を事例として』NSK出版
(7)　静岡民友新聞社　1908年8月1日「濱松中學歷史參考館」『静岡民友新聞』
(8)　靜岡縣立濱松中學校　1902「第五章 敷地及建物」『靜岡縣立濱松中學校一覽』PP.66-67
(9)　靜岡県立教育研修所 編　1973『靜岡県教育史』通史編下巻 靜岡県教育史刊行会
(10)　静岡民友新聞社　1908年7月2日付「戰捷紀念館開館式」『静岡民友新聞』
(11)　駿東教育史編集委員会　1975「郷土教育の推移」『駿東教育史』駿東地区教育協会 P.430
(12)　加藤有次　1977「郷土・地域の学問的基盤」『博物館学序論』雄山閣　PP.65-66
(13)　武部欽一　1933「郷土教育の本義」『郷土教育講演集』文部省普通學務局　PP.3-6
(14)　註9と同じ　P.271
(15)　註4と同じ　付表
(16)　靜岡師範學校同窓會・有信會　1935「二、教育施設」『靜岡縣靜岡師範學校創立六十周年記念誌』P.18
(17)　靜岡師範學校附属小學校 編　1931「序章 六、郷土調査と郷土教育の諸施設」『郷土教育の研究』第一輯　PP.21-23

（18）註4と同じ　P.107
（19）靜岡縣女子師範學校　1933『郷土教育概要』PP.64-71
（20）註19と同じ　PP.65-68
（21）註19と同じ　PP.71-75
（22）棚橋源太郎　1932「郷土博物館と學校教育」『郷土博物館』刀江書院　PP.239-240
（23）奥田環　2015「東京女子高等師範學校附属小学校の児童博物館に関する再考察―作業教育実践の場としての存在意義―」『人間の発達と博物館学の課題』同成社　PP.212-233
（24）棚橋源太郎　1932「郷土博物館と學校教育」『郷土博物館』刀江書院　PP.239-240、同1953「児童本位学級単位の博物館」『博物館教育』創元社　PP.189-190
（25）註4と同じ
（26）群馬県立自然史博物館　1998「特集児童・生徒が作る博物館展示―「どんぐり展示」をとおして」―」『Demeter 群馬県立自然史博物館だより』No.6
（27）落合知子ほか　2012「平成21年度文部科学省「組織的な大学院教育改革推進プログラム」採択に伴う大学院「博物館学専門・特殊実習」授業の報告―大学院生による手作り博物館の実践―」『國學院大學博物館學紀要』第36輯　PP.103-147、同2013「平成24年度國學院大學大学院「博物館学専門・特殊実習」夏期集中実習報告―我が国初の大学院生による手作り博物館の実践―」『國學院大學博物館學紀要』第37輯　PP.145-158、同2014「高度博物館学教育の実践―木島平村ふるさと資料館が開館するまで―」『國學院大學博物館學紀要』第38輯　PP.193-218
（28）長谷川藤太郎　1933「師範学校の郷土研究施設」『郷土教育講演集』文部省普通學務局　PP.306-312
（29）郷土教育聯盟　1932『郷土教育』第二十二號臨時増刊　刀江書院
（30）濱松師範學校第二附属小學校、濱松市濱松追分尋常小學校　1935『皇運扶翼の國史教育』PP.59-62
（31）日本博物館協會　1931「靜岡縣の郷土博物館」『博物館研究』第四卷第五號　PP.5-6
（32）靜岡民友新聞社　1931年4月23日付「中等學校を中心とする郷土研究網の完成」『靜岡民友新聞』
（33）註31と同じ　PP.5-6
（34）田方郡三島西尋常小學校　1938「第三節　學習指導より見たる我が校の時局的施設」『時局に處する我が校經營の實際』PP.45-46
（35）註34と同じ　PP.41-42
（36）註34と同じ　P.49
（37）海野珊瑚　1930「下田武山閣」『黒船』第七卷五月號　黒船社　PP.47-48
（38）下田奉行所の建物を使用し、昭和6年3月に開館した宝福寺の「唐人お吉記念館」と昭和9年に同寺に開館した下田開国記念館、昭和8年頃に玉泉寺本堂の一隅に開館したタウンゼント・ハリス関連資料展示（現、ハリス記念館）である。
（39）『わが国の博物館施設発達資料の集成とその研究　大正・昭和編』（1964 日本博物館協会編）には、昭和6年2月に「静岡県の郷土博物館開館す。」との記載が認められるものの、戦前期の文献には同館に関する詳しい内容が確認できないことから、その開館そのものが疑わしいと考えられる。
（40）靜岡高等學校　編　1933「沿革略」『靜岡高等學校一覽　自昭和七年四月至昭和八年三月』PP.5-6
（41）靜岡民友新聞社　1899年7月19日付「周智郡勸業教育展覽會　本月廿一日ヨリ八月一日マデ開會」『靜岡民友新聞』
（42）静岡県博物館協会　編　1970『昭和44年度　静岡県博物館要覧』P.20
（43）日本博物館協会　編　2014（改訂）『全国博物館総覧3』P.6425
（44）静岡県博物館協会　1999「常葉美術館」『しずおかけんの博物館』静岡新聞社　P.148
（45）常葉美術館HP：http://www.tokoha.net/museum/
（46）13館の内、東京文理科大学臨海実験所付属水族館は、昭和24年に東京教育大学臨海実験所水族館に改組された同一施設であり、また静岡大学高柳記念未来技術創造館は昭和36年の高柳記念館をリニューアルした施設であるため、実質の新規開館数は11館である。

(47) 八重樫純樹　2005「高柳記念館紹介と大学博物館の動向」『静岡大学キャンパスミュージアムニュースレター』No.6 静岡大学　P.2
(48) 静岡大学キャンパスミュージアムリーフレット「沿革」より抜粋
(49) 池谷仙之　1999「大学博物館の設立に向けて―構想とこれまでの経緯―」『静岡大学キャンパスミュージアムニュースレター』No.2 静岡大学　P.2
(50) 塚越 哲　2015「館長職設置を含むキャンパスミュージアムの新たな組織整備について」『静岡大学キャンパスミュージアムニュースレター』No.16 静岡大学　P.7
(51) 聖隷歴史資料館リーフレットより抜粋

第10章　これからの静岡県の博物館

　これまで、静岡県内における博物館等諸施設についての、歴史の構成とその意義について考察を加えた。これまでの博物館発達史の中でそれぞれの館種の設立傾向と抱えている問題について若干述べたが、それらを概観するなかで本県に設立された博物館にはある一定の共通点が見出せることがわかった。本章では、静岡県の博物館全体に見られる傾向とそこから発生する課題について再考し、今後望ましい博物館の在り方についても考察するものである。

第1節　県内博物館の傾向と課題

1　我が国における静岡県の博物館の独自性

　本県の博物館特性の中で、全国の他地域と異なる点としては、まず県立博物館の在り方が挙げられる。本県の県立博物館については、第2章〜第4章でそれぞれ論じた通りであるが、やはり美術館がその濫觴となったこと、歴史系博物館の不在の点、官民共同で作り上げた自然史系博物館であることが、他県には見られない独自性を呈している。

地方自治体の博物館事業への関与　次いで前章でも指摘した通り、やはり本県では、博物館事業への県や自治体の関与が希薄な傾向が特徴と言えよう。本県の初期博物館は、静岡師範学校器械室や静岡県農事試験場陳列館、静岡中学校参考品陳列館など、国や県の出先機関が管轄するものや、久能山東照宮宝物館（現、久能山東照宮博物館）、三島神社宝物館（現、三嶋大社宝物館）などの宗教団体や個人が設営した館が存在していたが、所謂県立博物館や市町村立の博物館施設は設営されなかったのである。

　自治体立の施設の嚆矢は、昭和25年（1950）の沼津市営水族館や浜松市動物園、昭和28年の磐田市立郷土館まで時代が下り、それ以降も自治体による設立は希薄で、昭和40年代以降ようやく増加を始め、50年代に爆発的に増加するのである。地方自治体が直営の博物館を設営しなかった時期、地方自治体は文化事業に関する補助を主に行っていた。特に、図書館・公民館や展覧会事業に関しては、積極的に援助を行っており、県内各地への図書館設置や県立葵文庫や教育会館、物産陳列館での展覧会実施など、多数の実践例が確認されて

いる。このように、社会教育施設としての図書館・公民館や、貸会場としての機能を持つ施設には労力・財力を割くのに対し、常設の資料展示施設たる博物館にはあまり関心が示されなかったのである。

　博物館不調の背景には、以下の3点が認められよう。①本県の歴史の中で培われた様々な資料は、寺社や旧幕臣、財力を持った個人が所有し、自治体が資料を保有できなかったこと、②明治期以降、民間の美術団体が多数組織され、積極的な活動展開から美術品の公開場所が求められたこと、③物産陳列館が各地に存在したことで、モノを常置展観させる施設が比較的身近にあり、博物館が意図されなかったことが挙げられる。

　また本県は、旧国の駿河・遠江・伊豆の三国が合併した県であり、中央博物館を設置するにしてもそれぞれの地域に特有の歴史・自然環境を有しているところから、内容統一や設置場所に難があったことも、県として博物館事業を実践しづらい原因であったであろうことは十分に推察される。本県では、古くから博物館が存在したにもかかわらず、地方自治体が率先して博物館に関与しようとしなかったところから、現在までも博物館事業が低調なのである。

県民の博物館認識の問題　第二の特質として、県民の博物館認識の問題が挙げられる。本県は、公立・私立併せて全ての市町に博物館施設が所在しているが、その内本来最も住民に近いはずの郷土博物館の分布は、35市町中25市町のみである。御殿場市、東伊豆町、小山町には、郷土を示す博物館は存在せず、河津町、清水町、函南町には、地域伝来の仏像の博物館や図書館内の資料展示はあるが郷土博物館は存在していない。また、湖西市には、新居関や旅籠を保存した博物館が所在し、御前崎市と伊東市には人物記念館は存在するが、地域を総合的に扱う博物館は設営されなかった。さらに、熱海市の伊豆山郷土資料館は、「郷土資料館」の名称を用いながらもその軸足は伊豆山の信仰に置いており、とりもなおさず広く郷土を取り扱うものではないのである。このように、本県の市町の3割には、自らの郷土を端的に示す博物館施設が存在しないのである。

　この理由の一端としては、静岡県民は郷土への執着心が薄い傾向にあり、経済的には優秀な人材を輩出しているにも拘らず、市政に於いては文化的な展開は希薄であった点が挙げられる。静岡大学名誉教授であった山本義彦は、平成10年（1998）の中日新聞のインタビューに回答し、文化および博物館に対する静岡県の県民性について分析している[1]。山本の分析によると、静岡県は、東部は関東圏、西部は中京圏に近く、それぞれに影響を受けた東西異なった文化を有していたこと、歴史的にも徳川家の縁が深く、東海道が県を東西に貫いて

いることで、江戸志向の発展を遂げたことで、何かしら他地域からの影響が垣間見え、完全に本県独自の文化は少ないとしている。このような地理的・歴史的環境に加え、本県は北部山地を除き全域的に温暖で、あまり食料にも事欠かなかった。生活に余裕があったからこそ、様々な産業に挑戦して経済的な成功を収めた人々も種々存在するが、経済活動に邁進した結果、文化活動には力が入れられなかったとも述べている。この分析は、必ずしも全ての県民に当てはまるとは言えないものの、ある程度正鵠を射た発言であると思われる。また、筆者の実感では、豊かな土地柄故に人々は何事に対しても執着心は薄い感があり、何が何でもしなければならないといったバイタリティーも、北国や九州の人々に比べ弱いように感じられるのである。

　このような県民性を背景としているが故に、静岡県の住民は、郷土・地域の文化に関する愛着が希薄な傾向にあり、郷土博物館等にもあまり興味関心を示さなかったものと看取される。郷土博物館は、地域の歴史・民俗・自然等を集めた場であり、とりもなおさず自らが住む地域の再確認ができる場でもある。しかし、地元愛が希薄な県民であれば、態々地域を顧みることはなく、関心も示さない。それゆえに、郷土博物館にも訪れることは稀で、新規に求められることも少なかったと推測される。また、県内の主要地域は、東海道に面した往来の多い地域であるにも拘らず、物資や人が常に流動していたところから、多くの農村・漁村と同様に博物館に展示できるような資料が多くは遺存しなかったとも推察される。それ以外の地域では、全国的傾向と同様に、生業に用いられた漁具や農具、林業の資料などは遺存するものの、歴史資料や美術資料は相対的に希薄であった。このように、博物館に収蔵する資料が少なかったことも郷土博物館不振の遠因であるといえる。

　以上のように、本県で郷土博物館が発展しなかった理由としては、歴史・地理的要因から県民の郷土に関する興味・関心が希薄であったほか、資料が相対的に少ないことが挙げられよう。

美術館偏重の博物館分布　第三として、静岡県の博物館は、様々な面で美術館に偏重している傾向が見出せる。これは、第二の特質にも関与することであるが、本県の市町には、郷土博物館と並んで美術館が多数存在し、動もすれば領域内に複数の公立美術館を有する市町や、郷土博物館よりも先に美術館が設立される例、さらに市町域に美術館のみが存在する西伊豆町のような例があり、本県の博物館の一つの傾向といっても過言ではなかろう。例えば、県西部の掛川市では、市のシンボルである掛川城の敷地内に平成10年に掛川市二の丸美

術館が開館し、平成 27 年にはそれに隣接して掛川市ステンドグラス美術館が開館したほか、私立美術館が市内に 5 館所在するなど、公立私立共に美術館設置数が多いのである。また静岡市には、県立美術館が所在するほか、市立美術館として静岡市美術館、静岡市立芹沢銈介美術館、東海道広重美術館が所在し、私立美術館として駿府博物館等が所在するなど、市域の博物館施設の中でも美術館の割合が大きい。さらに伊東市には、伊豆高原に観光資源として設営された私立美術館が数多存在することは前章でも述べたとおりである。これ以外にも、熱海市には、多くの画家や文人が逗留・活躍したことから、その旧居や資料を用いた美術館が多く設営され、また長泉町にはクレマチスの丘と称する文化施設が集まる地域があり、そこにベルナール・ビュッフェ美術館やヴァンジ彫刻庭園美術館など複数の美術館が集中している。

　上記の如く、静岡県内には各所に美術館の集中が確認でき、また歴史的にも明治期に静岡美術館が誕生し、全国でも早い実践例であったところから、美術館に関する関係性の深さを窺い知ることができる。

　しかし、公立・私立共に美術館の設立数の多い本県においては、地元作家を展示するような館は少ないのである。静岡県では、明治以降美術団体の活動が活発になり、県立葵文庫や教育会館などを会場として多くの展覧会が開催された。本県出身の作家には、全国的に著名な人物は少ないものの、数多くの人々が美術活動に携わっていたことが理解できる。

　一方、河鍋暁斎や山岡鉄舟、竹内栖鳳など著名な作家がこの地を訪問しており、本県に由来のある作品も多く存在している。それでも、本県内に著名な作家が作品を遺しているのではなく、殆どは東京をはじめとする各地の博物館・美術館に収蔵されている。例えば、竹内栖鳳の代表作の一つである「班猫」は、同氏が沼津滞在中に出会った八百屋の猫をモチーフに、同地で描き上げられた作品であるが、現在は国の重要文化財として東京都の山種美術館が収蔵している。このように、有名作家が地域ゆかりの作品を制作しても、大きな美術館等に収集されてしまっていることが多いため、当該地域出身の作家が制作した作品を収集・展示する方が地域を端的に示すのに有効なのである。また、地元出身の作家は、当該地域を熟知しており、その作品の制作当時と現在との様々な対比が可能であるところから、歴史資料としても地元作家の展示・顕彰は必要なのである。

　地元作家を取り扱う美術館は、一般的に郷土美術館と称され、作家の出身地において作品や愛用品、場合によっては生家やアトリエの一部を移築展示する

例も見られる。本県においては、浜松市の浜松市秋野不矩美術館や静岡市の静岡市立芹沢銈介美術館、熱海市の熱海市立澤田政廣記念美術館などが地元出身の作家に焦点をあてた美術館であり、また菊川市の常葉美術館も地元作家の曽宮一念の資料を収蔵・展示しており、広義の郷土美術館に比定されよう。

　しかしながら、県内の美術館を全体的にみると、やはり郷土作家に着目する例は少なく、本県の美術館史にも名を残す飯塚聖林などをテーマとする館も存在していない。本県における博物館が、美術館に偏重する傾向を呈しつつも、郷土作家についてあまり着目しない理由としては、美術館設立の原因となった資料の収集の問題が挙げられよう。

　本県の美術館に多いのは、個人が趣味として収集したコレクションを展示するタイプであり、伊豆高原の美術館群やコレクション型の企業博物館がその殆どを占めている。公立館においても、個人よりコレクションと建物の寄贈を受けて開館した掛川市ステンドグラス美術館や、作家婦人より作品の寄贈を受けて開館した海野光弘版画記念館（島田市博物館分館）がこれに該当し、やはり美術館の設置地域との関係が希薄なものが多い。このように、元々収集していた資料を基に美術館を設立する場合や、資料の寄贈が原因となって美術館を設立することが大半であり、博物館・美術館の設立をまず目的として収集を開始するゼロベースからの企画・設計はむしろ少なかったのである。逆に、本県の美術館には、最初から郷土作家・作品の収集意図が無く、元々資料を持っていたことや資料の寄贈を受けたからこそ常設施設の設置が意図されたのであり、一度作ったらその後の進展が殆ど無い時が止まった美術館を乱造しているとも換言できるのである。さらにこれは、寄付による美術館設置を求めた戦前期の美術館構想や、昭和5年から始まる県立郷土博物館設置構想から連綿と続く、本県博物館事業に関係する人々に特徴的な感覚として、問題点の一つに挙げられるのである。

2　観光資源としての博物館

　静岡県内の博物館特性として最も顕著なのが、観光型博物館の存在であろう。第4章の美術館史や第7章の植物園史においても重点的に扱った内容であるが、本県には異常なほど多く観光型博物館が存在している。

　そもそも観光型博物館は、「主に観光客を対象の中心とし、周辺に史跡などの観光資源がある」ものとされ、「展示・教育活動は観光資源の希少価値を重視」した存在であると定義づけられている[2]。博物館法における博物館は、「歴

史、芸術、民俗、産業、自然科学等に関する資料を収集し、保管（育成を含む。以下同じ。）し、展示して教育的配慮の下に一般公衆の利用に供し、その教養、調査研究、レクリエーション等に資するために必要な事業を行い、あわせてこれらの資料に関する調査研究をすることを目的とする機関」と定義づけられているが、観光型博物館はこの「レクリエーション等に資する」という部分を拡大解釈し、来館者への"楽しみ"の提供を重要視した施設と見做すことができる。

本県の観光型博物館は、県内でも特に伊豆半島を中心とした静岡県東部地域に設立される割合が非常に多く、伊豆半島の観光地化については、第5～8章にて詳細を述べた通りである。これまでの記述を総合すると、①首都圏からのアクセスのしやすさ、②風光明媚な自然と著名な温泉、そして③観光開発における娯楽提供の三つが、当該地域の観光型博物館を見る上でのキーワードと読み取ることができよう。

また、安原健允が「静岡県沿岸の博物館・水族館」にて述べているように、当該地域の観光型博物館は、「別荘地として建設した建物を、自分のコレクションの保管用と兼用にした美術館・博物館で、規模の大きくないこぢんまりとした施設」が圧倒的に多い[3]。博物館のテーマにしても、静岡県や伊豆半島に全く関係のないものが殆どで、個人のコレクションの顕示とそこから得られる収入を目的として当該地域の観光型博物館は設立されたのであり、とりもなおさず博物館が目的とするモノを用いた教育の要素は皆無といっても過言ではない。

さらに、富士山周辺地域観光基本構想策定協議会と財団法人余暇開発センターが発行した『静岡県富士山周辺地域観光基本構想』では、余暇時間の変化に伴う近距離観光志向に応じた新たな観光として、富士山周辺域の観光振興・観光開発についての提言を行い、その中で観光資源の一つとして博物館について言及している。同書では、「これからの観光が地域文化や地域の個性を大切にする方向に向かっている」点に着目し、既存施設の活用と共に以下の施設の設置を提案している[4]。

　　(1) ペーパークラフト美術館、(2) お茶文化美術館、(3) 織物美術館、
　　(4) 騎馬文化美術館、(5) 19世紀美術館、(6) 映画村、(7) 生活工芸村

(1)は富士市の製紙業、(2)は全県的な製茶業、(3)は小山町に置かれた紡績工場といった地場産業に関連するテーマであるが、それ以降のテーマには疑問が残る。(4)は、かつて愛鷹山に存在した「牧」や富士山麓で盛んになりつつある牧場の展開に併せて、馬にちなんだ内外の美術工芸品を展示する施設とし

ている。また、(5)の 19 世紀美術館は、19 世紀に関わるユニークな美術工芸品、クラシックカー、クラシック自転車等を展示するとしている。これらの施設は、観光発展のために企図された博物館であるが、歴史的にあまり馬文化の無い本県に馬の博物館を計画した点や、抑々全く当該地域に関係のない 19 世紀をテーマとする美術館構想が存在した点は、やはり博物館は教育機関ではなく観光資源として捉えられていたことを明確に示しているのである。

その一方で、旅行者の観点からみると、旅行者の殆どは博物館を目的に静岡県に来ているのではないことがわかる。『平成 24 年度 静岡県における観光の流動実態と満足度調査』では、旅行地を選んだ理由として 14 の質問項目が挙げられているが、「美術館・博物館等がある」を理由にした人は全体の 2.4% で、さらに静岡県内で体験したレジャー活動の項目においても、「水族館・美術館・博物館」を訪問した旅行者は全体の 8.1% しかいないなど、必ずしも旅行者は博物館を求めていないことがわかった[5]。静岡に旅行した際に、立ち寄った観光地に偶然興味のあるテーマの博物館が存在していた場合にそこを訪れるのが、静岡観光における博物館利用の実態といえよう。

上記の特徴から見ても明らかなように、静岡県下の観光型博物館は、博物館・美術館・ミュージアムの名称を用いていても、本質的に博物館になり得ておらず、また観光資源としても不十分である点を指摘できよう。

3　公立博物館問題

静岡県下の公立博物館にも複数の問題が存在している。

公立博物館設置の傾向　本県の公立博物館は、昭和 50 年代〜平成 10 年の間に多く開館している。全国的な傾向では、昭和 30 年代から 50 年代にかけて公立博物館の設置事例が多いが、本県では設置のピークが全国傾向とかなりのずれが存在する。この両者に共通する時代背景といえば、それ以前に急速な経済成長期があり、当該時期は好景気の終息した後の 10 年に比定されるものである。

昭和 50 年代は、高度経済成長期が終息し、経済が安定成長期に入った時代である。また平成初年代は、昭和末期から続くバブル経済が崩壊し、一転して経済不況に陥った時代である。急激な経済成長時には、新幹線・高速道路をはじめとする大規模なインフラ整備が実施され、それに伴い様々な開発事業が行われている。また当該時期は、開発事業の推進に伴い、地域の埋蔵文化財が発掘調査されるほか、開発に危機感を持った住民による自然・歴史の保存運動等

自治体名 (平成元年当時)	事業内容	影響を受けた博物館施設
富士市	旧杉浦医院の市立広見公園への移築	富士市立歴史民俗資料館
細江町	気賀関所の復元	浜松市気賀関所
松崎町	旧中瀬邸の購入、整備	明治商家中瀬邸
松崎町	花の三聖苑整備事業、大沢学舎の移築	道の駅花の三聖苑大沢学舎

表 10-1　ふるさと創生事業補助金の使途（博物館関係）

が実施されることにより、様々な郷土資料が蓄積されていったとも推定される。これらの蓄積資料を基盤として、多くの公立博物館が設置されたことも、当該時期における公立博物館展開の特徴であると看取される。

　また、多様な補助金に基づく博物館設置も当該時期の特徴である。文化庁が所管した歴史民俗資料館設置の補助金をはじめ、昭和41年（1966）から始まった「風土記の丘」構想や、昭和63年から平成元年(1989)にかけて実施された「自ら考え自ら行う地域づくり事業」（所謂ふるさと創生事業）など、博物館を設置できる補助金が多種設定された。静岡県下では、「風土記の丘」は設けられなかったが、ふるさと創生事業では博物館に関与する利用が確認できる[6]。

　本県では、ふるさと創生事業に伴って博物館を直截に建設した事例は存在しないが、現在博物館の付属施設となっている富士市の旧杉浦医院や、伊豆半島ジオパークの松崎ビジターセンターに転用されている明治商家中瀬邸など、博物館に関与する使途で一部補助金が活用されていた。さらに、第3章で述べた如く歴史民俗資料館は盛んに設置されたのであった。

　しかし、昭和50年代建築の博物館は、開館からおよそ40年が経過し、建設ラッシュのピークであった平成初年代からも凡そ30年が経過し、様々な面で不具合が発生していることもまた事実である。

公立館リニューアル問題　この不具合解消のために、静岡県下の博物館では、昨今リニューアルの事例が非常に多く確認できる。私立館を含む最近のリニューアル実施例としては、平成22年の静岡市立登呂博物館の新規建物での開館、平成25年の三島市郷土資料館、佐野美術館、聖隷歴史資料館、平成26年の富士宮市郷土資料館、平成27年の駿府博物館、平成28年に富士市立博物館、平成29年には熱海市のMOA美術館がリニューアルを行っている。平成30年には浜松市美術館がリニューアルを控えており、現在は博物館の更新期といっ

写真 10-1　リニューアル前の富士市立博物館（平成27年3月12日 筆者撮影）

写真 10-2　リニューアル後の富士市立博物館（平成29年2月12日 筆者撮影）

ても過言ではない。ここには、人文系博物館しか含んでいないが、静岡市立日本平動物園のリニューアルなど自然系や動植物園においてもリニューアルが盛んに行われているのである。

　この背景には、本県に設立された博物館が、経年による老朽化・陳腐化を起こしていることが存在する。当該時期に設立された博物館は、古いものでは開館から40年を経過し、建物が老朽化すると同時に展示内容も時代に即さないものになっている場合が多い。

　例えば、平成28年にリニューアルした富士市立博物館は、昭和56年に設立された歴史系博物館である。同館の元々の展示は、富士市域の歴史を時間軸展示した常設展示を核とし、複数の小展示室にて企画展示を開催することで、多様な展示活動を試みていた。リニューアル後の同館は、「かぐや姫ミュージアム」を愛称とし、展示室1では旧来の時間軸展示をベースとしながらもより観覧者にわかりやすく、かつ身近で楽しいイメージを創出できるよう改修された。例えば、リニューアル前から中世の展示エリアに置かれていた地蔵菩薩像は、本来寺院で対面する高さになるよう室内に椅子を設けて高さを調節しており、また資料に付す題箋は単に名前や時代を記載するだけでなく、「権力者から庶民まで愛用の万能ナイフ」（刀子の展示）や「100年以上保管された？ 伝統のコップ」（須恵器把手付碗の展示）など、観覧者の興味を引くようなコメントが付けられているのが特徴となっている。加えて、題箋とは別に詳細で専門的な解説を記した小解説パネルを併設しており、知識レベルに応じた題箋作成を行っているなど、博物館学の知識を応用したリニューアル内容となっている。また、展示室2～4では、富士山とかぐや姫をテーマとした歴史・民俗・文学展示を実践するよう改修されており、夫々に最新の映像機器などは用いているものの、全体的には富士山とかぐや姫に関してモノを用いて情報伝達をするというスタ

ンスが貫かれており、展示業者の言いなりにならず博物館学意識を持った学芸員による利用者目線に立ったリニューアルの好例であると断言できる。このように、昨今のリニューアルは、既存の博物館を一部改修するのではなく、全面的な改修あるいは躯体そのものを更新するような動きが所々で確認できる。しかし、そのリニューアルも、本県のすべての博物館で実施できるわけではない。現在、150余館現存する公立博物館のうち、平成28年までの10年間にリニューアルあるいは移転・新築に至った博物館は、動物園などを含めても12館のみであり、県内の公立博物館の新陳代謝が停滞していることが理解できる。

学芸員の更新・採用の問題　さらに、公立博物館の新陳代謝は、職員・学芸員の面でも問題であると言えよう。平成20年代後半に入り、所謂団塊の世代が定年を迎えたことで、近年学芸員の募集は多い傾向にある。特に、昭和50年代の道路・鉄道等インフラ整備に伴う発掘調査要員として採用された考古学系学芸員や、同様の時期に増加した美術館に対応するための美術系学芸員に関しては、全国的に多数配置されており、ここ数年ある程度安定した募集が発生している。専門職採用された公務員であれば、通常定年まで勤めあげると40年弱の勤続年数となるため、退職と新規採用が多い当該時期は、博物館にとっても貴重な人的資源の更新の時期ともいえる。

　しかしながら、静岡県下の博物館において、学芸員採用が活発化している感は認めがたい。近年では、ふじのくに地球環境史ミュージアムや富士山世界遺産センターの整備に伴った研究員採用があり、県職員としての学芸員採用はあったものの、一般の市町の学芸員正規採用は非常に少ない。平成28年には、静岡市が文献史学、伊豆の国市が埋蔵文化財担当学芸員を募集したが、県内全域から見るとやはり稀有な事例である。全国的な傾向では、正規採用に対し非常勤採用の割合が大きい傾向がみられる。これに対し静岡県では、動もすれば正規採用の方が多い傾向がみられるが、抑々採用数自体が少ないところから、根本的には学芸員数は減少傾向にあると言えよう。

　学芸員・職員の採用にかかる不具合として、市町の学芸員を必要とする施設に対し採用数が少ないことが挙げられる。例えば、県東部の沼津市には、沼津市歴史民俗資料館、沼津市明治史料館、沼津市戸田造船郷土資料博物館と3館の登録博物館があり、それ以外にも公立美術館や文学館、文化財センターなど7ヶ所の学芸員を必要とする施設が所在する。しかし、登録博物館の中でも、数年にわたって学芸員が常駐していない施設が存在する一方、文化財センターの埋蔵文化財担当など1ヶ所の施設に複数の学芸員が配置されている事例も存

在し、職員配置に偏りが見られる。このように、ハコとしての博物館施設は設置するものの、そこに必要な学芸員の配置が、県内全域的に不十分な感が否めないのである。

　一般的に、県内の学芸員と称する職員の中で最も多いのは、埋蔵文化財担当の職員である。これは、市町域の埋蔵文化財包蔵地での開発に際して、現場立ち合いや試掘調査等が必要であるところから、全国的に比較的多くの人員が採用・配置されている。東京都教育委員会にはじまる本制度は、"学芸員"の名称を用いているものの、埋蔵文化財保護行政に専従しており、博物館の学芸業務を担うことは稀であるところから、本来の職掌としての学芸員とは言い難い。当該職員は、開発行為に対する文化財保護法の制限があることから、市町域の開発に対応するため比較的採用件数が多いのである。しかしながら、博物館職員としての学芸員採用は、非常に希薄であると言わざるを得ない。博物館法第四条～第六条の記載にある通り、博物館には学芸員を置くとあるが、その一方で大学に入学できる者を学芸員補として置くことができるとされ、これを拡大解釈して無資格者によって博物館運営がなされている例が全国的にもまだまだ多く認められる。また、本県の博物館は、私立館も合わせて登録博物館27館、相当施設16館以外の200余館は全て類似施設であり、県内所在館の殆どが博物館法の適用外である。また、博物館法には、罰則規定が無いところから、登録博物館や相当施設においても学芸員の未配置や学芸員補にその仕事を任せる館も存在するのが現状と言えよう。ましてや、文化財保護法に由来する歴史民俗資料館は、モノの保存・展示施設ではあるが、厳密には博物館とは異なり、職員が常駐していない施設も中には存在するのである。

　専門職としての学芸員未配置の問題点としては、収蔵資料を保存・展示するうえで適切な手法でそれが実践されない点、学校教育での活用や他館との連携（資料の貸借など）に不具合が生じる点、さらには博物館の活動について上司や議員、市長などを説明・説得し、予算や補助金の獲得を行うことができない点などが挙げられよう。本県の大多数の公立博物館は、これらの専門職員配置が貧弱であり、また学芸員としての博物館意識が乏しいところから、展示・活動のいずれの機能に於いても陳腐化が進んでいる。結果、魅力が感じられない博物館が継続されていることで、ただでさえ博物館意識が希薄な本県民では、地域住民の利用もさらに減少し、廃止が検討される館が出るのも時間の問題であると言えよう。

　このように、本県の公立博物館は、一部の新設館やリニューアルの陰で多く

の館が停滞した状況にあり、まさに危機的状況にあるといえる。館の新設や大規模なリニューアルができない自治体や博物館では、自らの力でできる範囲の更新作業が必要であろう。例えば、同じ建物、限られた資料であっても、展示設備の清掃や題箋の更新、資料の移動・入れ替えによる展示替えは可能であり、さらに博物館を積極的にPRすることで、それまでの博物館の印象を刷新することも難しくなかろう。やはりそのためには、博物館を変えたいとの意識を持った職員が必要であり、また熱意だけでなく活動を裏打ちするための知識が必要である。熱意と知識をもった学芸員を配置し、地域住民に愛され活用される博物館の整備が今後求められるのである。

第2節　今後望まれる静岡県の博物館のありかた

　日本における静岡県は、東日本と西日本の境目、全国的にも平均的な県民性といった、中庸的な認識が強い傾向にある。しかし、博物館の分野においては、やはり他地域との相違点が目立つのである。本節では、前章までの発達の推移と上記の傾向を踏まえて、今後望まれる本県の博物館について考察したい。

観光型博物館の展望　第一に、本県の特徴の一つである観光・娯楽施設としての博物館の扱いである。先に述べた通り、本県には、観光型博物館が非常に多く設営されているものの、地域とのつながりのあるものではなく、また前項に記述した通り観光客自身も博物館を旅行の目的に加えていないことがわかった。このように、当該地域において、その必要性に疑問を感じる施設が多々存在していることは、再考すべき課題の一つであろう。

　抑々、このような観光型博物館は、地域および県の外部より来た人々によって設営されたものが大半であり、元々地域との関連性があるものではなかった。しかし、バブル期のリゾートブームを経て、観光型博物館だけでなく観光地としての地域自体が疲弊している現状においては、地元とよそ者、官と民といった垣根を越えて、地域そのものの再興を目指して協働する必要があると筆者は提案したい。陸上選手であった為末大が、自著の『限界の正体』の中で述べたカマス理論は、思い込みや固定観念に囚われた旧来からの存在に新参者が与える影響について述べたものであり、また小池百合子東京都知事は記者会見の場で、世の中を変えていくものは「よそ者、若者、ばか者」であるとして、とりもなおさず外部から来訪した存在が旧態依然とした環境を打破する可能性について述べている[7]。やはり、同じ地域に常に所在する人々では、思考や選択の

幅が狭くなりがちであるところから、外部から来た考えの異なる人々の意見を取り入れることで、意見の刷新を図ることは重要である。換言すれば、地域の再生のためには、旧来の住民と外部からの人々の両方の意見が必要であり、互いに協力することが肝要なのである。

　観光型博物館と地域の協働の参考になる事例として、平成5年（1993）から伊豆高原で開催されている伊豆アートフェスティバルが挙げられよう。当該イベントについては、第4章でも詳しく述べたとおりであるが、昭和63年（1988）に芸術家・エッセイストの谷川昇一・宮迫千鶴夫妻が伊豆高原に拠点を置いたことが契機となって、芸術関係者の伊豆高原への流入を促し、湯布院温泉で開催されていた「アートフェスティバルゆふいん」を参考として開催された美術イベントである。アートフェスティバル開催においては、谷川をはじめとした地域住民・別荘住民が実行委員となり、別荘・宿泊施設・物販施設などの既存施設を会場として芸術作品を展示することで、外部からの観光客だけでなく、地域住民を中心としてより多くの人々が参加できるよう計画が練られ、現在までも連綿と開催され続けている。当該取り組みには、外部から来た人々が契機となりながらも、地元住民が積極的にイベント運営に参画し、外部と地元が協働して文化事業にあたった好例である。

　これを踏まえた望ましい協働の形とは、観光地と博物館、地元とよそ者と線引きするのではなく、後から加入した観光型博物館も郷土の一つとして認識し、総合的に観光地を形成していくことである。これは、従来の観光マップ作りやリーフレットを各地に置くなどの取り組みから、さらに一歩踏み込んだ形の協働を提案するものである。例えば、伊豆高原の美術館群は、新規に造成された別荘地などと含めて新興の存在であり、また各々が独自の活動を行っており、所管する伊東市を含め地域との関係は希薄である。しかし、地域に関係のない個人コレクションを展示していても、それらが寄り集まって一つのエリアを形成し、他の地域に見られない大規模な博物館集積地となったことは、立派な伊東市の歴史の一つである。市やその他民間も、もう少しこれらの博物館に歩み寄り、協力することはできないだろうか。一例としては、市役所や駅などの人が多く訪れる所にこれらの博物館のサテライト展示を設け、まず人々に興味を持ってもらう。博物館群は、独自の方法で情報発信を行っているが、統一の紹介サイトなどを作成して情報の一元化を図り、それを市のサイトとリンクさせることで相互に情報発信を行う。博物館同士では、複数館の共通券やフリーパスを作成して相互の来館者数を増やす努力をする一方、これらの入館券を駅

やホテル・旅館、他の観光施設でも取り扱い、博物館への門戸を広く設定する。また、可能であれば、博物館の事務やミュージアムショップなど、所有者や経営者の理解の得られる範囲で地域住民に協力を促し、博物館活動に参画させることで、地域とよそ者の垣根を低くすることも考えられよう。さらに、最近の流行として映画やアニメ、本に登場する地域を実際に訪れることを「聖地巡礼」と通称しているが、その場として地域を活用することをPRするのも面白い取り組みであろう。近年では、ある映画に使用された岐阜県への旅行者数が、公開前に比べ飛躍的に上昇したなど、観光・集客の面でも俄かに活気づいている分野である。鉄道やバスなどの公共交通機関とタイアップすることも儘あり、伊豆急行や伊豆箱根鉄道では実際にタイアップをした実績がある。これらの地域を映像コンテンツの題材として使用してもらえるようPRし、来訪者の増加を見越して観光施設や博物館等をハード・ソフトともに整備することで、地域の雇用や収入の増加も見込むことができ、地域への活気をもたらすことも夢ではないのである。このように、地域や博物館単独では、次第に劣勢になると看取される現状に対し、地元とよそ者、官と民などの垣根を取り払って協力することで、少なからず状況を好転させることができよう。特に、元々観光地として知られている本県では、何か新しい取り組みを始めるだけでも人々の注目を集めることができ、首都圏や中京圏からのアクセスの良さも手伝って、迅速な集客を期待することができる。これからは、地域の再興を目指した協働が望ましいと筆者は考えている。

地域住民に必要とされる博物館とは 第二として、地域住民と博物館の関係についてである。ここでの博物館とは、各地域の所在する所謂郷土博物館であり、本来最も住民に近くなくてはならない博物館である。静岡県民の県民性として、これまで郷土博物館があまり志向されなかったことは、先に述べた通りである。しかし、県内でも少子高齢化が進み、山間では過疎集落・限界集落も多々存在している現在、何らかの形で郷土を後世に遺す必要があるのではなかろうか。やはり、住民が郷土を守っていくためには、地域の記憶を恒久的に残すための記憶の核として博物館は必要なのである。

　特に筆者が提案したいのは、若年層が気軽に利用でき、郷土に愛着を持つことのできる博物館である。近年、各地の郷土博物館において、双方向性コミュニケーションや住民参加を謳った博物館活動が多々確認されるが、「市民と共に調査を行う」や「市民主導で展示を作る」など、その殆どが似通った内容である感は否めない。そして、これらの活動への参加者は、資金と時間が十分に

ある定年退職後の老齢層が一般的となっている。また、小学校を中心とした若年層は、学校の授業の一環として博物館を訪問するほか、博物館側からの出前授業などによって比較的博物館と多くの交流の機会が存在する。ここで着目しなければならないのは、一生の中で最も博物館から遠ざかると看取される10代後半から30代にかけての若年層である。当該年代の博物館利用は、全国的にも少ない傾向にあり、その層の取り込みは博物館界全体の課題であるともいえる。小学生までは、授業として利用することがあるが、中学校・高等学校時代は学校教育の高度化によって博物館に接する機会が少なくなるほか、塾や部活動、友人との交友などに時間を取られて博物館に行く時間も制限され、博物館との距離は開いてしまう傾向にある。大学時代には、比較的多く時間が取れることから、博物館・美術館を訪問する機会はできるものの、大型館の特別展などセンセーショナルな展覧会に惹かれ、地元館や常設展には関心を示さないのである。就職後は、仕事の忙しさに追われ、博物館・美術館を訪れる余裕が無くなり、また他の直截に楽しめる娯楽に傾倒して、博物館は意識されていないと看取される。一方、結婚・出産を経て、子供と共に行動する時間が多くなると、動物園・水族館・科学館をはじめとする博物館施設へのアプローチも増加し、定年後は余暇を過ごすため手段として博物館に通ったり、場合によっては友の会や後援団体として博物館に参画したりと、全員ではないが博物館との距離は近くなる傾向がみられるのである。

　このような傾向に対して筆者は、就学層、特に博物館と距離が開く傾向にある中学・高校生への郷土学習としての博物館体験を提案したい。筆者はかつて、中学校の職業体験の一環として、戸田村立造船郷土資料博物館（現、沼津市戸田造船郷土資料博物館）で数日間勤務したが、その際体験させていただいた資料の展示や普段の管理などの博物館業務は、それまでにない新鮮な体験であったと記憶しており、学芸員資格取得の理由の一つになったともいえる。また高校時代には、同館の学芸員の好意により、合併前の旧村域に所在する遺跡の分布調査に同行させてもらい、学芸員の調査研究の一端を垣間見ることができた。このように、若い頃に博物館体験をすることで、博物館や学芸員に対する認識を改め、博物館に対する興味・関心を喚起する効果があり、将来の職業として学芸員を志すきっかけにもなり得るのである。

　郷土の再確認や印象付けは、早い段階から継続して行うことでより深く作用すると看取される。しかし、幼年期や小学1~3年生のようなあまりに早い段階だと、それ以降の成長に従って忘却・記憶の劣化がおこり、郷土の記憶や体

験した良い印象を長く保つことはできない。そのため、ある程度自意識を確立し、大人になっても記憶を保ち続けられる中高生時代を対象に、博物館体験を行うことが肝要である。

　また当該体験は、郷土に根差した館にて実施することで、自らの住む地域を再発見し、郷土への愛着の増加にも効果がある。筆者は、職務上大学生、大学院生等と会話をする機会が多いが、自身の郷土の話を伺うと、「地元には何も無い」「つまらない地域」であるとの発言が多く聞かれる傾向がある。しかし、よく話を聞くと、全国的にも著名な偉人の出身地であったり、日本史上有名な遺跡があったり、はたまた全国的に希少な天然記念物が生息していたりと、何かしらが明らかになるのである。近年、自身の出身地域を軽んずるような発言を頻繁に聞くが、これはやはり全国的に郷土学習が軽視され、郷土博物館もうまく活用されていない結果であるといえよう。この現状に対し、大学進学や就職などで他地域に出る以前の中高生の時分に、地域の縮図たる郷土博物館において様々な体験をすることによって、それまではただ暮らしていた郷土に対して多方面からの理解を促すことができ、地元に関する再確認が可能になる。この時に得た知識は、例え進学等で他地域に出たとしても、比較的新鮮な記憶として各個人に残されているはずであり、別の地域の人にも紹介することで、自身の中の"郷土"像を確立でき、それが次第に愛着へと変わっていくのである。郷土についての知識を有することで、「地元には何も無い」などの言は発せられなくなるはずであり、他地域との比較から自身の郷土の客観視ができ、郷土に対する誇りも芽生えると看取されるのである。

　ただ、この博物館体験は、体験の内容やどこまで業務に関わらせるか、学芸員の業務拘束の問題も考えられる。例えば、これは一部の博物館実習にも当てはまるのであるが、学芸員が普段の業務が忙しいことを理由に、受け入れ学生の博物館体験として期間中入館券の販売や清掃のみをさせることは、学芸員の職務怠慢であると同時に、博物館への誤った認識や苦手意識を増長させる危険性もあり、絶対に避けなくてはならない。また、何らの知識も持たない学生が博物館へ来ることにより、資料の保管状況の悪化や汚損・破損の危険性も考えられる。学生が博物館の仕事を体験する上で、簡単な資料の取り扱いや題箋・パネルの作成、台帳の整理、教育普及活動の補助などが現実的に可能であると考えられるが、専門的な学習を受けていない学生にいきなり業務に参加させることは危険であり、事前学習と現地での指導は必須である。しかし、普段とは勝手の違う環境での活動の場合、不注意からミスを犯してしまうことは容易に

想像できる。特に、自らが希望して博物館体験を行うのではない場合、無理やりやらされているのと意識下での集中力は散漫になり、重大なミスを犯す可能性も考えられよう。

　さらには、博物館実習とは別に学生を受け入れることとなった場合、学芸員にかかる負担もさらに増加する。世間の学芸員、学芸職員の中には、「雑芸員」と自らを揶揄する例が多々ある。これは、自身の専門に関する展示や資料の保管・整理等の仕事のほかに、議会対応や予算申請、博物館実習生受け入れを含めた学校対応や各種広報業務など多種多用な業務に携わらなくてはならない自身の境遇を皮肉ったものであり、とりもなおさず学芸員の仕事の膨大さ・多様さを物語っていると換言できよう。それゆえに、新たに負担が増える生徒・学生を受け入れるか否かは、館の状況や学芸員の仕事量に左右されるのであり、小規模館では業務増加を嫌って、学生を受け入れない可能性も考えられる。仮に学生の博物館体験を受け入れる場合、その指導に拘束される時間が発生し、業務を手伝わせるにしても不慣れな学生の作業から目を離すことは難しく、通常業務は学生の帰宅後に行わなくてはならないなど、肉体的・精神的に大きな負担を強いる可能性が否めないのである。

博物館による郷土意識創出の必要性　それでも、地域が疲弊し大都市一極集中が起こっている現状、早い段階からの博物館および郷土の印象付けは必要な行為なのである。郷土への愛着が薄いからこそ、東京などの大都市を志向するのであり、地元へ帰りたいと思わなくなる。確かに大都市は、モノや設備が整っており、何不自由なく暮らすことができるが、それは生活ができるだけであって文化的に充実したものではないと筆者は考えている。他の地域から大都市へ移り住んだ人々は、進学や就職、転勤などの要因があって移住したことから、相対的に大都市の歴史や文化に対して関心が薄い傾向にある。また、大都市では、新聞社が企画する大規模企画展のような催しが絶えず開催され、それを観覧することやカルチャースクールに通うことで、文化的な充実感を得ていると錯覚しているのである。しかし、真の文化的充実とは、各個人自らが生まれ育った地域や、経験してきた記憶から醸成されるものであり、移住してきただけで経済活動・通学のみを目的とした大都市の生活からは発生し得ないと看取される。

　以前、長野県木島平村の芳川修二氏（当時、村長）が発した発言に、「都市は滅んでも農村は滅びないが、農村が滅ぶと都市も滅ぶ」というものがある。これは、農村部と都市の生産・消費の関係について述べた言葉であり、都市には

住民を賄えるだけの生産能力が無く、農村部の生産能力に頼っている現状を換言したものであるが、筆者はこの言について、文化的充実にも当てはまると考えている。我が国の市町は、フランチャイズチェーンの展開や交通網の拡充によって、全国的に画一化が進んでいる傾向が見えるものの、本来それぞれの地域に固有の自然・歴史環境を有している。そこから醸成された文化は、近似のものはあっても二つと同じものは無いのであり、それによって地域性が生まれるのである。しかし、地方出身者が大都市圏に多く移住すると、人員の減少に伴って地方の衰退が加速し、本来の文化や地域性を維持できなくなる。寄せ集め状態の大都市では、統一的な文化活動はまず不可能であり、ましてや元々ゆかりの無い移住先の文化は顧みられることが少ない。地方から大都市へ人々が移動することで、地方は衰退する一方、需要先となった大都市でも地方出身者を取り込んだ新たな文化が育つことは無く、全国的な文化的損失となるのである。一方、地方が元気であれば、仮に大都市圏の文化が喪失してもそれぞれの地域で独自の文化を継続できるのである。地方独自の文化を継続するためには、とりもなおさず地域に暮らす"人"が重要なのであり、郷土に残ってもらう、或はIターンとして新たに定住を求めることが肝要なのである。

　その過程で、地域おこしや村おこしに博物館を活用することも有効であろう。博物館は、モノを用いた情報発信を行うことのできる機関であるが、博物館において地域の魅力・独自性を感じさせるような活動をすることで、地域内の人々には地元の再発見を促し、外部の人々には当該地域への来訪を促すこともできよう。如何に当該地域が魅力的であるかをPRすることができれば、現在盛んに云われている交流人口の増加や、若者のUターン、Iターンにもつながると推測される。

静岡県下での博物館の活用　しかし、静岡県下の博物館は、地元の再発見や地域おこしに活用するとの意識が相対的に希薄である。本県では、郷土博物館が志向されなかったことは先述のとおりであるが、高度経済成長に伴う開発や国からの補助金等を受けて、一定数の郷土博物館が設営されていることも事実である。これらの博物館の中には、地域住民を対象としたイベントや普及活動を行う例は存在するが、古文書講座やミュージアムトーク、子供向けの勾玉づくりなど通り一遍の事業が主流であり、地元の再発見や地域おこしを意図したものは少ないと看取される。このような事業展開では、「どこの博物館でも同じ」「いつでも同じ」活動を行っているものと判断され、博物館が停滞しているとの認識を利用者へ与えてしまうのである。

その停滞への対策として、博物館の独自性を発揮するためには、博物館が立地する固有の郷土をテーマとした活動が必要なのである。郷土博物館は、立地する地域の縮図である必要があるが、これらの地域も二つと同じものは存在しないところから、本来的には同じ博物館は存在しないはずである。しかし、どこかの博物館が始めた事業をそのまま持ち込んで、自館の事業に転用することが常態化しており、全国的に画一な博物館事業が展開されているのも我が国の傾向である。これに対し筆者は、やはり地域に根差した、地域の独自性を感じられる博物館事業が必要であると断言するものである。地域の独自性を感じられる事業を行うことで、少なくとも博物館の利用者に地域の再発見を促すことができ、博物館事業を広報することで外部の人々にも当該地域を知ってもらうことができる。

　地元の人々に地域を再考してもらうことも必要であるが、一方で地域外からの視点も重要であり、地域の独自性を宣伝する博物館事業の実践から、外部の人々の興味関心を引くことができれば、ビジターの取り込みや多様な意見の取り込みが可能となり、間接的に地域おこしに繋がると考えられる。例えば、直截な博物館事業ではないが、伊豆半島ジオパーク推進協議会と静岡大学が共同開催した「伊豆半島における観光振興と住民参加による博物館活動」では、全国から参加者を募って街歩きによる地域の文化・資源遺産マップを作成する企画を行った。当該事業では、ガイドの案内のもとで下田の街を実際に歩きながら、地域の史跡や歴史的建造物、ジオサイトなどを観覧するなかで、一般参加者が積極的に疑問を見つけ、参加者同士が疑問の解決に向けて考えていた姿が印象に残っている。これは一例であるが、特定の地域を主題とし、展示や体験を含めて経験することで、住民は普段暮らしているだけではわからない地域の特色について改めて体感し、またビジターは新鮮な目で観覧地域を体感するだけでなく、自分の住む地域との対比によって両者の差異や互いの利点・欠点に気づくきっかけになるのである。

　同じ社会教育施設である図書館や公民館などでは、十分な資料の展示スペースが確保されず、専門的知識を有する職員がいないが故、歴史や民俗、自然などに関する説明は不十分になるところから、モノを媒体として情報を発信する博物館だからこそ地域を再発見させる活動が可能なのである。当該活動をきっかけに、人々の目を郷土に向けさせ、郷土の再検討や再発見した地域の特質を活用した地域おこしも可能となる。静岡県下には、それぞれの自治体に他地域には見られない特徴的な歴史や民俗、自然を有しており、また交通・経済の要

衝である。地域の独自性を地元住民に再確認してもらうことで、住民の地域への客観視を促し、地域の利点の発見からの地元愛の創出につながる。そして、自らの地域の良さを知っているからこそ、外部の人々にそれを発信できるのであり、それによってビジターを呼ぶことができるのである。

　幸い本県は、関東・中京からのアクセスも良く、空港も擁しているなど、外部地域からアプローチしやすい環境にある。地の利を生かし、地域の独自性・魅力を前面に出すことで、交流人口の創出も期待できよう。地域の魅力を発信するためには、一過性のイベントも効果はあるが、やはり常設でいかなる時でも地域を知ることができる博物館が望ましいと看取される。道の駅や観光案内所は、地域の産物や観光情報を提供することで確かに集客力はあるものの、歴史や自然など地域に関する十分な情報提供は不可能であり、ある程度深く地域を知ってもらうには専門的な施設である博物館が必要とされる。ただ、博物館単体では、当該地域に魅力を感じて来たライトなビジターには敷居が高い印象を与えるところから、道の駅に博物館を近接させることや、博物館内に観光案内を設けてより気軽なアクセスを意識するのも肝要である。

観覧者が利用しやすい博物館　郷土の確認をすることができ、地域に必要とされる博物館の実践のためには、観覧者が利用しやすい運営形態を模索することが不可欠であると言えよう。博物館利用を阻害するものは、博物館が設定する入館料であると筆者は考えている。博物館法第二十三条には、「公立博物館は、入館料その他博物館資料の利用に対する対価を徴収してはならない。」との記載があり、原則的に入館料は無料なはずである。一方で同条には、やむを得ない場合にのみ徴収が可能とも記されており、今日多くの博物館が徴収する入館料はこの条文を拡大解釈したものである。

　私立博物館や、公立館でもコストのかかる特別展の実施に入館料を設定することは、費用の問題からやむを得ない。しかしながら、地方の公立博物館の常設展において徴収する100円や200円の入館料は、本当に必要なのであろうか。施設の維持管理に入館料を用いるとの説明がある博物館も存在するが、その程度の金額では博物館で発生するランニングコストを賄うことはできず、購入できる物品も僅かである。逆に、僅かながらも入館料が設定されていることにより、地域住民や観光客が気軽に博物館へ来るという意識を阻害することから、筆者は常々入館料の徴収に疑問を感じているのである。

　実際、静岡県が資生堂アートハウスに授与した「平成26年度静岡県文化奨励賞」の選定理由として、「常に上質な展覧会の一般公開（無料）を継続して

いること」を挙げており、県側としても入館料を取ることを是としていないことが窺える。それであっても、県立館以下様々な博物館において入館料が徴収されているのが現状である。

　このほかにも、然したる理由もなくシャープペンシルの使用を禁ずる博物館・美術館の問題や、著作権や資料保存上ほとんど影響が無い資料も含め写真撮影を全面禁止とする博物館、館内でメモすら取らせてもらえない館（立ち止まりを制止）など、一般市民の博物館利用を妨げる博物館側の問題も多々存在するのである。

利用者主体の博物館経営の必要性　これら、来館者の障壁となっている博物館の問題について、博物館やそれを所管する教育委員会など上部組織も理解をし、誰もが使いやすい博物館を目指すことが肝要である。例えば、博物館の中には、館内ラウンジなどでの児童・生徒の勉強を禁じている館も存在するが、筆者はこれに異を唱えたい。勉強を禁ずる理由として、「博物館は、資料を展示する場であって勉強をしに来る場ではない」ことが挙げられるが、博物館での学習を否定することは社会教育施設である博物館にとって本末転倒である。むしろ、勉強のためにでも博物館を利用してくれるのであれば、自然と博物館に向かう習慣は付き、また勉強の合間に展示を見学するなどして、そこから新たな発見をする可能性も考えられよう。筆者が以前見学した館の中では、兵庫県豊岡市に所在する豊岡市立いずし古代学習館において、生徒が学校の勉強を行っている姿を目にしたが、この生徒たちは勉強の息抜きに考古資料の展示を見たり体験コーナーで遊んだりしていたことが印象に残っている。同館は、入館料が無料であり、写真撮影等の規制もなく、また展示内容としても説話型展示を実践した意欲的な館であり、博物館利用のし易さという点においては理想的な面が一部垣間見られたのであった。

　このように、何もかも規則で縛るのではなく、寛容な気持ちでの博物館運営も必要ではなかろうか。厳しい雰囲気で「モノを見せてやる」といった博物館は、旧態依然で現代の風潮には合致しない。誰もが使いやすく、より親しみやすい博物館を目指すことが現代の博物館の風潮であり、筆者も概ね賛成である。その中でも、入館料等の諸問題が存在し、やはり理想と現実に乖離があることが窺えるだろう。しかし、理想は理想と割り切るのではなく、博物館側も如何に博物館を取り巻く環境が良くなるかを思案し、また観覧者にもどのような博物館が望ましいか考えてもらい、博物館のより良い利用について試行錯誤する必要がある。静岡県の博物館は、上記の問題点を抱える館が少なからず存在し

ているところから、今後の改善と飛躍が期待されるのである。

註
(1) 山本義彦　1998年1月7日付「開放的だが進取的でない静岡、「文化」貯えるとき」『中日新聞静岡版』
(2) 大竹弘高　2011「観光型博物館」『博物館学事典』全日本博物館学会　P.65
(3) 安原健允　1999「静岡県沿岸の博物館・水族館」『港湾経済研究』No.38 日本港湾経済学会　PP.123-138
(4) 富士山周辺地域観光基本構想策定協議会、財団法人余暇開発センター　1982『静岡県富士山周辺地域観光基本構想』PP.23-24
(5) 静岡県文化・観光部観光交流局観光政策課　2013『平成24年度 静岡県における観光の流動実態と満足度調査報告書』
(6) 地方自治政策研究会　1989『全国ふるさと創生一億円データブック』第一法規出版　PP.613-637
(7) 読売新聞社　2016年10月30日付「編集手帳」『読売新聞』

終　章

　静岡県における博物館は、近世期に徳川家によって設営された駿府薬園と久能山薬園を源流にその発展が始まった。明治11年（1878）には、静岡師範学校に器械室が設置され、教材や生徒の成果品を展示することで原初の博物館として機能した。その後、明治37年の静岡県農事試験場陳列館や、明治41年の静岡中学校参考品陳列館と浜松中学校歴史参考館、明治43年の静岡美術館などと、設立数は多くないものの県内には複数の博物館施設が設営された。これらの博物館は、単体で開館するのではなく、学校や物産陳列館など別組織に付帯して設営されたことが特徴で、明治期には独立館としての博物館は存在しなかったのである。

　一方で、本県では明治11年の県庁前仮物産展観所を嚆矢とする物産陳列館が誕生し、産業振興と販路拡大を目的に博物館に類する活動が展開された。しかし、県立の物産陳列館は明治22年に閉鎖されたものの、明治34年に「物産陳列場補助規定」が発布され、県は市町村の物産陳列館設立を補助するとの方針を打ち出し、浜松・小笠郡・富士・中遠・静岡市等に複数の陳列館が設営された。これは、他県にはない本県独自の流れであった。

　さらに、明治6年の浜松県博覧会を嚆矢に、本県でも地方博覧会が開催された。明治期には、浜松県博覧会と同年開催の安倍川町博覧会が開催されたものの、主たる隆盛は大正・昭和前期であった。大正期には、東京で開催された大正博覧会の出品物を葵文庫にて展覧・即売した静岡展覧会を嚆矢とし、大正6年（1917）の三島博覧会、沼津博覧会、大正8年の静岡博覧会などの比較的大規模な博覧会が催され、盛会の内に終了したことが確認されている。昭和6年（1931）には、全国産業博覧会が浜松市で開催されたほか、複数回の小規模博覧会が県内各地で開催された。これらの博覧会には、美術館・動物園・水族館などの博物館施設が付設され、一過性の施設ではあったものの市民へ博物館を印象付けた契機となったことは重要であった。

　さらに、戦後の昭和25年には、浜松市でこども博覧会が開催され、その目玉として設立された動物園は、会期終了後に常設の浜松市動物園に改修されたことも特記すべき歴史である。時代は下り、平成16年（2004）に開催されたしずおか国際園芸博覧会（浜名湖花博）でも、終了後に跡地を植物園として恒

久施設化している。このように博覧会は、開催中にはパビリオンとして来場者を楽しませるために博物館施設が利用され、一部は会期終了後には常設化するなどしたところから、博物館の存在を市民に認識させ、博物館設置の要因になったと明言できる。

　大正・昭和前期は、現在につながる博物館の濫觴が確認できる時代であり、このことは全国的傾向と機を一にする。例えば、大正4年の久能山東照宮宝物館や昭和5年の三島神社宝物館など、宗教系の博物館は戦前期に設立されて現代まで継続されている館が多い。また、大正14年に公開された森斧水コレクションは、所有者の変更を複数回繰り返し、現在は下田開国博物館として運営されている。この他にも、本県の動物園の嚆矢たる狐ヶ崎遊園地動物園（昭和2年）や水族館の嚆矢となった中之島水族館（昭和5年）、日本初の民芸館である日本民藝美術館（昭和6年）など、博物館が発達するための礎となった施設が当該時期に相次いで設立されたのであった。この流れは、明治・大正期に大都市圏で醸成された博物館思想・構想を県内に持ち込み、それを本県の特質に合わせて改変したものと考察でき、とりもなおさず博物館設立に県外からの影響受けた形跡が多々確認できる点も本県の特徴である。関西圏で隆盛した電鉄系遊園地・動物園の手法を取り込んだ狐ヶ崎遊園地や、柳宗悦による民芸運動の機運に乗って設立された日本民藝美術館などはその典型であろう。

　一方で、全国的な郷土教育運動の時運に影響を受け、本県でも郷土教育・郷土研究が盛んに実践された。昭和5年・6年に文部省が公布した郷土教育施設設営に関わる補助金によって、全国各地に郷土室・郷土館が設営されたが、本県も例に漏れず郷土教育施設が設営された。昭和6年には、浜松師範学校に郷土研究室が設置され、翌年には静岡師範学校にも郷土研究室が設けられた。また、静岡女子師範学校にも郷土室が設けられたが、詳しい設立年は不詳である。これらの師範学校付属施設は、郷土に関する諸資料を収集し、それをもって郷土研究を行うことを意図していた。本県では、郷土資料を用いた教育よりも、むしろ郷土資料を使った郷土研究が主流となっており、その研究遂行の為に県からも補助金が交付されたなど、積極的な研究活動が実践されたのが特徴的である。このような経過を踏んで、郷土研究の成果を基に、初の県立博物館である郷土博物館の建設が計画された。しかし、同館の計画は、新聞報道でも情報が錯綜しており、実際の開館の可否、設立場所など未詳な点が多い。設置計画が成された時期は、昭和恐慌から戦争に突き進んで行く時期にあたり、現実には開館はなされなかったと推察されるが、郷土研究の成果を集約すること

で、県立郷土博物館を設立しようとした姿勢は評価に値しよう。

　戦前期に特徴的な傾向として、本県では水族館が多数設営された点が挙げられる。当該時期に設営された水族館の数は、本県水族館上の設置数の過半数を超え、非常に積極的な設置・運営が行われたのである。しかし、多数開館した水族館の中で、長期間持続したものは少なく、やはり観光を目的とした娯楽施設との位置付けが強かったことに起因するものと考えられる。その中でも、中之島水族館は、名称や運営母体を変えつつも現在まで継続しており、当該時期の水族館の中でも異質な存在と言えよう。

　戦中期には、一般的に博物館活動が停滞したものの、美術館の設立計画は相次いで計画された。昭和14年の嶽陽美術館計画、15年の彦坂美術館計画、同年の栖鳳館計画は、それぞれ新聞・雑誌等に報じられ、資料も十分に存在したことから開館してもおかしくはなかった。しかし、計画の報道以外に開館が成ったなどの報告は無く、実際には設立されなかったものと推測される。これは、館を設立するための資金の問題や、戦時下という時代背景に基づく人や機関の問題が影響したと考えられ、当時収集した資料も所在がわからないものもある。

　終戦後の10年間は、全体的な設立数は多くないものの、動物園・植物園・水族館と宗教系博物館の設立割合が大きい傾向がみられる。当該時期は、戦争からの復興が志向された時代であり、植物園は植民地という供給地を失った当該時期に、有効活用できる有益植物の栽培を意図したものが多く、また動物園は復興をアピールすることと、次世代を担う子供達への楽しみの提供を目的に設立されたなど、時局に合致した博物館設立傾向が観られる。宗教系博物館に関しては、当該時期の設立が多く確認できるが、これは終戦に伴う更なる宗教の自由化と宗教活動の活発化の証左であると判断できる。

　昭和30年代〜40年代は、高度経済成長とともに経済的・精神的な余裕が生まれ始めた時代であり、観光や楽しみを目的とした博物館設立が増加した。子供の健全な遊び場の提供を掲げた静岡県児童会館（昭和32年）や、植物園と動物園の両方の性質を持ち合わせる熱川バナナ・ワニ園（昭和33年）と伊豆シャボテン公園（昭和34年）、市立ながらも観光を主とした浜松フラワーパーク（昭和44年）など、様々なタイプの観光資源としての博物館が誕生した。これらの博物館は、戦前期よりすでに観光地として著名であった県東部地域、中でも伊豆半島に多くの設置が見られ、今日に至る伊豆地域の観光型博物館乱立の端緒となった時代であったといえよう。特に当該時期は、熱海をはじめとする伊

終　章

豆東海岸が新婚旅行のメッカとされ、多くの観光客が訪れていた。その観光地開発の中で、一年中温暖な伊豆の気候が南国的であると判断した人々によって、伊豆半島は南国的な位置づけを付与され、南国に相応しい観光施設として熱帯植物園や花鳥園的な施設が多数建設されたのであった。

　当該時期の中でも特徴的なのは、埋蔵文化財の発掘を背景とした博物館設立の増加であろう。戦中期に発見された弥生時代の集落跡である登呂遺跡の発掘を受け、その発掘成果を常設展示する機関として昭和30年に静岡考古館が設立された。同館は、発掘調査・遺跡保存・遺跡整備が伴った全国最初期の遺跡博物館でああり、遺跡を発掘してそこから得られた資料を基に博物館を造るといった博物館設立の先例となったのである。これ以降、蜆塚遺跡の発掘を開館の起源の一つとした浜松市博物館や、伊場遺跡の発掘を基にした伊場遺跡資料館（閉館）、山木遺跡の出土品収蔵庫を兼ねた伊豆の国市韮山郷土史料館（閉館）など、県内各地で遺跡博物館が増加した。

　一方で、静岡考古館をはじめとする登呂遺跡への博物館設置は、本県における歴史系県立博物館の設立を遅延させた原因の一つであったといえる。登呂遺跡の発掘調査は、全国の諸研究分野の研究者が一堂に会し、国や県だけでなく一般市民をも巻き込んだ全国初の総合調査であった。また、発掘調査中から調査終了後に博物館を設立することが計画されており、実際に静岡考古館として成就した点は評価できる。さらに、同館が中心となって、発掘調査や展示活動、多種多様な教育普及活動が考案・実践され、戦後の県内の博物館を牽引する役割を果たしたと言っても過言ではない。しかし、登呂遺跡に博物館があったが故に、遺跡が所在する静岡市は勿論、静岡県としても歴史系博物館が必要であるとの認識が無く、現在までも県立歴史系博物館が存在しない状況が発生したのである。

　続く昭和50年代からは、県内の観光需要の増加や工業開発の高まりに影響を受け、県内に博物館が爆発的に増加する傾向が顕著に認められた。公立博物館では、昭和44年策定の新全国総合開発計画や、田中角栄の日本列島改造論により、全国の開発が奨励されたことに起因するといえよう。これらの実施に伴い、それまで未着手であった場所にも開発の手が及び、それに伴って多くの遺跡が発見され、文化財保護法に基づく発掘調査の実施によって膨大な量の考古資料が発見された。

　また、農業・漁業機械の進歩に伴い、様々な道具が近代化・機械化され始めたのもこの時代である。それまで使用されていた木製農具から耕運機へ、手漕

ぎ船から動力船へと機器が進歩する一方で、それまで使用されていた道具類は処分されるか納屋に死蔵されていったのである。さらにこれ以前より、開発とそれに伴う地方の画一化を背景に、民俗資料の消滅を憂い、重要民俗資料の保存を目的とした施設を創る補助金が文化庁より公布されていたが、昭和45年に策定された歴史民俗資料館設置のための補助金では、一般の民俗資料や考古・歴史資料の保存のために施設整備の補助金を交付すると変更されたことから、人文系の博物館施設を設置するハードルが下がったのである。このように、収蔵・展示する資料が多数存在していたことや、歴史民俗資料館補助金をはじめとする種々の補助金が存在したことを背景に、博物館建設が多数建設されたのである。かかる現象は、中核都市圏とほぼ同一の傾向にあると観られる。

　一方で、私立博物館は、昭和50年代後半から平成初年代にかけての所謂バブル期にその数を増やす傾向が著しい。バブル期の静岡県は、特に東部地域を中心として観光開発が行われ、中でも伊豆東海岸は都心に近いリゾートとして開発が行われた。開発が進む中で、自らのコレクションの顕示や、来訪者への娯楽の提供手段として博物館施設が用いられ、当該地域と無関係のテーマの観光型博物館が乱立した。観光型博物館の中でも、特に美術館が集中する地域として伊豆高原が挙げられるが、これは芸術家・エッセイストの谷川昇一・宮迫千鶴夫妻が別荘を持ったことをきっかけに、地元住民と芸術関係者を巻き込んだ「伊豆高原アートフェスティバル」が開催され、また同じ時期に伊豆高原駅周辺のいくつかの美術館がブームとなったことで、「伊豆高原＝芸術振興の地」としての印象付けがなされたことに起因する。当該地域の美術館群は、昭和末期に増加を始め、平成初年代にピークを迎え、10年代になると急速に失速していく傾向にあった。将にバブル期の我が国の経済状況と比例しており、資金が潤沢な時分には多くの館が設けられたものの、景気の悪化に伴い資金繰りが悪くなると、結果的に休館・閉館に繋がったのである。

　バブル経済の崩壊やその後の経済の冷え込みは、私立博物館だけでなく公立館にも影響を及ぼし、平成10年代の博物館設立はそれまでに比べ減少した。当該時期には、新規設立の減少は勿論、既存館の閉館も少なからず見られるようになった。例えば、富士宮市に所在した西富士小田急花鳥山脈（平成10年閉館）、静岡朝日テレビ本社に所在したトリックアート・アーサー美術館（平成11年閉館）、南伊豆町の石廊崎ジャングルパーク（平成15年閉館）、伊豆高原に設営されたセキグチドールガーデン（平成16年閉館）とその跡地を利用した伊豆高原ドールガーデン（平成17年閉館）など、平成10年からの約10年間に

はそれまでの時期に比べ多数の博物館が閉館している。原因としては、経済の悪化に伴い利用者数が伸び悩んだことや、運転資金の不足、施設の老朽化に伴う博物館事業の見直しなどが挙げられる。地方自治体では、税収の減少に伴う資金不足を背景に、事業見直しが検討され、公立博物館もその対象となった。元より費用対効果を考慮していない公立博物館にとって、自館だけで収入を得ることは難しく、削減される予算に対処することができず、博物館事業も停滞していった。当該時期は、博物館にとって最も厳しい時代であったと言えよう。

　平成20年代は、経済の上向きや観光の国内化の影響を受けた博物館の新設や、昭和50年代頃に設立された博物館のリニューアル需要の増加に伴い、博物館業界が俄かに活気づいた時代である。私立博物館は勿論、平成22年の静岡市美術館の開館や同年の静岡市立登呂博物館の建物新設リニューアルを皮切りに、かんなみ仏の里美術館（平成24年新設）、三島市郷土資料館（平成25年リニューアル）、静岡市立日本平動物園（平成26年リニューアル）、ふじのくに地球環境史ミュージアム、伊豆半島ジオパークミュージアム・ジオリア、韮山反射炉ガイダンス施設（平成28年新設）など、公立館の新設・リニューアルも盛んに行われているのである。今後も浜松市美術館等のリニューアルや、お茶の郷博物館の県移管とリニューアル、富士山世界遺産センターの新設など、積極的な新設・リニューアルの機運が盛り上がっており、本県の博物館は改革期・転換期を迎えているといっても過言ではない。

　一方で、利用者の少ない博物館は、建物の老朽化によって耐震基準を満たしていない状況でも、あまり価値のないものとしてリニューアルの機会にも恵まれず、まさに背水の陣の如き状況にあるのもまた事実である。かつて伊豆市には、中伊豆歴史民俗資料館と修善寺郷土資料館の2館の博物館が存在したが、平成27年にこれらを一本化し、伊豆市資料館として旧中伊豆歴史民俗資料館の建物で運営している。同館は、上白岩遺跡の遺跡博物館を兼ねて昭和62年に開館したのであるが、開館から約30年を経過して建物や展示も老朽化し、そこに修善寺の資料が統合されたことで、資料の収納能力や管理能力も最早限界であると言えよう。同館の建物は、資料の展示数に対して小さく、展示構成も不十分な感が否めない。伊豆市の基幹博物館として、建物の新設や増設、リニューアルは喫緊の課題であるといえるのである。このように、華々しく新設やリニューアルを行う例がある一方、多くの館は厳しい状況が続いており、ひと口に博物館と言っても明暗の差が激しいのが本県の状況であると観察できる。

　このように、静岡県の博物館は、上記の画期をもって発達してきたことが理

解できる。現在の本県の博物館の課題は、資金の問題、観光型博物館を如何にするか、専門職員たる学芸員の配置と資質の向上及び学芸員の社会的地位向上等の問題、地域と博物館の関わりについてなど、多種多様な問題が山積しているのが現状であろう。特に静岡県では、地域と関わりの無い観光資源としての博物館が横行してきたことは、これまでに述べた通りである。観光型博物館は、資金および人的資源に乏しく、地域とのつながりが希薄であり、本県の博物館が抱える問題は当該博物館群に起因する部分が少なくないと看取される。

　しかし、これまでの歴史に学び、先人の知識や取り組みを取り入れ、活かすことによって、問題解決は十分可能と考えられる。静岡県は、古くは東海道、近代には鉄道路線、現代は高速道路を含めた道路網の拡充に影響を受け、常に県外に目を向けた発展を遂げてきた。この歴史には、現代の博物館が抱える問題と近似あるいは参考となる課題が少なからず存在し、問題解決の糸口となり得る点が多々確認できる。本県にも県立博物館が誕生し、博物館事業が新たな展開を見せ始めている現状だからこそ、山積している問題を解決するために本県の博物館史を再度顧みる必要がある。静岡県の県立博物館であるふじのくに地球環境史ミュージアムは、メインテーマとして「百年後の静岡が豊かであるために」を掲げているが、静岡県を次世代に伝えていくためには、とりもなおさず歴史に学び博物館の問題点を解決することと、それに基づいた博物館の活性化が肝要なのである。

あとがき

　本書は、静岡県の博物館史研究が未着手であったところに着目し、全国的な博物館の傾向との対比から本県の博物館の実態解明を目的に研究を行ったものである。本書の構成は、筆者の旧稿を基にしており、各章と既発表の原著論考の関係は次頁の通りとなっている。本書では、既発表論文を使用しているが、その後の研究の進捗によって記載内容に齟齬が見られたため、旧稿の多くの部分を修正し内容を補填した。

　当該研究においては、地方における博物館発達史を研究のテーマとして掲げたが、一県の博物館の歴史だけでも資料は膨大かつ内容は深遠であり、微細な部分に関しては検討や考察が不足している感は否めない。しかし、これまで実態が不詳であった静岡県下の博物館発達史についてアプローチし、各館種の包括的な発達史を編纂できたことは、今後の本県の博物館・博物館論発達の一助になるものと確信している。本県の博物館には、僅かな期間のみに設営された博物館や、運営実態が未詳であった館など、未だ解明されていない部分も存在しているところから、これからも調査・研究を継続して行きたいと考えている。

　本研究の遂行にあたっては、様々な方々から暖かいご理解と多大な協力を得ることができた。本研究にご協力を賜った機関、個人の方々は、下記させていただき、誌上をもって感謝申し上げるものである。中でも、國學院大學の青木豊教授、長崎国際大学の落合知子教授には、学生時代より研究を纏める上で多々ご指導をいただいた。心より御礼申し上げる次第である。また、本書の出版を御快諾いただいた、株式会社雄山閣の宮田哲夫社長をはじめ関係各位に御礼申し上げるとともに、中でも編集の労をお取りくださった八木崇氏、桑門智亜紀氏に対しましても厚く御礼申し上げます。

　なお、当該研究の一部には、平成28年度に採択された「伊豆半島ジオパーク学術研究支援事業補助金」を使用した。研究にご協力いただいた、伊豆半島ジオパーク推進協議会の方々にも、併せて御礼申し上げたい。

　最後に、私事ではあるが、いつも支えて応援してくれている妻子にも感謝の気持ちを記させていただきたい。

　　2017年8月　　　　　　　　　　　　　　　　　　　　　　中島　金太郎

研究協力 (50音順、敬称略)

機関・企業

伊豆半島ジオパーク推進協議会、株式会社やまだいち、静岡県立歴史文化情報センター、東海大学学園史資料センター、富士市立博物館

個人(所属は、執筆当時)

池谷信之(元沼津市教育委員会)、江水是仁(東海大学課程資格教育センター博物館学研究室)、金子節郎(小山町教育委員会)、高橋祐子(東海大学学園史資料センター)、塚本順平(國學院大學大學院博士課程後期)、松月清郎(ミキモト真珠博物館)、望月由佳子(静岡県立富士東高等学校)

初出一覧

第一章	書きおろし
第二章	「静岡県における博物館の発生」『國學院大學紀要』第53巻
第三章	「戦後期の静岡県内に於ける公立博物館の展開」『國學院大學博物館學紀要』第39輯
	「静岡県下に於ける戦前期神社博物館」『考古学と博物館学の風景―中村浩先生古稀記念論文集』芙蓉書房出版
第四章	「東海大学に所在した航空宇宙科学博物館―その目的と意義―」『全日本博物館学会ニュース』No.111
第五章	「戦後期の静岡県内に於ける公立博物館の展開」『國學院大學博物館學紀要』第39輯
第六章	「熱海鰐園に関する一考察―静岡県動物園史上の意義―」『國學院大學紀要』第55巻
第七章	書き下ろし
第八章	書き下ろし
第九章	「静岡県下に於ける戦前期学校博物館の動向」『國學院大學博物館學紀要』第40輯
第十章	「談話室博物館に思うこと」『國學院雑誌』第117巻第4号
終章	書き下ろし

■著者紹介

中島 金太郎　なかじま きんたろう

1988年　東京都生まれ
國學院大學大学院博士課程前期修了　修士（歴史学）
現　在　國學院大學文学部　助手

《主要著書・論文》
「神社博物館におけるデジタル公開技術活用の可能性」『神社博物館事典』（雄山閣）、「（序論）遺跡博物館における覆屋展示」『全博協紀要』第16号（全国大学博物館学講座協議会）、「遺跡博物館での学習に関する諸問題」『國學院雑誌』第115巻第8号（國學院大學）、「静岡県における博物館の発生」『國學院大學紀要』53号（國學院大學）、「博物館実習に関する課題と展望」『人間の発達と博物館学の課題：新時代の博物館経営と教育を考える』（同成社）、「戦前期の児童博物館思想」『國學院雑誌』第116巻第12号（國學院大學）、「近代建築利用博物館の展示に関する一考察」『近代建築利用博物館事典』（國學院大學）、「展示手法の諸形態、さまざまな展示」『観光資源としての博物館』（芙蓉書房出版）、「熱海鰐園についての一考察」『國學院大學紀要』第55号（國學院大學）、「棚橋源太郎の生涯と博物館学」『棚橋源太郎博物館学基本文献集成』下巻（雄山閣）　ほか

2017年10月16日　初版発行　　　　　　　　　　　　　《検印省略》

地域博物館史の研究

著　者	中島金太郎
発行者	宮田哲男
発行所	株式会社 雄山閣
	東京都千代田区富士見2-6-9
	ＴＥＬ　03-3262-3231／ＦＡＸ　03-3262-6938
	ＵＲＬ　http://www.yuzankaku.co.jp
	e-mail　info@yuzankaku.co.jp
	振　替：00130-5-1685
印刷・製本	株式会社ティーケー出版印刷

©Kintaro Nakajima 2017　　　　　　　　ISBN978-4-639-02524-5 C3030
Printed in Japan　　　　　　　　　　　　N.D.C.069　322p　22cm